Karl-Ulrich Schellhaas
Entscheidungsorientierte Kosten- und Leistungsrechnung

Karl-Ulrich Schellhaas

Entscheidungs orientierte Kosten- und Leistungs- rechnung

Konzeption eines Unternehmensplanspiels

DUV Springer Fachmedien Wiesbaden GmbH

Die Deutsche Bibliothek — CIP-Einheitsaufnahme

Schellhaas, Karl-Ulrich:
Entscheidungsorientierte Kosten- und Leistungsrechnung :
Konzeption eines Unternehmensplanspiels / Karl-Ulrich
Schellhaas. — Wiesbaden : Dt. Univ.-Verl., 1994
(DUV : Wirtschaftswissenschaft)
Zugl.: Göttingen, Univ., Diss., 1993

Gedruckt mit Hilfe von Forschungsmitteln des Landes Niedersachsen.

© Springer Fachmedien Wiesbaden 1994
Ursprünglich erschienen bei Deutscher Universitäts-Verlag GmbH, Wiesbaden 1994

Lektorat: Gertrud Bergmann

Das Werk einschließlich aller seiner Teile ist urheberrechtlich geschützt. Jede Verwertung außerhalb der engen Grenzen des Urheberrechtsgesetzes ist ohne Zustimmung des Verlags unzulässig und strafbar. Das gilt insbesondere für Vervielfältigungen, Übersetzungen, Mikroverfilmungen und die Einspeicherung und Verarbeitung in elektronischen Systemen.

Gedruckt auf chlorarm gebleichtem und säurefreiem Papier

ISBN 978-3-8244-0196-3   ISBN 978-3-663-12089-6 (eBook)
DOI 10.1007/978-3-663-12089-6

Geleitwort

Eine Unternehmensplanung guter Qualität benötigt fundierte Informationen über alle Komponenten der Erträge und Kosten. Die Einzelkosten- und Deckungsbeitragsrechnung stellt eine wertvolle Hilfe zur Durchleuchtung komplexer betriebswirtschaftlicher Zusammenhänge dar und ist zugleich als ein anspruchsvolles Instrument des innerbetrieblichen Rechnungswesens anzusehen.

Obwohl die Einzelkosten- und Deckungsbeitragsrechnung theoretisch hervorragend fundiert ist und zu einer individuellen Analyse und Vorbereitung betrieblicher Entscheidungssituationen führt, bietet Sie den in der Unternehmung handelnden Personen nicht immer konkrete Handlungsempfehlungen. Der Zugang zu ihren Zusammenhängen ist schwierig. Daher gewinnen Fragen des Lehrens und Lernens von entscheidungsorientierten Ansätzen der Kosten- und Leistungsrechnung an Bedeutung. In diesen Fragenbereich greift die vorliegende Arbeit ein.

Für die Vermittlung anwendungsbezogener Kenntnisse schlägt der Autor den Einsatz eines Planspiels vor. In einem Planspiel, welches wechselnde Situationen der Unternehmung abbildet, stehen die Teilnehmer immer wieder vor Entscheidungsproblemen, die mit Informationen der Einzelkosten- und Deckungsbeitragsrechnung besser lösbar sind.

In diesem Buch werden die betriebswirtschaftliche und systemorientierte Konzeption entworfen und programmtechnisch vorbereitet. Darüber hinaus erfolgt eine detaillierte Auseinandersetzung mit didaktischen Fragestellungen. Für die Gestaltung von Planspielen sowie dazugehöriger Entscheidungshilfen werden aufschlußreiche Hinweise gegeben. Die Argumente über die individuelle Modellierung und Interpretation der Entscheidungssituation und die darauf ausgerichtete Anwendung der Einzelkosten- und Deckungsbeitragsrechnung treffen den Kern einer anspruchsvollen Qualifikation.

Die Arbeit ist in ihren Aussagen von großer Qualität und stellt für den Bereich der Didaktik des Rechnungswesens ein wertvolles Instrument vor. Es ist zu wünschen, daß die Arbeit ein entsprechendes Echo in Wissenschaft und Praxis findet.

Prof. Dr. Jürgen Bloech

Vorwort

Die vorliegende Arbeit entstand während meiner zweijährigen Zugehörigkeit zum Interdisziplinären Graduiertenkolleg an der Georg-August-Universität Göttingen und wurde vom Fachbereich Wirtschaftswissenschaften als Dissertation angenommen.

Der Anstoß zur Themenstellung ergab sich aus der Tatsache, daß in der Literatur immer wieder vor den "Gefahren" der Deckungsbeitragsrechnung gewarnt wird und auch grundsätzliche Befürworter dieser Form der Kosten- und Leistungsrechnung auf die Möglichkeit von Fehlinterpretationen hinweisen. Obwohl die Absolventen betriebswirtschaftlicher Studiengänge schon seit geraumer Zeit über das notwendige theoretische Rüstzeug verfügen sollten, gibt es auch heute noch Vorbehalte gegenüber dem Einsatz der Deckungsbeitragsrechnung. Mit dieser Arbeit soll ein Beitrag dazu geleistet werden, diese Vorbehalte abzubauen, indem ein Instrument entwickelt wird, mit dem der Einsatz der Deckungsbeitragsrechnung ausführlich trainiert werden kann, ohne reale finanzielle Nachteile befürchten zu müssen.

Ich danke dem Betreuer der Arbeit, Herrn Prof. Dr. Jürgen Bloech, für die bei der Bearbeitung gewährten Freiräume. Ich danke ebenfalls Herrn Prof. Dr. Dr. h.c. Frank Achtenhagen, der nicht nur das Zweitgutachten übernommen, sondern auch schon im Vorfeld während der Sitzungen des Graduiertenkollegs viele wertvolle Anregungen für den Fortschritt der Arbeit gegeben hat. Für ein gutes Arbeitsklima im Graduiertenkolleg haben die weiteren Kollegiaten gesorgt, die sich stets zur gegenseitigen Unterstützung bereitgefunden haben. Die Durchführung des Projektes wurde durch die finanzielle Unterstützung der Stiftung Volkswagenwerk und des Landes Niedersachsen ermöglicht.

Mein besonderer Dank gilt Herrn Prof. Dr. Dres. h.c. Paul Riebel für seine Bereitschaft, in einem sehr angenehmen und konstruktiven Gespräch Zwischenergebnisse der Arbeit mit mir zu diskutieren.

Außerdem bin ich all denjenigen verbunden, die durch kritische Diskussionen des Manuskriptes sehr zum Gelingen der Arbeit beigetragen haben, hierbei insbesondere Herrn Dipl.-Kfm. Manfred Beinhauer und Herrn Dipl.-Kfm. Heiko Spitzer.

Schließlich danke ich allen, die sich an der Fertigstellung der umfangreichen Planspielsoftware beteiligt haben. An der Programmierung mitgewirkt haben besonders Herr Dipl.-Kfm. Christian Meier, Frau cand. rer. pol. Kirstin Dücker und Herr Dipl.-Ing. (agr.) Uwe Maurer. Frau Dücker hat darüber hinaus im Rahmen ihrer Diplomarbeit umfangreiches Datenmaterial für die Planspielmodellierung zusammengetragen und ausgewertet.

Karl-Ulrich Schellhaas

Inhaltsverzeichnis

Abbildungsverzeichnis XIII

Abkürzungsverzeichnis XVI

1 Einführung 1

   1.1 Problemstellung 1

   1.2 Zielsetzung 2

   1.3 Vorgehensweise 4

2 Gegenstand und Gestaltungsformen der Kosten- und Leistungsrechnung 7

   2.1 Gegenstand der Kosten- und Leistungsrechnung 7

       2.1.1 Die Kosten- und Leistungsrechnung als Informationssystem 7

       2.1.2 Die Aufgaben der Kosten- und Leistungsrechnung als Instrument zur Unternehmensführung 9

   2.2 Gestaltungsformen der Kosten- und Leistungsrechnung 13

       2.2.1 Systeme der Vollkostenrechnung 14

       2.2.2 Systeme der Teilkostenrechnung 16

3 Die Einzelkosten- und Deckungsbeitragsrechnung als entscheidungsorientiertes System der Kosten- und Leistungsrechnung 21

   3.1 Grundlagen der Einzelkosten- und Deckungsbeitragsrechnung 21

       3.1.1 Überblick 21

       3.1.2 Kostenzurechnung nach dem Identitätsprinzip 26

       3.1.3 Entscheidungsorientierter Kostenbegriff 29

   3.2 Gestaltung zweckpluraler Grundrechnungen 33

       3.2.1 Entwicklung der Grundrechnungskonzeption 33

       3.2.2 Bezugsobjekte in einer zweckpluralen Grundrechnung 36

       3.2.3 Kostenkategorien in einer zweckpluralen Grundrechnung 40

       3.2.4 Formen der Grundrechnung 46

   3.3 Planung, Steuerung und Kontrolle mit der Einzelkosten- und Deckungsbeitragsrechnung 49

       3.3.1 Gestaltung von Auswertungsrechnungen 49

       3.3.2 Festlegung von Deckungsvorgaben 53

4 Die Rolle der EDV bei der Umsetzung der Einzelkosten- und Deckungsbeitragsrechnung 57

4.1 EDV-Unterstützung für die Kosten- und Leistungsrechnung 57

4.2 Datenbanken 58

    4.2.1 Formen der Datenverwaltung 58

    4.2.2 Drei-Ebenen-Architektur für Datenbanksysteme 60

    4.2.3 Datenbankmodelle 61

    4.2.4 Semantische Datenmodellierung mit dem Entity-Relationship-Modell 65

4.3 Methodenbanken 71

    4.3.1 Grundlagen 71

    4.3.2 Relevante Methoden für die Einzelkosten- und Deckungsbeitragsrechnung 72

4.4 Implementierungen der Einzelkosten- und Deckungsbeitragsrechnung 73

    4.4.1 Möglichkeiten zur Implementierung mit Hilfe von Daten- und Methodenbanken 73

    4.4.2 Möglichkeiten zur Implementierung mit Hilfe von Standardsoftware . 79

5 Darstellung und Diskussion des Unternehmensplanspiels als aktive Lehr- und Lernmethode 83

5.1 Begriff und Arten von Unternehmensplanspielen 83

5.2 Didaktische Überlegungen zum Einsatz eines Unternehmensplanspiels 90

    5.2.1 Formulierung von Lernzielen 90

    5.2.2 Erfolgsindikatoren für die Evaluation der Teilnehmer 93

    5.2.3 Möglichkeiten zur Kombination mit anderen Lehr- und Lernmethoden 97

5.3 Eignung und Einsatz von Unternehmensplanspielen zur Förderung der Entscheidungsfähigkeit 99

    5.3.1 Empirische Untersuchungen zum Ausbildungswert von Unternehmensplanspielen 99

    5.3.2 Einsatz von Unternehmensplanspielen in der Ausbildung zur Kosten- und Leistungsrechnung 101

    5.3.3 Kopplung von Unternehmensplanspielen mit Systemen zur Entscheidungsunterstützung 103

5.4 Eignung eines computergestützten Unternehmensplanspiels zur Vermittlung der Einzelkosten- und Deckungsbeitragsrechnung 105

6 Konzeption der Planspielsoftware ... 109

6.1 Vorüberlegungen ... 109
6.1.1 Ableitung von Anforderungen ... 109
6.1.2 Lösungskonzeption und Vorgehensweise ... 110
6.1.3 Anmerkungen zur softwaretechnischen Realisierung ... 116

6.2 Modellierung von Datenstrukturen ... 118
6.2.1 Produktion ... 118
6.2.2 Beschaffung und Absatz ... 122
6.2.3 Sonstige Funktionsbereiche ... 125
6.2.4 Datenstrukturen für die Einzelkosten- und Deckungsbeitragsrechnung ... 126

6.3 Simulation von Beziehungen ... 130
6.3.1 Beziehungen innerhalb der Unternehmung ... 130
6.3.2 Beziehungen zu Umsystemen der Unternehmung ... 132
6.3.3 Abbildung der Beziehungen in der Einzelkosten- und Deckungsbeitragsrechnung ... 135

6.4 Hilfsmittel zur Entscheidungsunterstützung ... 136
6.4.1 Zugriff auf den Datenbestand ... 136
6.4.2 Produktionsplanung ... 140
6.4.2.1 Zugriff auf Daten zur Produktionsplanung ... 140
6.4.2.2 Absatzprognosen ... 146
6.4.2.3 Planung des Produktionsprogramms mit Hilfe von Deckungsbeiträgen ... 150
6.4.2.4 Materialdisposition ... 154
6.4.3 Aufstellen und Auswerten von Bezugsobjekthierarchien ... 157
6.4.3.1 Vorüberlegungen ... 157
6.4.3.2 Tabellarische Analyse ... 157
6.4.3.3 Grafische Analyse ... 161
6.4.4 Aufstellen von Deckungsvorgaben ... 163
6.4.4.1 Vorüberlegungen ... 163
6.4.4.2 Grafische Analyse ... 164

7 Einsatzmöglichkeiten der Planspielsoftware 167

7.1 Anwendungsbeispiel zur Kombination von Fallstudie und
Unternehmensplanspiel 167
    7.1.1 Didaktische Gesichtspunkte 167
    7.1.2 Diskussion der Fallsituation 169
    7.1.3 Umsetzung der Fallsituation mit Hilfe der Planspielsoftware 180

7.2 Konzeption eines Unternehmensplanspiels für eine Unternehmung
aus dem Bereich des Anlagenbaus 186
    7.2.1 Didaktische Gesichtspunkte 186
        7.2.1.1 Überlegungen zur Modellierung 186
        7.2.1.2 Formulierung von Lernzielen 188
        7.2.1.3 Erfolgsindikatoren für die Evaluation der Teilnehmer 190
    7.2.2 Überblick über das Beispielunternehmen 190
    7.2.3 Modellierung der Funktionsbereiche im Beispielunternehmen 192
        7.2.3.1 Produktionsbereich 192
        7.2.3.2 Beschaffungsbereich 195
        7.2.3.3 Absatzbereich 195
        7.2.3.4 Sonstige Funktionsbereiche 196
    7.2.4 Simulation der Beziehungen im Beispielunternehmen 197
        7.2.4.1 Beziehungen innerhalb der Unternehmung 197
        7.2.4.2 Beziehungen zu Umsystemen der Unternehmung ... 197
        7.2.4.3 Abbildung der Beziehungen in der Einzelkosten- und
Deckungsbeitragsrechnung 200
    7.2.5 Darstellung der Entscheidungsbereiche 206
        7.2.5.1 Regelmäßig zu treffende Entscheidungen 206
        7.2.5.2 Möglichkeiten für fallweise zu treffende
Entscheidungen 207

8 Zusammenfassung und Ausblick 209

Literaturverzeichnis 211

Anhang 1: Übersicht über die Datenstruktur der Planspielsoftware
im Entity-Relationship-Diagramm 224

Anhang 2: Übersicht über die Relationen der Planspielsoftware 226

Abbildungsverzeichnis

Abb. 1-1: Gedankenfluß der Arbeit 6

Abb. 2-1: Gegenüberstellung von Finanzbuchhaltung und Kosten- und Leistungsrechnung 8

Abb. 2-2: Zusammenhang zwischen Planung, Steuerung und Kontrolle als Regelkreis 11

Abb. 2-3: Systeme der KLR 14

Abb. 2-4: Ablauf der traditionellen Vollkostenrechnung 15

Abb. 3-1: Zusammenhang zwischen der Einteilung der Gesamtkosten in Einzel- und Gemeinkosten bzw. in beschäftigungsvariable und beschäftigungsfixe Kosten 24

Abb. 3-2: Rechnerische Abbildung der Leistungserstellung im Sinne des Identitätsprinzips 28

Abb. 3-3: Absatzorientierte Bezugsobjekthierarchie am Beispiel eines Reifenherstellers 37

Abb. 3-4: Netzwerk von Bezugsobjekten und daraus ableitbare Bezugsobjekthierarchien 38

Abb. 3-5: Möglichkeiten zur Darstellung mehrdimensionaler Verknüpfungen 40

Abb. 3-6: Schema zur Klassifikation von Leistungs- und Bereitschaftskosten 42

Abb. 3-7: Beispielhafter Aufbau einer tabellarischen Grundrechnung 47

Abb. 3-8: Allgemeine Form der Grundrechnung der Kosten 48

Abb. 4-1: Konventionelle Dateiorganisation und Datenbankorganisation im Vergleich 59

Abb. 4-2: Beispiel zum hierarchischen Datenbankmodell und zum Netzwerkdatenbankmodell 62

Abb. 4-3: Definitionen zum relationalen Datenbankmodell 63

Abb. 4-4: Modellierungsprozeß für den Entwurf konzeptueller Schemata 67

Abb. 4-5: Beispiele für die Darstellungsweise im ERD 69

Abb. 4-6: Darstellung verschiedener Konstruktionsoperatoren im ERD 70

Abb. 4-7: Tabellarische Übersicht über implementierte Systeme auf der Basis der EK&DBR 78

Abb. 4-8: Realisierung der EK&DBR mit SAP RK 80

Abb. 5-1: Morphologisches Schema zur Klassifikation von Unternehmensplanspielen 86

Abb. 5-2: Taxonomie von Lernzielen aus dem kognitiven Bereich nach Bloom ... 91

Abb. 6-1:	Die Funktionsbereiche einer Industrieunternehmung und ihre Verbindung mit Umsystemen	114
Abb. 6-2:	Mögliche Funktionstypen für die Simulation von Beziehungen in Unternehmensplanspielen	1115
Abb. 6-3:	Grundannahmen zur Gestaltung des Produktionssubsystems	118
Abb. 6-4:	Gewinnung des Entity-Typs Teil durch Anwendung der Generalisierung	119
Abb. 6-5:	Darstellung eines Erzeugnisbaums	120
Abb. 6-6:	Darstellung einer Stückliste im ERM	120
Abb. 6-7:	Datenstrukturen für die Ermittlung des Zeitgerüsts im ERM	167
Abb. 6-8:	Datenstruktur zum Speichern vergangener und zukünftiger Bedarfe	167
Abb. 6-9:	Grundannahmen zur Gestaltung des Beschaffungssubsystems	122
Abb. 6-10:	Darstellung der Lieferbeziehungen im ERM	122
Abb. 6-11:	Grundannahmen zur Gestaltung des Absatzsubsystems	123
Abb. 6-12:	Datenstruktur zur Speicherung von Kunden- und Auftragsdaten	124
Abb. 6-13:	Darstellung der Datenstrukturen für die EK&DBR im ERM	130
Abb. 6-14:	S-förmige Funktionstypen zur Modellierung von Werbewirksamkeitsfunktionen	134
Abb. 6-15:	Konzeption eines Browsers zur Darstellung verknüpfter Relationen	138
Abb. 6-16:	Arbeitsweise des Browsers zur Darstellung verknüpfter Relationen	139
Abb. 6-17:	Rechenblatt für die Materialbedarfsplanung	141
Abb. 6-18:	Bildschirmmaske des Browsers zur Bedarfsplanung	142
Abb. 6-19:	Bildschirmmasken für Baukasten-, Struktur- und Mengenübersichtsstücklisten	144
Abb. 6-20:	Grundtypen von Bedarfsverläufen	147
Abb. 6-21:	Implementierte Prognoseverfahren	148
Abb. 6-22:	Bildschirmmaske zur grafischen Darstellung von Bedarfsverläufen im Unternehmensplanspiel	149
Abb. 6-23:	Bildschirmmaske zur Darstellung einer engpaßbezogenen Deckungsbeitragsrechnung	151
Abb. 6-24:	Vorgehensweise zur Lösung von LP-Problemen	152
Abb. 6-25:	Implementierte Heuristiken zur Bestellmengenermittlung	156
Abb. 6-26:	Konzeption der sukzessiven Top-down-Analyse von Bezugsobjekthierarchien	159
Abb. 6-27:	Beispiel für die tabellarische Top-down-Analyse von Bezugsobjekthierarchien	160
Abb. 6-28:	Beispiel für die grafische Top-down-Analyse von Bezugsobjekthierarchien	162
Abb. 6-29:	Beispiel für die grafische Auswertung von Deckungsbudgets	165

Abb. 7-1:	Fallsituation Klima GmbH, Teil I (Seite 1)	170
Abb. 7-2:	Fallsituation Klima GmbH, Teil I (Seite 2)	171
Abb. 7-3:	Rechenweg für die Lösung des ersten Teils der Fallsituation	173
Abb. 7-4:	Fallsituation Klima GmbH, Teil II	174
Abb. 7-5:	Ein- und Ausgabedatei zur Planung des Produktionsprogramms (erweiterte Fallsituation)	175
Abb. 7-6:	Fallsituation Klima GmbH, Ergänzungsaufgabe	177
Abb. 7-7:	Lösungsvorschlag zur Ergänzungsaufgabe	179
Abb. 7-8:	Relationen mit den Daten der Fallsituation	180
Abb. 7-9:	Bildschirmmasken zur Fallsituation	182
Abb. 7-10:	Einordnung des vorliegenden Planspiels anhand verschiedener Merkmale	187
Abb. 7-11:	Organisatorischer Aufbau des Beispielunternehmens	191
Abb. 7-12:	Aufsicht auf einen Wärmetauscher (vereinfacht)	192
Abb. 7-13:	Erzeugnisbäume der drei Produkte	193
Abb. 7-14:	Übersicht über den Ablauf der Produktion von Wärmetauschern	194
Abb. 7-15:	Simulation der Nachfrage im Unternehmensplanspiel	199
Abb. 7-16:	Tabellarische Grundrechnung für einen Monat (Gliederung nach Erzeugnissen und Kostenstellen)	202
Abb. 7-17:	Tabellarische Grundrechnung für ein Quartal (Gliederung nach Erzeugnissen und Kostenstellen)	204

Abkürzungsverzeichnis

BAB	Betriebsabrechnungsbogen
BDE	Betriebsdatenerfassung
BFuP	Betriebswirtschaftliche Forschung und Praxis
CASE	Computer-aided software engineering
DBMS	Datenbankmanagementsystem
DBW	Die Betriebswirtschaft
DDL	Data Definition Language
DML	Data Manipulation Language
DS	Decision Sciences
DSS	Decision Support System
EK&DBR	Einzelkosten- und Deckungsbeitragsrechnung
ERD	Entity-Relationship-Diagramm
ERM	Entity-Relationship-Modell
HBR	Harvard Business Review
HMD	Handbuch der modernen Datenverarbeitung
KLR	Kosten- und Leistungsrechnung
KRP	Kostenrechnungs-Praxis
LP	Lineare Programmierung
MIS	Management Information System
NBW	Neue Betriebswirtschaft
NF	Normalform
NF^2	Not first normal form
S&G	Simulation & Games (ab 1990 Simulation & Gaming)
SQL	Structured Query Language
WBS	Wissensbasiertes System
WiSt	Wirtschaftswissenschaftliches Studium
XPS	Expertensystem
ZfB	Zeitschrift für Betriebswirtschaft
ZfbF	Zeitschrift für betriebswirtschaftliche Forschung
ZfhF	Zeitschrift für handelswissenschaftliche Forschung
ZfPäd	Zcitschrift für l'ädagogik
ZwF	Zeitschrift für wirtschaftliche Fertigung

1 Einführung

1.1 Problemstellung

Die Kosten- und Leistungsrechnung (KLR) nimmt in Wissenschaft und Praxis gleichermaßen einen hohen Stellenwert ein. Dennoch besteht eine große Diskrepanz zwischen den von der Theorie empfohlenen und den tatsächlich verwendeten Verfahren. Verschiedene empirische Studien zeigen, daß in der betrieblichen Praxis - vor allem in kleineren und mittleren Unternehmen - immer noch die Anwendung der Vollkostenrechnung überwiegt.[1]

Die im Rahmen der Vollkostenrechnung durchgeführte Verrechnung der gesamten Kosten auf die erstellten Leistungseinheiten und eine mangelnde Differenzierung von Kosteneinflußgrößen können jedoch zu krassen Fehlentscheidungen führen.[2] Daher wird in der betriebswirtschaftlichen Literatur die Anwendung von Verfahren der Vollkostenrechnung in den meisten Fällen als nicht ausreichend angesehen. Soll die KLR zur zahlenmäßigen Fundierung unternehmerischer Entscheidungen genutzt werden, wird von den meisten Autoren der Einsatz eines Systems der Teilkostenrechnung empfohlen.[3]

Von den vielen konzeptionellen Vorschlägen zur Gestaltung von Systemen der Teilkostenrechnung ist die Einzelkosten- und Deckungsbeitragsrechnung (EK&DBR) nach Riebel[4] seit Beginn der 80er Jahre wieder stärker diskutiert worden, weil sich durch die Entwicklungen im Bereich der Datenbanktechnologie die für eine praktische Anwendung notwendige DV-Unterstützung immer besser realisieren läßt.[5]

Bedingt durch die Komplexität der EK&DBR ist es allerdings nur mit einem erheblichen Zeitaufwand möglich, sich in dieses System einzuarbeiten. Generell muß bei allen Mitgliedern des Unternehmens, die aufgrund von Kostenrechnungsinformationen Entscheidungen treffen sollen, ein radikales Umdenken erfolgen; denn die EK&DBR erlaubt keine einfache schematische Anwendung, sondern erfordert eine individuelle Interpretation einzelner betrieblicher Entscheidungssituationen.[6]

---

[1] Vgl. *Becker, H.P.*: Einsatz, 1985; *Wied-Nebbeling, S.*: Preisverhalten, 1985; *Kind, H.*: Rechnungswesen, 1985, S. 182.
[2] Vgl. z. B. *Hummel, S./Männel, W.*: Kostenrechnung 2, 1983, S. 28-36.
[3] Vgl. z. B. *Kilger, W.*: Einführung, 1987, S. 65-68; *Dellmann, K.*: Stand, 1979, S. 329; *Hummel, S./Männel, W.*: Kostenrechnung 2, 1983, S. 25; *Witt, F.-J.*: Deckungsbeitragsmanagement, 1991, S. 125. Mit der Anwendung einer Teilkostenrechnung wird jedoch die gleichzeitige Nutzung von Vollkostenrechnungsdaten nicht ausgeschlossen.
[4] Die ersten Veröffentlichungen zu diesem System sind *Riebel, P.*: Gestaltung, 1956; *Riebel, P.*: Rechnen, 1959. Synonyme Bezeichnungen aus der älteren Literatur sind "Deckungsbeitragsrechnung mit relativen Einzelkosten" oder kürzer "Relative Einzelkostenrechnung".
[5] Vgl. in bezug auf die DV-technische Umsetzung vor allem *Sinzig, W.*: Rechnungswesen, 1990; *Haun, P.*: Rechnungswesen, 1987; *Kleiner, F.*: Kostenrechnung, 1991; *Fischer, R./Rogalski, M.*: Kosten- und Erlöscontrolling, 1991; *Riebel, P./Sinzig, W./Heesch, M.*: Fortschritte, 1992 sowie zusammenfassend Abschnitt 4.4 dieser Arbeit.
[6] Vgl. *Riebel, P.*: Thesen, 1983, S. 45.

Gründe für die Ablehnung der EK&DBR können daher vor allem auf Seiten der Anwender vermutet werden.[7] So werden Mitglieder der Unternehmensleitung im allgemeinen kein System akzeptieren, dessen Grundzüge ihnen nicht transparent erscheinen.

1.2 Zielsetzung

Obwohl es sich bei der EK&DBR um ein **theoretisch** weit entwickeltes Verfahren handelt, trifft für sie die eingangs gemachte Feststellung über die relativ geringe **praktische** Verbreitung besonders zu.

Hinzu kommt, daß die EK&DBR auch im Bereich der Lehrbuchliteratur zur KLR eher unterrepräsentiert ist.[8] Zwar gibt es kaum ein Lehrbuch zur KLR, in dem sie unerwähnt bleibt; bei der Behandlung von Spezialproblemen dominieren aber nach wie vor Ausführungen über die Istkostenrechnung auf Vollkostenbasis und über die Plankostenrechnung.[9]

Die EK&DBR ist einerseits zwar sehr gut geeignet, komplexe betriebliche Zusammenhänge realitätsnah abzubilden und damit Voraussetzungen für die Bewältigung betriebswirtschaftlicher Problemstellungen zu geben.[10] Sie stellt jedoch andererseits höhere Anforderungen an die Interpretationsfähigkeit der im komplexen System Unternehmung handelnden Entscheidungsträger.

Damit taucht die Frage auf, wie Mitarbeiter verschiedener Ebenen eines Unternehmens und auch Studenten auf den zukünftigen Einsatz eines solchen Instruments angemessen vorbereitet werden können.

Wesentlich für die angesprochenen Qualifikationsmaßnahmen ist, daß sie über die reine Wissensvermittlung hinausgehen. Das vermittelte Wissen soll auch angewendet werden können, und die Lernenden sollen in der Lage sein, eigenständig Strategien zur Lösung betriebswirtschaftlicher Probleme zu entwickeln.

Aus diesen Gründen bietet sich besonders der Einsatz aktiver Lehr- und Lernmethoden an, wobei für den hier beschriebenen Problemkreis hauptsächlich Fallstudien und Unternehmensplanspiele in Betracht kommen.[11] Zwar gibt es einige Fallstudien, die die Anwendung von Deckungsbeiträgen zum Inhalt haben, zur Zeit liegen jedoch nur sehr wenige Fallstudien vor, die sich mit den speziellen Problemen der EK&DBR befas-

---

[7] Vgl. *Riebel, P.*: Diskussionsbeiträge, 1983, S. 19 f.
[8] Vgl. auch *Riebel, P.*: Führungsrechnung, 1992, S. 298; *Weber, J.*: Einführung, 1990, S. 250.
[9] Dies zeigt deutlich die Sammelrezension von *Eberle, P.*: Kosten- und Leistungsrechnung, 1989, S. 105. Relativ ausführliche Darstellungen der EK&DBR bieten *Hummel, S./Männel, W.*: Kostenrechnung 2, 1983, S. 49-128; *Menrad, S.*: Rechnungswesen, 1978, S. 167-203; *Schweitzer, M./Küpper, H.-U.*: Systeme, 1991, S. 387-409; *Weber, J.*: Einführung, 1990, S. 249-277.
[10] Vgl. z. B. *Hummel, S.*: Kostenbegriff, 1983, S. 1204; *Männel, W.*: Konzept, 1983, S. 1187; *Weber, J.*: Einführung, 1990, S. 277; *Köhler, R.*: Marketing-Accounting, 1991, S. 247.
[11] Zu den Begriffen Fallstudie und Unternehmensplanspiel vgl. Abschnitt 5.1.

1.2 Zielsetzung

sen.[12] Unternehmensplanspiele zu dieser Thematik konnten überhaupt nicht gefunden werden.

Es erschien daher reizvoll, diese Lücke zu schließen und unter Berücksichtigung inhaltlicher und didaktischer Kriterien Materialien zu entwerfen, die für die Vermittlung der EK&DBR eingesetzt werden können. Im Rahmen dieser Arbeit fiel die Wahl auf das Planspiel, weil es im Gegensatz zur Fallstudie besser geeignet ist, zeitliche Interdependenzen und die dabei entstehenden Rückkopplungen zu verdeutlichen. Das Planspiel ermöglicht es, die Dynamik und Vernetztheit betriebswirtschaftlicher Problemstellungen hinreichend realistisch in einem Modell abzubilden und die vielfältigen Möglichkeiten zur Bearbeitung dieser Probleme mit der EK&DBR zu präsentieren.

Das Planspiel soll nicht nur helfen, den **Einstieg** in die EK&DBR zu erleichtern, sondern den Teilnehmern auch die Gelegenheit bieten, erste Erfahrungen in der **Anwendung** dieses Systems zu sammeln.[13]

Durch die Verwendung eines Unternehmensplanspiels wird es außerdem möglich, den Themenkomplex KLR nicht unabhängig von anderen Planungs-, Steuerungs- und Kontrollaufgaben zu sehen, sondern die Vernetzung zu anderen betrieblichen Funktionsbereichen zu verdeutlichen.

Grundsätzlich lassen sich Unternehmensplanspiele auch manuell durchführen. Für ein Planspiel zur EK&DBR erscheint der Einsatz eines Computers jedoch unumgänglich, weil im Rahmen der Auswertung schon bei einfachen Modellen eine große Anzahl von Berechnungen durchzuführen ist.

Bei der Verwendung eines Planspiels in der Ausbildung muß allerdings bedacht werden, daß zwischen dem Planspiel selbst und dem Umgang mit dem Planspiel durch den Lehrenden zu trennen ist. Der Umgang mit dem Planspiel bzw. die Heranführung an die Planspielinhalte sind jeweils Gegenstand eines Modellierungsprozesses.[14] Hier wird zwar hauptsächlich der Modellierungsprozeß des Planspiels selbst behandelt, jedoch werden auch verschiedene Möglichkeiten des Umgangs mit dem Planspiel diskutiert.

Faßt man die bisherigen Ausführungen zusammen, so besteht das Ziel dieser Arbeit darin, ein flexibles, computergestütztes Unternehmensplanspiel konzeptionell zu entwickeln und auf einem Rechner zu implementieren. Der Schwerpunkt des Unternehmensplanspiels liegt auf der Darstellung der Grundzüge und anwendungsbezogenen Spezifika der EK&DBR.

---

12 Eine veröffentlichte Fallstudie ist *Hömberg, R.*: Fallstudie, 1989; weitere Fallstudien sind für den internen Gebrauch am Lehrstuhl von Riebel entstanden, z. B. *Riebel, P.*: 3 F-Betrieb, 1983. Der Einsatz der letztgenannten Fallstudie ist auch für die Schulung der Anwender des Standardsoftware-Paketes R/2 der Fa. SAP geplant.
13 Für die Zielgruppe "Schüler am Wirtschaftsgymnasium" empfiehlt auch Dubs, Daten eines Modellunternehmens gespeichert zu haben, um den lebensnahen Umgang mit der KLR zu gewährleisten. Vgl. *Dubs, R.*: Rechnungswesen, 1990, S. 171.
14 Vgl. *Achtenhagen, F.*: Überlegungen, 1990, S. 118 und 120 f.

Um Lernergruppen mit unterschiedlichem Kenntnisstand ansprechen zu können und eine vielseitige Verwendung im betriebswirtschaftlichen Hochschulunterricht zu gestatten, muß das Planspiel Möglichkeiten zur Anpassung an verschiedene Komplexitätsstufen haben. Diese Flexibilität soll dadurch erreicht werden, daß das Planspiel als datengetriebenes Simulationsmodell konzipiert und realisiert wird. Das bedeutet, daß die Planspielsoftware in der Lage ist, verschiedene Modellunternehmen, die lediglich durch die Definition der Basisdaten festgelegt sind, zu verarbeiten.

Als didaktische Konsequenz ergibt sich, daß z. B. ein sehr komplexes Modell mit vielen Entscheidungen ebenso realisiert werden kann wie ein einfaches mit wenigen Entscheidungen. Somit läßt sich die Planspielsoftware sowohl für ein- bis zweiperiodige Entscheidungssituationen als Erweiterung computergestützter Fallstudien als auch als konventionelles Planspiel mit einer höheren Anzahl der zu spielenden Perioden nutzen.

Zusätzlich zur Planspielgestaltung sollen aber auch Hindernisse für die Anwendung der EK&DBR in der Praxis identifiziert sowie Vorschläge zu deren Beseitigung gemacht werden.

1.3 Vorgehensweise

Für die Konzeption des Planspiels ist es erforderlich, drei unterschiedliche Themenbereiche miteinander zu verknüpfen. Den **ersten** Bereich stellt die EK&DBR dar, denn diese spezielle Gestaltungsform der KLR bildet die inhaltliche Grundlage des Planspiels. Beim **zweiten** Bereich handelt es sich um die DV-technischen Überlegungen, die für die Implementierung des Planspiels - und hierbei insbesondere für die dafür notwendige Umsetzung der EK&DBR - zu beachten sind. Mit den theoretischen Grundlagen der Planspielmethodik ist schließlich noch ein **dritter** Bereich von Bedeutung.

Da vergleichbare Arbeiten noch nicht vorliegen, müssen diese drei bisher mehr oder weniger isoliert behandelten Teilbereiche zusammengeführt und in einen sinnvollen Zusammenhang gebracht werden. Um den Lesefluß nicht unnötig zu gefährden, wurde der Weg gewählt, die drei Bereiche zunächst für sich abzuhandeln. Dadurch werden die für das Ergebnis der Arbeit wesentlichen Zusammenhänge und Übergänge allerdings erst im Anschluß daran transparent.

Die aus den vorangehenden Bemerkungen abgeleitete Vorgehensweise läßt sich somit wie folgt skizzieren:

In den Kapiteln 2 und 3 werden zunächst die betriebswirtschaftlichen Grundlagen für die Planspielentwicklung erörtert. Kapitel 2 gibt einen allgemeinen Überblick über Stellung, Aufgaben und Formen der KLR. Im dritten Kapitel werden die konzeptionellen Grundlagen der EK&DBR dargestellt. Spezielle Problemstellungen werden insoweit behandelt, als sie für die Planspielentwicklung von Bedeutung sind. Die Darstellung erfolgt konsequent im Hinblick auf die Fundierung von Entscheidungen.

Weil das in dieser Arbeit zu erstellende Unternehmensplanspiel eine Implementierung der EK&DBR erfordert, wird im vierten Kapitel die EDV-Unterstützung und dabei besonders der Einsatz von Daten- und Methodenbanken im Rahmen der EK&DBR diskutiert. Während für den praktischen Einsatz die Bewältigung der großen Datenmengen sowohl bei der Erfassung als auch bei der Auswertung im Vordergrund steht, kommt es im Planspiel darauf an, die Umsetzung der betriebswirtschaftlichen Inhalte der EK&DBR mit Hilfe der EDV einerseits theoretisch korrekt und andererseits aus didaktischen Gründen noch überschaubar zu gestalten. Die Datenbanktheorie wird etwas ausführlicher dargestellt, da bei der Behandlung der Planspielmodellierung ebenfalls auf diese Grundlagen zurückgegriffen wird.

Mit den Grundlagen des Unternehmensplanspiels als aktive Lehr- und Lernmethode beschäftigt sich das fünfte Kapitel. Dort werden Fragen zum Ausbildungswert von Unternehmensplanspielen und zur Evaluation der Planspielteilnehmer erörtert. Einige bereits erschienene Planspiele, die sich hauptsächlich mit Problemen der KLR befassen, werden diskutiert. Ferner wird auf einige grundsätzliche Möglichkeiten eingegangen, Unternehmensplanspiele mit anderen Lehr- und Lernmethoden zu kombinieren.

Der Schwerpunkt der Arbeit liegt auf den Kapiteln 6 und 7. Im sechsten Kapitel werden zunächst die Anforderungen an ein computergestütztes Unternehmensplanspiel zur EK&DBR abgeleitet. Dann wird gezeigt, daß sich diese Anforderungen am besten erfüllen lassen, wenn die softwaretechnische Umsetzung des Planspiels so erfolgt, daß mit Hilfe einer allgemein gehaltenen Planspielsoftware unterschiedliche Unternehmen simuliert werden können. Anschließend wird die inhaltliche Gestaltung einer solchen Planspielsoftware erörtert. Als erstes wird die der Planspielsoftware zugrundeliegende Datenstruktur abgeleitet. Im zweiten Schritt werden Überlegungen getroffen, wie die Beziehungen simuliert werden können, die innerhalb des Unternehmens oder zu Umsystemen bestehen. Schließlich erfolgt eine Diskussion über die Auswahl und Gestaltung von rechnergestützten Hilfsmitteln, mit denen die Teilnehmer in die Lage versetzt werden, bestimmte Aufgaben im Dialog zu lösen. Im Rahmen der Überlegungen zu alternativen Darstellungen von Informationen und deren Wirkungen auf die Informationsempfänger werden Ansätze entwickelt, die durch die Visualisierung betriebswirtschaftlicher Problemstellungen ein hohes Maß an Anschaulichkeit versprechen.

In Kapitel 7 wird die hohe Flexibilität der Planspielsoftware an zwei Beispielen demonstriert. Es wird dargestellt, wie sich mit Hilfe der Planspielsoftware an die jeweiligen Zielgruppen angepaßte Unternehmensmodelle mit unterschiedlichen inhaltlichen Schwerpunkten entwickeln lassen. Bei der Gestaltung der Unternehmensmodelle werden den die didaktischen Gesichtspunkte jeweils diskutiert.

Die Arbeit schließt mit einer Zusammenfassung der wichtigsten Ergebnisse und einem Ausblick auf noch offene Fragen.

Die folgende Abbildung verdeutlicht in grafischer Form, wie die einzelnen Kapitel der Arbeit aufeinander aufbauen.

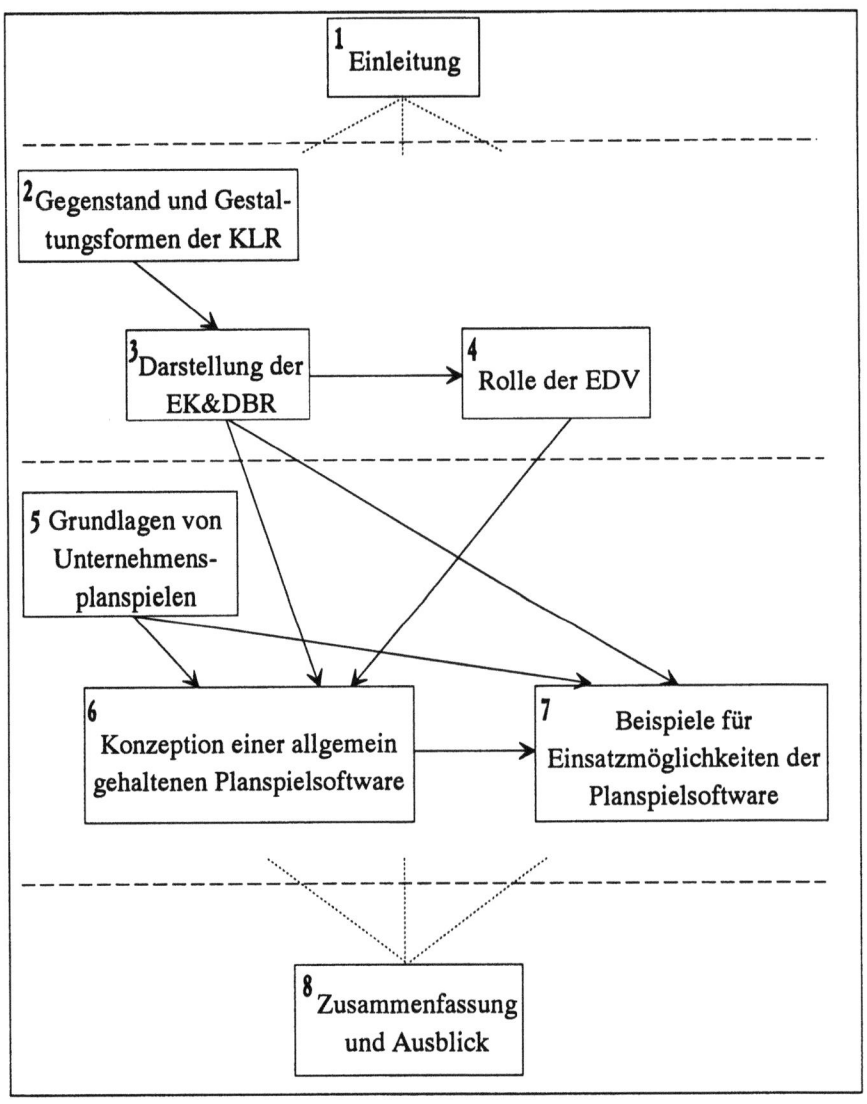

Abb. 1-1: Gedankenfluß der Arbeit

2 Gegenstand und Gestaltungsformen der Kosten- und Leistungsrechnung

2.1 Gegenstand der Kosten- und Leistungsrechnung

2.1.1 Die Kosten- und Leistungsrechnung als Informationssystem

Mit **Information** bezeichnet man in der Betriebswirtschaftslehre zweckorientiertes Wissen.[1] Unter einem **System** wird eine geordnete Menge von Elementen verstanden, zwischen denen Beziehungen bestehen oder hergestellt werden können.[2] Betrachtet man einzelne Informationen als Elemente sowie die zwischen den Informationen herrschenden Beziehungen (z. B. Regeln zur Gewinnung und Verarbeitung einzelner Informationen), so läßt sich der Begriff des **Informationssystems** herleiten.

Unter dem **Rechnungswesen**[3] soll hier ein Informationssystem der Unternehmung verstanden werden, mit dessen Hilfe wirtschaftlich relevante Größen des Unternehmens erfaßt und verschiedenen Informationsadressaten zur Verfügung gestellt werden.[4]

Für die Bildung von Teilgebieten innerhalb des Rechnungswesens gibt es verschiedene Möglichkeiten.[5] Unterscheidet man nach der Stellung des Informationsadressaten zur Unternehmung, so läßt sich das Rechnungswesen in das **externe** und **interne** Rechnungswesen gliedern.[6]

Zum externen Rechnungswesen zählt die **Finanzbuchhaltung**, zum internen Rechnungswesen die **Kosten- und Leistungsrechnung (KLR)**.

Diese Unterscheidung wird gelegentlich kritisiert, weil Daten der KLR auch von externen und Daten der Finanzbuchhaltung auch von internen Informationsempfängern genutzt

---

[1] Vgl. *Wittmann, W.*: Unternehmung, 1959, S. 14. Diese Definition geht aus der Semiotik hervor, die zwischen Signalen (syntaktische Ebene), Nachrichten (semantische Ebene) und Informationen (pragmatische Ebene) differenziert, wobei sich die Pragmatik von der Semantik durch die Berücksichtigung der Wirkung auf den Informationsempfänger und sein Handeln unterscheidet; vgl. ebenda.

[2] Vgl. z. B. *Ulrich, H.*: Unternehmung, 1970, S. 105; *Bleicher, K.*: Entwicklung, 1970, S. 3.

[3] Als Ersatz für die in der älteren Literatur übliche Bezeichnung "Betriebliches Rechnungswesen" wird zunehmend der Begriff "Unternehmensrechnung" vorgeschlagen. Vgl. dazu *Coenenberg, A.G.*: Ziele, 1976; *Brink, H.-J.*: System, 1978, S. 565 und *Kloock, J.*: Aufgaben, 1978, S. 493. Zur Diskussion älterer und neuerer terminologischer Vorschläge vgl. *Weber, H.K.*: Rechnungswesen 1, 1988, S. 1.

[4] Vgl. *Coenenberg, A.G.*: Ziele, 1976, S. 1 ff. Es sei bemerkt, daß sich diese Definition nicht auf Mengen- und Wertgrößen beschränkt.

[5] Die nach einem Erlaß des Reichswirtschaftsministeriums von 1937 übliche Gliederung in Finanzbuchhaltung, Kostenrechnung, betriebliche Planung und betriebliche Statistik (vgl. z. B. *Wöhe, G.*: Einführung, 1990, S. 956) ist jedoch wegen der Überschneidungen mit anderen Gebieten innerhalb (geplant z. B. auch in der KLR) und außerhalb des Rechnungswesens (z. B. strategische Planung, Absatzstatistik) unzweckmäßig; vgl. *Heinen, E./Dietl, B.*: Kostenrechnung, 1991, S. 1159 und auch *Weber, H.K.*: Rechnungswesen 1, 1988, S. 19 f.

[6] Vgl. z. B. *Männel, W./Warnick, B.*: Rechnungswesen, 1990, S. 397; *Heinen, E./Dietl, B.*: Kostenrechnung, 1991, S 1159.

werden.[7] Sie wird hier jedoch verwendet, weil sie die **primäre Ausrichtung** der Teilbereiche des Rechnungswesens nach **inhaltlichen** Gesichtspunkten überzeugend wiedergibt.

Die **Finanzbuchhaltung** und der daraus abgeleitete Jahresabschluß (Bilanz und GuV) dienen vor allem der vergangenheitsorientierten Dokumentation und der Rechenschaftslegung der Unternehmung gegenüber **externen** Stellen (Anteilseignern, Gläubigern, Öffentlichkeit sowie Steuerbehörden). Die Durchführung der Finanzbuchhaltung ist durch handels- und steuerrechtliche Regelungen determiniert. Der in der Steuerbilanz ausgewiesene Gewinn wird als Grundlage für die Bemessung von Steuerzahlungen herangezogen.[8]

Die **KLR** ist dagegen vor allem ein Informationsinstrument für **interne** Stellen, die mit der Planung, Steuerung und Kontrolle des Betriebsgeschehens betraut sind.[9] Bedingt durch den vorwiegend internen Adressatenkreis ist die KLR in ihrer Durchführung kaum durch gesetzliche Normen eingeschränkt.

Abb. 2-1 faßt wesentliche Unterschiede zwischen Finanzbuchhaltung und KLR zusammen.

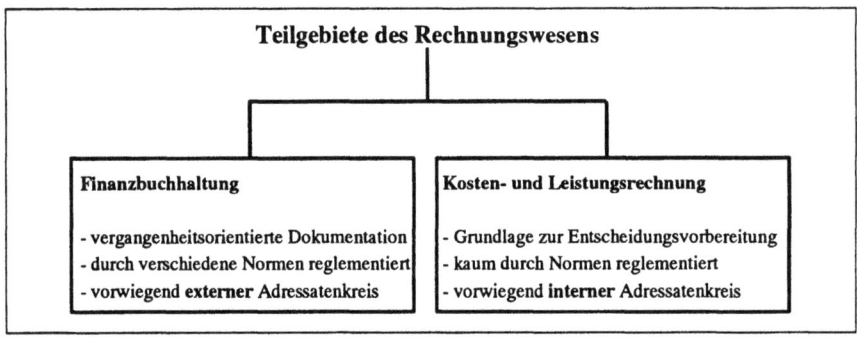

Abb. 2-1: Gegenüberstellung von Finanzbuchhaltung und Kosten- und Leistungsrechnung

Zwar besitzen auch die Zahlen der Finanzbuchhaltung einen gewissen Informationswert, der als Grundlage für innerbetriebliche Entscheidungen dienen kann, i. d. R. sind sie für diese Zwecke jedoch aus verschiedenen Gründen nur eingeschränkt brauchbar:

- Es handelt sich lediglich um vergangenheitsorientierte Daten, aus denen Aussagen über zukünftige Entwicklungen nur bedingt abgeleitet werden können.

---

[7] Vgl. z. B. *Weber, H.K.*: Rechnungswesen 1, 1988, S. 22.
[8] Vgl. *Coenenberg, A.G.*: Jahresabschluß, 1990, S. 8 ff.
[9] Mit der Bereitstellung von Bestandswerten für die Handels- und Steuerbilanz sowie von Selbstkosten für Produkte, die an öffentliche Auftraggeber verkauft werden, liegen jedoch auch Beispiele für die Deckung externer Informationsbedarfe vor, die ebenfalls durch gesetzliche Normen geregelt sind.

- In der Finanzbuchhaltung werden hauptsächlich die güter- und finanzwirtschaftlichen Beziehungen zur Umwelt erfaßt. Die für viele Fragestellungen wesentlichen Angaben über die güterwirtschaftlichen Prozesse **innerhalb** des Unternehmens werden jedoch vernachlässigt.[10]
- Die vielfältigen gesetzlichen Regelungen zur Durchführung der Finanzbuchhaltung und zur Erstellung des Jahresabschlusses bieten Wahlrechte, die im Hinblick auf bilanzpolitische und -strategische Erwägungen genutzt werden.[11] Daher richtet man sich nicht immer an einer möglichst realitätsgetreuen Abbildung des unternehmerischen Geschehens aus, was jedoch für die Vorbereitung innerbetrieblicher Entscheidungen notwendig ist. Allerdings ist auch beim Ausschöpfen von Wahlrechten eine Entscheidungssituation gegeben, die nicht vernachlässigt werden darf.

Der weitaus größere Teil der unternehmerischen Entscheidungen wird durch die Daten der KLR wesentlich besser unterstützt. Wegen der in Abschnitt 1.2 formulierten Zielsetzung des zu erstellenden Unternehmensplanspiels ist daher eine Konzentration auf die KLR im weiteren Verlauf der Arbeit gerechtfertigt.

2.1.2 Die Aufgaben der Kosten- und Leistungsrechnung als Instrument zur Unternehmensführung

Unter **Unternehmensführung** soll hier ein Prozeß der Gewinnung, Verarbeitung und Abgabe von Informationen verstanden werden, der der Willensbildung und der Willensdurchsetzung dient.[12] Der Führungsprozeß läßt sich idealtypisch weiter untergliedern in **Planungs-, Steuerungs- und Kontrolltätigkeiten**. Dabei erfolgt die Planung im Rahmen der Willensbildung, Steuerung und Kontrolle zählen zur Willensdurchsetzung. Die drei genannten Tätigkeiten können auf einer abstrakten Ebene als die **allgemeinen**, in einer Unternehmung anfallenden Aufgaben angesehen werden.

Bei der Unternehmensführung handelt es sich um einen **zielgerichteten Prozeß**. Ein Unternehmen als künstliches Gebilde ist nicht in der Lage, eigene Ziele zu haben.[13] Stattdessen werden die **Unternehmensziele** durch die zur Willensbildung autorisierten Personen im Rahmen von Verhandlungen aufgestellt. Somit sind Ziele immer Ergebnisse von Entscheidungen. Wenn im folgenden vereinfachend von Unternehmenszielen gesprochen wird, so sind immer die von der Unternehmensleitung formulierten Ziele gemeint.

Inhaltlich lassen sich die Planungs-, Steuerungs- und Kontrolltätigkeiten konkretisieren, indem sie an den aufgestellten Unternehmenszielen ausgerichtet werden.

---

[10] Vgl. z. B. *Weber, J.*: Einführung, 1990, S. 2.
[11] Als Beispiel mag die Ausnutzung von Sonderabschreibungen dienen, die vom Gesetzgeber als Anreiz für Investitionstätigkeiten gewährt werden. Zur Forderung nach Wirklichkeitsnähe für die Daten der KLR vgl. zusammenfassend *Hummel, S.*: Kostenerfassung, 1970, S. 73 ff.
[12] Vgl. *Hahn, D.*: Grundlegung, 1985, S. 21. Statt als Prozeß kann die Unternehmensführung auch als Gruppe von Personen, den Trägern der Führungstätigkeiten, betrachtet werden. Vgl. ebenda. Ist die Personengruppe gemeint, wird im folgenden von der Unternehmensleitung gesprochen.
[13] Vgl. *Ulrich, H.*: Unternehmung, 1970, S. 161.

Bei der Gesamtheit der Führungstätigkeiten handelt es sich um geistige Prozesse, zu deren Ausführung die Gewinnung und Verarbeitung von Informationen notwendig ist.[14] Dabei wird ein großer Teil der benötigten Informationen durch die KLR zur Verfügung gestellt. Dies verdeutlicht den Charakter der KLR als ein **Instrument**.

Die Aufgaben bzw. Rechnungsziele der KLR werden in der Literatur vielfach in Form von Axiomen festgelegt.[15] Da die Durchführung einer KLR jedoch kein Selbstzweck ist, erscheint es sinnvoller, ihre Rechnungsziele aus den allgemeinen Aufgaben der Unternehmensführung herzuleiten.[16]

Wesentliche Rechnungsziele der KLR als Informationsinstrument für Planung, Steuerung und Kontrolle sind:[17]

1. **Abbildung** des Unternehmungsprozesses in Kosten- und Leistungsgrößen;
2. **Planung und Steuerung** des Unternehmungsprozesses auf der Grundlage von Kosten- und Leistungsgrößen;
3. **Kontrolle** des Unternehmungsprozesses auf der Grundlage von Kosten- und Leistungsgrößen.

Bei der Abbildungsfunktion ist zu unterscheiden, ob sich die Abbildung auf den bereits realisierten Unternehmungsprozeß beschränkt, oder ob auch zukünftige Unternehmungsprozesse einbezogen werden.

Planung und Steuerung befassen sich mit zukünftigen bzw. gegenwärtigen Unternehmungsprozessen und haben eine Gestaltungsfunktion.[18]

Mit Hilfe der Kontrolle können Abweichungen zwischen den aus der Planung abgeleiteten Sollgrößen und den Istgrößen erkannt und für die Steuerung genutzt werden. Mit den Istgrößen liegen Informationen über Zielerreichungsgrade vor. Durch die Analyse der erkannten Abweichungen kann es u. U. zur Revision von Planungen und/oder Zielen kommen. Voraussetzung für die Kontrolle ist also, daß im Rahmen der Abbildungsfunktion sowohl der bereits realisierte als auch der geplante Unternehmungsprozeß dokumentiert worden ist.

Betrachtet man die KLR aus systemtheoretischer Sicht, so wird deutlich, daß sie Feedback-Größen liefert, die notwendig sind, um ein komplexes System dauerhaft am Leben zu erhalten. Der Zusammenhang zwischen den Prozessen der Planung, Steuerung und Kontrolle kann entsprechend als Regelkreis dargestellt werden:

---

[14] Vgl. *Berthel, J.*: Informationssysteme, 1975, S. 9; *Schweitzer, M./Küpper, U.*: Systeme, 1991, S. 63.
[15] Vgl. z. B. *Kilger, W.*: Einführung, 1987, S. 13 ff.
[16] Vgl. *Layer, M.*: Entwicklungsstand, 1984, S. 127; *Kloock, J.*: Aufgaben, 1978, S. 494; *Dellmann, K.*: Stand, 1979, S. 326 f.
[17] Vgl. *Schweitzer, M./Küpper, U.*: Systeme, 1991, S. 58. Vgl. dort auch die Tabelle auf S. 58 mit weiteren Gliederungsmöglichkeiten der Rechnungsziele der KLR.
[18] Vgl. *Schweitzer, M./Küpper, U.*: Systeme, 1991, S. 63.

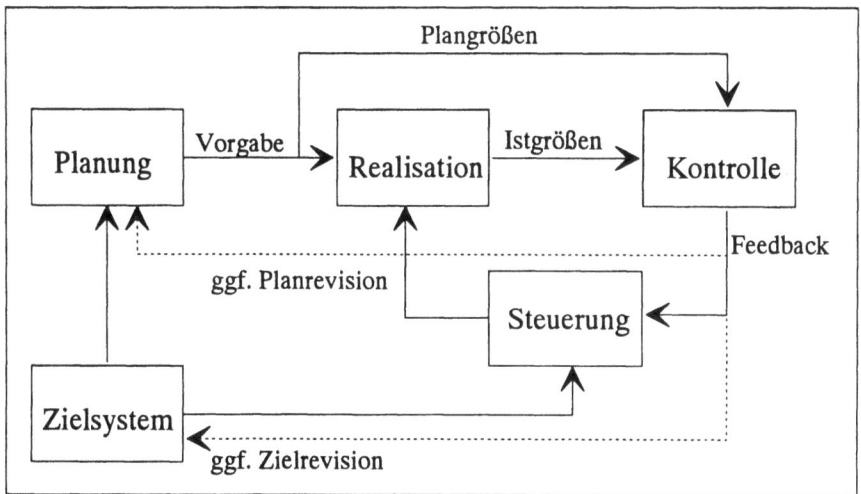

Abb. 2-2: *Zusammenhang zwischen Planung, Steuerung und Kontrolle als Regelkreis*[19]

Da sich die KLR inhaltlich auf den Ausweis bestimmter Informationen beschränkt, können nicht alle Informationsbedürfnisse der Entscheidungsträger befriedigt werden. Für die KLR ist daher kennzeichnend, daß eine enge Verflechtung mit weiteren Subinformationssystemen der Unternehmung besteht. Während in der Vergangenheit aus Gründen der Arbeitsteilung mehr oder weniger künstliche Abgrenzungen zwischen verschiedenen Unternehmensbereichen getroffen wurden, rückt im Zuge der computergestützten Informationsverarbeitung die Daten- und Funktionsintegration[20] einzelner Unternehmensbereiche wieder in den Vordergrund.

Betrachtet man die KLR unter dem Gesichtspunkt der Daten- und Funktionsintegration, so lassen sich zwei wesentliche Problembereiche identifizieren. Als erstes ist zu überlegen, wie die Daten- und Funktionsintegration mit zeitlich vorgeschalteten Systemen gestaltet wird. Hierbei handelt es sich um diejenigen Systeme, die als **Datenlieferant** für die KLR fungieren. Weiterhin muß die Daten- und Funktionsintegration mit zeitlich nachgelagerten Systemen organisiert werden. Damit sind Systeme angesprochen, die als **Empfänger** von Daten der KLR fungieren.

Die Integration mit **zeitlich vorgelagerten** Systemen ist eine Grundbedingung für die wirtschaftliche Durchführung der KLR. Dies wird besonders im bei der Erfassung der Kosten deutlich. Der größte Teil der von der KLR benötigten Mengen- und Wertgrößen wird nämlich bereits in vorgelagerten Erfassungssystemen bereitgehalten.[21] Die KLR

---

[19] Quelle: *Schweitzer, M./Küpper, U.*: Systeme, 1991, S. 64 (verkürzt).
[20] Unter Datenintegration versteht man die logische Zusammenführung der in einem Unternehmen gehaltenen Daten; Funktionsintegration bezeichnet die informationstechnische Verkettung einzelner Tätigkeiten. Vgl. *Mertens, P.*: Informationsverarbeitung 1, 1991, S. 1-3.
[21] Vgl. *Männel, W.*: Gesamtzusammenhang, 1992; S. 67; *Scheer, A.-W.*: Wirtschaftsinformatik, 1990, S. 463.

übernimmt einen großen Teil ihrer Daten aus der Finanzbuchhaltung. Die Finanzbuchhaltung ihrerseit erhält Daten aus den Bereichen, in denen Geschäftsvorfälle erzeugt werden (Beschaffung, Vertrieb). Dabei handelt es sich vorwiegend um Wertgrößen. Weitere Datenlieferanten für die KLR sind die Lohn- und Gehaltsrechnung, die Materialwirtschaft und die Anlagenbuchhaltung auf der Kostenseite, sowie die Fakturierung auf der Erlös- bzw. Leistungsseite.[22] Mengen- und Zeitgrößen werden u. a. für die Aufgaben der Kostenträgerrechnung benötigt und können theoretisch aus einem Produktionsplanungs- und -steuerungssystem (PPS) bezogen werden. Weil solche Systeme jedoch häufig eher technisch orientiert sind, ist eine Integration mit der KLR nicht immer möglich.

Die Integration mit **zeitlich nachgelagerten** Systemen betrifft vor allem die Schnittstellen zur **Unternehmensplanung**. Die Unternehmensplanung hat u. a. die Aufgaben, den Bestand der Unternehmung zu gewährleisten und den zukünftigen Entscheidungs- und Handlungsspielraum zu strukturieren.[23] Aus der KLR können Anregungsinformationen bezogen werden, die sich für die Definition von Problemen und die Generierung von Alternativen nutzen lassen. Ferner kann der vorhandene Datenbestand der KLR (Ist- und Plangrößen) als Grundlage für Prognosen dienen.[24]

Aus den bisherigen Ausführungen geht hervor, daß sich die KLR i. d. R. mit der **quantitativen** Abbildung des Unternehmensprozesses in Form von Mengen- und Wertgrößen befaßt. Diese Größen sind außerdem vorwiegend auf das **Erfolgsziel** der Unternehmung ausgerichtet. Die betriebswirtschaftlichen Arbeiten über die Zielbildung und Zielvorstellungen in Unternehmen haben gezeigt, daß eine monovariable Zielvorstellung, wie sie durch das erwerbswirtschaftliche Prinzip nahegelegt wird, empirisch nicht nachgewiesen werden kann.[25] Stattdessen ist von einer Menge von Zielvorstellungen auszugehen, die gleichzeitig verfolgt werden, mitunter aber zu Zielkonflikten führen können. Die Gesamtheit der angestrebten wirtschaftlichen Aktivitäten einer Unternehmung findet ihren Ausdruck in einem **Zielsystem**.[26]

Nicht alle Bestandteile des Zielsystems einer Unternehmung lassen sich durch die mengen- und wertmäßigen Größen erfassen, die in der KLR betrachtet werden. Beispielhaft seien hier soziale und ökologische Ziele genannt.[27] Auch die Entwicklung von Erfolgsfaktoren wie z. B. die Produktqualität oder der Qualifikationsstand der Mitarbeiter läßt sich nicht ohne weiteres durch die Zahlen der KLR erkennen.[28]

Ferner können Zielgrößen formuliert werden, deren Erreichungsgrad nur bei Einbezug unternehmensexterner Größen geprüft werden kann, wie es z. B. bei der Betrachtung des

---

22 Vgl. *Horváth, P./Petsch, M./Weihe, M.*: Standard-Anwendungssoftware, 1986, S. 39 f.
23 Vgl. *Szyperski, N./Winand, U.*: Planung, 1981, Sp. 1354.
24 Vgl. zu weiteren Informationsbeziehungen zwischen Unternehmensplanung und Rechnungswesen *Szyperski, N./Winand, U.*: Planung, 1981, Sp. 1354 ff.
25 Vgl. *Heinen, E.*: Zielfunktion, 1962, S. 24.
26 Vgl. *Hamel, W.*: Zielsysteme, 1991, Sp. 2637.
27 Vgl. *Coenenberg, A.G.*: Kostenrechnung, 1992, S. 26.
28 Zur mangelnden Berücksichtigung des Humanvermögens und weiterer Erfolgsfaktoren im Rechnungswesen vgl. auch *Bleicher, K.*: Grenzen, 1990, S. 38-41.

Marktanteils der Fall ist. Schließlich gibt es Zielgrößen, wie z. B. das Unternehmensimage, die sich jeglicher Quantifizierung weitestgehend entziehen.

Es muß daher überlegt werden, ob eine auf Erfolgsgrößen beschränkte Rechnung überhaupt geeignet sein kann, ein sinnvolles Instrument für die Unternehmensführung zu sein, wenn das unternehmerische Zielsystem - und dies ist die Regel - auch qualitative Zielvorstellungen enthält.

Zu dieser Frage sei folgendes angemerkt:

1) Die Aufgabe der KLR besteht nicht darin, Entscheidungen zu treffen, sondern sie vorzubereiten. Sie ist für den Entscheidungsträger ein wichtiges Instrument, sie kann ihn jedoch nicht ersetzen.
2) Neben der KLR bestehen weitere Subinformationssysteme in der Unternehmung, die ebenfalls als Grundlage für Entscheidungen herangezogen werden können. Hier ist z. B. die Marktforschung zu nennen, die u. a. systematisch über Markt- und Absatzpotentiale, also unternehmensexterne Größen, informiert.[29]

Schließlich läßt sich argumentieren, daß sich auch die nicht direkt durch die KLR berücksichtigten Erfolgsfaktoren langfristig in Form von Kosten und Leistungen erfassen lassen. U. U. ist es dann jedoch zu spät, um korrigierende Maßnahmen einzuleiten, weil die zeitliche Verzögerung zwischen einzelnen oder mehreren Ursachen (z. B. einer schlechten Personalpolitik) und den auftretenden Wirkungen zu groß ist.

Zusammenfassend kann gesagt werden, daß die KLR bei weitem nicht die einzige Informationsquelle ist, aber für Unternehmen ab einer bestimmten Größe eine unverzichtbare Entscheidungsgrundlage bildet.

2.2 Gestaltungsformen der Kosten- und Leistungsrechnung

Als Instrument zur Unternehmensführung dient die KLR dazu, den Unternehmungsprozeß zu gestalten. Sie ist andererseits jedoch selbst ein Objekt der Gestaltung. Die große Bedeutung der KLR in Wissenschaft und Praxis hat im Laufe ihrer Entwicklung zu vielen unterschiedlichen Gestaltungsformen geführt, die auch als **Systeme der KLR** bezeichnet werden. Zur Abgrenzung der Systeme untereinander werden in der Literatur üblicherweise zwei Kriterien herangezogen:[30]

- Zeitlicher Bezug der Kosten (Ist-, Normal- oder Plankosten);
- Umfang der Kostenverrechnung (Voll- oder Teilkosten).

Grundsätzlich lassen sich aus diesen Kriterien 2 x 3 Grundtypen bilden. Vernachlässigt man die Normalkostenrechnung, die in reiner Form weder in der Unternehmenspraxis vorzufinden ist, noch von theoretischer Seite her vorgeschlagen wird, sondern lediglich

---

[29] Vgl. zur Marktforschung und den verwandten Begriffen der Marketing- und Absatzforschung *Meffert, H.*: Marketing, 1986, S. 178-180.
[30] Vgl. z. B. *Schweitzer, M./Küpper, U.*: Systeme, 1991, S. 121 f.; *Heinen, E./Dietel, E.*: Kostenrechnung, 1991, S. 1203-1205. Eine detailliertere Abgrenzung verschiedener Systeme der KLR findet man z. B. bei *Plinke, W.*: Kostenrechnung, 1991, S. 51 ff.

eine Übergangsform zur Plankostenrechnung darstellt, so gelangt man zu dem in Abb. 2-3 dargestellten Schema.

Umfang der Kostenverrechnung \ Zeitlicher Bezug der Kosten	Istkosten	Plankosten
Vollkosten	Vollkostenrechnung als Istkostenrechnung	Vollkostenrechnung als Plankostenrechnung
Teilkosten	Teilkostenrechnung als Istkostenrechnung	Teilkostenrechnung als Plankostenrechnung

Abb. 2-3: Systeme der KLR[31]

Um Besonderheiten der EK&DBR besser erläutern zu können, werden auf den folgenden Seiten die im Schema aufgeführten Systeme der Voll- und Teilkostenrechnung kurz erläutert. Weitergehende Ausführungen sind den jeweils genannten Quellen zu entnehmen.

2.2.1 Systeme der Vollkostenrechnung

Die Vollkostenrechnung ist die traditionelle Form der Kostenrechnung.[32] Bei der Verwendung des Begriffs "Vollkostenrechnung" muß man sich bewußt sein, daß es sich dabei nicht um ein geschlossenes System handelt, sondern um eine Sammlung verschiedener Abrechnungstechniken, die auf vielfältige Weise miteinander kombiniert werden können. Gemeinsam ist jedoch all diesen Techniken, daß eine Verrechnung der gesamten Kosten auf die Kostenträger angestrebt wird.

Organisatorisch läßt sich die Vollkostenrechnung grundsätzlich in die drei folgenden Bereiche gliedern:[33]

- Kostenartenrechnung,
- Kostenstellenrechnung,
- Kostenträgerrechnung.

In der Kostenartenrechnung werden zunächst alle anfallenden Kostenbeträge gemeinsam erfaßt. Dabei werden die Kosten in Einzel- und Gemeinkosten untergliedert. Einzelkosten sind die Kosten, die einem Kostenträger direkt zugerechnet werden können, während dies bei Gemeinkosten nicht möglich ist. Als Kostenträger werden in der traditionellen Vollkostenrechnung lediglich die einzelnen Leistungseinheiten angesehen.

---

[31] Vgl. z. B. *Hummel, S./Männel, W.*: Kostenrechnung 1, 1986, S. 44; *Heinen, E./Dietel, E.*: Kostenrechnung, 1991, S. 1205 und detaillierter *Kloock, J.*: Aufgaben, 1978, S. 505.
[32] Die traditionelle Vollkostenrechnung wird in nahezu allen Lehrbüchern zur KLR ausführlich behandelt. Vgl. statt vieler *Kilger, W.*: Einführung, 1987; *Schweitzer, M./Küpper, U.*: Systeme, 1991.
[33] Diese Einteilung ist schon in den Kostenrechnungsgrundsätzen von 1939 enthalten; vgl. *Kilger, W.*: Einführung, 1987, S. 14.

2.2 Gestaltungsformen der Kosten- und Leistungsrechnung

Die Einzelkosten werden sofort in die Kostenträgerrechnung übernommen. Die Gemeinkosten werden, wenn möglich, direkt, ansonsten über ein Schlüsselungsverfahren den einzelnen Kostenstellen zugeteilt. In der Kostenstellenrechnung werden dann über weitere Schlüsselungen die Kosten einer Kostenstelle auf die Kostenträger verteilt. Somit werden alle in der Kostenartenrechnung erfaßten Kosten komplett auf einzelne Leistungseinheiten verrechnet.

Die Vorgehensweise der traditionellen Vollkostenrechnung läßt sich anhand der folgenden Abbildung verdeutlichen:

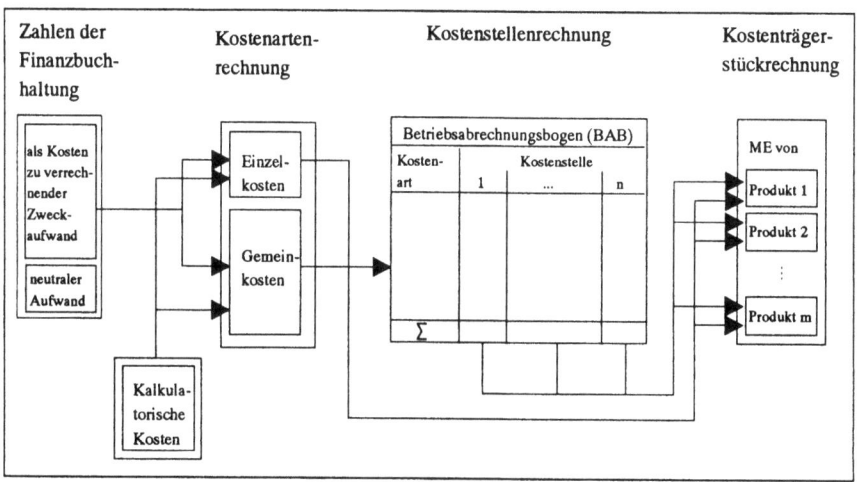

Abb. 2-4: Ablauf der traditionellen Vollkostenrechnung[34]

Zur Beurteilung der Vollkostenrechnung muß geprüft werden, inwiefern die aus ihr abgeleiteten Informationen für die Planung, Steuerung und Kontrolle des Unternehmungsprozesses geeignet sind.

Die Verrechnung der Fixkosten auf einen Kostenträger erweckt den Eindruck, als ob sie in einem unmittelbaren Zusammenhang mit der Erzeugung dieses Kostenträgers stehen. Tatsächlich sind die fixen Kosten jedoch von der Erzeugung einzelner Kostenträger unabhängig. Werden mehr Einheiten eines Produktes gefertigt, so verrechnet man insgesamt zuviel, fertigt man weniger als geplant, werden zu wenig Kosten verrechnet.

Es zeigt sich, daß in der Vollkostenrechnung keine differenzierte Betrachtung verschiedener Kosten und ihrer Einflußgrößen erfolgt. Daher kann sie auch keine Auskunft darüber geben, wie die Kosten auf die Variation von verschiedenen Einflußgrößen reagieren. Bei der Kontrolle des Unternehmenserfolges sind die Beiträge einzelner Kostenträger zum Gesamterfolg aufgrund der ihnen zugeschlüsselten beschäftigungsfixen Kosten nicht ersichtlich. Damit wird deutlich, daß die durch eine Vollkostenrechnung erhaltenen In-

---

[34] Modifiziert nach *Huch, B.*: Einführung, 1986, S. 17.

formationen zumindest als Grundlage für kurzfristige Entscheidungen nicht geeignet sind und die Steuerungsfunktion von ihr nicht erfüllt werden kann.[35]

Betrachtet man die Vollkostenrechnung auf Istkostenbasis, so wird deutlich, daß nur der bereits realisierte Unternehmungsprozeß abgebildet wird. Daraus folgt weiterhin, daß Abweichungen lediglich im Rahmen von Zeitvergleichen ermittelt werden können. Ein Vergleich von Soll- und Istwerten ist aufgrund der fehlenden Planung nicht möglich.[36] Somit können weder die Planungs- noch die Kontrollfunktion in hinreichendem Maße erfüllt werden.

Die am weitesten entwickelte Form der Vollkostenrechnung stellt die Ausgestaltung zur Plankostenrechnung dar. Innerhalb der Plankostenrechnung werden zwar schon beschäftigungsvariable und beschäftigungsfixe Kosten unterschieden, jedoch geschieht dies nur zum Zwecke der Kostenplanung, es werden weiterhin alle angefallenen Kosten auf Kostenträger verteilt.[37] Da eine Kostenplanung durchgeführt wird, lassen sich auch Soll-Ist-Vergleiche durchführen. Um die aufgetretenen Abweichungen zu analysieren, müssen jedoch beeinflußbare Kostenanteile wieder extrahiert werden.[38] Die Plankostenrechnung erfüllt somit die Planungs- und Kontrollfunktion besser als die Istkostenrechnung, jedoch ist auch sie für die Steuerungsfunktion ungeeignet.[39]

In der Literatur besteht darüber Einigkeit, daß zumindest für bestimmte Anwendungsfälle die Aussagen der Teilkostenrechnungssysteme denen der Vollkostenrechnungssysteme überlegen sind.[40] Aus diesem Grund verlagerte sich - zumindest in der deutschsprachigen Literatur - der Schwerpunkt der Diskussion auf die Frage, welcher der verschiedenen Vorschläge zur Gestaltung von Teilkostenrechnungssystemen den Anforderungen an ein modernes Instrument der Unternehmensführung am ehesten gerecht wird.[41] Der folgende Abschnitt gibt einen Überblick über die wichtigsten Teilkostenrechnungssysteme.

2.2.2 Systeme der Teilkostenrechnung

Die Kritik an der Verrechnung von fixen Kosten auf die Kostenträger hat zu einer Reihe von Systemen der Teilkostenrechnung geführt, von denen hier die wichtigsten genannt werden sollen:

- Direct Costing (Harris)[42]
- Stufenweise Fixkostendeckungsrechnung (Agthe, Mellerowicz)[43]

---

35 Vgl. z. B. *Hummel, S./Männel, W.*: Kostenrechnung 2, 1983, S. 36; *Schweitzer, M./Küpper, U.*: Systeme, 1991, S. 299.
36 Vgl. *Kilger, W.*: Einführung, 1987, S. 56.
37 Vgl. *Kilger, W.*: Einführung, 1987, S. 57-65.
38 Vgl. *Schweitzer, M./Küpper, U.*: Systeme, 1991, S. 300.
39 Vgl. *Kilger, W.*: Einführung, 1987, S. 63.
40 Vgl. statt vieler *Brink, H.-J.*: System, 1978, S. 571; *Hummel, S./Männel, W.*: Kostenrechnung 2, 1983, S. 25; *Kilger, W.*: Einführung, 1987, S. 65-68; *Witt, F.-J.*: Deckungsbeitragsmanagement, 1991, S. 125.
41 Vgl. exemplarisch die verschiedenen Beiträge in *Chmielewicz, K.* (Hrsg.): Entwicklungslinien, 1983.
42 Vgl. *Harris, J.*: Month, 1936.
43 Vgl. *Agthe, K.*: Fixkostendeckung, 1959; *Mellerowicz, K.*: Kalkulationsverfahren, 1977.

- Grenzplankostenrechnung (Plaut, Kilger)[44]
- Betriebsmodelle (Laßmann)[45]
- Einzelkosten- und Deckungsbeitragsrechnung (Riebel)[46]

Diese verschiedenen Systeme der Teilkostenrechnung sind in einer Vielzahl von Lehrbüchern beschrieben, so daß hier jeweils nur kurz skizziert werden soll, auf welchem Kerngedanken sie aufbauen. Weitere Angaben können der Literatur entnommen werden.[47]

Das Direct Costing und die Stufenweise Fixkostendeckungsrechnung sind grundsätzlich als Istkostenrechnungen konzipiert.

Das **Direct Costing**[48] trennt fixe und variable Kosten und rechnet den Produkten nur die variablen Kosten zu, die fixen Kosten werden als ein Block behandelt. Die Gleichung zur Ermittlung des Betriebserfolgs (BE) lautet BE = $\Sigma \, x_i(p_i-k_{vi}) - K_f$. Darin bedeuten x_i, p_i, k_{vi} jeweils die Anzahl der abgesetzten Mengeneinheiten, den Preis und die beschäftigungsvariablen Kosten des Gutes i; K_f steht für die beschäftigungsfixen Kosten des Unternehmens. Die Differenz p_i-k_{vi} wird auch als **Stückdeckungsbeitrag** eines Produktes bezeichnet. Diese Form der Teilkostenrechnung wird kritisiert, weil die Unterteilung in lediglich zwei Kostenblöcke zu vereinfachend sei.[49]

Aus dieser Kritik am Direct Costing heraus wurde die **Stufenweise Fixkostendeckungsrechnung** entwickelt. Ausgehend von einer hierarchischen Untergliederung des gesamten Unternehmens werden die im Direct Costing als einzelner Block behandelten beschäftigungsfixen Kosten verschiedenen Ebenen zugeordnet, so daß zwischen produktfixen, produktgruppenfixen, kostenstellenfixen, bereichsfixen und unternehmensfixen Kosten unterschieden werden kann.[50] Entsprechend diesem hierarchischen Aufbau lassen sich zunächst Deckungsbeiträge pro Stück, pro Produktgruppe, pro Kostenstelle etc. berechnen, bis man schließlich zum Betriebserfolg gelangt.[51]

---

[44] Vgl. vor allem *Plaut, H.-G.*: Grenz-Plankostenrechnung, 1953; *Kilger, W.*: Plankostenrechnung, 1988.
[45] Vgl. *Laßmann, G.*: Kosten- und Erlösrechnung, 1968.
[46] Die ersten Ideen veröffentlichte Riebel 1956 und 1959; vgl. *Riebel, P.*: Gestaltung, 1956 und *Riebel, P.*: Rechnen, 1959.
[47] Vgl. z. B. *Hummel, S./Männel, W.*: Kostenrechnung 1, 1986 und Kostenrechnung 2, 1983; *Kilger, W.*: Einführung, 1987; *Kloock, J./Sieben, G./Schildbach, T.*: Kosten- und Leistungsrechnung, 1991; *Menrad, S.*: Rechnungswesen, 1978; *Schweitzer, M./Küpper, U.*: Systeme, 1991.
[48] Die Bezeichnung "Direct Costing" ist unpräzise und mißverständlich; vgl. *Kosiol, E.*: Kostenrechnung, 1972, S. 165. Es sind nicht die direkten Kosten, sondern die variablen Kosten, die auf Kostenträger verrechnet werden. Daher wäre "Variable Costing" treffender; vgl. auch *Horngren, C.T./Foster, G.*: Cost Accounting, 1991, S. 290. In der englischen Literatur wird von Marginal Costing gesprochen.
[49] Vgl. *Witt, F.-J.*: Deckungsbeitragsmanagement, 1991, S. 46. Riebel bezeichnet das Direct Costing in einem Diskussionsbeitrag sogar als ein "'Kreidemodell' zur Einführung des 'kleinen Moritz' in die Betriebswirtschaftslehre" (*Riebel, P.*: Meinungsspiegel, 1978, S. 588).
[50] Vgl. *Agthe, K.*: Fixkostendeckung, 1959, S. 407-409.
[51] Ein ähnlicher Ansatz aus den USA wird von Marple 1963 vorgeschlagen. Vgl. *Marple, R.P.*: Relative Contribution Approach, 1965.

Die Stufenweise Fixkostendeckungsrechnung ist kein geschlossener Ansatz zur Gestaltung der KLR, sondern vielmehr eine Erweiterung des Direct Costing. Die differenzierte Betrachtung der fixen Kosten läßt sich jedoch auch ohne größere Schwierigkeiten in die im folgenden beschriebene Grenzplankostenrechnung integrieren.

Die **Grenzplankostenrechnung** ist ein hauptsächlich auf die Kostenplanung und -kontrolle ausgerichtetes System.[52] Die Einteilung der KLR in die Kostenarten-, Kostenstellen- und Kostenträgerrechnung wird aus der Vollkostenrechnung übernommen. Es wird von einem festen Planungszeitraum ausgegangen, der i. d. R. ein Jahr beträgt.[53] Als einzige Einflußgröße der Kosten wird die **Beschäftigung** betrachtet, die jedoch durch verschiedene Bezugsgrößen gemessen werden kann.[54] Die gesamten Kosten werden im Rahmen der Kostenplanung nach ihrer Abhängigkeit von der Beschäftigung in fixe und proportionale Kosten eingeteilt, d. h. es wird von linearen Kostenverläufen ausgegangen.[55] Auch in der Grenzplankostenrechnung lassen sich wiederum Deckungsbeiträge bestimmen. Theoretisch lassen sich auch hier Deckungsbeiträge verschiedener Stufen bilden. Kilger betrachtet jedoch den Stückdeckungsbeitrag als den wichtigsten für die Produktions- und Absatzplanung,[56] und hält "den generellen Ausweis mehrstufiger Deckungsbeiträge bei Nichtkuppelproduktion ... für überflüssig"[57].

Den **Betriebsmodellen** (Periodenerfolgsmodellen) liegt die Idee zugrunde, vielfältige Einflußgrößen der Kosten und Erlöse in Form von mehrvariablen linearen Funktionen abzubilden.[58] Produktions-, Absatz- und Kostenplanung werden integriert mit Hilfe der Matrizenrechnung durchgeführt. Für Optimierungsrechnungen können umfangreiche Modelle aufgestellt werden, die sich mit Hilfe der linearen Programmierung lösen lassen. Auf stückbezogene Kosten- und Erfolgsrechnungen wird verzichtet, stattdessen wird der Periodenerfolg eines Unternehmens als grundlegende Steuerungsgröße angesehen. Dieses System wird vorwiegend in der Eisen- und Stahlindustrie eingesetzt. Obwohl Laßmann seine Konzeption auch für Industrieunternehmen mit kurzzeitiger Sorten- und Serienfertigung geeignet hält,[59] wird sie dort kaum verwendet.

Die **Einzelkosten- und Deckungsbeitragsrechnung** (EK&DBR) ist ein System, bei dem die Entscheidungsunterstützung besonders betont wird. Es wird ausführlich im nächsten Kapitel vorgestellt. Bevor weitere Einzelheiten der EK&DBR erörtert werden, erfolgt noch ein kurzer Überblick über den derzeitigen Stand und aktuelle Entwicklungen in der KLR.

Ohne hier auf jedes der Teilkostenrechnungssysteme einzugehen, kann man sagen, daß die Grenzplankostenrechnung und die EK&DBR aus Sicht der Theorie als die fortschrittlich-

---

[52] Plaut bezeichnet die Kontrolle der Gemeinkosten sogar als das *Hauptanliegen* der Grenzplankostenrechnung; vgl. *Plaut, H.G.*: Behandlung, 1991, S. 38.
[53] Vgl. *Kilger, W.*: Plankostenrechnung, 1988, S. 313.
[54] Vgl. *Kilger, W.*: Plankostenrechnung, 1988, S. 338.
[55] Zur Diskussion dieser Annahme vgl. *Gutenberg, E.*: Produktion, 1983, S. 390-394 sowie *Kilger, W.*: Plankostenrechnung, 1988, S. 148-151.
[56] Vgl. *Kilger, W.*: Grenzplankostenrechnung, 1983, S. 58.
[57] *Kilger, W.*: Plankostenrechnung, 1988, S. 96.
[58] Vgl. *Laßmann, G.*: Gestaltungsformen, 1973, S. 7.
[59] Vgl. *Laßmann, G.*: Gestaltungsformen, 1973, S. 16.

sten Systeme angesehen werden können. In der Praxis ist die Grenzplankostenrechnung von allen Systemen der Teilkostenrechnung am weitesten verbreitet. Dies liegt nicht zuletzt daran, daß schon sehr früh leistungsfähige Software für die Grenzplankostenrechnung kommerziell verfügbar war.[60] Die EK&DBR als geschlossenes System ist dagegen kaum in der Praxis vorzufinden. Allerdings lassen sich Tendenzen erkennen, gewisse Grundideen der EK&DBR in andere Systeme der KLR zu integrieren.

Sowohl die Grenzplankostenrechnung als auch die EK&DBR haben das Ziel, Entscheidungsträger mit relevanten Kostengrößen zu versorgen, um diese bei der Entscheidungsfindung zu unterstützen. Bei der Diskussion dieser beiden Systeme sollte ein starres "entweder-oder-Denken" zugunsten einer sachlichen Beurteilung aufgegeben werden, da trotz der großen Unterschiede gerade in vielen Detailfragen eine gegenseitige Ergänzung beider Ansätze sinnvoll erscheint.[61] Solche Überlegungen wären eine Grundlage für die Umsetzung betriebswirtschaftlicher Theorien in die Praxis und könnten als Ausgangspunkt für die neuen Anforderungen dienen, die an die KLR gestellt werden.

Zu diesen neuen Anforderungen zählt z. B. die stärkere Berücksichtigung von Handelsunternehmen und Dienstleistern (vor allem Banken und Versicherungen) in der KLR. Neuere Veröffentlichungen zu diesen Problemstellungen deuten darauf hin, daß Konzeptionen, die sowohl Ideen der EK&DBR als auch der Grenzplankostenrechnung enthalten, als sinnvoll erachtet werden.[62]

Aber auch im für die KLR typischen Anwendungsbereich der Industrieunternehmung zeichnen sich Veränderungen ab. Die KLR hat sich lange Zeit auf die Probleme des Produktionsbereiches konzentriert. Ein Grund dafür lag darin, daß der Anteil der Material- und Fertigungskosten an den gesamten Kosten sehr groß war. Inzwischen haben sich jedoch, bedingt durch die technologische Entwicklung und die stärkere Orientierung an Kundenwünschen vieler Unternehmen, die Rahmenbedingungen für die wirtschaftliche Betätigung geändert. Dadurch erfolgte auch eine Verschiebung der Kostenstruktur vieler Unternehmen. Während der Anteil der als Kostenträgereinzelkosten erfaßbaren Kosten sank, stieg der Anteil der Gemeinkosten an.[63]

Die veränderten Kostenstrukturen haben zu neuen Entwicklungen im Bereich der KLR geführt. Ein Schwerpunkt lag dabei auf der Erarbeitung von Konzepten für die KLR spezieller Funktionsbereiche, die zu einer differenzierteren Betrachtung der dort anfallenden Kosten verhelfen sollen. Dabei wurde den Bereichen der Logistik und des Vertriebs besondere Beachtung geschenkt.[64] Ein anderer Trend zeichnet sich durch die Vorschläge zur sogenannten Prozeßkostenrechnung ab, bei der abteilungsübergreifende, miteinander

---

[60] Vgl. die Beschreibung der von der Fa. Plaut angebotenen Standardsoftware bei *Kilger, W.*: Plankostenrechnung, 1988, S. 584 f.
[61] Vgl. z. B. *Witt, F.-J.*: Deckungsbeitragsmanagement, 1991, S. 363; *Plaut, H.G./Bonin, A./Vikas, K.*: Grenzplankostenrechnung, 1988, S. 9; *Warnick, B.*: Datenverarbeitung, 1991, S. 40; *Haun, P.*: Rechnungswesen, 1987, S. 24.
[62] Vgl. z. B. *Wesche, M.*: Kosten- und Leistungsrechnung, 1991 für den Bereich der Handelsunternehmen und *Vikas, K.*: Konzepte, 1991 für den Bankbereich.
[63] Vgl. *Männel. W.*: Anpassung, 1992, S. 113.
[64] Vgl. z. B. *Weber, J.*: Logistikkostenrechnung, 1987; *Weigand, C.*: Vertriebskostenrechnung, 1989.

verbundene Tätigkeiten und ihre kostenmäßigen Auswirkungen in den Mittelpunkt der Betrachtung rücken.[65]

---

[65] Vgl. *Cooper, R./Kaplan, R.S.*: Costs, 1988; *Horváth, P./Mayer, R.*: Prozeßkostenrechnung, 1989; *Coenenberg, A.G.*: Kostenrechnung, 1992, S. 193-222 sowie kritisch *Fröhling, O.*: Thesen, 1992; *Schellhaas, K.-U./Beinhauer, M.*: Entscheidungsrelevanz, 1992.

3 Die Einzelkosten- und Deckungsbeitragsrechnung als entscheidungsorientiertes System der Kosten- und Leistungsrechnung

Die EK&DBR weist gegenüber den herkömmlichen Systemen der KLR erhebliche inhaltliche Unterschiede auf und ist zudem dadurch gekennzeichnet, daß viele gängige Begriffe der KLR von Riebel entweder inhaltlich abweichend definiert oder durch gänzlich andere Begriffe ersetzt werden

Trotzdem liegt bisher keine geschlossene Darstellung der EK&DBR in Buchform vor, wie es z. B. für die Grenzplankostenrechnung der Fall ist.[1] Bei dem Buch von Riebel "Einzelkosten- und Deckungsbeitragsrechnung" handelt es sich um eine Sammlung verschiedener Einzelbeiträge, die zwischen 1956 und 1989 erschienen sind.[2] In diesem Zeitraum hat sich die EK&DBR stark weiterentwickelt, so daß einige der älteren Beiträge Aussagen enthalten, die zu den neueren im Widerspruch stehen.[3] Allerdings sind die betreffenden Stellen mit zusätzlichen Anmerkungen versehen worden, um den Fortschritt in der Entwicklung des Systems zu dokumentieren. Dennoch würde eine zusammenfassende Darstellung der EK&DBR mit Lehrbuchcharakter für die praktische Verbreitung förderlich sein.[4]

Es folgt zunächst ein grober Überblick über EK&DBR. Danach werden mit dem Zurechnungsprinzip und dem Kostenbegriff zwei wesentliche theoretische Bausteine der EK&DBR vorgestellt. Anschließend werden verschiedene Möglichkeiten diskutiert, wie Kosten und Leistungen im Rahmen der EK&DBR erfaßt, zugerechnet und dann in in einer nicht an bestimmte Auswertungszwecke gebundenen Grundrechnung gesammelt werden können. Schließlich wird ein Überblick darüber gegeben, wie sich Planungs-, Steuerungs- und Kontrollaufgaben mit Hilfe der EK&DBR erfüllen lassen.

3.1 Grundlagen der Einzelkosten- und Deckungsbeitragsrechnung

3.1.1 Überblick

Entsprechend den in Abschnitt 2.1.2 gemachten Ausführungen liegt die Hauptaufgabe der EK&DBR in der Planung, Steuerung und Kontrolle des Unternehmensprozesses. Die EK&DBR wird nicht mehr nur als Instrument zur Dokumentation vergangenheitsbezogener Daten begriffen, sondern als zukunftsorientiertes Führungsinstrument, welches die in

---

[1] Vgl. *Kilger, W.*: Plankostenrechnung, 1988.
[2] Vgl. *Riebel, P.*: Deckungsbeitragsrechnung, 1990.
[3] Dies betrifft z. B. die Behandlung und den Ausweis von Abschreibungen, die Form der Grundrechnung und die Überlegungen zur innerbetrieblichen Leistungsverrechnung.
[4] Mit *Riebel, P.*: Führungsrechnung, 1992 liegt zumindest ein umfangreicher Aufsatz zur Gesamtdarstellung der EK&DBR vor, in dem die neuesten Entwicklungen berücksichtigt sind.

der Unternehmung entscheidenden und handelnden Personen bei ihren Tätigkeiten unterstützen soll.[5]

Um ihrer Aufgabe als Führungsrechnung gerecht zu werden, möchte die EK&DBR über die positiven und negativen Wirkungen von **Entscheidungen** informieren. Die zentrale Stellung der Entscheidungen in der EK&DBR wird durch die Vorstellung deutlich, daß der Unternehmensprozeß als "ein zeitlich fortschreitendes Gefüge vieldimensional verbundener Entscheidungen und Maßnahmen unterschiedlicher sachlicher und zeitlicher Dimensionen und Strukturen"[6] bezeichnet werden kann.

Somit werden nicht einzelne Kostenträger, sondern die im Zeitablauf getroffenen Entscheidungen als die eigentlichen Kosten-, Erlös- und Erfolgsquellen angesehen.[7] Traditionellerweise bezieht sich der Begriff des Kostenträgers hauptsächlich auf die für den Absatz oder die innerbetriebliche Verwendung bestimmten Leistungen.[8] Diese enge Sichtweise wird in der EK&DBR aufgegeben, weil in der Unternehmung nicht nur über die Erstellung einzelner Leistungseinheiten entschieden wird, sondern auch z. B. über Produktgruppen, Kunden, Absatzwege, Absatzgebiete, organisatorische Einheiten, Projekte etc. Diese werden als **Bezugsobjekte** bezeichnet.[9] Prinzipiell können jedem beliebigen Bezugsobjekt Kosten zugerechnet werden. Da dies ebenso auch für die Leistungen (Erlöse) gilt, läßt sich auch der Begriff des **Deckungsbeitrags** in der EK&DBR weiter fassen und als Differenz zwischen den Leistungen und Kosten, die einem Bezugsobjekt zugerechnet werden können, definieren.[10]

Grundlegend für die Frage der Zurechnung von Kosten zu Bezugsobjekten ist die Überlegung, daß sowohl Leistungserstellung als auch Werteverzehr als **gemeinsame** Folge von Entscheidungen angesehen werden. Daraus resultiert das von Riebel postulierte **Identitätsprinzip**, nach welchem sich nur solche Bezugsobjekte und Werteverzehre, die denselben dispositiven Ursprung haben, einander gegenüberstellen lassen.[11]

Aus diese Weise gelangt Riebel zum **entscheidungsorientierten Kostenbegriff**, mit dem auf konsequentere Weise als mit dem heute nahezu allgemein anerkannten wertmäßigen Kostenbegriff die Relevanz von Kosten für Entscheidungsprobleme berücksichtigt werden soll.[12]

---

[5] Vgl. z. B. *Riebel, P.*: Führungsrechnung, 1992, S. 247; *Hummel, S./Männel, W.*: Kostenrechnung 2, 1983, S. 49.
[6] *Riebel, P.*: Sequentielle Entscheidungen, 1988, S. 257 [651] (Alle Seitenangaben in eckigen Klammern beziehen sich auf die Abdrucke der Originalquellen in *Riebel, P.*: Deckungsbeitragsrechnung, 1990).
[7] Vgl. *Riebel, P.*: Entscheidungen, 1967, S. 9 [285].
[8] Vgl. *Riebel, P.*: Rechnen, 1959, S. 215 [37].
[9] In älteren Veröffentlichungen werden die Bezugsobjekte noch als Bezugsgrößen bezeichnet, was jedoch zu Verwechslungen mit dem Begriff der Bezugsgrößen im Sinne der Plankostenrechnung führen kann. Fischer und Rogalski sprechen auch von Entscheidungsobjekten. Vgl. *Fischer, R./Rogalski, M.*: Kosten- und Erlöscontrolling, 1991, S. 35.
[10] Vgl. *Riebel, P.*: Rechnen, 1959, S. 225 [46].
[11] Vgl. *Riebel, P.*: Entscheidungen, 1967, S. 9 [286] und besonders *Riebel, P.*: Fragwürdigkeit, 1969, S. 60 ff. [75 ff.].
[12] Vgl. *Riebel, P.*: Bereitschaftskosten, 1970, S. 372 [81] und besonders *Riebel, P.*: Überlegungen, 1978, S. 127 ff. [409 ff.].

Um eine Zurechnung von Kosten zu einem Bezugsobjekt nach dem Identitätsprinzip vornehmen zu können, ist es erforderlich, alle anfallenden Kosten zunächst in **Einzel- und Gemeinkosten** zu gliedern. In der traditionellen Kostenrechnung wird der Begriff "Einzelkosten" für die Kosten verwendet, die sich einem **Kostenträger** verursachungsgerecht zurechnen lassen. Schon Henzel hat 1931 diesen Begriff verallgemeinert und zusätzlich diejenigen Kosten, die einer Kostenstelle eindeutig zugerechnet werden können, als Kostenstelleneinzelkosten bezeichnet.[13] Bei Riebel wird dieser Begriff noch weiter relativiert, so daß alle auftretenden Kosten als Einzelkosten irgendeines Bezugsobjektes - im Extrem ist dies das gesamte Unternehmen - bezeichnet werden können.

Aus der Menge der gesamten Bezugsobjekte lassen sich hierarchische Sichten bilden, die als **Bezugsobjekthierarchien** bezeichnet werden.[14] Der umfassend definierte Kreis der Bezugsobjekte erlaubt neben ein- und zweidimensionalen Betrachtungen auch die Bildung mehrdimensionaler Bezugsobjekthierarchien, wobei die Auswahl der Bezugsobjekte sowie deren Anordnung an der jeweiligen Problemstellung ausgerichtet werden kann.[15]

Die Einzelkosten eines Bezugsobjektes auf einer Stufe, z. B. einer Produktgruppe, stellen dann Gemeinkosten für die nachfolgenden Objekte auf der nächsten Stufe, z. B. die zu der Produktgruppe gehörenden Produkte, dar. In der Praxis kommt es häufig vor, daß Kosten aus Wirtschaftlichkeitsgründen nicht als Einzelkosten erfaßt werden, obwohl dies prinzipiell möglich wäre. Solche Einzelkosten werden daher als **unechte Gemeinkosten** bezeichnet.[16] Eine Verrechnung dieser Kosten ist zulässig, wenn geeignete Schlüssel vorliegen.[17]

Im Gegensatz dazu ist eine **Aufschlüsselung der echten Gemeinkosten** in der EK&DBR nicht gestattet.[18] Dies unterscheidet die EK&DBR grundsätzlich von den Teilkostenrechnungssystemen, die auf der Grundlage der Trennung von beschäftigungsvariablen und beschäftigungsfixen Kosten arbeiten, denn dort ist die **Verrechnung von variablen Gemeinkosten** zulässig. Um diesen Unterschied und die daraus resultierenden Konsequenzen zu verdeutlichen, ist in Abb. 3-1 der Zusammenhang zwischen der Einteilung der Kosten nach ihrer Zurechenbarkeit (Einzel- bzw. Gemeinkosten) und nach der Reagibilität auf Änderungen der Beschäftigung (beschäftigungsvariable bzw. beschäftigungsfixe Kosten) gezeigt. Dabei sind mit Einzelkosten die Kostenträgereinzelkosten im herkömmlichen Sinne gemeint.

---

[13] Vgl. *Henzel, F.*: Erfassung, 1931, S. 33. Da Henzel den Begriff Maßkosten gegenüber dem der Einzelkosten vorzieht (vgl. S. 32) spricht er infolgedessen von Kostenstellenmaßkosten.
[14] Vgl. *Riebel, P.*: Rechnen, 1959, S. 215 [37] und mit ausführlichen Beispielen *Riebel, P.*: Deckungsbeitragsrechnung, 1964, S. 599 ff. [178 ff.].
[15] Die formale Ähnlichkeit zur Stufenweisen Fixkostendeckungsrechnung (vgl. Abschnitt 2.2.2) darf nicht darüber hinwegtäuschen, daß dort zwar auch von einer hierarchischen Anordnung von Bezugsobjekten ausgegangen wird, die jedoch strukturell festgelegt ist.
[16] Vgl. zu weiteren Ausführungen über die Problematik unechter Gemeinkosten *Engel, W.*: Unechte Gemeinkosten, 1989.
[17] Vgl. *Riebel, P.*: Entscheidungen, 1967, S. 10 [287].
[18] Vgl. *Riebel, P.*: Rechnen, 1959, S. 218 [39]. Zur Diskussion der Gefahren der Gemeinkostenschlüsselung vgl. auch schon *Vatter, W.J.*: Limitations, 1945, insbesondere S. 168.

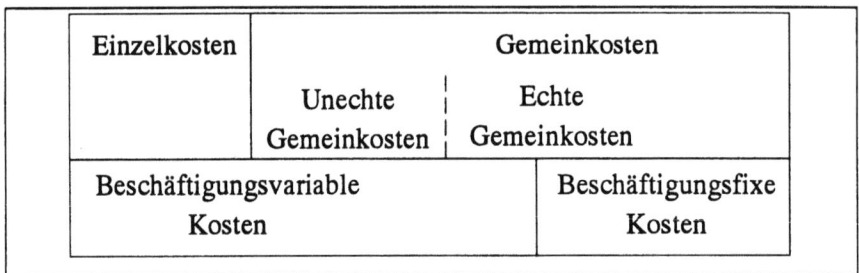

Abb. 3-1: Zusammenhang zwischen der Einteilung der Gesamtkosten in Einzel- und Gemeinkosten bzw. in beschäftigungsvariable und beschäftigungsfixe Kosten[19]

Aus dem Schema ist zu ersehen, daß Kostenträgereinzelkosten immer variabel sind (z. B. umsatzabhängige Provisionen) und beschäftigungsfixe Kosten immer Kostenträgergemeinkosten sind (z. B. Gehälter). Unechte Gemeinkosten sind ebenfalls relativ unproblematisch den variablen Kosten zuzuordnen, da sie lediglich aus Wirtschaftlichkeitsgründen nicht als Einzelkosten erfaßt werden, obwohl dies prinzipiell möglich wäre (z. B. Leim bei der Möbelfertigung).

Die Existenz beschäftigungsvariabler echter Gemeinkosten wird häufig an den bei einem Kuppelproduktionsprozeß entstehenden Kosten verdeutlicht.[20] Kosten für Rohstoffe, aus denen mehrere Produkte entstehen, können den einzelnen Kuppelprodukten nicht als Einzelkosten zugeordnet werden, dennoch handelt es sich um beschäftigungsvariable Kosten. Typische Beispiele aus Unternehmen ohne Kuppelproduktion sind die Energiekosten bei intensitätsmäßiger Anpassung von Aggregaten[21] oder die Benzinkosten, die bei der Lieferung von Waren mit eigenem Fuhrpark entstehen, denn in beiden Fällen ist eine Zurechnung auf einzelne Leistungseinheiten nicht möglich. Aber auch ein großer Teil der in der Verwaltung[22] anfallenden Kosten kann zu den beschäftigungsvariablen Kosten gezählt werden. In der Grenzplankostenrechnung wird z. B. vorgeschlagen, Kosten der Fakturierung über die Anzahl der Rechnungen oder Kosten des Einkaufs über die Anzahl der Bestellungen auf Leistungseinheiten zuzurechnen.[23] Mit diesen Beispielen wird deutlich, daß die Definition der Kosten als "beschäftigungsvariabel" vom gewählten Planungszeitraum abhängt. I. d. R. sind damit die Kosten gemeint, die unterjährig mit der Beschäftigung schwanken, ob sie für kurzfristige Entscheidungen ebenfalls schwanken sei dahingestellt.

In Teilkostenrechnungssystemen, die auf der Trennung von variablen und fixen Kosten aufbauen, wird i. d. R. unterstellt, daß die zugrundeliegenden Kostenverläufe **linear** ver-

---

[19] Quelle: *Schweitzer, M./Küpper, H.-U.*: Systeme, 1991, S. 317 (verkürzt).
[20] Vgl. *Schweitzer, M./Küpper, H.-U.*: Systeme, 1991, S. 316 und 414.
[21] Vgl. hierzu *Gutenberg, E.*: Produktion, 1983, S. 361 ff.
[22] Unter Verwaltung wird hier die informatorische Infrastruktur für die primären Leistungsprozesse verstanden. Tätigkeiten der Sicherung und Koordination fallen auch in den Grundfunktionen Beschaffung, Produktion und Absatz an und sind ebenso zum Verwaltungsbereich zu zählen. Vgl. *Picot, A.*: Rationalisierung, 1979, S. 1146.
[23] Vgl. *Kilger, W.*: Plankostenrechnung, 1988, S. 338.

laufen, denn nur dann stimmen die Grenzkosten mit den variablen Kosten überein. Diese Annahme muß bei der Anwendung der EK&DBR nicht mehr getroffen werden, in ihr lassen sich vielmehr Kostenfunktionen mit Sprüngen besonders gut abbilden. Kostenfunktionen mit Sprungstellen kommen z. B. dann vor, wenn die Beschaffungsmengen von Rohstoffen nicht beliebig teilbar sind, wenn Faktorpreise von der Beschaffungsmenge abhängig sind, oder wenn im Falle eines Engpasses auf den nächstgünstigeren Produktionsfaktor umgestiegen wird.[24] In letzterem Fall ist z. B. auch die Anpassung der Kapazität durch Überstunden enthalten.[25]

Neben der Kennzeichnung als Einzelkosten eines Bezugsobjektes werden alle anfallenden Kostenbeträge außerdem in **Leistungs- und Bereitschaftskosten** unterschieden.[26]

Als **Leistungskosten** bezeichnet man diejenigen Kosten, die vom tatsächlich realisierten Leistungsprogramm abhängen. Neben Mengenabhängigkeiten werden auch Abhängigkeiten vom Umsatz, von der Anzahl der Lose, Anzahl der Aufträge etc. berücksichtigt. Es handelt sich somit um eine verfeinerte Betrachtung des Begriffes der beschäftigungsvariablen Kosten.

Die **Bereitschaftskosten** entstehen dagegen nicht durch die tatsächlich erbrachten Leistungen, sondern durch vorgelagerte Entscheidungen über die Beschaffung oder Bereithaltung von Potentialen, die der späteren Leistungserstellung dienen sollen. Wesentlich für die Betrachtung von Entscheidungen mit unterschiedlichen Fristigkeiten ist nun, daß zu allen Bereitschaftskosten auch die zeitliche Bindung erfaßt wird. Somit lassen sich relevante Kosten **in Abhängigkeit vom Zeithorizont** einer Fragestellung ermitteln, wobei auch überjährige Auswertungen möglich sind. Die EK&DBR berücksichtigt somit besonders die **Dynamik** des Unternehmensprozesses.

Auch in bezug auf die **organisatorische Gliederung** weist die EK&DBR Unterschiede zu herkömmlichen Systemen der KLR auf, wo üblicherweise eine Einteilung in die Kostenarten-, Kostenstellen- und Kostenträgerrechnung erfolgt. An dieser Einteilung läßt sich bereits eine primäre Ausrichtung auf die Kostenträgerrechnung (sowohl als Stück- als auch als Zeitrechnung) erkennen. Die Ausrichtung am Rechnungszweck macht sich z. B. schon in der Kostenstellenrechnung durch die Bildung von Vor- und Endkostenstellen bemerkbar.[27]

Meist sind den Entscheidungsträgern jedoch zum Zeitpunkt der Datenerhebung die Problemstellungen, für die die Daten später einmal ausgewertet werden sollen, noch gar nicht vollständig bekannt. Fragestellungen, die sich erst später herauskristallisieren, kön-

---

[24] Diese Situation liegt auch dann vor, wenn Betriebsmittel vorübergehend nicht genutzt werden können und man annimmt, daß die qualitativ schlechteren Betriebsmittel zuerst stillgelegt werden. Bei der erneuten Inbetriebnahme infolge ausgeweiteter Beschäftigung ist dann davon auszugehen, daß zunehmend schlechtere Betriebsmittel genutzt werden, die zunehmende Grenzkosten aufweisen. Vgl. *Gutenberg, E.*: Produktion, 1983, S. 386 ff., der diesen Sachverhalt unter der Bezeichnung "selektive Anpassung" diskutiert.
[25] Vgl. *Kloock, J./Sieben, G./Schildbach, T.*: Kosten- und Leistungsrechnung, 1991, S. 244.
[26] Vgl. *Riebel, P.*: Bereitschaftskosten, 1970, S. 373 [82].
[27] Zur Bildung von Vor- und Endkostenstellen vgl. *Schweitzer, M./Küpper, H.-U.*: Systeme, 1991, S. 159.

nen nicht ohne weiteres beantwortet werden und machen u. U. die mühselige Disaggregation bereits verdichteter Daten notwendig.

Um die Ausrichtung auf einen begrenzten Fragenkreis weitestgehend zu vermeiden, ist die EK&DBR organisatorisch in eine **Grundrechnung** und sich daran anschließende **Auswertungsrechnungen** gegliedert.[28]

In der **Grundrechnung** findet die Speicherung aller auftretenden Kostenbeträge statt. Zu jedem Betrag werden die entsprechenden Bezugsobjekte und weitere beschreibende Merkmale festgehalten, z. B. ob es sich um Leistungs- oder Bereitschaftskosten handelt, welche Bindungsdauer die Kosten haben etc.

Erst im Rahmen der **Auswertungsrechnungen** wird auf die Daten der Grundrechnung zugegriffen. Da bei der Gestaltung der Grundrechnung kein bestimmter Auswertungszweck bevorzugt wird, sind vielfältige Auswertungsrechnungen möglich. Die Grundrechnung wird daher auch als **zweckneutral** bezeichnet. Genauer ist hier die Bezeichnung "zweckplural", da bei der Datenerfassung aufgrund von Wirtschaftlichkeitsüberlegungen immer eine Auswahl potentiell relevanter Deskriptoren getroffen werden muß.[29]

Die Trennung der Kostenrechnung in Grund- und Auswertungsrechnungen ermöglicht es, vielfältige Entscheidungen mit den genau dafür relevanten Größen zu fundieren.

Bildet man nun für verschiedene Problemstellungen jeweils problemadäquate Bezugsobjekthierarchien, so läßt sich eine Vielzahl von stufenweisen Deckungsbeitragsrechnungen erzeugen.[30]

In diesem Abschnitt wurden theoretische Grundgedanken der EK&DBR zunächst ohne weitere Erläuterung eingeführt, um einen Überblick geben zu können. In den folgenden beiden Abschnitten wird näher auf das Identitätsprinzip und den entscheidungsorientierten Kostenbegriff eingegangen, die von grundlegender Bedeutung für die EK&DBR sind.

3.1.2 Kostenzurechnung nach dem Identitätsprinzip

Bevor mit Hilfe der KLR die Planung, Steuerung und Kontrolle des Unternehmensprozesses durchgeführt werden kann, ist es zunächst erforderlich, den Unternehmensprozeß rechnerisch abzubilden.[31] Um die rechnerische Abbildung zu gewährleisten, müssen Prinzipien festgelegt werden, nach denen sich die Bezugsobjekte und die entstandene Kosten miteinander in Beziehung setzen lassen.

Grundsätzlich sind zwei verschiedene Formen solcher Prinzipien zu unterscheiden:[32]

---

[28] Riebel führt diesen Gedanken auf Schmalenbach zurück. Vgl. *Riebel, P.*: Rechnen, 1959, S. 214 [36].
[29] Vgl. *Männel, W.*: Konzept, 1983, S. 1193 und im gleichen Sinne auch *Menrad, S.*: Rechnungswesen, 1978, S. 169 f.
[30] Vgl. die Beispiele in *Riebel, P.*: Deckungsbeitragsrechnung, 1964, S. 599 ff. [178 ff.].
[31] Vgl. die Ausführungen über die Aufgaben der KLR in Abschnitt 2.1.2.
[32] Vgl. *Mrosek, D.*: Zurechnungsprobleme, 1983, S. 108 f.; zu einer leicht abweichenden Einteilung vgl. *Börner, D.*: Kostenverteilung, 1981, Sp. 1108-1113.

- Kostenzurechnungsprinzipien;
- Kostenverrechnungsprinzipien.

Mit **Kostenzurechnungsprinzipien** strebt man eine (nahezu) isomorphe Abbildung des leistungsgebundenen Güterverbrauchs an. Nur wenn nachweisbare eindeutige quantitative Zusammenhänge zwischen den angefallenen Kosten und den erstellten Leistungen bestehen, soll eine Zurechnung erfolgen.[33]

Kostenverrechnungsprinzipien wollen Richtlinien geben, wie Kosten verteilt werden sollen, für die keine Zurechnung nach einem ausgewählten Zurechnungsprinzip möglich ist. Damit hängt der Umfang der über ein Kostenverrechnungsprinzip zu verrechnenden Kosten von der Wahl des Kostenzurechnungsprinzips ab.[34] Zu den Kostenverrechnungsprinzipien zählen u. a. das Durchschnittskostenprinzip und das Tragfähigkeitsprinzip. Prinzipien der Kostenverrechnung werden auch als Anlastungsprinzipien oder Verteilungsverfahren bezeichnet.[35] Sie werden hier nicht weiter betrachtet, weil die mit Hilfe dieser Prinzipien gewonnenen Kostendaten für den internen Informationsbedarf wenig geeignet sind.[36]

Das bekannteste Kostenzurechnungsprinzip ist das **Verursachungsprinzip**. Es besagt, daß einer Leistungseinheit nur diejenigen Kosten zugerechnet werden dürfen, die durch diese Leistungseinheit verursacht wurden.

Das Verursachungsprinzip wird in der Literatur unterschiedlich interpretiert. In einer sehr weiten Fassung wird das Verursachungsprinzip sogar zur Verrechnung von beschäftigungsfixen Kosten herangezogen; diese Interpretation soll jedoch im folgenden vernachlässigt werden.[37]

Einige Autoren legen als Kriterium für die Verursachung eine **kausale** Beziehung zwischen der Entstehung der betrieblichen Leistungen (hier im Sinne von Mengeneinheiten) und der Entstehung von Kosten zugrunde. Die Leistungserstellung wird als **Ursache** angesehen, die Kostenentstehung als **Wirkung**.[38] Eine andere Interpretation geht von einer **finalen** Beziehung zwischen Leistungserstellung und Kostenentstehung aus. Die Leistungserstellung wird dabei als **Zweck** angesehen, die Kostenentstehung als **Mittel** zur Erfüllung des Zwecks. Nach der finalen Interpretation des Verursachungsprinzips wird die Kostenzurechnung dadurch begründet, daß die Kostenentstehung zum Zwecke der Leistungserstellung hingenommen werden muß.[39]

Riebel lehnt sowohl die kausale als auch die finale Interpretation des Verursachungsprinzips ab. Seiner Ansicht nach werden sowohl die betrieblichen Leistungen als auch die Kosten **gleichzeitig** durch eine Entscheidung ausgelöst. Bei ihm dient als Kriterium für

---

[33] Vgl. *Menrad, S.*: Rechnungswesen, 1978, S. 62; *Dellmann, K.*: Stand, 1979, S. 327.
[34] Vgl. *Mrosek, D.*: Zurechnungsprobleme, 1983, S. 127.
[35] Vgl. *Riebel, P.*: Fragwürdigkeit, 1969, S. 64 [78] bzw. *Menrad, S.*: Rechnungswesen, 1978, S. 62.
[36] Vgl. *Börner, D.*: Kostenverteilung, 1981, Sp. 1113.
[37] Vgl. zu den Vertretern dieser Interpretation *Schubert, W./Hohenbild, R.*: Kostenverursachung, 1975, Sp. 2365 f.
[38] Vgl. *Schubert, W./Hohenbild, R.*: Kostenverursachung, 1975, Sp. 2361-2363.
[39] Vgl. *Schubert, W./Hohenbild, R.*: Kostenverursachung, 1975, Sp. 2363 f.

die Zurechenbarkeit das **Identitätsprinzip**. Nach dem Identitätsprinzip dürfen zwei Größen (z. B. Teilmengen von Einnahmen und Ausgaben) einander oder einem Bezugsobjekt nur dann logisch-zwingend zugerechnet werden, wenn sie auf **denselben dispositiven Ursprung** zurückgehen.[40]

Die dem Identitätsprinzip zugrundeliegende Sichtweise verdeutlicht Abb. 3-2:

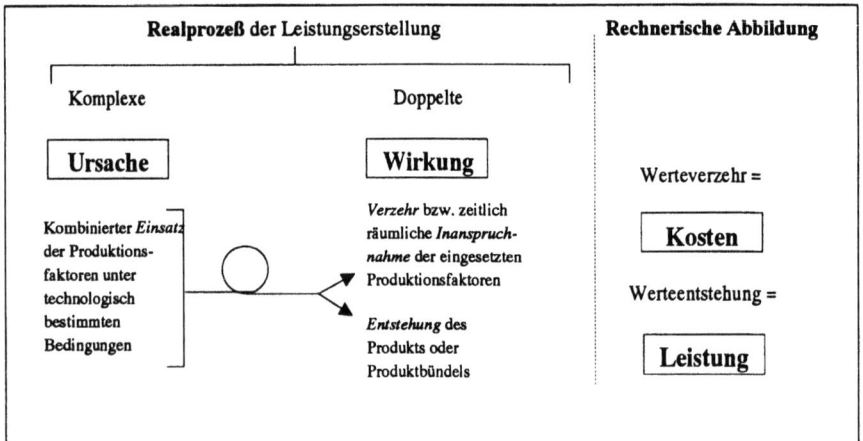

Abb. 3-2: Rechnerische Abbildung der Leistungserstellung im Sinne des Identitätsprinzips[41]

Nach den hier diskutierten Interpretationen des Verursachungsprinzips und nach dem Identitätsprinzip kommt eine Belastung von Kostenträgern mit beschäftigungsfixen Kosten nicht in Frage. Der sich ergebende Unterschied liegt darin, wie variable Gemeinkosten behandelt werden. Nach dem Identitätsprinzip können variable Gemeinkosten nicht zugerechnet werden, es sei denn, es handelt sich um unechte Gemeinkosten. Aus Sicht der Praxis ist nun bedeutsam, wie hoch der Anteil der echten variablen Gemeinkosten im Unternehmen ist. Je geringer dieser Anteil ist, desto weniger werden sich die Ergebnisse der beiden Zurechnungsprinzipien unterscheiden.[42]

Erst in neuerer Zeit sind Bestrebungen ersichtlich, die ungleichgewichtige Behandlung der Kosten und Leistungen im Rahmen der KLR aufzuheben.[43] Für die EK&DBR gilt, daß sich die bisher für die Kosten gemachten Bemerkungen auch auf die Leistungen (bzw. in der von Riebels verwendeten Terminologie auf die Erlöse) beziehen. Auch für die Leistungen gilt, daß sie nach dem Identitätsprinzip zugerechnet werden sollen. Ana-

---

[40] Vgl. *Riebel, P.*: Entscheidungen, 1967, S. 9 [286].
[41] Quelle: *Riebel, P.*: Fragwürdigkeit, 1969, S. 55 [71], zu einer erweiterten Darstellung vgl. *Riebel, P.*: Überlegungen, 1978, S. 136 [419].
[42] Schweitzer und Küpper sind der Ansicht, daß bei Unternehmen ohne Kuppelproduktion nur geringfügige Abweichungen aufgrund der Verrechnung variabler Gemeinkosten entstehen. Vgl. *Schweitzer, M./Küpper, H.-U.*: Systeme, 1991, S. 414.
[43] Vgl. zusammenfassend *Männel, W.*: Gestaltung, 1983.

log zu den Kosten lassen sich auch Einzel- und Gemeinerlöse unterscheiden.[44] Ein Beispiel für Gemeinerlöse wäre ein von einem Werkzeughersteller angebotener Werkzeugkasten, der eine Auswahl der sonst auch einzeln vertriebenen Werkzeuge (Hammer, Schraubenschlüssel, Schraubendreher etc.) enthält.

3.1.3 Entscheidungsorientierter Kostenbegriff

Der Begriff der "Kosten" ist ein zentraler Begriff in der Betriebswirtschaftslehre. In der Umgangssprache wird er meist synonym mit Begriffen wie Auszahlungen oder Ausgaben verwendet. Für eine wissenschaftliche Betrachtung ist jedoch eine genauere Definition unumgänglich. Bis heute besteht bei Fachvertretern noch keine einheitliche Meinung bezüglich der Definition des Kostenbegriffes; jedoch wird von den meisten Autoren der sogenannte **wertmäßige Kostenbegriff** bevorzugt. Ein weiterer Kostenbegriff liegt mit dem **pagatorischen Kostenbegriff** vor. Im Rahmen der EK&DBR wird ein eigener, sehr speziell gefaßter Kostenbegriff verwendet, der **entscheidungsorientierte Kostenbegriff**. Es folgt zunächst eine Betrachtung des wertmäßigen und des pagatorischen Kostenbegriffs, anschließend werden die Unterschiede zum entscheidungsorientierten Kostenbegriff verdeutlicht.

Der **wertmäßige Kostenbegriff** geht auf Schmalenbach zurück. Er definiert Kosten als "die in der Kostenrechnung anzusetzenden Werte der für Leistungen verzehrten Güter".[45] Bedeutsam an dieser Definition ist, daß nicht das "Geldausgeben", sondern das "Verzehren" für den Kostencharakter bestimmend ist.[46]

Auch wenn die Vertreter des wertmäßigen Kostenbegriffes teilweise unterschiedliche Interpretationen bevorzugen, können drei wesentliche Merkmale genannt werden, die allen Auslegungen gemeinsam sind:[47]

1. Es liegt ein mengenmäßiger Güterverzehr vor.
2. Der Güterverzehr entspricht dem Sachziel des Betriebes.[48]
3. Der Güterverzehr wird monetär bewertet.

Insbesondere zu den Merkmalen 1 und 3 lassen sich verschiedene Anmerkungen machen, die in der Literatur zur Kostenrechnung diskutiert und wie folgt zusammengefaßt werden können:[49]

Der **mengenmäßige Güterverbrauch** als Merkmal des Kostenbegriffes ist nicht unumstritten. Nach Ansicht mancher Autoren liegt z. B. bei der Zahlung von Abgaben

---

[44] Vgl. hierzu *Krömmelbein, G.*: Gemeinkosten, 1975.
[45] Vgl. *Schmalenbach, E.*: Kostenrechnung, 1963, S. 6. Die Bezeichnung "wertmäßig" wurde von Koch eingeführt; vgl. *Koch, H.*: Diskussion, 1958, S. 361.
[46] Vgl. *Kosiol, E.*: Analyse, 1958, S. 11 f.
[47] Vgl. *Kosiol, E.*: Analyse, 1958, S. 11; *Schweitzer, M./Küpper, H.-U.*: Systeme, 1991, S. 28.
[48] Die Einschränkung auf die Sachzielbezogenheit dient dazu, diejenigen Güterverzehre, die nichts mit der eigentlichen Leistungserstellung zu tun haben (z. B. Wertpapierspekulationen), aus der KLR auszuschließen.
[49] Vgl. *Riebel, P.*: Überlegungen, 1978, S. 129 ff. [411 ff.]. Vgl. außerdem *Heinen, E.*: Kostenlehre, 1983, S. 94-97; ferner *Scherrer, G.*: Kostenrechnung, 1991, S. 8-10.

(Steuern, Gebühren und Beiträge) kein Güterverbrauch vor.[50] Wenn man wie Kosiol auch Geld die Gütereigenschaft zuerkennt (Geld fällt bei ihm unter die Nominalgüter), ließe sich die Entrichtung von Abgaben jedoch als Nominalgüterverzehr interpretieren.[51] Folgt man dieser Interpretation, bedarf es jedoch einer fiktiven Trennung von Geld in eine Mengen- und Wertkomponente.[52]

Geht man davon aus, daß in der KLR mit Rechengrößen gearbeitet werden soll, die objektiv und eindeutig feststellbar sind,[53] so bereitet die **monetäre Bewertung** des Güterverzehrs Schwierigkeiten. Beim wertmäßigen Kostenbegriff wird der Wertansatz vom Rechnungszweck bestimmt. Knappe Produktionsfaktoren können mit Opportunitätskosten[54] bewertet werden, Faktorpreise mit Anschaffungs-, Tages- oder Wiederbeschaffungspreisen.[55] Je nach Zielvorstellung des entscheidenden Subjektes wird also einem gleichen Güterverzehr ein unterschiedlicher Wert beigemessen. Solche Wertansätze können daher nicht mehr als das Ergebnis der Beobachtung und Messung eines realen Tatbestandes bezeichnet werden. Demnach kann der wertmäßige Kostenbegriff nach Ansicht mancher Autoren nicht als intersubjektiv nachprüfbar gelten.[56]

Aus den genannten Wesensmerkmalen geht weiterhin nicht hervor, auf welche Weise Güterverzehr und Bewertung miteinander verknüpft werden sollen. Der einfachste funktionale Zusammenhang, nämlich die Multiplikation (Menge x Wert),[57] kann nur in den Fällen richtig sein, in denen der Wertansatz über den gesamten Bereich der möglichen Gütermengen konstant ist.[58] Liegen jedoch z. B. Funktionen mit Knick- oder Sprungstellen vor, wäre es notwendig, zusätzlich den entsprechenden funktionalen Zusammenhang zu spezifizieren.

Schließlich ist als wesentlicher Kritikpunkt festzuhalten, daß der wertmäßige Kostenbegriff auch Kosten enthält, die nicht entscheidungsrelevant sind. So enthält der wertmäßige Kostenbegriff auch die auf Gebrauchsverschleiß zurückzuführenden Kosten der Nutzung von Betriebsmitteln,[59] die nicht in jedem Fall relevant sind. Weiterhin werden für die Entnahme von Lagerbeständen für einen Spezialauftrag automatisch Kosten angesetzt, obwohl es sich bei den Lagerbeständen auch um Güter handeln kann, die ansonsten keiner sinnvollen Verwendung mehr zugeführt werden können. Schließlich werden kalku-

---

50 Vgl. *Riebel, P.*: Überlegungen, 1978, S. 131-134 [413-415] mit weiteren Beispielen. Zu einer ausführlicheren Diskussion über die Zugehörigkeit der Abgaben zu den Kosten vgl. *Mrosek, D.*: Zurechnungsprobleme, 1983, S. 57-60.
51 Vgl. *Kosiol, E.*: Analyse, 1958, S. 20.
52 Vgl. *Kosiol, E.*: Analyse, 1958, S. 34 f.
53 Vgl. *Menrad, S.*: Kostenbegriff, 1965, S. 61.
54 Opportunitätskosten sind die entgehenden Deckungsbeiträge nicht gewählter Handlungsmöglichkeiten; vgl. *Riebel, P.*: Überlegungen, 1978, S. 129 [411].
55 Vgl. *Kilger, W.*: Plankostenrechnung, 1988, S. 16.
56 Vgl. z.B. *Dellmann, K.*: Produktions- und Kostentheorie, 1980, S. 132. Anderer Auffassung ist Adam, der in der Auswahl der Zielvorstellung ein zusätzliches Wertungsproblem sieht und die Bewertung bei gegebener Zielvorstellung als intersubjektiv nachprüfbar bezeichnet. Vgl. *Adam, D.*: Kostenbewertung, 1970, S. 27 f. und 33 f. und auch *Menrad, S.*: Rechnungswesen, 1978, S. 200.
57 Kosiol sieht diesen multiplikativen Zusammenhang offensichtlich als üblich an; vgl. *Kosiol, E.*: Analyse, 1958, S. 29-36.
58 Vgl. *Riebel, P.*: Überlegungen, 1978, S. 134 [415].
59 Vgl. *Kilger, W.*: Plankostenrechnung, 1988, S. 400.

3.1 Grundlagen der Einzelkosten- und Deckungsbeitragsrechnung

latorische Unternehmerlöhne und kalkulatorische Zinsen angesetzt. Gehen solchermaßen ermittelte Kostengrößen in Entscheidungsmodelle ein, besteht jedoch die Gefahr von Fehlentscheidungen, denn nur wenn die in Entscheidungsmodellen verwendeten Koeffizienten auch entscheidungsrelevant sind, wird die durch die Entscheidung verursachte Erfolgsänderung sichtbar.[60]

Der **pagatorische Kostenbegriff** hat zwar fast nur noch historische Bedeutung, soll aber kurz betrachtet werden, weil er ebenso wie der entscheidungsorientierte Kostenbegriff eng an den Ausgaben orientiert ist. Nach dem pagatorischen Kostenbegriff liegt nur dann ein Werteverzehr vor, wenn dafür entsprechende Auszahlungen angefallen sind oder noch anfallen werden.[61] Ein Bewertungsproblem, wie es beim wertmäßigen Kostenbegriff vorkommt, besteht beim pagatorischen Kostenbegriff nicht, da nur von der Höhe der Zahlungen zum Zeitpunkt der Anschaffung ausgegangen wird.[62]

Die Kosten für bereits verzehrte Güter lassen sich dabei durch Messung des Güterverbrauchs und Beobachtung der Anschaffungspreise dieser Güter ermitteln. Für die Bestimmung zukünftig anfallender Kosten sind Prognosen bezüglich der Verbräuche und Marktpreise notwendig. Diese Konzentration auf Anschaffungspreise ist unabhängig von den mit der Kostenrechnung verfolgten Zwecken.[63]

Der von Riebel propagierte **entscheidungsorientierte Kostenbegriff** wurde aus der Kritik am wertmäßigen Kostenbegriff heraus entwickelt. Dieser Kostenbegriff wurde in der Form, in der er in dieser Arbeit verwendet wird, 1970 von Riebel vorgeschlagen.[64] Es muß jedoch beachtet werden, daß auch andere Autoren diesen Begriff benutzen, wobei sein Inhalt unterschiedlich definiert wird.[65] Die Definition nach Riebel lautet: "Kosten sind die mit der Entscheidung über das betrachtete Objekt ausgelösten Ausgaben"[66]. Mit diesem Kostenbegriff soll somit in besonderem Maße die **Relevanz** von Kosten für **Entscheidungsprobleme** berücksichtigt werden.

Im Unterschied zum wertmäßigen Kostenbegriff läßt sich nach dieser Fassung des Kostenbegriffes die Zahlung von Abgaben theoretisch einwandfrei unter den Kosten subsumieren, weil eine solche Zahlung durch eine Entscheidung festgelegt wird. Die Zahlung von Grundsteuern für ein Grundstück ist z. B. die Folge einer Entscheidung, dieses Grundstück nicht zu veräußern.

Weitere Unterschiede zwischen dem wertmäßigen und dem entscheidungsorientierten Kostenbegriff ergeben sich bei der Behandlung der Opportunitätskosten. Nach dem ent-

---

[60] Vgl. *Riebel, P.*: Überlegungen, 1978, S. 128 [409].
[61] Um auch in Fällen, in denen keine Auszahlungen anfallen, zu Kosten zu gelangen, wie z. B. bei den Opportunitätskosten oder bei der Schenkung von Produktionsanlagen, erweitert Koch den pagatorischen Kostenbegriff durch die Einführung sogenannter Hypothesen. Vgl. *Koch, H.*: Diskussion, 1958, S. 369; *Heinen, E.*: Kostenlehre, 1983, S. 91-94.
[62] Das Problem der intersubjektiven Nachprüfbarkeit der Bewertung entfällt zwar hier, jedoch heißt dies nicht, daß der Ansatz von Anschaffungspreisen generell vorteilhafter als der Ansatz anderer Wertansätze sei.
[63] Vgl. die Diskussion über die Aufgaben der Kostenrechnung in Abschnitt 2.1.2.
[64] Vgl. *Riebel, P.*: Bereitschaftskosten, 1970, S. 372-386 [81-97].
[65] Vgl. vor allem *Altenburger, O.A.*: Kostenbegriff, 1976.
[66] *Riebel, P.*: Bereitschaftskosten, 1970, S. 372 [81].

scheidungsorientierten Kostenbegriff können Opportunitätskosten keine Kosten sein, da ihnen der Ausgabencharakter fehlt. Wie die Ausführungen Riebels über die Planung des Produktionsprogramms bei Engpässen zeigen, bedeutet dies jedoch keineswegs, daß verdrängte Deckungsbeiträge nicht berücksichtigt werden sollen. Jedoch haben einmal berechnete Opportunitätskosten nur dann Gültigkeit, wenn sich weder die Engpaßsituation noch die zur Verfügung stehenden Alternativen ändern.[67] Wegen der Situationsabhängigkeit der entgehenden Deckungsbeiträge wird daher gefordert, sie als eigenständige Kalkulationsgröße zu betrachten und auszuweisen.[68]

Zwar werden sowohl beim entscheidungsorientierten als auch beim pagatorischen Kostenbegriff die Kosten als eine spezielle Kategorie der Ausgaben interpretiert, jedoch werden beim entscheidungsorientierten Kostenbegriff nicht die gesamten nicht-kompensierten[69] Ausgaben, sondern nur die durch eine Entscheidung zusätzlich hervorgerufenen Ausgaben miteinbezogen.[70]

Ein weiterer Unterschied sei anhand eines Beispiels illustriert: Wird ein Rohstoff für ein Standardprodukt vom Lager entnommen und findet eine Ersatzbeschaffung statt, so wird nach dem pagatorischen Kostenbegriff der Anschaffungspreis des verzehrten Rohstoffes zugrunde gelegt, nach dem entscheidungsorientierten Kostenbegriff sind es jedoch die Auszahlungen für den neuen Rohstoff.[71] In diesem Falle würde der entscheidungsorientierte Kostenbegriff somit zum gleichen Ergebnis wie der wertmäßige Kostenbegriff bei Ansetzung von Wiederbeschaffungspreisen führen.

Aus den bisherigen Ausführungen geht hervor, daß der entscheidungsorientierte Kostenbegriff theoretisch weit entwickelt ist. Die Abbildungsfunktion der KLR erscheint durch ihn am besten erfüllt. Es ergeben sich aber trotz der theoretischen Vorzüge Nachteile bei der praktischen Anwendung, was auch Riebel selbst einräumt.[72]

Das erste Problem ergibt sich daraus, daß die durch eine Entscheidung ausgelöste Kette von Ausgaben nicht ohne weiteres genau zu verfolgen ist. Wenn aber aus Wirtschaftlichkeitsgründen ein Abbruch dieser Kette vollzogen werden muß, fragt sich, an welcher Stelle dies geschehen soll.[73]

Damit eng verbunden ist das Problem, daß einzelne Entscheidungen nur selten isoliert werden können. Nach dem entscheidungsorientierten Kostenbegriff müßten auf Lager liegende Materialien für ein Standardprodukt bei der Berechnung der Einzelkosten dieses Produktes unberücksichtigt bleiben, wenn die Produktionsentscheidung zu einem Zeitpunkt gefällt wird, in dem die Beschaffungsentscheidung bereits getroffen wurde. Die

---

[67] Vgl. *Riebel, P.*: Überlegungen, 1978, S. 129 f. [412 f.].
[68] Vgl. *Riebel, P.*: Überlegungen, 1978, S. 130 [413]. Gleicher Ansicht ist *Dellmann, K.*: Produktions- und Kostentheorie, 1980, S. 134.
[69] Durch diese Einschränkung werden Zahlungen, die durch andere Zahlungen kompensiert werden (z. B. Kreditgewährung, Kreditrückzahlung) von den Kosten ausgeschlossen.
[70] Vgl. *Riebel, P.*: Überlegungen, 1978, S. 143 [427].
[71] Vgl. *Riebel, P.*: Gefahren, 1974, S. 513 f. [372].
[72] Vgl. *Riebel, P.*: Überlegungen, 1978, S. 143 f. [427 f.].
[73] Zwei Fallbeispiele zur Verdeutlichung von Entscheidungssequenzen sind in *Riebel, P.*: Sequentielle Entscheidungen, 1988, S. 259 ff. und 264 ff. [652 ff. und 659 ff.] enthalten.

Beschaffungsentscheidung wurde möglicherweise jedoch nur deshalb in der beschriebenen Art und Weise durchgeführt, weil aufgrund der Planungsinformationen mit der Produktion einer gewissen Menge des Standardproduktes gerechnet werden konnte, und sich durch die Beschaffung einer größeren Menge der Materialien Vorteile erzielen ließen. Auf diese Weise käme es zu Zyklen in den Entscheidungsketten, weil die betreffenden Entscheidungen zwar zeitlich aufeinanderfolgend, aber dennoch voneinander abhängig sind.[74]

Auch die Argumentation, daß über kurz oder lang durch die Lagerentnahme eine neue Bestellung ausgelöst wird, hilft nicht in jedem Fall weiter. Z. B. kann es sein, daß die neu zu tätigende Beschaffung nur in Quanten erfolgen kann, die mit dem Quantum des Verzehrs nicht übereinstimmen.[75]

Die Diskussion des wertmäßigen und des entscheidungsorientierten Kostenbegriffes zeigt, daß weitere Arbeiten auch zu elementaren Begriffen der Betriebswirtschaftslehre nach wie vor notwendig sind. Im Vergleich zum wertmäßigen Kostenbegriff wirkt der entscheidungsorientierte Kostenbegriff theoretisch geschlossener, birgt jedoch vereinzelt Probleme bei der Anwendung.

3.2 Gestaltung zweckpluraler Grundrechnungen

3.2.1 Entwicklung der Grundrechnungskonzeption

Die Grundrechnung kann als Kernstück der EK&DBR angesehen werden.[76] Der Leitgedanke der Grundrechnung besteht darin, daß alle für die KLR relevanten Daten zusammengefaßt werden, ohne daß dies bereits im Hinblick auf ganz bestimmte, später vorzunehmende Auswertungen geschieht. Riebel bezeichnet die Grundrechnung als eine

universell auswertbare Zusammenstellung relativer Einzelkosten, deren 'Bausteine' in mannigfaltiger Weise kombiniert werden können und einen schnellen Aufbau von Sonderrechnungen für die verschiedensten Fragestellungen erlauben.[77]

Der Vorschlag, den Ablauf der KLR in Form einer Grundrechnung mit nachgelagerten Auswertungsrechnungen zu organisieren, wird von Riebel auf Schmalenbach zurückgeführt.[78] Jedoch sind auch in der US-amerikanischen Literatur Gedanken dieser Art zu finden, die eine starke Analogie zu der von Riebel beabsichtigten Konzeption aufweisen. Die Vorläufer und Alternativen der Konzeption von Grundrechnung und Auswertungsrechnungen sollen nun kurz betrachtet werden.

---

[74] Vgl. hierzu auch Fn. 25 in *Riebel, P.*: Bereitschaftskosten, 1970, S. 377 f. [86 f.].
[75] Zur näheren Diskussion der hieraus resultierenden Probleme vgl. *Hummel, S.*: Kostenerfassung, 1970, S. 197 ff.
[76] Das Konzept der Grundrechnung wird von Riebel schon 1959 erwähnt; vgl. *Riebel, P.*: Rechnen, 1959, S. 214 [36]. Zur Ideengeschichte vgl. auch *Riebel, P.*: Grundrechnung, im Druck, Sp. 2 des Manuskriptes.
[77] *Riebel, P.*: Aufbau, 1964, S. 84 [149].
[78] Vgl. *Riebel, P.*: Rechnen, 1959, S. 214 [36]; *Riebel, P.*: Aufbau, 1964, S. 84 [149].

Schon 1948 hat Schmalenbach vorgeschlagen, den formalen Aufbau der Kostenrechnung grundlegend zu verändern. Mit der Begründung, daß die Ansprüche an die Kostenrechnung und die in ihr verwendeten Wertansätze **zweckabhängig** seien, schlägt er eine Trennung der Kostenrechnung in **Grund- und Zweckrechnungen** vor.[79] Die Grundrechnung an sich "braucht theoretisch für keinen Zweck unmittelbar anwendbar zu sein. ... Aber sie muß dafür in besonderem Grade fähig sein, für alle möglichen Zwecke verwendbar zu sein."[80] In späteren Arbeiten bezeichnet Schmalenbach die Zweckrechnungen als **Sonderrechnungen**.[81]

Vergleicht man die Konzeptionen von Schmalenbach und Riebel, erkennt man zwar eine namentliche Gleichheit, bei der inhaltlichen Ausgestaltung ergeben sich jedoch einige Differenzen. Dies läßt sich schon an den von Schmalenbach angeführten Beispielen für Grundrechnungen zeigen. Einerseits wendet er sich gegen die Gemeinkostenschlüsselung in der Grundrechnung, andererseits führt er die Zuschlagskalkulation, also ein Kalkulationsverfahren bei dem **alle** Kosten zweckabhängig auf die Kostenträger geschlüsselt werden, als Beispiel für eine Grundrechnung an.[82] Darüberhinaus impliziert diese Aussage, daß es mehrere Grundrechnungen geben kann, in denen Kosten erfaßt werden. Dies würde theoretisch im Widerspruch zur Zweckfreiheit stehen.[83] Auch die weiteren Ausführungen bieten wenig Anhaltspunkte zur zur konkreten Gestaltung der Grundrechnung.[84]

Im US-amerikanischen Raum wird der Grundrechnungsgedanke schon sehr früh (1923) von Clark angedeutet. Nachdem er beispielhaft die finanziellen Auswirkungen verschiedener Entscheidungen beim Aufbau und Betrieb eines Automobilwerkes betrachtet, kommt er zu folgendem Schluß: "cost accounting should furnish the raw materials from which the manager can make ... comparisons"[85].

Sehr deutlich klingt der Grundrechnungsgedanke schon bei Goetz an.[86] Er geht davon aus, daß Kosten nur in Abhängigkeit von vorliegenden Problemstellungen sinnvoll gruppiert und ausgewertet werden können. Zum Zeitpunkt der Datenerfassung sind diese Problemstellungen jedoch häufig noch gar nicht bekannt.[87] Da die bisherigen Gestaltungsformen der Kostenrechnung inadäquat und irreführend seien, fordert er eine völlige Um-

---

[79] Vgl. *Schmalenbach, E.*: Wirtschaftslenkung 2, 1948, S. 66.
[80] *Schmalenbach, E.*: Wirtschaftslenkung 2, 1948, S. 66.
[81] Vgl. *Schmalenbach, E.*: Kostenrechnung, 1963, S. 268.
[82] Vgl. den mit "Mehrstufige Zuschlagskalkulation als Grundrechnung" überschriebenen Abschnitt 3 in *Schmalenbach, E.*: Kostenrechnung, 1963, S. 426 ff.
[83] Zur Frage ob es mehrere Grundrechnungen geben kann vgl. *Ortner, E.*: Grundrechnung, 1981 und *Sinzig, W.*: Verhältnis, 1981. In der vorliegenden Arbeit wird die Ansicht vertreten, daß es nur eine Grundrechnung für die **Kostenerfassung** geben kann.
[84] Vgl. auch Kilger, der die Grundrechnung, wie sie bei Schmalenbach vorgestellt wird, einen "der berühmten Schlenker des Meisters" nennt und bemängelt, daß Schmalenbach "sich nicht darüber ausgelassen [hat], was die Grundrechnung sein soll", *Kilger, W.*: Diskussionsbeiträge, 1983, S. 164.
[85] *Clark, J.M.*: Studies, 1923, S. 202.
[86] Vgl. *Goetz, B.E.*: Cost System, 1947, S. 173 f.; *Goetz, B.E.*: Planning, 1949, S. 137 ff.
[87] Vgl. *Goetz, B.E.*: Planning, 1949, S. 137.

strukturierung der Kostenrechnung und formuliert drei "General Rules for Initial Recording of Cost Data":[88]

1) Heterogene Elemente dürfen nicht zusammengefaßt werden.
2) Homogene Elemente dürfen nicht verrechnet werden.
3) Elemente sollten bei dem speziellsten Bezugsobjekt erfaßt werden, bei dem ein Ausweis ohne Schlüsselung möglich ist.

Diese Regeln beziehen sich allerdings auf eine reine Istkostenerfassung. Konkrete Hinweise darauf, wie aus den erhobenen Daten eine Kostenplanung abgeleitet werden kann, findet man bei Goetz nicht. Er weist jedoch auf die Probleme hin, die im Rahmen der Kostenkontrolle bei einem Zeitvergleich auftreten. Da die von ihm vorgeschlagene Strukturierung der Kostenerfassung zu einer Vielzahl kleiner Posten führt, ist ein Zeitvergleich auf der Ebene der Rohdaten durch den relativ großen Einfluß zufälliger Abweichungen nicht sinnvoll. Stattdessen sollen die einzelnen Posten problemadäquat kumuliert werden, so daß im Rahmen des Zeitvergleichs mit aggregierten Daten gearbeitet werden kann.[89]

Unabhängig von den beiden zuvor genannten Autoren kritisiert auch Sorter den Informationsverlust durch die Erfassung aggregierter Daten, denn eine Aggregation von Daten, die für einen bestimmten Zweck sinnvoll ist, kann schädlich für andere Zwecke sein.[90] Seiner Ansicht nach müssen die Daten der relevanten ökonomischen Ereignisse bereitgestellt werden, nicht aber bereits nach bestimmten Zwecken verdichtete Größen. Nur aus den Rohdaten können die Informationsempfänger nach eigenen Vorstellungen Eingabedaten generieren und für individuelle Entscheidungsmodelle nutzen.[91] Wegen der Ausrichtung auf ökonomische Ereignisse bezeichnet Sorter die von ihm vorgeschlagene Sichtweise des Rechnungswesens als "Events Accounting". Im Gegensatz zu den Vorschlägen von Clark und Goetz, die kaum einen Einfluß auf die weitere Entwicklung der Kostenrechnung in den USA hatten, wurden durch den Aufsatz von Sorter einige weitere Arbeiten angeregt, die die Umsetzung des Events Accounting mit Hilfe von Datenbanken zum Gegenstand hatten.[92]

Ein Vergleich dieser verschiedenen Vorschläge zeigt, daß die Konzeption von Riebel dabei am weitesten ausgereift und präzisiert ist. Dies heißt jedoch nicht, daß in diesem Bereich keine weiteren Arbeiten notwendig seien. Seit den ersten Vorschlägen zur Grundrechnungskonzeption konnten bisher schon vielfältige Erkenntnisse zur inhaltlichen Gestaltung und DV-technischen Umsetzung gewonnen werden. In den nächsten beiden Abschnitten werden die beiden maßgeblichen Merkmale (Bezugsobjekte und Kostenkategorien) zur Kennzeichnung der Kosten in einer Grundrechnung vorgestellt. Es folgt dann eine Übersicht über die verschiedenen Formen einer solchen Grundrechnung. Wie die Realisierung einer solchen Grundrechnung mit Hilfe von Datenbanken bewältigt werden kann, ist u. a. Gegenstand des Abschnitts 4.4.

---

[88] Vgl. *Goetz, B.E.*: Planning, 1949, S. 137-139; *Goetz, B.E.*: Cost System, 1947, S. 173 f.; *Riebel, P.*: Gestaltungsprobleme, 1979, S. 863 f. [444 f.]; *Scherrer, G.*: Kostenrechnung, 1991, S. 134 f.
[89] Vgl. *Goetz, B.E.*: Planning, 1949, S. 138 f.
[90] Vgl. *Sorter, G.*: "Events" Approach, 1969, S. 13 f.
[91] Vgl. *Sorter, G.*: "Events" Approach, 1969, S. 13-15.
[92] Vgl. hierzu Abschnitt 4.4.1.

3.2.2 Bezugsobjekte in einer zweckpluralen Grundrechnung

Wie die Ausführungen im Abschnitt 3.1.1 gezeigt haben, ist die EK&DBR durch einen sehr umfassenden Kreis von Bezugs- oder Zurechnungsobjekten gekennzeichnet. Eine grobe Orientierung darüber, welche Bezugsobjekte prinzipiell in Frage kommen gibt die folgende Aufzählung:[93]

- Produkte, Produktgruppen,
- Kunden, Kundengruppen,
- Absatzgebiete,
- Absatzwege,
- organisatorische Einheiten (z. B. Kostenstellen, Profit-Center),
- Investitionen bzw. Desinvestitionen (z. B. Auf- und Abbau von Kapazitäten, Marketingmaßnahmen, Produktentwicklungen),
- Projekte.

Neben diesen sachlich abgegrenzten Merkmalen, lassen sich auch zeitlich abgegrenzte Merkmale zur Gewinnung von Bezugsobjekten heranziehen, z. B.:

- Kalenderidentische Perioden (Monate, Jahre, aber auch Zeiträume von z. B. 3 oder 5 Jahren),
- an den Lebenszyklus von Produkten oder Märkten gebundene Zeiträume.

Die genannten Bezugsobjekte lassen sich auf vielfältige Weise miteinander kombinieren, wodurch eine mehrdimensionale Betrachtungsweise ermöglicht wird. Zu diesem Zweck wird von Riebel die Bildung von Bezugsobjekthierarchien vorgeschlagen.[94]

In der Literatur wird manchmal von einer einzelnen Bezugsobjekthierarchie, gelegentlich auch von mehreren Bezugsobjekthierarchien gesprochen, die als Basis für die Auswertung der Grundrechnung dienen sollen.[95] Ein einfaches Beispiel einer solchen Bezugsobjekthierarchie zeigt Abb. 3-3.

Wie die in einer Bezugsobjekthierarchie vertretenen Bezugsobjekte ausgewählt und angeordnet werden, kann nur aufgrund der mit einer Auswertung verfolgten Zwecke beurteilt werden. Um die Zweckpluralität einer Grundrechnung zu gewährleisten, darf man sich daher nicht auf eine einzelne oder eine vorher bestimmte Anzahl von Bezugsobjekthierarchien festlegen. Die Flexibilität der Auswertungen kann nur dann gewährleistet bleiben, wenn es möglich ist, den jeweiligen Problemstellungen entsprechende Bezugsobjekthierarchien zu bilden.[96]

---

[93] Zu einer umfangreicheren Aufzählung vgl. *Riebel, P.*: Führungsrechnung, 1992, S. 279.
[94] Vgl. *Riebel, P.*: Rechnen, 1959, S. 215 [37].
[95] Von einer einzigen Bezugsobjekthierachie geht offenbar Layer aus. Vgl. *Layer, M.*: Möglichkeiten, 1967, S. 39.
[96] Es wird nicht bestritten, daß es bestimmte Bezugsgrößenhierarchien geben wird, die sich für einen sehr großen Teil der potentiellen Fragestellungen verwenden lassen. Solche Hierarchien sollten als Standardhierarchien bereitgestellt werden.

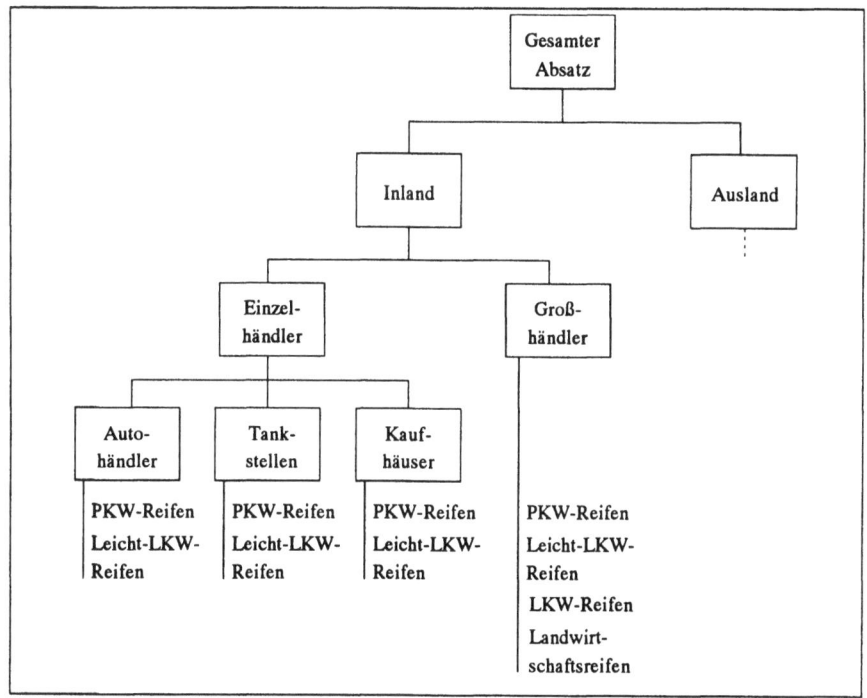

Abb. 3-3: Absatzorientierte Bezugsobjekthierarchie am Beispiel eines Reifenherstellers

Betrachtet man dagegen das gesamte Unternehmen, so handelt es sich nicht um hierarchische, sondern um netzwerkartige Beziehungen zwischen den einzelnen Bezugsobjekten.[97] Dies wird bei Riebel schon früh anhand eines Beispiels aus dem Vertriebsbereich angedeutet.[98] Abb. 3-4 auf der folgenden Seite zeigt ein ähnliches Netz von Bezugsobjekten sowie einige mögliche Bezugsobjekthierarchien, die sich daraus ableiten lassen.

Die Bildung von Bezugsobjekthierarchien kann somit als ein Mittel zur Komplexitätsreduktion angesehen werden, bei dem verschiedene - teilweise voneinander unabhängige - Klassifikationsmerkmale in eine an der Fragestellung ausgerichtete Ordnung gebracht werden. Bei der Darstellung gestufter Deckungsbeitragsrechnungen ist außerdem eine hierarchische (baumartige) Anordnung aus rechentechnischer Sicht notwendig, weil bei einer Netzwerkstruktur nicht gewährleistet ist, daß bei einer stufenweisen Kumulation von Wertgrößen Werte unterer Stufen nur in die Summe von **einem** übergeordneten Objekt eingehen.

---

[97] Die Unterscheidung zwischen Netz und Hierarchie ist aus graphentheoretischer Sicht nicht korrekt, weil die hier beschriebenen Netze ebenfalls hierarchisch sind. Genauer wäre eine Unterscheidung in netz- und baumorientierte Hierarchien. Vgl. dazu z. B. Balzert, H.: Entwicklung, 1982, S. 34 ff. Aus Gründen der Konvention werden hier aber weiterhin die Begriffe "Netz" und "Hierarchie" verwendet.

[98] Vgl. die Abbildung 2 in Riebel, P.: Deckungsbeitragsrechnung, 1964, S. 602 [180].

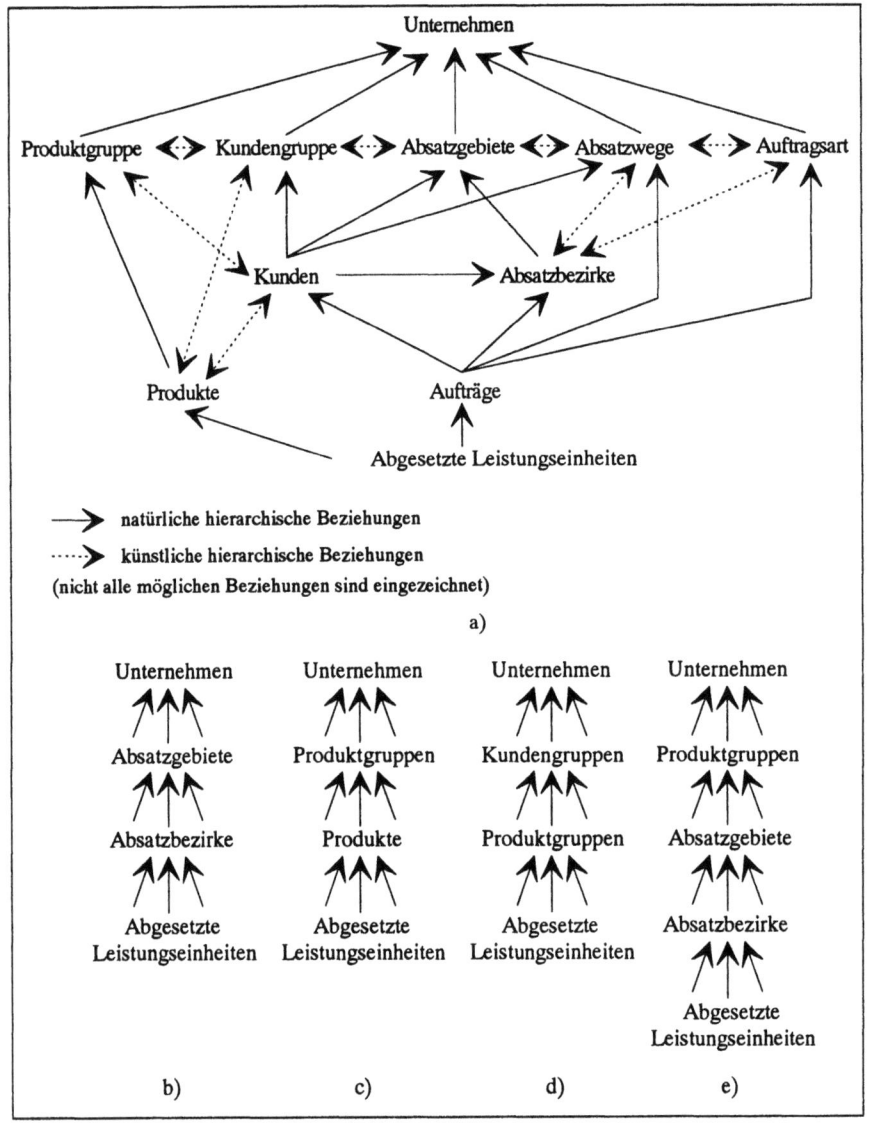

Abb. 3-4: Netzwerk von Bezugsobjekten und daraus ableitbare Bezugsobjekthierarchien

Für die Bildung fester Standardhierarchien, an denen sich auch die Datenerfassung orientiert, sprachen vor allem pragmatische Gründe, die jedoch bei der Verwendung relationaler Datenbanken an Bedeutung verloren haben.

Betrachtet man die Beziehungen zwischen den Bezugsobjekten innerhalb der Netzwerkdarstellung, so lassen sich dabei zwei verschieden Formen erkennen:[99]

1. Beziehungen, die **natürlicherweise hierarchisch** sind, d. h., daß eine sachlich zwingende Über- bzw. Unterordnung vorliegt. Ein Beispiel ist die Beziehung zwischen Produktgruppen und Produkten. Die Produktgruppen ergeben sich dabei als disjunkte Teilmengen aus der Menge aller Produkte.
2. Beziehungen, die **künstlich in eine hierarchische** (problemadäquate) Struktur gebracht werden können. Als Beispiel käme hier die Beziehung zwischen Produktgruppen und Absatzgebieten in Frage. Sowohl eine Gliederung nach Produktgruppen, in der wiederum nach Absatzgebieten unterschieden wird, als auch der umgekehrte Fall sind sinnvolle Möglichkeiten zur Ordnung der beiden Elemente.

Weiterhin ist für eine Bezugsobjekthierarchie kennzeichnend, daß es keine Bezugsobjekte unterhalb der Ebene einzelner Leistungseinheiten oder oberhalb der Ebene der gesamten Unternehmung geben kann.[100] Ausgehend von den abgesetzten Leistungseinheiten gibt es viele alternative Wege, die man bei der schrittweisen Kumulation von Kosten und Erlösen gehen kann, bis man zum Deckungsbeitrag des gesamten Unternehmens gelangt.[101] Daraus folgt, daß bei einem solchen Netz der Start- und der Endknoten (in der Terminologie der Graphentheorie die Quelle und die Senke)[102] festgelegt sind.

Neben der Bildung von Bezugsobjekten bestehen weitere Möglichkeiten, die Mehrdimensionalität der Kosten darzustellen. Sie eignen sich jedoch im Gegensatz zu den Bezugsobjekthierarchien nicht so sehr zur Strukturierung von Berichten, sondern vorwiegend für didaktische Zwecke.

Der in Abb. 3-5 a) dargestellte **Würfel** veranschaulicht eine dreidimensionale Verknüpfung der Bezugsobjekte Produktgruppen, Kundengruppen und Absatzwege. Im Beispiel können 27 kleinere Würfel gedanklich herausgenommen werden, die sich wiederum untergliedern ließen (z. B. nach Produkten, Kunden, Absatzgebieten).[103] Somit entsteht wie bei den Bezugsobjekthierarchien eine rekursive Struktur. Um die gleiche Information mit Hierarchien darzustellen, lassen sich bei den drei im Beispiel verwendeten Bezugsobjektkategorien 3! (=6) verschiedene Hierarchien bilden, von denen zwei in Abbildung 3-5 b) und c) dargestellt sind.

---

[99] Vgl. *Riebel, P.*: Gestaltungsprobleme, 1979, S. 878 [459] und auch *Sinzig, W.*: Rechnungswesen, 1990, S. 40 und 316.
[100] Vgl. hierzu auch *Fischer, R./Rogalski, M.*: Kosten- und Erlöscontrolling, 1991, S. 39-45.
[101] Vgl. *Riebel, P.*: Deckungsbeitragsrechnung, 1964, S. 599-601 [180].
[102] Vgl. hierzu z.B. *Noltemeier, H.*: Graphentheorie, 1976, S. 121.
[103] Würde man noch auf jeder der drei sichtbaren Flächen die kumulierten Größen berücksichtigen, ergäben sich 64 kleinere Würfel.

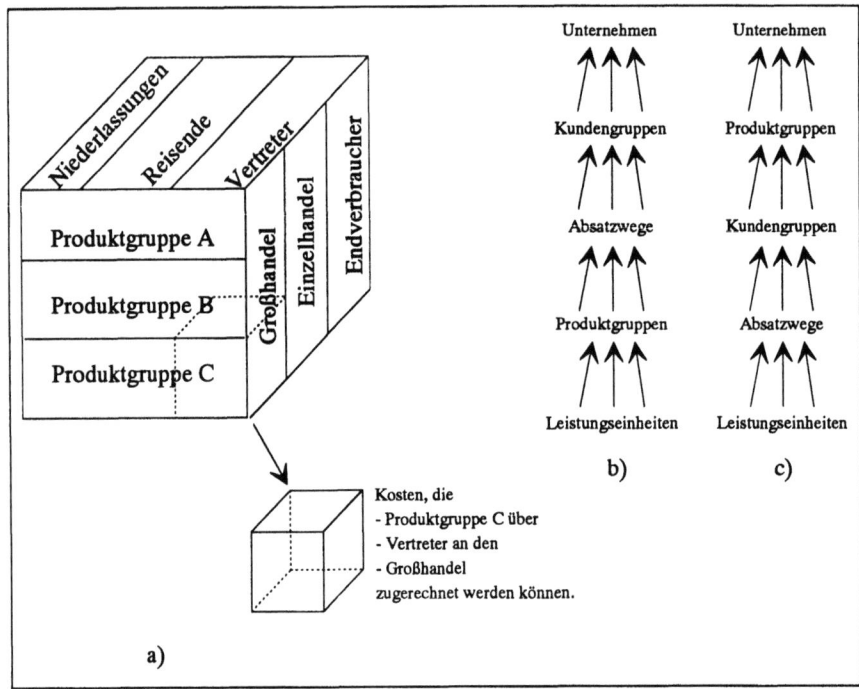

Abb. 3-5: *Möglichkeiten zur Darstellung mehrdimensionaler Verknüpfungen*

Schließlich können auch **Polygone** verwendet werden, um mehrdimensionale Verknüpfungen darzustellen.[104]

Das Beispiel in Abb. 3-5 verdeutlicht, daß schon ganz elementare Geschäftsvorfälle (Verkauf einer Leistungseinheit eines Produktes an einen Kunden) durch eine große Anzahl von Deskriptoren gekennzeichnet werden können. Sind einzelne Kostenbeträge mit mehreren Bezugsobjekten zu kennzeichnen, so spricht Riebel von **mehrdimensionalen oder komplexen Bezugsobjekten**.[105]

3.2.3 Kostenkategorien in einer zweckpluralen Grundrechnung

Jeder auftretende Kostenbetrag wird nicht nur mit den dazugehörigen Bezugsobjekten gekennzeichnet, sondern weiterhin in eine **Kostenkategorie** eingeordnet. Die Bildung von Kostenkategorien vollzieht sich vorrangig anhand der folgenden Merkmale:[106]

---

[104] Vgl. *Riebel, P./Sinzig, W.*: Realisierung, 1981, S. 466 und 468.
[105] Vgl. *Riebel, P.*: Gestaltungsprobleme, 1979, S. 879 [460].
[106] Vgl. *Riebel, P.*: Bereitschaftskosten, 1970, S. 378 und 385 [87 und 94] sowie die Anmerkung in *Riebel, P.*: Deckungsbeitragsrechnung, 1990, S. 96.

- Nach dem Verhalten gegenüber Haupteinflußfaktoren in
  - **Leistungskosten**, die sich abhängig vom tatsächlich realisierten Leistungsprogramm verändern und
  - **Bereitschaftskosten**, die vom Leistungsprogramm unabhängig sind und nur durch zusätzliche Dispositionen beeinflußt werden können,
- nach der zeitlichen Zurechenbarkeit in
  - **Periodeneinzelkosten** und
  - **Periodengemeinkosten**.

Dabei sind die gewählten Merkmale nicht unabhängig voneinander, denn Leistungskosten sind immer zugleich Periodeneinzelkosten, während Bereitschaftskosten sowohl Periodeneinzelkosten als auch Periodengemeinkosten sein können.

Für eine laufende Durchführung der KLR ergibt sich zunächst die Notwendigkeit, die auftretenden Kostenbeträge den **Leistungs- oder Bereitschaftskosten** zuzuordnen. Zu diesem Zweck schlagen Hummel und Männel vor, zunächst die eingesetzten Produktionsfaktoren zu betrachten. Dabei kann man zwar verschiedene Systematiken von Produktionsfaktoren zugrunde legen, jedoch ist die Unterscheidung nach der Art des Verzehrs in **Repetierfaktoren** (Verbrauchsgüter) und **Potentialfaktoren** (Gebrauchsgüter), die den gängigen Systematisierungsversuchen zugrunde liegt, schon ausreichend.[107] Repetierfaktoren sind solche, die im Produktionsprozeß verbraucht werden und in relativ kurzen Abständen neu beschafft werden müssen. Potentialfaktoren dagegen werden lediglich genutzt und müssen nur in größeren Abständen neu beschafft werden.[108]

Das folgende Schema bietet einen Anhaltspunkt dafür, wie man ausgehend von einer Einteilung in Repetier- und Potentialfaktoren zur Klassifikation von Leistungs- und Bereitschaftskosten gelangt.

---

[107] Zu verschiedenen Systematiken von Produktionsfaktoren vgl. *Bohr, K.*: Produktionsfaktorsysteme, 1979. Auch bei der produktions- und kostentheoretischen Fundierung der Plankostenrechnung wird von einer Gliederung in Repetier- und Potentialfaktoren ausgegangen. Vgl. besonders *Kilger, W.*: Plankostenrechnung, 1988, S. 137 f. sowie *Piroth, E.*: Potentialkosten, 1984, S. 14 ff.
[108] Vgl. *Heinen, E.*: Kostenlehre, 1983, S. 247.

3 Die Einzelkosten- und Deckungsbeitragsrechnung

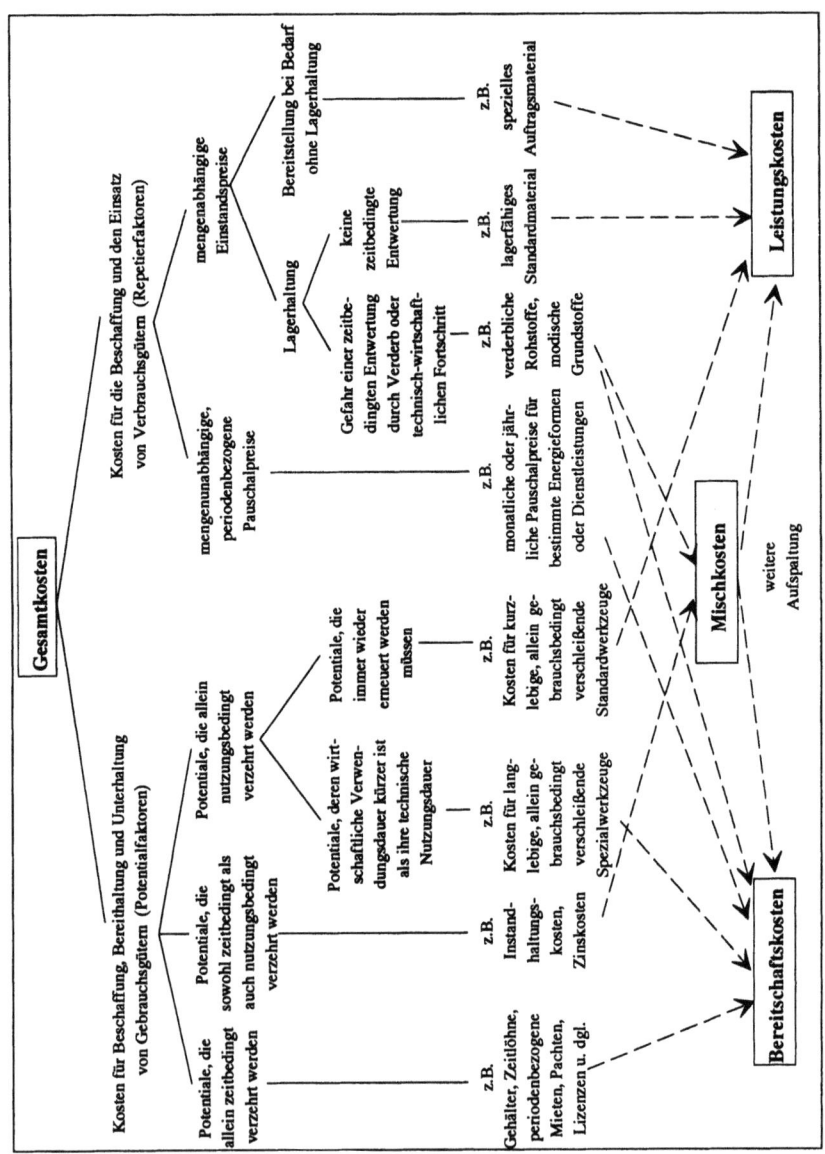

Abb. 3-6: Schema zur Klassifikation von Leistungs- und Bereitschaftskosten[109]

---

[109] Quelle: *Hummel, S./Männel, W.*: Kostenrechnung 2, 1983, S. 60.

3.2 Gestaltung zweckpluraler Grundrechnungen

Zur weiteren Kennzeichnung der **Leistungskosten** bedarf es der Spezifikation des jeweils vorliegenden Abhängigkeitsverhältnisses. So gibt es Kosten, die sich mit der Produktionsmenge eines Gutes (häufig z. B. Materialeinzelkosten) oder mit der Absatzmenge eines Gutes verändern, andere ändern sich in Abhängigkeit vom Preis eines Gutes (z. B. Provisionen, die auf den Umsatz bezogen sind) während noch andere z. B. durch Los- oder Sortenwechsel bestimmt werden.[110] Ergänzend sollte eine Angabe über die Art des funktionalen Zusammenhangs erfolgen (z. B. proportional). Weiterhin müssen die Art der Erfassungsweise (z. B. direkt oder als unechte Gemeinkosten erfaßt) und der Grad der Genauigkeit (z. B. über BDE[111] erfaßt oder geschätzt) angegeben werden.[112]

Zur weiteren Kennzeichnung der **Bereitschaftskosten** sind insbesondere Merkmale heranzuziehen, die Aussagen über die zeitliche Struktur der betrachteten Kosten erlauben. Solche Angaben sind eine Grundvoraussetzung, um Fragestellungen mit unterschiedlichem Zeithorizont beantworten zu können. Dabei kommt es hauptsächlich darauf an, im Rahmen von zukunftsgerichteten Rechnungen prüfen zu können, ab wann ein bestimmter Kostenbetrag durch eine Disposition abgebaut werden kann.

Einen ersten Ansatz zur Lösung dieses Problems bringt Riebel, indem er vorschlägt, die Kosten nach ihrer Bindungsdauer und Lage zur Kalenderperiode in Monats-, Quartals-, Halbjahres- und Jahres-Einzelkosten zu unterscheiden.[113] Ein ähnlicher Vorschlag von Layer lautet, zu allen Bereitschaftskosten die Mindestdauer der Unveränderlichkeit auszuweisen, d. h. die Zeitspanne, die vergeht, bis die betreffenden Kosten durch eine Entscheidung beeinflußt werden können.[114]

Bei diesen Vorschlägen ist jedoch zu berücksichtigen, daß es auch Vorgänge gibt, die sich nicht ohne weiteres den Kalenderperioden zuordnen lassen, weil sie eine zeitliche Überlappung zu den diesen aufweisen (z. B. monatliche Mieten, die jeweils vom 15. eines Monats bis zum 15. des Folgemonats anfallen). Dies führt zur Aufstellung einer **kontinuierlichen Zeitlablaufrechnung**,[115] für die die Bereitschaftskosten mit folgenden Merkmalen gekennzeichnet werden müssen:[116]

- Beginn und Ende der Bindungsdauer,
- Dispositionszeitpunkte (Kündigungstermine),
- Zahlungszeitpunkte.

Die Bedeutung der Dispositionszeitpunkte wird offensichtlich, wenn man bedenkt, daß häufig zwischen dem Zeitpunkt einer Entscheidung und dem Zeitpunkt des Beginns ihrer

---

[110] Vgl. hierzu die Schaubilder bei *Riebel, P.*: Gestaltungsprobleme, 1979, S. 872 [453] und 874 [455].
[111] BDE bedeutet Betriebsdatenerfassung und steht für die DV-gestützte Erfassung der im Verlauf des Fertigungsprozesses anfallenden Ist-Daten. Mengengrößen können dabei im Idealfall automatisch erfaßt und weitergegeben werden, wodurch eine sehr hohe Genauigkeit und Aktualität erreicht werden kann. Vgl. *Stahlknecht, P.*: Einführung, 1989, S. 340.
[112] Vgl. *Riebel, P.*: Gestaltungsprobleme, 1979, S. 871 [452].
[113] Vgl. *Riebel, P.*: Entscheidungen, 1967, S. 11 [289] und die ersten Überlegungen bei *Riebel, P.*: Rechnen, 1959, S. 217 [38].
[114] Vgl. *Layer, M.*: Möglichkeiten, 1967, S. 44.
[115] Vgl. *Riebel, P.*: Bereitschaftskosten, 1970, S. 385 [94].
[116] Vgl. *Riebel, P.*: Bereitschaftskosten, 1970, S. 379 f. [88 f.]; zusammenfassend *Koch, J.*: „Ansätze, 1986, S. 54 sowie *Riebel, P.*: Sequentielle Entscheidungen, 1988, S. 258 [652].

Auswirkungen ein zeitlicher Vorlauf besteht. Beispiele hierfür sind die Personalfreisetzung oder die Kündigung von Mietverträgen. Auch muß deutlich zwischen Zahlungszeitpunkten und Bindungsdauer getrennt werden, was wiederum bei Mietverträgen ersichtlich wird: Zahlungszeitpunkte von Mieten sind meist Monate, dennoch kann die Bindungsdauer auch ein Quartal sein, wobei eine rechtzeitige Kündigung notwendig ist.

Bei der Bestimmung von abbaubaren Bereitschaftskosten muß weiterhin zwischen der isolierten Betrachtung einzelner Potentiale und einer gemeinsamen Betrachtung gleichartiger Potentiale unterschieden werden. So läßt sich z. B. bei einem größeren Fuhrpark mit Fahrzeugen unterschiedlicher Lebensdauer durchaus eine Anpassung der Kosten bei verminderter Auftragslage erreichen, wenn ältere Fahrzeuge ausgemustert und nicht ersetzt werden.[117] Besonders im Personalbereich ergibt sich evtl. die Möglichkeit, Mitarbeiter für andere Aufgaben einzusetzen, so daß für das betrachtete Bezugsobjekt durchaus Kosten kurzfristig wegfallen können. Aus diesen Beispielen wird jedoch deutlich, wie stark situationsabhängig die sinnvolle Anwendung der EK&DBR ist und wie schwierig eine Standardisierung der Überlegungen sein kann.

Weniger Schwierigkeiten im Einzelfall bereitet die Zuordnung von Kosten zu den **Periodeneinzel- bzw. Periodengemeinkosten**. Weil diese Unterscheidung in der traditionellen KLR nicht anzutreffen ist, sei kurz auf ihre Zweckmäßigkeit eingegangen.

In der herkömmlichen KLR sollen im Rahmen der Kostenträgerzeitrechnung die Kosten bestimmt werden, die in einem bestimmten Zeitraum angefallen sind. Häufig werden Monate, Quartale oder Jahre als Berichtszeiträume für die Kostenträgerzeitrechnung gewählt. Ebenso wie bei der Zurechnung von Kosten auf Leistungseinheiten bestehen aber auch bei der Zurechnung von Kosten auf bestimmte Perioden Schwierigkeiten. Diese Schwierigkeiten treten grundsätzlich bei den Anschaffungsauszahlungen für Potentialfaktoren mit einer über die Länge der betrachteten Periode hinausgehenden Nutzungsdauer auf. Dennoch bemüht man sich im Rechnungswesen stets darum, periodenübergreifende Zahlungs- und Erfolgsvorgänge zu periodisieren. So werden an Stelle der oben erwähnten Anschaffungsauszahlungen Abschreibungen angesetzt, die den Werteverzehr des Potentialfaktors widerspiegeln sollen.

Dies ist insofern berechtigt, als sich damit komplexe Planungsprobleme vereinfachen lassen, indem klare Abgrenzungen geschaffen werden. Dennoch sollte man sich des fiktiven Charakters einer solchen Periodisierung bewußt sein. Die Ausrichtung an periodischen Berichten fördert kurzfristige Betrachtungen, was in der Literatur zur strategischen Planung immer wieder kritisiert wird.[118] Weiterhin ist die heutige Wettbewerbssituation vieler Unternehmungen durch das gleichzeitige Nebeneinander verschiedener Lebenszyklen von Produkten und Technologien gekennzeichnet, deren Berücksichtigung im Planungsprozeß durch die Periodisierung erschwert wird.[119] Die Zerschneidung zeitlicher Zusammenhänge unterstellt außerdem häufig einen gleichmäßigen Verlauf des wirt-

---

[117] Vgl. hierzu *Weber, J.*: Abbaufähigkeit, 1988, S. 536.
[118] Vgl. z. B. *Szyperski, N./Winand, U.*: Planung, 1981, Sp. 1349.
[119] Vgl. *Bleicher, K.*: Grenzen, 1990, S. 36.

schaftlichen Geschehens, der in der heutigen Zeit realitätsfern ist.[120] Somit kann festgehalten werden, daß die Periodisierung zwar eine Orientierungshilfe darstellt, aber auch zu vielfältigen Problemen bei der Steuerung des Unternehmensprozesses führen kann.[121]

Auf der anderen Seite führt der Verzicht auf die Periodisierung von Gemeinkosten offener Perioden zwangsläufig zu einer (kaum zu bewältigenden) Totalrechnung,[122] d. h. zu einer Rechnung für die gesamte Lebensdauer eines Unternehmens. Auch generelle Befürworter der EK&DBR stehen dem Verzicht auf Schlüsselung von Periodengemeinkosten kritisch gegenüber. Männel räumt ein, daß durch die Komplexität kontinuierlich fortschreitender Zeitfolgerechnungen die Gefahr von Fehlentscheidungen größer sein kann als bei der üblichen Schlüsselung.[123] Unabhängig davon, ob man für regelmäßige Auswertungen die Periodengemeinkosten schlüsselt oder nicht, erscheint es jedoch sinnvoll, die Periodengemeinkosten als solche in der Grundrechnung zu kennzeichnen, zumal aufgrund der relativ einfachen Zuordnung der zusätzliche Aufwand minimal ist. Nur dann lassen sich auch Auswertungsrechnungen für längere Zeiträume durchführen. Ein Beispiel für solche mehrperiodigen Auswertungsrechnungen stellt das lebenszyklusorientierte Produktcontrolling dar, wie es auf der Basis der EK&DBR bei Back-Hock vorgeschlagen wird.[124]

Im Rahmen regelmäßig zu erstellender Auswertungen empfiehlt es sich, die geschlüsselten Periodengemeinkosten separat auszuweisen und als geschlüsselte Größen zu kennzeichnen. Außerdem sollte darauf verzichtet werden, Kosten, die sich Teilperioden eines Berichtszeitraumes zurechnen lassen (z. B. Monats- und Quartals-Einzelkosten in jährlichen Berichten), zu schlüsseln.

In älteren Arbeiten Riebels wird zusätzlich eine Gliederung der Kosten nach dem Ausgabencharakter in **ausgabewirksame und nicht ausgabewirksame Kosten** vorgeschlagen.[125] Damit soll erreicht werden, daß mit Hilfe der EK&DBR auch eine Finanzplanung[126] durchgeführt werden kann. Diese Ausrichtung wird z. B. von Kilger heftig kritisiert.[127] Bedenkt man jedoch, daß der EK&DBR ein stark an den Auszahlungen orientierter Kostenbegriff zugrunde liegt, und daß die oben erwähnten Merkmale der Bindungsdauer und Zahlungszeitpunkte durchaus im Rahmen einer Finanzplanung nützliche Informationen darstellen, so spricht nichts dagegen, dieses Datenmaterial auch für finanzwirtschaftliche Problemstellungen zu nutzen. Insbesondere bei Überlegungen über die Annahme von Aufträgen mit einer längeren Fertigungsdauer (z. B. in der Bauwirt-

---

[120] Vgl. *Riebel, P.*: Überlegungen, 1978, S. 634 f. [1157 f.]; *Bleicher, K.*: Grenzen, 1990, S. 37.
[121] Vgl. *Bleicher, K.*: Grenzen, 1990, S. 36 f. mit weiteren Nachweisen.
[122] Vgl. *Riebel, P.*: Bereitschaftskosten, 1970, S. 95. Zur Kritik am Verzicht auf die Periodisierung vgl. *Laßmann, G.*: Diskussionsbeiträge, 1983, S. 169; *Kilger, W.*: Plankostenrechnung, 1988, S. 97 f.
[123] Vgl. *Männel, W.*: Konzept, 1983, S. 1190.
[124] Vgl. *Back-Hock, A.*: Produktcontrolling, 1988.
[125] Vgl. *Riebel, P.*: Rechnen, 1959, S. 229 [51]. Auch in der Stufenweisen Fixkostendeckungsrechnung sollen ausgabewirksame Kosten ausgewiesen werden. Vgl. *Agthe, K.*: Fixkostendeckung, 1959, S. 410.
[126] Zur Finanzplanung vgl. *Lücke, W.*: Finanzplanung, 1965.
[127] Vgl. *Kilger, W.*: Plankostenrechnung, 1988, S. 97 und auch *Freidank, C.*: Einsatz, 1979, S. 255.

schaft oder im Schiffbau) sind aufgrund der evtl. zu leistenden Vorfinanzierung ohnehin liquiditätspolitische Aspekte zu berücksichtigen.

3.2.4 Formen der Grundrechnung

Die beiden vorhergehenden Abschnitte haben gezeigt, welche Merkmale für die Kennzeichnung von Kostenbeträgen herangezogen werden können. In diesem Abschnitt soll erörtert werden, wie die Kostenerfassung im Rahmen der Grundrechnung vollzogen werden soll. Da die Grundrechnungskonzeption eine Reihe von Entwicklungsstufen durchlaufen hat, sollen diese im folgenden kurz skizziert werden.

Die in älteren Veröffentlichungen Riebels vorgeschlagene Gestaltung der Grundrechnung lehnt sich an dem üblichen Schema des **Betriebsabrechnungsbogens** (BAB) an und wird von ihm als Kostensammelbogen bezeichnet.[128] Der BAB ist eine tabellenförmige Darstellung, in der die verschiedenen Kostenarten zeilenweise und die verschiedenen Kostenstellen spaltenweise aufgeführt sind.

Im ebenfalls tabellenförmig aufgebauten **Kostensammelbogen** sind zwar auch die Kostenarten in den **Zeilen** enthalten, jedoch sind sie nach Kostenkategorien aufgegliedert, so daß ein und dieselbe Kostenart auch in verschiedenen Zeilen stehen kann. Z. B. können Stromkosten in Form von Grundgebühren bei den Bereitschaftskosten ausgewiesen werden, während die Gebühren für die verbrauchten Einheiten bei den Leistungskosten stehen. In den **Spalten** befinden sich die verschiedenen Bezugsobjekte.[129] Bei diesen Bezugsobjekten kann es sich um Objekte handeln, die höher (z. B. die Unternehmensleitung) oder tiefer (z. B. die Kostenträger) als die Kostenstellen in der Bezugsgrößenhierarche stehen können.

Daraus wird deutlich, daß eine Grundrechnung dieser Art, würde man sie komplett betrachten, wesentlich umfangreicher als ein herkömmlicher BAB ist. Eine Bereitstellung als Computerausdruck läßt sich bei einer größeren Anzahl von Kostenträgern nicht vorstellen, es sei denn, man weist nur Bezugsobjekte bis zu einer bestimmten Stufe aus und aggregiert die Größen der tieferen Ebene, was bei den in der Literatur anzutreffenden Beispielen auch der Fall ist.[130]

Abb. 3-7 verdeutlicht den Aufbau einer tabellarischen Grundrechnung beispielhaft.[131] Wäre die dort dargestellte Bezugsobjekthierarchie z. B. nach fertigungstechnischen Gesichtspunkten gegliedert, so wäre es jedoch möglich, zusätzlich auch andere Bezugsobjekte (z. B. Absatzwege, Kundengruppen, Projekte etc.) in weiteren Spalten auszuweisen.

---

[128] Vgl. *Riebel, P.*: Durchführung, 1964, S. 142 [165].
[129] Vgl. *Riebel, P.*: Durchführung, 1964, S. 142 [165].
[130] Vgl. die Beispiele bei *Riebel, P.*: Durchführung, 1964, S. 143 [167], *Köhler, R.*: Marketing-Accounting, 1991, S. 248; *Hummel, S./Männel, W.*: Kostenrechnung 2, 1983, S. 67 und 71; *Schweitzer, M./Küpper, U.*: Systeme, 1991, S. 396 f.
[131] Zu der hier gezeigten Form der tabellarischen Grundrechnung mit hierarchischer Gliederung der Spalten und Zeilen vgl. *Riebel, P.*: Gestaltungsprobleme, 1979, S. 878 [459].

3.2 Gestaltung zweckpluraler Grundrechnungen 47

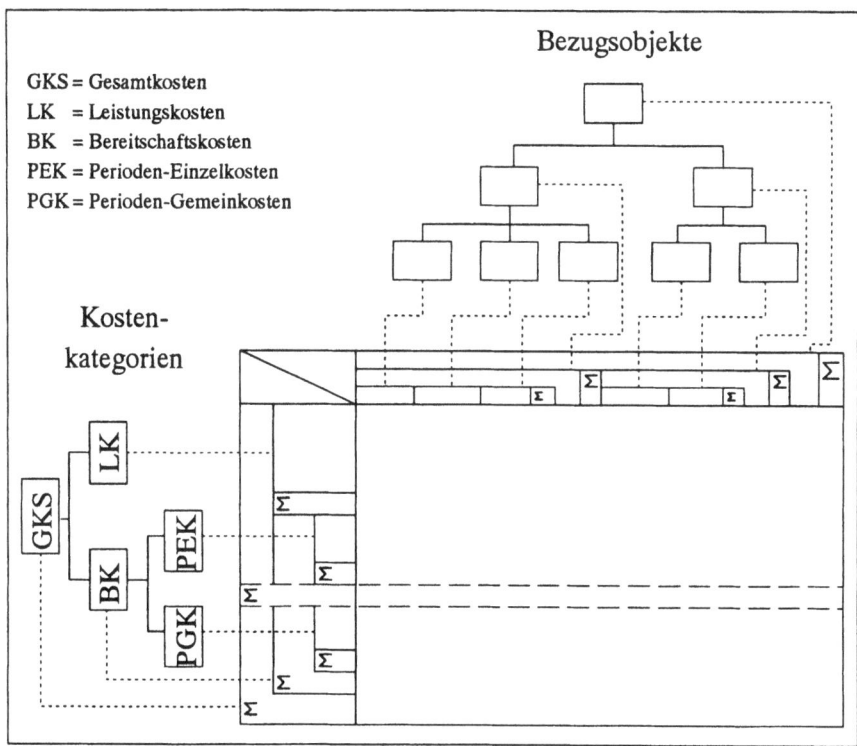

Abb. 3-7: *Beispielhafter Aufbau einer tabellarischen Grundrechnung*

Eine solche tabellarische Form der Grundrechnung ist streng genommen schon das Ergebnis einer Auswertungsrechnung, da bereits Kostenarten und Bezugsobjekte gruppiert und aggregiert sind.[132] Der Informationsgehalt ist davon abhängig, wie die Spalten strukturiert sind, denn dafür kann es mehrere Möglichkeiten geben. Zusätzlich ergeben sich Probleme beim Ausweis der im vorigen Abschnitt erwähnten komplexen Bezugsobjekte.

Die Entwicklung von Datenbanksystemen[133] hat mittlerweile dazu geführt, daß von der tabellarischen Darstellung der Grundrechnung zu einer verallgemeinerten Form übergegangen wurde. Ohne hier auf datenbanktechnische Einzelheiten einzugehen, kann eine Grundrechnung zur Erfassung der Kosten wie in Abb. 3-8 definiert werden.[134]

---

[132] Vgl. *Ortner, E.*: Grundrechnung, 1981, S. 141; *Riebel, P.*: Grundrechnung, im Druck, Sp. 11 des Manuskriptes.
[133] Vgl. hierzu ausführlicher Kap. 4, insbes. Abschnitt 4.2 dieser Arbeit.
[134] Vgl. *Haun, P.*: Rechnungswesen, 1987, S. 82 und *Riebel, P./Sinzig, W.*: Realisierung, 1981, S. 475.

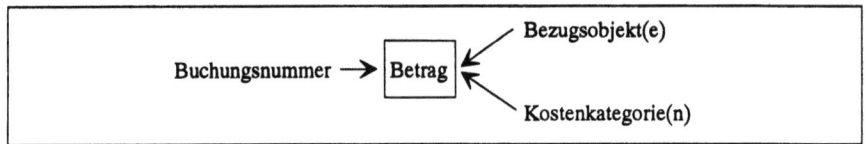

Abb. 3-8: Allgemeine Form der Grundrechnung der Kosten

Bezüglich des Aggregationsgrades der Ist-Daten in einer solchen Grundrechnung lassen sich grob vier Klassen unterscheiden:[135]

- Urbeleggleiche Grundrechnungen,
- urbelegnahe Grundrechnungen,
- selektiv verdichtete Grundrechnungen,
- tabellarische Grundrechnungen.

Bei der **urbeleggleichen** Grundrechnung werden alle als auswertungsrelevant erachteten Angaben eines Urbelegs gespeichert. Somit wird jeder Geschäftsvorfall einzeln dokumentiert. Zwar bietet diese Form der Grundrechnung die größte Flexibilität bei der Auswertung, jedoch ist sie sehr unhandlich. Um die Effizienz der Auswertungen zu verbessern, kann im Rahmen der **urbelegnahen** Grundrechnung eine Vorstrukturierung nach bestimmten betrieblichen Funktionsbereichen, Klassen von Bezugsobjekten, Rechengrößen (z. B. Leistungs- oder Bereitschaftskosten) oder zeitlichen Kriterien erfolgen. Zur weiteren Verbesserung von Antwortzeiten kann eine sich an den häufigsten Informationsbedürfnissen ausgerichtete **selektiv verdichtete** Grundrechnung gebildet werden. Auf die **tabellarischen** Grundrechnungen wurde bereits oben eingegangen.

Ebenso wie die tabellarische läßt sich auch die selektiv verdichtete Grundrechnung eher als Auswertungsrechnung bezeichnen. Für die praktische Anwendung scheint eine zweistufige Vorgehensweise sinnvoll, wie sie z. B. von Scheer skizziert wird. Dabei werden die Daten ursprünglich in einer urbeleggleichen oder -nahen Grundrechnung erfaßt; die Anwender arbeiten jedoch i. d. R. mit einer selektiv vorverdichteten Grundrechnung, können aber bei Bedarf auf die Details zurückgreifen.[136]

Zu der Art der selektiven Vorverdichtung findet man in der Literatur Vorschläge zur primären Gliederung nach Funktionsbereichen (Grundrechnung des Absatz- und des Produktionsbereiches),[137] nach den Rechengrößen (Leistungs- und Bereitschaftskosten),[138] nach einzelnen Bezugsobjekten (z. B. tabellarische Grundrechnungsauszüge für einzelne Kostenstellen),[139] wobei zusätzlich jeweils nach zeitlichen Kriterien aggregiert wird.

In der Grundrechnung können grundsätzlich Daten auf **Ist- und Plankostenbasis** gespeichert werden. Im Gegensatz zur Vorgehensweise in der Plankostenrechnung sind jedoch

---

[135] Vgl. *Riebel, P.*: Grundrechnung, im Druck, Sp. 11-15 des Manuskriptes.
[136] Vgl. *Scheer, A.-W.*: Wirtschaftsinformatik, 1990, S. 464; *Riebel, P.*: Grundrechnung, im Druck, Sp. 13 des Manuskriptes.
[137] Vgl. *Riebel, P.*: Deckungsbeitragsrechnung, 1964, S. 608 [185]; *Puhl, W.*: Entwurf, 1983, S. 61.
[138] Vgl. *Haun, P.*: Rechnungswesen, 1987, S. 87 f.
[139] Vgl. *Weber, J.*: Kosten-Grundrechnung (II), 1983.

die Ist- und Plandaten insofern nicht kompatibel, als nicht jeder Istbetrag auch einen entsprechenden Planwert haben muß. Dies ist besonders bei einer urbelegnahen oder -gleichen Konzeption deutlich. Die Plandaten in einer Grundrechnung müssen sich auf bestimmte aggregierte Größen konzentrieren, weil nicht jedes Ereignis geplant werden kann und außerdem bei der größeren Zahl einzelner Objekte ein Soll-Ist-Vergleich aufgrund zufälliger Schwankungen nicht sinnvoll ist.

Zusammenfassend läßt sich sagen, daß die Grundrechnung inzwischen als ein sinnvolles und erstrebenswertes Konzept anerkannt ist, aber noch unterschiedliche Ansichten über die konkrete Ausgestaltung, hierbei insbesondere den Aggregationsgrad, zu erkennen sind.

3.3 Planung, Steuerung und Kontrolle mit der Einzelkosten- und Deckungsbeitragsrechnung

3.3.1 Gestaltung von Auswertungsrechnungen

Für die vielfältigen Auswertungsrechnungen, die sich aus einer zweckpluralen Grundrechnung ableiten lassen, ergeben sich vorwiegend die folgenden beiden Gliederungsmöglichkeiten. Zunächst ließe sich bezüglich der Art des Rechnungsfalls in sich ständig (periodisch) wiederholende und fallweise Rechnungen unterscheiden.[140] Für eine allgemeine Darstellung der Auswertungsrechnungen ist diese Einteilung aufgrund der vielen Überschneidungen[141] weniger geeignet. Eine andere Möglichkeit bestünde darin, die einzelnen Auswertungsrechnungen den Phasen Planung, Steuerung und Kontrolle zuzuordnen. Auch hier fällt die Zuordnung im Einzelfall schwer.[142]

An Stelle einer erschöpfenden Auflistung und Behandlung der möglichen Entscheidungssituationen (die den Rahmen dieser Arbeit ohnehin sprengen würde), sollen daher einige typische Planungs-, Steuerungs- und Kontrollprobleme und deren Lösung mit Hilfe der EK&DBR skizziert werden. Ausgewählt wurden Problemstellungen, die in der Literatur immer wieder genannt werden und als repräsentativ bezeichnet werden können.[143] Im einzelnen sollen dabei folgende Probleme behandelt werden:

- Planung des optimalen Produktions- und Absatzprogramms,
- Preiskalkulation,
- Vorbereitung von Investitionsentscheidungen,
- Kontrolle und Analyse des Betriebserfolges.

---

[140] Vgl. *Riebel, P./Sinzig, W.*: Realisierung, 1981, S. 469 f. Vgl. hierzu auch die Systematik der Kostenrechnung bei *Kosiol, E.*: Kostenrechnung, 1972, S. 227 und besonders 68 f.
[141] Z. B. ist die Kalkulation neuer Aufträge in einem Unternehmen mit Auftragsfertigung der Regelfall, in anderen Unternehmen tritt sie dagegen nur selten auf.
[142] Z. B. tritt die Analyse einer Bezugsobjekthierarchie sowohl bei der Planung als auch bei der Kontrolle auf.
[143] Vgl. zu diesen und zu weiteren Auswertungsrechnungen z. B. *Schweitzer, M./Küpper, U.*: Systeme, 1991, S. 398-409; *Hummel, S./Männel, W.*: Kostenrechnung 2, 1983, S. 89-128.

Im Anschluß daran wird die Vorgehensweise für weitere Problemstellungen angedeutet. Dabei werden mit der Bestandsbewertung und der Kalkulation öffentlicher Aufträge auch Problemstellungen angesprochen, bei denen der Ausweis von über die Stückeinzelkosten hinausgehenden Stückkosten von gesetzlicher Seite gefordert wird.

Zunächst sollen **Entscheidungen über das Produktions- und Absatzprogramm** betrachtet werden.[144] Die Programmpolitik umfaßt Entscheidungen darüber, welche Produktarten in welcher Menge gefertigt werden sollen. Diese Entscheidungen sind oft sehr kurzfristig zu treffen, vor allem, wenn nach Kundenaufträgen gefertigt wird.

Um die zur Auswahl stehenden Produktarten in eine Rangfolge zu bringen, ist es erforderlich, die Stückdeckungsbeiträge zu ermitteln. Die Ermittlung erfolgt retrograd, wobei beispielhaft nach folgendem Schema vorgegangen werden kann:[145]

```
  Bruttopreis
- Erlösschmälerungen (Rabatte, Skonti)
= Nettopreis
- absatzabhängige Kosten pro Stück (Provision, Verpackung)
- erzeugungsabhängige Kosten pro Stück
= Stückdeckungsbeitrag
```

Liegen **keine Kapazitätsbeschränkungen** vor, so ist es vorteilhaft, die Herstellung der Produkte mit den höchsten absoluten Deckungsbeiträgen auszudehnen.

Im Falle **einer Kapazitätsbeschränkung** lassen sich sogenannte **relative oder spezifische Deckungsbeiträge** bilden, indem der absolute Deckungsbeitrag auf den jeweiligen Engpaß bezogen wird.[146] Benötigt z. B. ein Produkt x_1 bei einem Deckungsbeitrag von 10,- DM 4 Kapazitätseinheiten einer Maschine M_1, deren Kapazität begrenzt ist, und ein Produkt x_2 bei einem Deckungsbeitrag von 8,- DM 2 Kapazitätseinheiten, so lassen sich die relativen Deckungsbeiträge mittels Division der absoluten Deckungsbeiträge durch die Kapazitätsbeanspruchung ermitteln. Im Beispiel ergeben sich für x_1 2,50 DM/Kapazitätseinheit und für x_2 4,- DM/Kapazitätseinheit. Grundsätzlich sollten die Erzeugnisse in der Reihenfolge ihrer spezifischen Deckungsbeiträge in das Produktionsprogramm aufgenommen werden. Es wäre hier also vorteilhaft, die Produktion von x_2 auszudehnen, obwohl x_1 den absolut höheren Deckungsbeitrag aufweist.

Bei der Fertigung mit **mehreren Kapazitätsbeschränkungen** läßt sich das Problem exakt nur mit Hilfe der linearen Programmierung lösen; als Zielfunktion gilt die Maximierung der Deckungsbeiträge.

Die **Preiskalkulation** ist ein weiteres Problem, das mit Hilfe der EK&DBR angegangen werden kann.[147] Im Gegensatz zu der in der Praxis weit verbreiteten Vorgehensweise, den Preis durch einen prozentualen Aufschlag auf die vollen Selbstkosten zu bestim-

---

144 Vgl. zu einem ausführlichen Fallbeispiel *Hummel, S./Männel, W.*: Kostenrechnung 2, 1983, S. 90 ff.
145 Vgl. z. B. *Riebel, P.*: Entscheidungen, 1967, S. 13 [292].
146 Vgl. *Riebel, P.*: Preiskalkulation, 1964, S. 592 [245].
147 Vgl. ausführlich dazu *Riebel, P.*: Preiskalkulation, 1964.

3.3 Planung, Steuerung und Kontrolle mit der Einzelkosten- und Deckungsbeitragsrechnung

men,[148] vertritt Riebel die These, daß Preise grundsätzlich vom Markt bestimmt werden und daher marktorientiert angesetzt werden sollten.[149] Die Kosten eines Produktes (hier die Einzelkosten) können dann als Maßstab herangezogen werden, um bei einem gegebenen Preis festzustellen, ob ein Produkt angeboten werden soll oder nicht.[150]

Zu welchen Fehlentscheidungen eine Preispolitik führen kann, die einseitig auf die um einen Aufschlag erhöhten vollen Selbstkosten ausgerichtet ist, zeigt das folgende Beispiel:[151]

Werden in einer Periode weniger Stücke eines Produktes abgesetzt (z. B. infolge von Konjunkturschwankungen), so werden weniger Stücke mit den Fixkosten belastet, die Selbstkosten erhöhen sich also ex ante. Durch prozentualen Aufschlag auf die so ermittelten Selbstkosten wird der Preis für die nächste Periode höher gesetzt, obwohl die Nachfrage gesunken ist. Bei weiter sinkender Nachfrage führt dieser Mechanismus dazu, daß das Unternehmen so teuer anbietet, daß keine Nachfrage mehr besteht und die Produktion eingestellt werden muß.

Im umgekehrten Fall, also bei steigender Nachfrage, werden die Preise immer weiter gesenkt, da sich die fixen Kosten auf eine jeweils größere Menge verteilen und die Selbstkosten ständig weiter fallen, bis sie als Minimum die Stückeinzelkosten erreichen. Da durch den prozentualen Aufschlag die Preise den Kosten folgen, werden bei steigender Nachfrage die Preise immer weiter gesenkt.

In beiden Fällen verhält sich die Preisbildung völlig konträr zu den Erkenntnissen der volkswirtschaftlichen Preistheorie, nach der in der Regel die Verkaufsmenge bei steigenden Preisen abnimmt und bei fallenden Preisen zunimmt.[152] Betrachtet man das Beispiel unter systemtheoretischen Gesichtspunkten, so handelt es sich um eine klassische Illustration sich aufschaukelnder positiver, nach unten gerichteter Rückkopplungen.[153]

Das obige Beispiel ist allerdings eher theoretischer Natur, denn auch in der Praxis hält man sich nicht immer streng an die Selbstkostenpreise. In den Fällen, in denen eine Senkung von den Selbstkostenpreisen für notwendig erachtet wird, stellt sich dann aber die Frage, **bis zu welcher Grenze** der Selbstkostenpreis gesenkt werden kann. Wegen der Schlüsselung fixer Kosten kann diese Frage von einer Vollkostenrechnung jedoch nicht beantwortet werden.

---

[148] Vgl. hierzu die empirischen Untersuchungen von *Wied-Nebbeling, S.*: Preisverhalten, 1985 und *Govindarajan, V./Anthony, R.N.*: Firms, 1983 für die USA.
[149] Vgl. *Riebel, P.*: Preiskalkulation, 1964, S. 550 f. [205 f.]. Vgl. ebenso *Kilger, W.*: Plankostenrechnung, 1988, S. 81 und 766 ff. Diese These wird auch von den Vertretern der Grenzplankostenrechnung vertreten. Zur Festlegung der Preise aus Sicht des Marketing vgl. *Kotler, P.*: Marketing-Management, 1989, S. 396 ff.
[150] Einige Autoren halten die EK&DBR für die Zwecke der Preiskalkulation grundsätzlich ungeeignet. Vgl. z. B. *Coenenberg, A.G.*: Kostenrechnung, 1992, S. 209.
[151] Verkürzt wiedergegeben nach *Riebel, P.*: Preiskalkulation, 1964, S. 556 ff. [211 ff.].
[152] Die Gültigkeit der Preistheorie in der Realität wird z. B. von Mellerowicz bezweifelt. Er fordert eine stärkere Differenzierung nach der Nachfrageelastizität. Vgl. *Mellerowicz, K.*: Kalkulationsverfahren, 1977, S. 141 f.
[153] Zu weiteren Beispielen für solche Effekte in sozialen Systemen und auch speziell im Bereich der Banken vgl. *Vester, F.*: Welt, 1983, S. 55 ff.

Auch **Entscheidungen über Investitionsobjekte** können mit Hilfe der EK&DBR vorbereitet werden. Typische Probleme bei einer Investitionsentscheidung sind:[154]

1. Bei der rechnerischen Untermauerung sind zukünftige Daten miteinzubeziehen, die nur geschätzt werden können. Aufgrund dieser Daten wird eine Entscheidung getroffen, die den Unternehmer auf lange Zeit bindet, ohne daß er die künftige Entwicklung voraussehen kann.
2. Bei einer Investitionsentscheidung werden Auszahlungen für die Anschaffung und Inbetriebnahme von Objekten verursacht, die den einzelnen Perioden der Nutzungsdauer nicht zugerechnet werden können, da
   - die Nutzungsdauer im voraus gar nicht bekannt ist und
   - die Verteilung der Anlagen-Entwertung über die verschiedenen Perioden unbekannt ist.

Als Fazit läßt sich sagen, daß die Anschaffungsausgaben für eine Investition Gemeinkosten einer noch nicht bekannten Anzahl von Perioden darstellen.

Aufbauend auf dem entscheidungsorientierten Kostenbegriff schlägt Riebel vor, die mit dem Investitionsobjekt verbundenen Einnahmen und Ausgaben über die geschätzte Nutzungsdauer hinweg kumuliert einander gegenüberzustellen.[155] Diese Betrachtungsweise zeigt dann für jede Periode den Deckungsbeitrag der Investition.

Das vorgeschlagene Verfahren unterscheidet sich auf den ersten Blick nicht von der Amortisationsrechnung, einem klassischen Verfahren der Investitionsrechnung. Der Unterschied zur Amortisationsrechnung ergibt sich jedoch dadurch, daß nicht nur der Amortisationszeitpunkt, sondern auch die weitergehenden Perioden betrachtet werden. Die von Riebel vorgeschlagene Vorgehensweise erlaubt es somit, die Rechnung für einen **beliebigen** Zeitraum durchzuführen.[156] Insbesondere bei einer grafischen Darstellung läßt sich gut erkennen, wie sich Änderungen (z. B. eine Verkürzung der Nutzungsdauer) auswirken.[157]

Im Rahmen der **Erfolgskontrolle** des Betriebsergebnisses können für alle gewünschten Hierarchiestufen verschiedener Bezugsobjekthierarchien Deckungsbeiträge ermittelt werden. Ein negativer Deckungsbeitrag deutet dann darauf hin, daß auf einer Hierarchiestufe die Gemeinkosten nicht gedeckt sind.

Eine solche Erfolgsrechnung hat eine wesentlich höhere Aussagekräftigkeit als eine herkömmliche Erfolgsrechnung, weil nicht die Gefahr besteht, daß negative und positive Erfolgsquellen im Zuge der Aggregation unidentifiziert bleiben. Es werden andererseits jedoch höhere Anforderungen an die Interpretationsfähigkeit der Informationsempfänger gestellt, weil sowohl bei den Bezugsobjekten als auch bei den Kostenkategorien sehr viel mehr Dimensionen betrachtet werden, als es in der herkömmlichen Kostenrechnung der Fall ist.

---

[154] Vgl. *Riebel, P.*: Anwendung, 1961, S. 152 f. [60].
[155] Vgl. *Riebel, P.*: Anwendung, 1961, S. 153 [61].
[156] Vgl. *Riebel, P.*: Anwendung, 1961, S. 153 [62].
[157] Vgl. z. B. die Darstellung bei *Riebel, P.*: Deckungsbeitragsrechnung, 1990, S. 65.

Betrachtet man die skizzierten Problemstellungen zusammenfassend, so läßt sich feststellen, daß das grundlegende Prinzip stets das gleiche ist: Relevante Kosten und Leistungen der jeweiligen Bezugsobjektes müssen ermittelt und die daraus ermittelten Deckungsbeiträge verglichen werden. Die Qualität der Ergebnisse wird dabei im wesentlichen durch die Definition der Eingangsgrößen festgelegt, während die eigentlichen Rechentechniken eine eher untergeordnete Rolle spielen.

Zu den Problemstellungen, die ebenfalls grundsätzlich nach diesem Prinzip bearbeitet werden können, zählen die Verfahrenswahl,[158] die Wahl zwischen Eigenfertigung und Fremdbezug oder die Wahl zwischen Eigentransport und Fremdtransport. Auch hier steht ein Alternativenvergleich im Mittelpunkt, so daß die durch die Auswahl der zur Disposition stehenden Alternativen ausgelösten Kosten und Leistungen extrahiert und verglichen werden müssen.

Dies trifft dagegen nicht für die bereits erwähnten Auswertungen zum Zwecke der Bestandsbewertung oder zur Kalkulation öffentlicher Aufträge zu. Nach der derzeitigen Rechtslage müssen bei der Bestandsbewertung in der Steuerbilanz sowohl variable als auch fixe Material- und Fertigungsgemeinkosten sowie Abschreibungen angesetzt werden.[159] Auch für die Kalkulation öffentlicher Aufträge (z. B. Aufträge von Bund, Ländern, Gemeinden oder juristischen Personen des öffentlichen Rechts) werden Vollkosteninformationen benötigt.[160] Beide Anwendungsfälle können jedoch einen Verzicht auf die EK&DBR in keiner Weise rechtfertigen, da die Möglichkeit besteht, die gewünschten Informationen aus der Grundrechnung abzuleiten. Die Bewertung der Lagerbestände muß ohnehin nur am Ende des Geschäftsjahres erfolgen und kann mit verhältnismäßig wenig Aufwand durchgeführt werden.[161]

3.3.2 Festlegung von Deckungsvorgaben

Eines der größten Probleme bei der Anwendung der Teilkostenrechnung scheint die Berücksichtigung derjenigen Kosten zu sein, die sich den jeweils betrachteten Bezugsobjekten nicht eindeutig zurechnen lassen, deren Deckung jedoch auch gewährleistet werden muß.

Von Riebel wird zu diesem Zweck ein Arbeiten mit Deckungsvorgaben gefordert. Für die Aufstellung der Deckungsvorgaben sind nach Riebel Verständnis für die Markt- und Unternehmensbesonderheiten, Bereitschaft zur laufenden Beobachtung und Kooperation mit allen beteiligten Bereichen notwendig.[162] Deckungsvorgaben können grundsätzlich für Perioden oder für Bezugsobjekte (z. B. Absatzwege, Absatzgebiete, Profit-Center

---

[158] Vgl. *Riebel, P.*: Entscheidungen, 1967, S. 19 ff. [301 ff.].
[159] Vgl. Abschnitt 33 EStR 1987 sowie die Übersicht bei *Knop, W./Küting, K.*: § 255, 1990, S. 994.
[160] Vgl. *Coenenberg, A.G.*: Kostenrechnung, 1992, S. 159 und S. 129-171 zur ausführlichen Behandlung der Kalkulation öffentlicher Aufträge.
[161] Vgl. *Hummel, S./Männel, W.*: Kostenrechnung 2, 1983, S. 88.
[162] Vgl. *Riebel, P.*: Probleme, 1980, S. 1144 f. [512 f.].

etc.) aufgestellt werden. Man bezeichnet periodenbezogene Vorgaben als **Deckungsbudgets** und solche für Bezugsobjekte als **Deckungssätze**.[163]

Deckungsbudgets sollen eine Koordinationsfunktion ausüben und als Schnittstelle zwischen Planungen unterschiedlicher Fristigkeitsgrade fungieren. Dementsprechend muß das meist auf ein Jahr ausgerichtete, **gesamtunternehmensbezogene Deckungsbudget** aus der langfristigen Unternehmensplanung abgeleitet werden. Unter Anwendung des Dekompositionsprinzips gelangt man zumindest zu drei Planungsebenen, die auch schon bei der Bildung von Kostenkategorien angesprochen wurden:[164]

1. Ebene der leistungsbezogenen Aktivitäten
2. Ebene der periodenbezogenen Aktivitäten
3. Ebene der periodenübergreifenden Aktivitäten

Auf der ersten Ebene - und hier ergibt sich der fundamentale Unterschied insbesondere zur Grenzplankostenrechnung - wird eine detaillierte Budgetierung bzw. Planung nicht für sinnvoll gehalten. Dies wird damit begründet, daß die Leistungsaktivitäten sehr kurzfristig an das Marktgeschehen angepaßt werden müssen und sie sich daher einer detaillierten Planung zum Zeitpunkt der Budgetaufstellung entziehen.[165] Stattdessen wird die Planung der gesamten Deckungsbeiträge der Leistungsaktivitäten als aggregierte Größe empfohlen.

Bei der Planung für die zweite und dritte Schicht stellt sich weiterhin die Frage, ob als Rechnungsgrößen des Budgets Kosten, Aufwendungen oder Auszahlungen verwendet werden sollen.

Das von Riebel ursprünglich vorgeschlagene **kostenorientierte Deckungsbudget** umfaßte die erwarteten, den Leistungen oder Aufträgen nicht zurechenbaren Gemeinkosten sowie einen auf die betreffende Periode bezogenen angestrebten Gewinn. Die Summe dieser beiden Größen sollte dann durch die gesamten Deckungsbeiträge der Leistungen oder Aufträge gedeckt werden. Bei einer laufenden Gegenüberstellung des Deckungsbudgets und der bis zu einem bestimmten Zeitpunkt kumulierten Deckungsbeiträge der Leistungen oder Aufträge gelangt man zu einer kontinuierlichen Erfolgsrechnung, die es gestattet, frühzeitig den Perioden-Erfolg abzuschätzen. Gleichzeitig wurde mit diesem Budget angestrebt, auch die Sicherung der Liquidität zu gewährleisten. Hierzu erfolgte eine Schichtung der einzelnen Budget-Positionen nach der Dringlichkeit ihrer Deckung, wobei die "kurzperiodisch" zu Ausgaben führenden Positionen als besonders dringend anzusehen waren.[166]

Zwei wesentliche Aufgaben des kostenorientierten Deckungsbudgets sind die frühzeitige Abschätzung der Erfolgs- und der Liquiditätsentwicklung. Zur Erfüllung dieser beiden Aufgaben wird inzwischen die Bildung von Deckungsbudgets auf der Grundlage von Aufwendungen bzw. von Auszahlungen vorgezogen.

---

[163] Vgl. *Riebel, P.*: Probleme, 1980, S. 1132 [500].
[164] Vgl. *Riebel, P.*: Deckungsbudgets, 1981, S. 650 [478].
[165] Vgl. *Riebel, P.*: Deckungsbudgets, 1981, S. 650 [478].
[166] Vgl. *Riebel, P.*: Rechnen, 1959, S. 234-236 [54-56].

Mit dem **aufwandorientierten Deckungsbudget** soll - wie durch die verwendete Rechengröße bereits angedeutet - im Rahmen der Planung eine Beziehung zu den Größen des externen Rechnungswesens hergestellt werden. Es dient der Vorbereitung der bezüglich der Jahresabschlußpolitik zu treffenden Entscheidungen. Das aufwandorientierte Deckungsbudget weist enge Beziehungen zu dem im folgenden behandelten finanzorientierten Deckungsbudget auf.[167]

Im **finanzorientierten Deckungsbudget** wird auf die Verwendung fiktiver Wertgrößen völlig verzichtet; es wird mit bereits vordisponierten sowie erwarteten Ein- und Auszahlungen gearbeitet. Nach der in der Betriebswirtschaftslehre üblichen Trennung in die KLR einerseits und die Finanzierung andererseits wäre das finanzorientierte Deckungsbudget eher der Finanzierung zuzuordnen, denn es kann als reduzierter Finanzplan bezeichnet werden und dient vornehmlich der Beurteilung der mittelfristigen Liquiditätsentwicklung.[168]

Bezüglich der Bildung von Deckungsvorgaben für Bezugsobjekte soll hier kurz auf Deckungssätze für Unternehmensbereiche, Produkte sowie Engpässe eingegangen werden.

Deckungssätze für Unternehmensbereiche sind nur dann sinnvoll, wenn diese Bereiche eigenständig am Markt operieren und Erlöse erzielen, da der Grad der Abdeckung ansonsten nicht beeinflußt werden kann.[169] Die auf der Basis einer gegenseitigen Abstimmung und unter Berücksichtigung der Tragfähigkeit ermittelten summarischen Deckungssätze bieten den Verantwortlichen von Profit-Centern, Absatzgebieten, Absatzbezirken etc. Spielräume, die sie individuell nutzen können. Wie einzelne Aufträge behandelt werden, bleibt dann den Personen vorbehalten, die den engsten Kontakt zum marktlichen Geschehen haben und am besten über die Besonderheiten von Kunden und Aufträgen informiert sind. Darüber hinaus weisen empirische Studien darauf hin, daß die Partizipation bei der Aufstellung von Budgets i. d. R. für eine bessere Koordination bereichsübergreifender und bereichsspezifischer Ziele sorgt.[170]

Wenn die notwendigen Koordinationsmaßnahmen bei der Bestimmung von Angebotspreisen ökonomisch nicht gerechtfertigt werden können, sind auch **Deckungssätze für Produkte** gerechtfertigt.[171] **Deckungssätze für Engpässe** können als Dispositionshilfe bei der Annahme von Aufträgen genutzt werden, wenn das Deckungsbudget noch nicht vollständig abgedeckt ist.[172] Deckungssätze dieser Art weisen allerdings prinzipiell die gleichen Gefahren auf, die mit geschlüsselten Kosten verbunden sind und müssen daher sehr vorsichtig gehandhabt werden.

---

[167] Vgl. *Riebel, P.*: Deckungsbudgets, 1981, S. 651 [481 f.].
[168] Vgl. *Riebel, P.*: Deckungsbudgets, 1981, S. 652 [482].
[169] Vgl. *Riebel, P.*: Führungsrechnung, 1992, S. 292.
[170] Vgl. *Holzer, H.P./Lück, W.*: Verhaltenswissenschaft, 1978, S. 519 und passim; *Birnberg, J.G./Sadhu, K.K.*: Contribution, 1986, S. 126 ff. sowie die in diesen beiden Quellen angegebene Literatur.
[171] Vgl. zu diesen Anlässen *Riebel, P.*: Probleme, 1980, S. 1135 f. [503 f.].
[172] Vgl. *Riebel, P.*: Preiskalkulation, 1964, S. 610 [265]; *Riebel, P.*: Probleme, 1980, S. 1139 ff. [507 ff.].

Insbesondere für die Deckungssätze ist der Grad ihrer Verbindlichkeit von Bedeutung. Nach diesem Kriterium lassen sich Fest-, Richt-, Mindest- und Höchst-Deckungssätze unterscheiden. Weiterhin können nach der Gültigkeitsdauer der Vorgabe bis zu einem bestimmten Termin oder bis auf weiteres gültige Deckungssätze differenziert werden.[173]

Kritisch an der Konzeption von Deckungsbudgets und Deckungssätzen kann angemerkt werden, daß bisher kaum konkrete Handlungsempfehlungen darüber vorliegen, wie die Abdeckung dieser Vorgaben im einzelnen zu erfolgen hat. Dabei muß jedoch berücksichtigt werden, daß mit dieser Konzeption ein schematisches Vorgehen vermieden werden soll, wodurch zwangsweise höhere Anforderungen beim Arbeiten mit Deckungsvorgaben entstehen.

---

[173] Vgl. *Riebel, P.*: Probleme, 1980, S. 1137 f. [505 f.].

4 Die Rolle der EDV bei der Umsetzung der Einzelkosten- und Deckungsbeitragsrechnung

4.1 EDV-Unterstützung für die Kosten- und Leistungsrechnung

Das Rechnungswesen soll u. a. wirtschaftlich relevante Größen des Unternehmens erfassen und zur Verfügung stellen.[1] Die große Zahl der zu verarbeitenden Daten und der durch gesetzliche Vorschriften weitgehend vorbestimmte Ablauf führten schon sehr früh zu EDV-gestützten Lösungen zur **Finanzbuchhaltung**. Hierbei stand weniger der betriebswirtschaftliche Inhalt im Vordergrund, als lediglich die rasche und genaue Bearbeitung von Rechenvorgängen.

Die ersten Anwendungen zur KLR waren für die **Stapelverarbeitung** (Batch-Verarbeitung) konzipiert. Bei dieser Verarbeitungsform wird eine bestimmte Anzahl von vorher festgelegten Benutzeraufträgen abgearbeitet, ohne daß ein Eingriff des Benutzers möglich ist.[2] Systeme dieser Art haben ihren Ursprung in ihren manuellen Vorläufern, mit denen aufgrund der großen Anzahl der Daten ohnehin nur periodenbezogen gearbeitet wurde.[3]

Wegen der immer stärker werdenden Orientierung der KLR zu entscheidungsunterstützenden Funktionen hat sich jedoch eine größere Dialogorientierung als vorteilhaft erwiesen.[4] Bei der **Dialogverarbeitung** werden die Benutzeraufträge im Wechsel zwischen dem Erteilen von Teilaufträgen und den Antworten darauf abgewickelt. Es erfolgt also ein interaktiver Prozeß zwischen Benutzer und EDV-System.[5] Lediglich für die Teilaufgaben, die sich auf eine rasche Verarbeitung von Massendaten beschränken, ist eine Stapelverarbeitung weiterhin sinnvoll. Dies betrifft z. B. die Durchführung der innerbetrieblichen Leistungsverrechnung sowie Plan- und Nachkalkulationen.[6] Der größte Teil der am Markt angebotenen Standard-Software für die KLR arbeitet dementsprechend in einer Mischform aus Stapel- und Dialogverarbeitung.[7]

Die KLR tritt i. d. R. als organisatorisch selbständige Einheit im Unternehmen auf. Dies hat in der historischen Entwicklung dazu geführt, daß auch die Datenhaltung für die Bedürfnisse der KLR eigenständig erfolgte, obwohl dadurch u. U. Daten erfaßt wurden, die schon in vorgelagerten Systemen vorhanden waren.[8]

Der Wunsch nach einer Möglichkeit zur einheitlichen Verwaltung von Daten hat zur Entwicklung von **Datenbanksystemen** geführt. Zur Auswertung der in den Datenbanken enthaltenen Sätze wird der Einsatz von **Methodenbanksystemen** empfohlen.[9] Ähnlich

---

[1] Vgl. Abschnitt 2.1.1.
[2] Vgl. *Stahlknecht, P.*: Einführung, 1989, S. 98.
[3] Vgl. z. B. *Scheer, A.-W.*: Einführung, 1990, S. 498; *Reblin, E.*: Formen, 1986, S. 11.
[4] Vgl. zusammenfassend *Reblin, E.*: Formen, 1986, S. 12 f.
[5] Vgl. *Stahlknecht, P.*: Wirtschaftsinformatik, 1989, S. 98.
[6] Vgl. z. B. *Scheer, A.-W.*: Wirtschaftsinformatik, 1990, S. 499.
[7] Vgl. *Männel, W./Warnick, B.*: Rechnungswesen, 1990, S. 416.
[8] Vgl. *Scheer, A.-W.*: Wirtschaftsinformatik, 1990, S. 463
[9] Vgl. *Mertens, P./Griese, J.*: Informationsverarbeitung 2, 1991, S. 180 ff.; *Scheer, A.-W.*: Wirtschaftsinformatik, 1990, S. 498; *Männel, W./Warnick, B.*: Rechnungswesen, 1990, S. 417 f.

wie Daten in einem Datenbanksystem zentral verwaltet werden, dienen Methodenbanksysteme dazu, die betriebswirtschaftlichen Methoden (in der KLR z. B. Kalkulationsverfahren) einheitlich zu verwalten und deren Anwendung auf verschiedene Daten zu ermöglichen. Die Unterstützung der KLR mit Daten- und Methodenbanksystemen bietet ein gutes Beispiel dafür, daß die Wirtschaftsinformatik nicht nur eine Hilfswissenschaft für die Betriebswirtschaft ist, sondern sie auch inhaltlich beeinflußt.[10]

In den nächsten Abschnitten werden die Bereiche der Daten- und Methodenbanken näher erläutert, die als Grundvoraussetzung moderner Anwendungssysteme für die KLR dienen. Es folgt eine Übersicht über bereits realisierte Anwendungssysteme auf der Grundlage der EK&DBR aus dem akademischen Bereich sowie über die prinzipiellen Möglichkeiten einer Umsetzung der EK&DBR mit der zur Zeit erhältlichen Standardsoftware.

4.2 Datenbanken

4.2.1 Formen der Datenverwaltung

Bei der Gestaltung der ersten betrieblichen Anwendungen bediente man sich der heute sogenannten **konventionellen Dateiorganisation**. Bei der Entwicklung stand die **Verarbeitung** der Daten im Vordergrund, während die **Speicherung** als eher nebensächlich betrachtet wurde.

Die konventionelle Dateiorganisation ist dadurch gekennzeichnet, daß jeder Programmierer den Satz- und Dateiaufbau für die von seinem Programm benötigten Daten selber festlegt. Somit besteht eine enge Verflechtung zwischen Daten und Programmen.

Werden dieselben Daten von mehreren Programmen benutzt, müssen sie in verschiedenen Dateien mehrmals gehalten werden. Dies führt dazu, daß gleiche Sachverhalte mehrmals abgespeichert werden (**Redundanz**). Bei Vorliegen von Redundanz ist es notwendig, Änderungen des Datenbestandes in mehreren Dateien vorzunehmen. Zusätzliche und überflüssige Arbeitsschritte werden erforderlich, ferner besteht eine hohe Gefahr, daß Datenbestände inkonsistent werden.

Änderungen des Dateiaufbaus bringen weitere Nachteile, denn der Programmcode der Anwendungen ist genau auf die verwendete Datenstruktur abgestimmt, so daß alle Änderungen der Datenstrukturen automatisch Änderungen in den Programmen erforderlich machen. Um zusätzlich notwendige Auswertungen zu ermöglichen, müssen die Programme ebenfalls geändert werden.

Zusammenfassend läßt sich sagen, daß die konventionelle Dateiverwaltung vier gewichtige Nachteile aufweist:[11]

1. Daten-Programm-Abhängigkeit
2. Redundanz

---

[10] Vgl. zu einem Überblick über die Beziehungen zwischen KLR und Informatik *Mertens, P./Back-Hock, A./Fiedler, R.*: Verbindungen, 1990.
[11] Vgl. *Schlageter, G./Stucky, W.*: Datenbanksysteme, 1983, S. 21.

3. Inkonsistenz
4. Inflexibilität

Trotz der genannten Nachteile ist diese Form der Datenhaltung aber auch heute noch gelegentlich anzutreffen. Für die Realisierung der EK&DBR ist die konventionelle Dateiverwaltung ungeeignet, weil durch sie die notwendige Flexibilität nicht gewährleistet werden kann.

Die Kritik an der konventionellen Dateiorganisation führte zur Entwicklung von **Datenbanksystemen**. Beim Einsatz eines Datenbanksystems werden die Daten zentral - und damit möglichst redundanzfrei - in einer Datenbank geführt und von einem **Datenbankmanagementsystem** (DBMS) verwaltet. Das DBMS bildet die Schnittstelle zwischen Anwendungsprogramm und Datenbestand, so daß die Verwaltung der Daten grundsätzlich unabhängig von Form und Aufbau der Anwendungsprogramme erfolgen kann (vgl. Abb. 4-1).

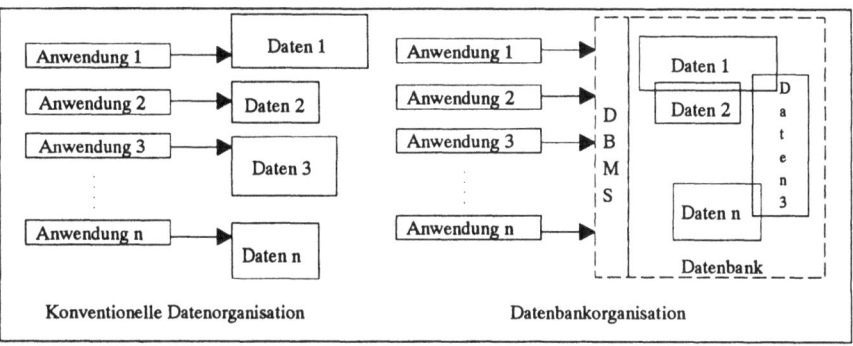

Abb. 4-1: *Konventionelle Dateiorganisation und Datenbankorganisation im Vergleich*

Da beim Einsatz eines DBMS für die Entwicklung eines Anwenderprogramms keinerlei Kenntnisse mehr über die Art der physischen Speicherung der Daten erforderlich sind, spricht man von einer weitgehenden **Datenunabhängigkeit**.[12] Die Anwendungsprogramme fordern die gewünschten Daten vom DBMS an und bekommen sie zur Verfügung gestellt. Änderungen im Dateiaufbau ziehen nicht unbedingt Änderungen in den Anwendungsprogrammen nach sich.

Es darf jedoch nicht übersehen werden, daß die Definition der Daten sowohl im Programm als auch in der Datenbank erfolgen muß. Werden Feldnamen oder Feldtypen verändert, müssen auch die entsprechenden Programme angepaßt werden. Fügt man in einer Datenbank Felder hinzu oder verändert die Reihenfolge der Felder, so ergeben sich daraus jedoch keine Probleme für das Anwendungsprogramm.

---

[12] Vgl. *Stucky, W./Krieger, R.*: Datenbanksysteme, 1990, S. 840.

4.2.2 Drei-Ebenen-Architektur für Datenbanksysteme

Im Jahre 1975 wurde von der ANSI/SPARC Study Group on Data Base Management Systems eine grundlegende Architektur für DBMS veröffentlicht, die besonders geeignet ist, sowohl allgemeine Datenbank-Konzepte als auch Spezifika verschiedener kommerziell erhältlicher Datenbanksysteme zu beschreiben.[13]

Die ANSI/SPARC-Architektur ist in drei verschiedene Ebenen gegliedert:[14]

1. Auf der **externen Ebene** oder **Benutzerebene** werden die Daten aus der Sicht individueller Benutzer betrachtet. Es existieren verschiedene **externe Schemata** (Benutzersichten). Als Beispiel lassen sich die Daten anführen, auf die ein Sachbearbeiter in der Personalabteilung zugreifen kann.
2. Auf der **konzeptuellen Ebene** wird in einem **konzeptuellen Schema**[15] die Gesamtheit der zur Verfügung stehenden Daten mit den dazwischen herrschenden Beziehungen beschrieben. Im Gegensatz zur externen Ebene geht es um eine **gemeinsame** Sicht auf Daten. Die verschiedenen Benutzersichten beziehen sich jeweils auf eine Teilmenge der auf der konzeptuellen Ebene betrachteten Daten.
3. Die **interne** oder **physische Ebene** enthält ein **internes Schema** mit detaillierten Angaben über die physische Speicherung der Daten. Außerdem werden Speicher- und Zugriffsverfahren festgelegt.

Sowohl auf der externen Ebene als auch auf der konzeptuellen Ebene werden die Daten nur auf **logischer** Ebene betrachtet, d. h. unabhängig von der zu benutzenden Hardware und Software und unabhängig von der **physischen** Datenorganisation.

Zu den Bestandteilen eines DBMS gehören verschiedene **Datenbanksprachen**. Theoretisch läßt sich jeder der drei Ebenen der ANSI/SPARC-Architektur eine Datenbanksprache zuordnen, von denen hier aber nur die beiden wichtigsten erläutert werden. Es handelt sich dabei um die **Data Definition Language** (DDL) und die **Data Manipulation Language** (DML).[16]

Die **DDL** dient dazu, das konzeptuelle Schema in einer für das DBMS verständlichen Form zu beschreiben. Die **DML** dient zur Kommunikation zwischen Anwender und DBMS. Typische Aktionen, die mit der DML bewältigt werden sind das Lesen, Ändern, Löschen und Hinzufügen von Daten.

---

[13] Vgl. zur ANSI/SPARC-Architektur zusammenfassend *Clemons, E.K.*: Data Models, 1985.
[14] Vgl. z. B. *Date, C.J.*: Introduction, 1990, S. 31 ff; *Elmasri, R./Navathe, S.B.*: Fundamentals, 1989, S. 26; *Stucky, W./Krieger, R.*: Datenbanksysteme, 1990, S. 842.
[15] Einige Autoren unterscheiden zwischen einem konzeptuellen Schema und einem logischen Schema. Dabei ist das konzeptuelle Schema allgemein und das logische Schema dessen Repräsentation für ein bestimmtes Datenbanksystem. Vgl. z. B. *Stucky, W./Krieger, R.*: Datenbanksysteme, 1990, S. 846. Eine inhaltlich äquivalente Abgrenzung wird von anderen Autoren zwischen einem konzeptuellen Modell und einem konzeptuellen Schema getroffen. Vgl. *Elmasri, R./Navathe, S.B.*: Fundamentals, 1989, 24-26. Die zweite Auffassung liegt den weiteren Ausführungen zugrunde.
[16] Vgl. *Elmasri, R./Navathe, S.B.*: Fundamentals, 1989, S. 28. Die verbleibende Sprache, die Storage Definition Language (SDL), ist lediglich für die Spezifikation der internen Ebene interessant und kann hier vernachlässigt werden.

4.2.3 Datenbankmodelle

In einer Datenbank sollen Ausschnitte der Realität abgebildet werden. Diese Ausschnitte der Realität sind für betriebswirtschaftliche Anwendungen einerseits unternehmensinterne und andererseits unternehmensexterne Daten, die als wesentlich erachtet werden und in einem Datenbanksystem gespeichert werden sollen. Die Gesamtheit der gespeicherten Daten kann somit als ein Modell des Systems Unternehmung und einiger seiner Umsysteme betrachtet werden. Der Prozeß der Erstellung solcher Modelle wird **Datenmodellierung** genannt.

Die Konzeption zur Beschreibung der Datenstrukturen bezeichnet man als **Datenmodell**.[17] Es gibt den formalen Rahmen an, welcher der Abstraktion der realen Welt zugrunde liegt.[18] Bei einem Datenmodell ist dieser formale Rahmen allgemein gehalten; richtet er sich dagegen auf die Darstellung auf einem Computer aus, so spricht man von **Datenbank**modellen.[19]

Für die Theorie und Praxis der Datenbanken sind zur Zeit insbesondere die folgenden drei Datenbankmodelle relevant:[20]

- Das hierarchische Datenbankmodell,
- das Netzwerkdatenbankmodell und
- das relationale Datenbankmodell.

Außerdem gibt es Datenbanksysteme, die in der Praxis weit verbreitet sind, sich jedoch nicht ohne weiteres einem der drei genannten Datenbankmodelle zuordnen lassen. Zu diesen Datenbanksystemen zählt z. B. ADABAS von der Software AG.[21] Weitere Entwicklungen, die zur Zeit diskutiert werden, sind objekt-orientierte Datenbanksysteme sowie die sogenannten NF^2-Datenbanken[22]. Welche Bedeutung diese neuen Ansätze für die EK&DBR haben, wird an späterer Stelle kurz erläutert.

Das hierarchische Datenbankmodell und das Netzwerkdatenbankmodell (vgl. Abb 4-2) weisen eine Reihe von Nachteilen auf, weil die Trennung zwischen der konzeptuellen und der internen Ebene nicht gewährleistet ist. Konkret bedeutet dies, daß durch das konzeptuelle Schema gleichzeitig Art und Reihenfolge der Zugriffe festgelegt werden.[23]

---

[17] Der Begriff Datenmodell wird jedoch z. T. auch für das Ergebnis des Modellierungsprozesses verwendet, so daß z. B. ein konzeptuelles Modell für den Fertigungsbereich einer Unternehmung als Datenmodell bezeichnet wird; vgl. *Elmasri, R./Navathe, S.B.*: Fundamentals, 1989, S. 23. Das Ergebnis des Modellierungsprozesses wird im folgenden als Daten*struktur* bezeichnet.
[18] Vgl. *Schlageter, G./Stucky, W.*: Datenbanksysteme, 1983, S. 57.
[19] Vgl. *Schmidt, J.W.*: Datenbankmodelle, 1987, S. 12. In der Literatur wird jedoch häufig die Bezeichnung "Datenmodelle" auch für computerspezifische Darstellungen verwendet; vgl. z. B. *Stucky, W./Krieger, R.*: Datenbanksysteme, 1990, S. 845.
[20] Vgl. z. B. *Schlageter, G./Stucky, W.*: Datenbanksysteme, 1983, S. 58; *Elmasri, R./Navathe, S.B.*: Fundamentals, 1989, S. 34.
[21] Vgl. z. B. *Stucky, W./Krieger, R.*: Datenbanksysteme, 1990, S. 852.
[22] NF^2 steht für NFNF bzw. *Not first normal form*.
[23] Vgl. *Stucky, W./Krieger, R.*: Datenbanksysteme, 1990, S. 845.

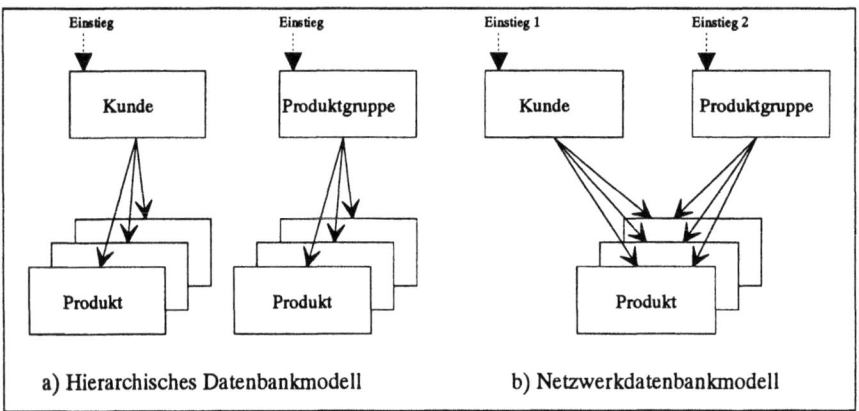

Abb. 4-2: Beispiel zum hierarchischen Datenbankmodell und zum Netzwerkdatenbankmodell

Obwohl zumindest das hierarchische Datenbankmodell in der Praxis noch weit verbreitet ist,[24] soll im weiteren Verlauf der Arbeit nur noch auf das relationale Datenbankmodell eingegangen werden, da es von den behandelten Datenbankmodellen die besten Voraussetzungen für die in den folgenden Abschnitten beschriebenen Aufgaben mit sich bringt. Zwar ist es bezüglich der Flexibilität den anderen Datenbankmodellen überlegen, jedoch müssen gerade bei größeren Datenbanken schlechtere Laufzeiten in Kauf genommen werden.[25]

Das relationale Datenbankmodell wurde 1970 von Codd vorgeschlagen.[26] Es zeichnet sich durch eine konsequente Trennung der logischen und internen Ebene aus.

Im relationalen Datenbankmodell wird eine Datenbank durch eine Sammlung von **Relationen** gebildet.[27] In der Umgangssprache bezeichnet man eine Relation häufig auch als Tabelle. Eine Relation besteht aus einer beliebigen Anzahl von Zeilen und einer festen Anzahl von Spalten. In den Zeilen sind verschiedene Merkmale enthalten, die Auskunft über abgespeicherte Objekte geben. Die Spalten dienen dazu, die eben erwähnten Merkmale namentlich zu kennzeichnen. Die Zeilen einer Relation werden als **Tupel** bezeichnet, die Spaltennamen als **Attribute**. In den Kreuzungselementen der Tupel und Attribute sind nur **atomare** Werte zugelassen, also jeweils nur ein einziger Wert.

Die Menge aller Werte, die ein Attribut annehmen kann, bildet einen **Wertebereich** (Domain). Möchte man z. B. zu einem Objekt "Student" als Attribut das Studienfach festhalten, so ist der Wertebereich dafür die Menge der möglichen Studienfächer, für das Attribut "Semesterzahl" wäre der Wertebereich die Menge der natürlichen Zahlen.

---

[24] Auch heute noch ist das hierarchische System IMS von IBM eines der am häufigsten auf Großrechnern installierten, zumindest in den USA; vgl. *Date, C.J.*: Introduction, 1990, S. 753.
[25] Vgl. *Elmasri, R./Navathe, S.B.*: Fundamentals, 1989, S. 349.
[26] Vgl. *Codd, E.F.*: Relational Model, 1970.
[27] Die Darstellung des relationalen Modells erfolgt in Anlehnung an *Elmasri, R./Navathe, S.B.*: Fundamentals, 1989, S. 135 ff.

Um die Tupel einer Relation eindeutig zu identifizieren, muß ein **Schlüssel** ausgewählt werden. Dabei kann es sich um ein Attribut oder eine Kombination mehrerer Attribute (zusammengesetzter Schlüssel) handeln. Tauchen Attribute in einer Relation auf, die in einer anderen Relation als Schlüssel dienen, so bezeichnet man diese als **Fremdschlüssel**.

Um die Ausführungen des vorherigen Absatzes zu präzisieren, sind in Abb. 4-3 die relevanten Definitionen anhand eines Beispiels dargestellt.

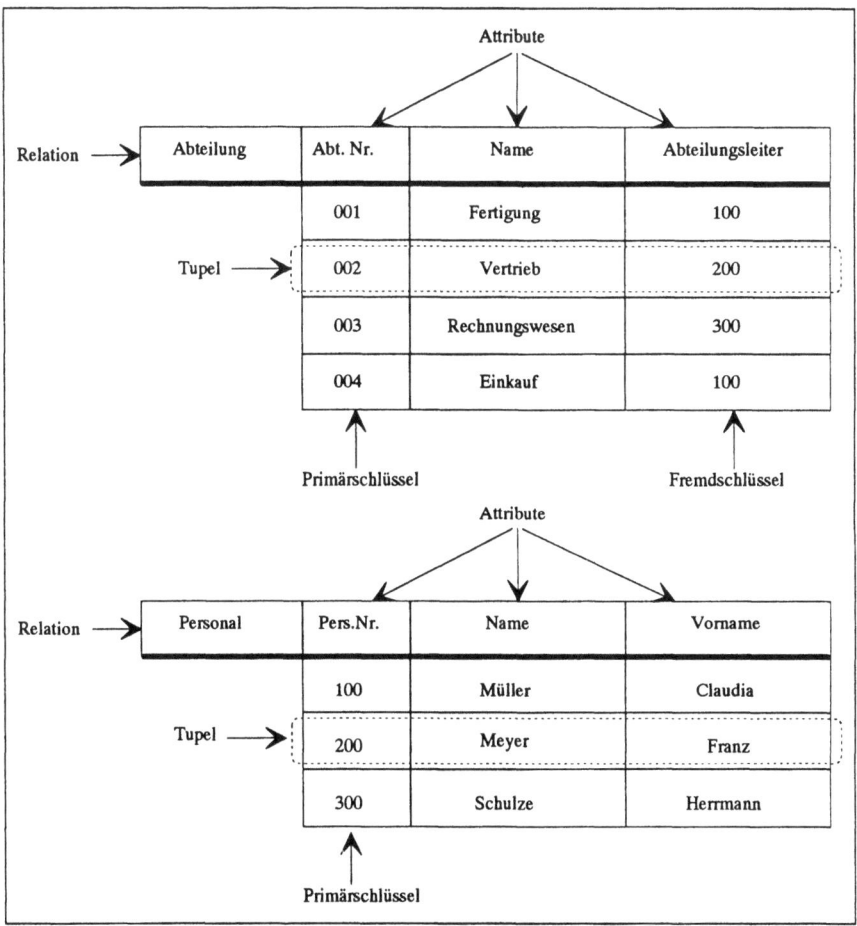

Abb. 4-3: Definitionen zum relationalen Datenbankmodell

Prinzipiell kann man im Rahmen der Datenmodellierung Informationen über den abzubildenden Gegenstandsbereich auf verschiedene Arten und Weisen in Relationen überführen. Je nachdem, wie die Relationen strukturiert sind, können sich jedoch sogenannte

Anomalien beim Einfügen, Löschen oder Ändern der Daten ergeben.[28] Es stellt sich also die Frage nach einem Kriterium, das angibt, welche Strukturierung der Relationen vorteilhaft ist. Mit **Normalisierung** bezeichnet man einen Prozeß, bei dem die vorhandenen Relationen schrittweise zerlegt werden, bis sie sich in einem zufriedenstellenden Zustand befinden.[29] Dabei werden verschiedene **Normalformen** durchlaufen. Als Endergebnis wird in der Praxis meist die 3. Normalform (3 NF) angestrebt,[30] obwohl auch noch höhere Normalformen existieren.

Das relationale Datenbankmodell ist nicht nur theoretisch anerkannt, sondern dient auch als Grundlage verschiedener kommerzieller Datenbanksysteme. Auf dem Großrechnermarkt ist das System DB2 von IBM führend.[31] Weitere bekannte Systeme sind z. B. INGRES, ORACLE, und INFORMIX. Im PC-Bereich gibt es u. a. mit dBase IV und Paradox Systeme, die sich zumindest eng am relationalen Modell orientieren, im strengen Sinne aber nicht als relational eingestuft werden können.[32]

Als Standard bei den Datenbanksprachen hat sich mittlerweile SQL (Structured Query Language) von IBM etabliert. SQL enthält sowohl Anweisungen zur Datendefinition als auch zur Datenmanipulation.[33] Es handelt sich um eine **deskriptive** Programmiersprache, d. h. mit einem SQL-Befehl wird lediglich ein gewünschtes Ergebnis spezifiziert. Im Gegensatz dazu muß bei den **prozeduralen** Programmiersprachen der Weg spezifiziert werden, der zu einem Ergebnis führt. Aus Sicht des Endbenutzers sind insbesondere die Möglichkeiten zur Formulierung von Datenbankabfragen mit SQL interessant.

Auch weniger geübte Endbenutzer können in SQL einfache Abfragen formulieren. Dies soll anhand zweier Beispiele verdeutlicht werden, wobei die Relationen aus Abb. 4-3 verwendet werden.

Beispiel 1: Die Frage "Welche Abteilungen werden von der Person mit der Personalnummer 100 geleitet?" läßt sich wie folgt in SQL formulieren:

SELECT abtnr, name
FROM abteilung WHERE abteilungsleiter = 100

Beispiel 2: Eine Liste aller Abteilungen mit den Namen der Abteilungsleiter würde in SQL wie folgt lauten, wobei hier zwei Relationen miteinander verknüpft werden:

SELECT abtnr, abteilung.name, vorname, personal.name
FROM abteilung, personal WHERE abteilungsleiter = persnr

Aus den Beispielen wird ersichtlich, daß der Endbenutzer keine Kenntnisse über den Zugriffspfad benötigt, sondern lediglich die Namen der Relationen und der Attribute kennen muß. Allerdings ergibt sich bei realistischen Datenbankanwendungen zwangsläufig durch

---

28 Vgl. *Elmasri, R./Navathe, S.B.*: Fundamentals, 1989, S. 360 f.; *Schlageter, G./Stucky, W.*: Datenbanksysteme, 1983, S. 163 f.
29 Vgl. *Elmasri, R./Navathe, S.B.*: Fundamentals, 1989, S. 371.
30 Vgl. *Vetter, M.*: Datenmodellierung, 1990, S. 399.
31 Vgl. *Date, C.J.*: Introduction, 1990, S. 108.
32 Vgl. z. B. *Schnapp, M.*: xBase, 1991, S. 131.
33 Vgl. *Elmasri, R./Navathe, S.B.*: Fundamentals, 1989, S. 176.

den Normalisierungsprozeß eine größere Zahl von Relationen, die über gemeinsame Attribute verknüpft werden müssen. Dadurch werden die Abfragen komplexer. Empirische Untersuchungen deuten darauf hin, daß grafische Darstellungen der Relationen bei komplexeren Abfragen zu besseren Ergebnissen führen.[34]

Schwierigkeiten ergeben sich mit der Standardversion von SQL, wenn es darum geht, einen geeigneten Zugriff auf hierarchisch strukturierte Daten zu ermöglichen. Dieses Problem liegt z. B. bei der Stücklistenauflösung vor, aber auch bei der Auswertung der im 3. Kapitel betrachteten Bezugsobjekthierarchien. Die SQL-Version von ORACLE ist daher erweitert worden, um auch rekursive Abfragen über eine vorher unbekannte Zahl von Stufen formulieren zu können.[35]

4.2.4 Semantische Datenmodellierung mit dem Entity-Relationship-Modell

Insbesondere für die Entwicklung betriebswirtschaftlicher DV-Anwendungen hat es sich als unumgänglich erwiesen, neben der Strukturierung der Programme auch eine Strukturierung derjenigen Daten vorzunehmen, die durch die Programme manipuliert werden. Aus den vorliegenden Anforderungen der Benutzer müssen zunächst Datenstrukturen abgeleitet werden, die dann im Rahmen einer fortlaufenden Formalisierung in die Datendefinitionssprache eines konkreten Datenbanksystems zu überführen sind.[36]

Um den Prozeß der Überführung von verbalen Beschreibungen der realen Welt in ein konzeptuelles Schema zu unterstützen, wurden **semantische Datenmodelle** entwickelt. Obwohl sich dieser Prozeß auch durch die im vorhergehenden Abschnitt erwähnte Normalisierung durchführen läßt, hat sich gezeigt, daß es Sachverhalte gibt, die nicht ohne weiteres in Tabellen zu überführen sind.[37] Semantische Datenmodelle sind mächtige Werkzeuge, die den Datenbankdesigner von der Berücksichtigung der Eigenheiten verschiedener Datenbankmodelle befreien. Sie bieten eine sehr natürliche Sicht auf Daten, die ihrem Erscheinen in der realen Welt weitgehend entspricht.[38] Zusammenfassend läßt sich sagen, daß bei der semantischen Datenmodellierung die formal-logische Ebene des Datenbankentwurfs gegenüber der benutzernahen fachsprachlichen Betrachtung in den Hintergrund rückt.[39]

Von den vielen semantischen Datenmodellen hat das Entity-Relationship-Modell (ERM) von Chen[40] eine besondere Bedeutung in Theorie und Praxis erlangt.[41] Besonders für betriebswirtschaftliche Zwecke hat es sich als geeignet erwiesen, weil es mit einer vergleichsweise einfachen Struktur seiner Konzepte auskommt und trotzdem eine ausrei-

---

[34] Vgl. *Davis, J.S.*: Investigation, 1990.
[35] Konkret geht es dabei um die Einführung der Klauseln CONNECT BY und START WITH. Vgl. ORACLE (Hrsg.): Manual, 1990, S. 6·9 f.
[36] Vgl. *Scheer, A.-W.*: Wirtschaftsinformatik, 1990, S. 24.
[37] Vgl. *Stucky, W./Krieger, R.*: Datenbanksysteme, 1990, S. 845.
[38] Vgl. *Hull, R./King, R.*: Modeling, 1987, S. 203.
[39] Vgl. *Ortner, E.*: Modellierung, 1985, S. 20.
[40] Vgl. *Chen, P.P.-S.*: Entity-Relationship-Model, 1976.
[41] Für einen Überblick über weitere semantische Datenmodelle vgl. *Hull, R./King, R.*: Modeling, 1987.

chende Ausdrucksmächtigkeit besitzt.[42] Mängel in der Ausdruckmächtigkeit können leicht durch die Aufnahme einiger Erweiterungen des ERM beseitigt werden.[43] Wesentlich für den Erfolg ist sicherlich auch die zugrundeliegende grafische Beschreibungssprache, die durch ihre große Übersichtlichkeit zur verbesserten Kommunikation zwischen EDV-Experten und Mitarbeitern der Fachabteilungen beitragen kann.

Ausgangspunkt für die Entwicklung des ERM war die Erweiterung bzw. Verallgemeinerung der verschiedenen, im vorherigen Abschnitt erläuterten Datenbankmodelle.[44] Heute kann das ERM als generelle Entwurfssprache für Datenstrukturen bezeichnet werden.

Da die im Kapitel 7 vorgenommene Modellierung der Datenstrukturen der Funktionsbereiche im Unternehmensplanspiel mit Hilfe des ERM vorgenommen wird, ist eine etwas ausführlichere Darstellung notwendig.

Bevor die grundlegenden Begriffe des ERM definiert werden, erfolgt ein kurzer Überblick über den üblichen Modellierungsprozeß für den Entwurf konzeptueller Schemata unter Verwendung des ERM.

Mit dem ERM wird ein Top-Down-Ansatz der Datenmodellierung unterstützt. In Abb. 4-4 ist zu erkennen, daß aus dem abzubildenden Gegenstandsbereich zunächst eine Auswahl relevanter Objekte und deren Beziehungen vorzunehmen ist. Dabei handelt es sich um einen Prozeß der Abstraktion, d. h. um einen Prozeß, bei dem bestimmte Eigenheiten eines Systems absichtlich vernachlässigt werden, wodurch jedoch die verbleibenden Eigenheiten in den Vordergrund rücken.[45] Die durch Abstraktion gewonnenen Objekte sowie deren Beziehungen werden dann mit Hilfe des ERM in einem konzeptuellen Modell repräsentiert. Schließlich ist das konzeptuelle Modell in ein Datenbankschema zu überführen. Grundsätzlich ist der Einsatz des ERM unabhängig von dem verwendeten Datenbankmodell, in dieser Arbeit wird jedoch nur noch das relationale Datenbankmodell betrachtet.

Im ERM werden die relevanten Objekte des realen Gegenstandsbereiches als **Entities** bezeichnet. Durch Zusammenfassung gleichartiger Entities gelangt man zu **Entity-Typen**, die durch **Attribute** beschrieben werden können. Beziehungen, die zwischen den zu modellierenden Objekten herrschen, werden zu **Beziehungstypen** (Relationship-Typen) zusammengefaßt. Beispiele für Entity-Typen wären Lieferanten und Produkte. Attribute könnten dann Name, Adresse und Telefonnummer eines Lieferanten bzw. Produktnummer, Bezeichnung und Mindestbestand eines Produktes sein. Als Beziehungstyp für die Verbindung von Lieferanten und Produkten kann die Beziehung "Lieferant liefert Produkte" dienen.

---

[42] Vgl. *Lockemann, P.C./Radermacher, K.*: Konzepte, 1990, S. 8; *Scheer, A.-W.*: Wirtschaftsinformatik, 1990, S. 29 f.
[43] Vgl. *Scheer, A.-W.*: Wirtschaftsinformatik, 1990, S. 32 ff.
[44] Vgl. *Chen, P.P.-S.*: Entity-Relationship-Model, 1976, S. 10.
[45] Vgl. *Smith, J.M./Smith, D.C.P.*: Database Abstractions, 1977, S. 105; *Thiel, C.*: Abstraktion, 1989, S. 5.

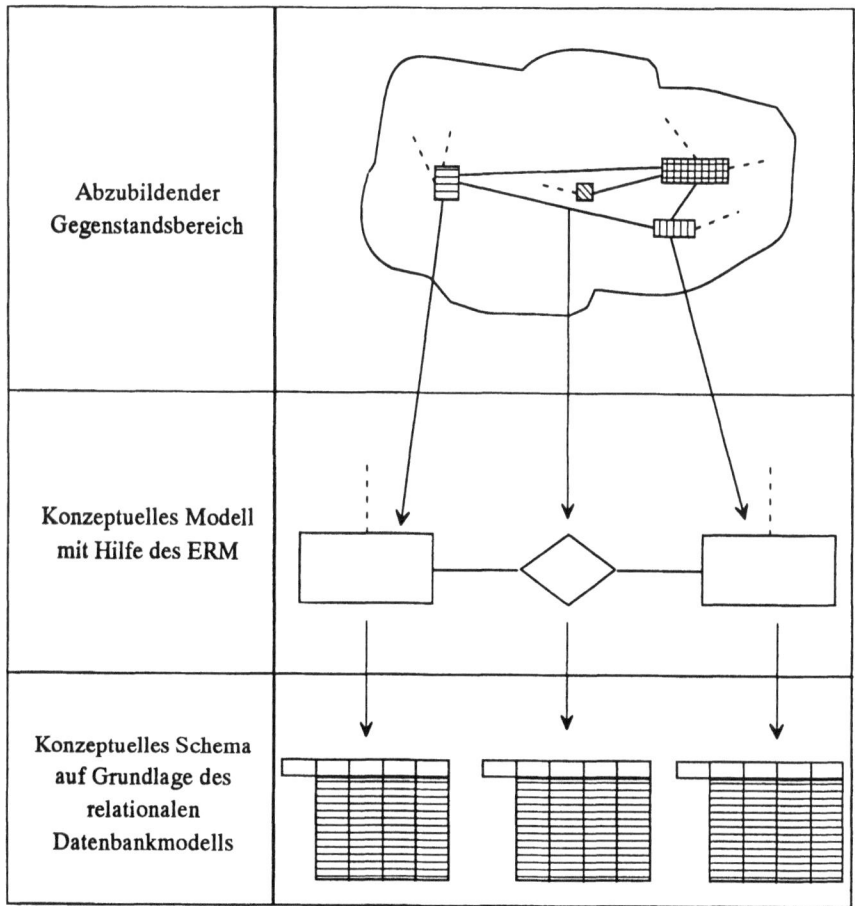

Abb. 4-4: Modellierungsprozeß für den Entwurf konzeptueller Schemata

Es ist ersichtlich, daß es sich bei "Lieferanten" und "Produkten" jeweils um Oberbegriffe für Mengen im mathematischen Sinne handelt. Mit den Beziehungstypen wird eine Verknüpfung zwischen den Elementen von Mengen hergestellt. Um auszudrücken, in welchem Verhältnis die Entities zueinander stehen, lassen sich **Kardinalitäten** für die Beziehungstypen angeben.[46] Dabei sind folgende drei Arten von Beziehungen möglich: 1:1, 1:n (bzw. m:1) und n:m. Die Buchstaben n und m stehen dabei für "viele" bzw. "mehrere".

---

[46] Vgl. *Sinz, E.J.*: Entity-Relationship-Modell, 1990, S. 19. Statt von Kardinalitäten spricht Sinz von der Komplexität eines Beziehungstyps.

Bei der oben erwähnten Beziehung zwischen Lieferanten und Produkten handelt es sich um eine n:m-Beziehung, denn ein Produkt kann von mehreren Lieferanten geliefert werden und ein Lieferant kann mehrere Produkte liefern.

Ein Beispiel für eine 1:n-Beziehung wäre diejenige zwischen Vorgesetzten und Untergebenen im Einliniensystem, denn jeder Vorgesetzte kann vielen Untergebenen Anweisungen geben, aber jeder Untergebene kann nur von einem Vorgesetzten Weisungen erhalten.

Damit wird zugleich deutlich, daß auch Beziehungen zwischen Entities des gleichen Entity-Typs möglich sind, denn sowohl Vorgesetzte als auch Untergebene können unter dem Entity-Typ Mitarbeiter zusammengefaßt werden. In solchen Fällen spricht man von **rekursiven** Beziehungen.

Die grafische Darstellung von Entity-Typen und Beziehungstypen erfolgt in einem Entity-Relationship-Diagramm (ERD). Entity-Typen werden dabei als Rechtecke dargestellt, Beziehungstypen als Rauten. Formal handelt es sich bei einem ERD um einen bipartiten, ungerichteten Graphen, in dem Entity-Typen und Beziehungstypen als Knoten, Verbindungslinien zwischen Entity-Typen und Beziehungstypen als Kanten dargestellt werden. Die Kardinalitäten werden durch Beschriftung der Kanten mit 1, n und m ausgedrückt.[47] Bei rekursiven Beziehungen ergeben sich parallele Kanten, die ein Rechteck mit einer Raute verbinden. Die Kanten sind dann mit einem **Rollennamen** zu versehen, der angibt, welche Funktion das jeweilige Entity in der Beziehung ausübt.[48]

Je nachdem, welcher Detaillierungsgrad einem ERD zugrunde liegt, können die Attribute von Entity-Typen oder Beziehungstypen in Form von Kreisen oder Ellipsen aufgenommen werden. In umfangreicheren ERDs werden sie jedoch meist vernachlässigt. Die Attribute, die als Schlüssel zur Identifikation von Tupeln dienen, werden unterstrichen.

Die grafische Darstellung der bisher diskutierten Beispiele ist aus Abb. 4-5 ersichtlich.

---

[47] Vgl. *Sinz, E.J.*: Entity-Relationship-Modell, 1990, S. 19.
[48] Vgl. *Chen, P.P.-S.*: Entity-Relationship-Model, 1976, S. 12.

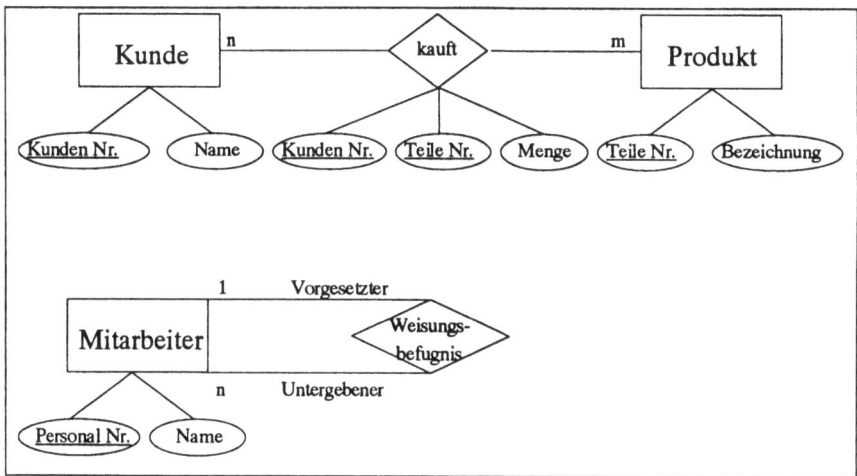

Abb. 4-5: Beispiele für die Darstellungsweise im ERD

Mit verschiedenen Erweiterungen wurde versucht, in das bisher beschriebene Grundmodell des ERM Konstruktionsoperatoren zu integrieren, die dem ERM eine noch größere Ausdrucksmächtigkeit verleihen.[49]

Mit dem Konstruktionsoperator der **Aggregation** läßt sich ausdrücken, daß Beziehungstypen zwischen Entity-Typen selbst wieder als Entity-Typen angesehen werden können.[50] Der Beziehungstyp "kauft" zwischen Kunden und Produkten läßt sich als Entity-Typ "Auftrag" auffassen, der mit dem Entity-Typ "Lagerbestand" durch den Beziehungstyp "ist reserviert für" verbunden sein kann. Somit wird derselbe Sachverhalt, je nach dem Blickwinkel der Betrachtung als Beziehungstyp bzw. als Entity-Typ angesehen. Die Repräsentation dieses Beispiels im ERD zeigt Abb. 4-6 a) auf der folgenden Seite.

Ein weiterer Konstruktionsoperator ist die **Generalisierung**, mit Hilfe derer man aus verschiedenen Entity-Typen durch Abstraktion einen gemeinsamen Entity-Typ bilden kann. Der umgekehrte Vorgang, d. h. die Bildung von Teilklassen eines Entity-Typen, wird **Spezialisierung** genannt. Dabei lassen sich zwei Fälle unterscheiden:

1) Die Teilklassen sind disjunkt und die Menge aller Elemente der Teilklassen ist gleich der Menge der Elemente der übergeordneten Klasse.
2) Die Teilklassen haben z. T. gemeinsame Entities.

---

[49] Vgl. *Elmasri, R./Navathe, S.B.*: Fundamentals, 1989, S. 410 ff.; *Scheer, A.-W.*: Wirtschaftsinformatik, 1990, S. 32.
[50] Vgl. zu dieser Form der Aggregation *Sinz, E.J.*: Entity-Relationship-Modell, 1990, S. 24, andere Formen der Aggregation sind bereits mit dem Grundmodell des ERM darstellbar; vgl. ebenda.

70   4 Die Rolle der EDV bei der Umsetzung der Einzelkosten- und Deckungsbeitragsrechnung

Beispiele für die Darstellung der Generalisierung und der Spezialisierung im ERD finden sich in Abb. 4-6 b) - d).[51]

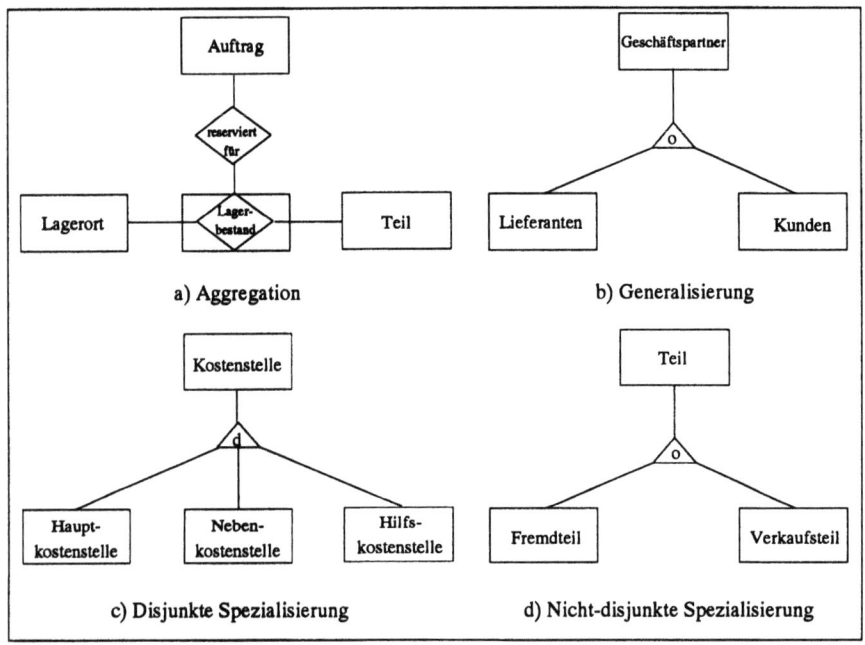

Abb. 4-6: *Darstellung verschiedener Konstruktionsoperatoren im ERD*[52]

Um den Prozeß der Softwareentwicklung zu vereinfachen und sich häufig wiederholende Schritte zu automatisieren, sind im Rahmen des Computer-aided software engineering (CASE) Werkzeuge, sog. CASE-Tools, entwickelt worden, die neben vielen anderen Funktionen auch den Prozeß der Datenmodellierung unterstützen. Dabei sind auch schon Systeme kommerziell verfügbar, die die interaktive Entwicklung von ERMs mit Hilfe einer grafischen Benutzeroberfläche erlauben.

---

[51] Es wird die von Scheer verwendete grafische Notation übernommen; vgl. *Scheer, A.-W.*: Wirtschaftsinformatik, 1990, S. 41. Abweichend von dort werden disjunkte Teilklassen mit "d" und überlappende Teilklassen mit "o" (overlapping) gekennzeichnet.

[52] Ob eine Teilklasse durch Spezialisierung gebildet wurde, oder ob im Wege der Generalisierung Teilklassen zu einer übergeordneten Klasse zusammengefaßt wurden, läßt sich grafisch durch Pfeile in verschiedenen Richtungen ausdrücken. Dies ist jedoch wenig aussagefähig, weil sich die Resultate nicht unterscheiden und die Entscheidung für die eine oder andere Möglichkeit subjektiv ist. Vgl. *Elmasri, R./Navathe, S.B.*: Fundamentals, 1989, S. 414.

4.3 Methodenbanken

4.3.1 Grundlagen

Der vorangegangene Abschnitt beschäftigte sich mit den für ein Unternehmen relevanten Daten und deren Speicherung. Um aus diesen Daten Informationen zu gewinnen, müssen sie in irgendeiner Form ausgewertet werden. Für die Auswertung von Daten werden im betriebswirtschaftlichen Bereich häufig bestimmte Problemlöseverfahren eingesetzt, die sich wiederholen und dabei stets eine ähnliche Struktur besitzen. Solche Problemlöseverfahren können als **Methoden** bezeichnet werden.[53] Typische Beispiele für Methoden im betriebswirtschaftlichen Bereich sind Verfahren zur Losgrößen- und Bestellmengenoptimierung, zur Investitionsrechnung oder zur Kostenabweichungsanalyse. Weiterhin werden auch in hohem Maße allgemeine mathematische und statistische Methoden in der Betriebswirtschaftslehre eingesetzt, wie z. B. Verfahren zur Prognose, zur Ermittlung relativer und absoluter Häufigkeiten oder verschiedene Regressionsverfahren.

In Analogie zu einem Datenbanksystem lassen sich auch die in einem Unternehmen zum Einsatz kommenden Methoden einheitlich in einer **Methodenbank** zusammenfassen. Von einem **Methodenbanksystem** spricht man, wenn zusätzlich noch Routinen zur Verwaltung der Methoden sowie Beschreibungen der Methoden vorhanden sind und eine Datenbankschnittstelle realisiert ist.[54]

Mit einem Methodenbanksystem wird angestrebt, daß Anwender mit Fachkenntnissen aus verschiedenen Problembereichen, die jedoch keine vertieften EDV-Kenntnisse besitzen, interaktiv Probleme spezifizieren und lösen können.[55] Zwar sollen auch mit Methodenbanksystemen die implementierungsspezifischen Details weitgehend unabhängig von der Anwendung der Methoden betrachtet werden, jedoch zeigen die bisherigen Arbeiten auf diesem Gebiet, daß sich der bei Datenbanksystemen vorhandene Grad der Allgemeinheit nicht ohne weiteres erreichen läßt. Die bisher entwickelten Systeme decken jeweils sehr heterogene Problembereiche ab, wobei Methodenbanksysteme zu statistischen Methoden relativ stark vertreten sind.[56]

Durch die Kombination elementarer Methoden für eine Fragestellung lassen sich Modelle formulieren, die in **Modellbanken** zusammengefaßt werden können. Beispielsweise könnten Methoden zur Absatzprognose und zur ganzzahligen linearen Programmierung zu einem Modell für die aggregierte Produktionsplanung[57] kombiniert werden, wobei die Koeffizienten des Modells durch Werte aus der Datenbank aufgefüllt werden. Ebenso läßt sich ein auf Gleichungen basierendes Marketing-Modell mit statistischen Methoden der Regression kombinieren. Die Trennung zwischen Methodenbanken und

---

[53] Vgl. *Scheer, A.-W.*: Wirtschaftsinformatik, 1990, S. 395.
[54] Vgl. *Mertens, P./Griese, J.*: Informationsverarbeitung 2, 1991, S. 32 f. Dort wird allerdings auf eine Unterscheidung zwischen Methodenbank und Methodenbanksystem verzichtet.
[55] Vgl. *Dittrich, K.R./Hüber, R./Lockemann, P.C.*: Methodenbanksysteme, 1979, S. 194.
[56] Zu einem Methodenbanksystem zur Optimierung von Simulationsmodellen vgl. *Kolb, S.*: EskiMo, 1992.
[57] Vgl. zur aggregierten Produktionsplanung mit Hilfe der linearen Programmierung z. B. *Vollmann, T.E./Berry, W.L./Whybark, D.C.*: Manufacturing Planning, 1988, S. 637-641.

Modellbanken ist jedoch oft fließend, weil sie davon abhängt, wie die jeweils elementarsten Bausteine definiert werden.[58]

4.3.2 Relevante Methoden für die Einzelkosten- und Deckungsbeitragsrechnung

Setzt man ein Methodenbanksystem für die Zwecke der EK&DBR ein, so stellt sich die Frage, welche Methoden darin enthalten sein sollen. Geht man von der im vorherigen Abschnitt beschriebenen Trennung zwischen Methoden und Modellen aus, so können die in Abschnitt 3.3 erwähnten Auswertungsrechnungen als Modelle bezeichnet werden.[59] Beispiele für Methoden sind z. B. die lineare Programmierung oder Verfahren der Regressionsrechnung zur Auflösung unechter Gemeinkosten.

Beim Aufbau der Modelle ergeben sich die Unterschiede zu anderen Systemen der KLR vorwiegend durch die Definition der einzubeziehenden Rechengrößen, während die Rechentechniken durchaus auch in anderen Systemen der KLR angewendet werden können. So ist auch in der Grenzplankostenrechnung die Berechnung absoluter oder engpaßbezogener Deckungsbeiträge üblich, jedoch unterscheiden sich die Ergebnisse im Vergleich zur EK&DBR wegen der Verwendung unterschiedlicher Ausgangsgrößen.

Einerseits wird die Qualität und Brauchbarkeit eines Methodenbanksystems für die EK&DBR offensichtlich besonders dadurch bestimmt, daß für die jeweilige Fragestellung genau die richtigen Daten selektiert werden. Andererseits zeichnet sich die EK&DBR durch ihre relativ geringe Standardisierung aus. Bei nahezu allen Überlegungen kann nicht nach einem Schema vorgegangen werden, sondern es müssen jeweils die produktions- und absatzwirtschaftlichen Besonderheiten des betrachteten Unternehmens berücksichtigt werden. Daraus resultiert aber auch eine relativ geringe Hilfestellung für Anwender, die mit der Philosophie der EK&DBR nur unzureichend vertraut sind. Daher wäre es wünschenswert, wenn nicht nur die Bereitstellung, sondern auch die Auswahl und Analyse der Daten durch den Computer unterstützt würde. Dazu böte sich der Einsatz von **Expertensystemen** (XPS) bzw. **wissensbasierter Systeme** (WBS) an.[60] Dabei handelt es sich um Computerprogramme, die in der Lage sind, auf einem abgegrenzten Gebiet annähernd die Problemlösegüte menschlicher Experten zu erreichen.[61]

Bei der Unterstützung der Anwender ist dabei besonders an folgende Problembereiche zu denken:

- Einordnung von Kosten in Kostenkategorien,
- Zuordnung von Kosten zu Bezugsobjekten,
- Aufbau problembezogener Bezugsobjekthierarchien,
- mögliche Bezugsobjekthierarchien auf negative Deckungsbeiträge durchsuchen,
- Hilfestellung bei der Planung von Bereitschaftskosten,

---

[58] Vgl. *Mertens, P./Griese, J.*: Informationsverarbeitung 2, 1991, S. 39; *Scheer, A.-W.*: Wirtschaftsinformatik, 1990, S. 396.
[59] Zu einem Katalog für mögliche Modelle bzw. Methoden vgl. *Sinzig, W.*: Rechnungswesen, 1990, S. 215-218.
[60] Vgl. *Weber, J.*: Einführung, 1990, S. 293.
[61] Vgl. *Mertens, P./Griese, J.*: Informationsverarbeitung 2, 1991, S. 44 f.

- Hilfestellung bei der Bildung von Deckungsvorgaben,
- Hilfestellung bei der Preisbildung,
- absatzwirtschaftliche Verbundbeziehungen feststellen.

Einige der genannten Aufgabenstellungen mögen im Einzelfall trivial sein, jedoch muß berücksichtigt werden, daß in den Abteilungen, die mit der Durchführung der KLR betraut sind, Mitarbeiter mit unterschiedlichen Qualifikationen beschäftigt sind. Wiederum andere Aufgabenstellungen können in absehbarer Zeit sicherlich nicht zufriedenstellend ohne menschliches Eingreifen gelöst werden, allerdings kann der Anwender z. B. bei der Preisbildung durch intelligente Checklisten unterstützt werden. Mit solchen Checklisten läßt sich sicherstellen, daß alle erfahrungsgemäß wichtigen Einflußfaktoren bei einer Entscheidung berücksichtigt werden.[62]

Ein System zur wissensbasierten Analyse des Betriebsergebnisses wird von Fiedler et al. vorgestellt. Mit diesem System können u. a. Bezugsobjekthierarchien auf negative Deckungsbeiträge abgesucht werden. Im Falle von Abweichungen generiert das System eine Expertise in Textform.[63]

4.4 Implementierungen der Einzelkosten- und Deckungsbeitragsrechnung

4.4.1 Möglichkeiten zur Implementierung mit Hilfe von Daten- und Methodenbanken

Die ersten Veröffentlichungen, die sich in der deutschsprachigen Literatur mit der Realisierung der KLR auf der Grundlage von Datenbanken beschäftigen, beziehen sich alle auf Grundgedanken der EK&DBR. Bemerkenswerterweise war es das bereits im vorigen Kapitel erwähnte "Events Accounting" von Sorter, das den Anstoß für die ersten US-amerikanischen Beiträge zu diesem Thema gab. Damit war jeweils eine ähnliche betriebswirtschaftliche Philosophie ausschlaggebend für Überlegungen zum Einsatz der Datenbanktechnologie im Rechnungswesen.[64]

Die ersten Arbeiten, die sich mit den Anwendungsmöglichkeiten der Datenbanktechnologie im Rechnungswesen beschäftigen, stammen aus den USA. Haseman und Whinston schlagen den Einsatz eines an dem hierarchischen Datenbankmodell orientierten Systems vor.[65] Everest und Weber demonstrieren die Überlegenheit des relationalen Datenbankmodells für die Zwecke des Events Accounting und zeigen beispielhaft verschiedene

---

[62] Vgl. z. B. *Mertens, P./Griese, J.*: Informationsverarbeitung 2, 1991, S. 47.
[63] Vgl. zu diesem System *Fiedler, R. et al.*: Unterstützung, 1989.
[64] Hierzu sei angemerkt, daß in der amerikanischen Literatur die Unterschiede zwischen Financial Accounting und Cost Accounting sowie Managerial Accounting längst nicht so scharf gezogen werden wie zwischen Finanzbuchhaltung und KLR im deutschsprachigen Raum (vgl. auch Abschnitt 2.1.1). Z. B. fehlt die hierzulande übliche Abgrenzung zwischen Aufwand und Kosten; vgl. auch *Weber, K.*: Besonderheiten, 1968. Wegen ihrer theoretischen Bedeutung werden im folgenden auch einige amerikanische Arbeiten erwähnt, die allerdings eher dem Bereich der Finanzbuchhaltung zuzuordnen wären.
[65] Vgl. *Haseman, W.D./Whinston, A.B.*: Design, 1976.

Möglichkeiten zur Strukturierung und Abfrage von Daten in der Finanzbuchhaltung und der KLR.[66] Das erste geschlossene System entwickelte McCarthy in seiner Dissertation. Dort wird mit Hilfe des ERM ein konzeptuelles Modell für das Rechnungswesen eines kleineren Handelsunternehmens entworfen. Anschließend werden daraus Relationen abgeleitet und Möglichkeiten zur Behandlung einzelner Transaktionen mit SEQUEL aufgezeigt.[67]

Im deutschsprachigen Raum gaben Mertens, Hansen und Rackelmann den Anstoß zum Einsatz der Datenbanktechnologie für die Zwecke der KLR.[68] Die Überlegungen zur Realisation der Grundrechnung beziehen sich jedoch noch auf den Einsatz der konventionellen Dateiorganisation.[69] Allerdings wird auf den Einsatz relationaler Datenbanksysteme bereits hingewiesen.[70] Neben den Gedanken zur Strukturierung der Grundrechnung wird auch eine Methode zu ihrer Auswertung skizziert. Am Beispiel der Sortimentsbereinigung in einem Handelsunternehmen werden Vorschläge für einen heuristischen Dialog zwischen Mensch und Computer gemacht. Außerdem wird auf den Einsatz der ganzzahligen linearen Programmierung hingewiesen, um den Abbau von Gemeinkosten in einer Bezugsobjekthierarchie zu berücksichtigen, wenn alle untergeordneten Bezugsobjekte wegfallen.[71]

Weitere Überlegungen zur Strukturierung der Grundrechnung werden von Wedekind und Ortner angestellt. Dabei schlagen sie erstmals den Einsatz des relationalen Datenbankmodells vor.[72]

Die bisher genannten Beiträge widmen sich Teilproblemen der datenbankgestützten KLR. Inzwischen sind in der betriebswirtschaftlichen Literatur vier Systeme beschrieben worden, die als geschlossene Versuche betrachtet werden können, ein System zur KLR mit Hilfe von Daten- und Methodenbanken zu realisieren.

Als Grundlage für alle Systeme dient die theoretische Konzeption der EK&DBR, wobei jedoch z. T. Einschränkungen gemacht werden bzw. Ideen aus anderen Systemen der KLR integriert wurden. Es folgt ein kurzer Überblick über die bisherigen Entwicklungen; die jeweiligen Besonderheiten der Systeme werden anschließend tabellarisch dargestellt.

1) KULIS

Mit dem von Sinzig am Lehrstuhl von Riebel entwickelten **KULIS** (**K**osten- und **L**eistungs**i**nformations**s**ystem) liegt ein System zur Realisierung der EK&DBR auf der Grundlage einer relationalen Datenbank vor, das sich sehr eng an den theoretischen Grundlagen orientiert.[73]

---

[66] Vgl. *Everest, G.C./Weber, R.*: Relational Approach, 1977.
[67] Vgl. *McCarthy, W.E.*: Relational Model, 1978.
[68] Vgl. *Mertens, P./Hansen, K./Rackelmann, G.*: Selektionsentscheidungen, 1977.
[69] Beschrieben wird eine gekettete Organisationsform, die auch zur physischen Realisierung des Netzwerkdatenbankmodells verwendet wird. Vgl. *Date, C.J.*: Introduction, 1990, S. 792 ff.
[70] Vgl. *Mertens, P./Hansen, K./Rackelmann, G.*: Selektionsentscheidungen, 1977, S. 81.
[71] Vgl. *Mertens, P./Hansen, K./Rackelmann, G.*: Selektionsentscheidungen, 1977, S. 85 f.
[72] Vgl. *Wedekind, H./Ortner, E.*: Aufbau, 1977 sowie *Wedekind, H.*: Strukturveränderung, 1980.
[73] Vgl. *Sinzig, W.*: Rechnungswesen, 1990.

4.4 Implementierungen der Einzelkosten- und Deckungsbeitragsrechnung 75

Die Grundrechnung in KULIS wird als Grundrechnung der Ereignisse bezeichnet. Abgebildet werden diese Ereignisse in Form von Mengen- und Wertgrößen. Die Abbildung von Kosten und Leistungen sowie Mengen erfolgt dabei zeitlich verdichtet, indem Ereignisse zu Gruppen zusammengefaßt werden. Damit handelt es sich um eine urbelegnahe Grundrechnung. Da die Grundrechnung als Sicht[74] auf die in verschiedenen Unternehmensbereichen verwendeten Datenbanken konzipiert ist,[75] ist ein Zugriff auf die urbelegidentischen Daten jedoch über die der Sicht zugrundeliegenden Datenbanken möglich.

Die theoretischen Konzepte werden am Beispiel eines Getränkeherstellers illustriert, wobei ausführlich auf die Probleme der Zuordnung von Kosten und Leistungen auf branchenübergreifende und branchenspezifische Bezugsobjekte eingegangen wird.

Hinsichtlich der Methodenunterstützung von KULIS hat Sinzig seinen Schwerpunkt auf konzeptionelle Vorarbeiten gelegt. Er entwirft einen Katalog möglicher Methoden, auf deren Realisierung aber nicht weiter eingegangen wird.[76] Im Anhang wird skizziert, wie man mit Hilfe von SEQUEL (heute SQL) eine Bezugsobjekthierarchie zunächst definieren und dann mit Kosten- und Leistungsdaten auffüllen kann.[77] Als Resultat erhält der Anwender einen Bericht mit den Kosten- und Leistungsdaten aller Knoten der Hierarchie. Die Beispielhierarchie enthält 4 Ebenen und 24 Knoten. Um die Beispielhierarchie mit Daten zu füllen, sind mehr als 50 SQL-Statements mit teilweise bis zu 15 Zeilen notwendig. Mit jeder zusätzlichen Ebene der Hierarchie steigt die Anzahl der benötigten Statements überproportional an. Daraus wird sehr deutlich, daß bei der Behandlung einer komplexen Datenstruktur (Baum) die SQL-Statements aus einer prozeduralen Sprache heraus aufgerufen werden sollten, weil das Problem dann rekursiv sehr viel eleganter gelöst werden kann. Bedient man sich dabei der Sprache COBOL, so muß der rekursive Ablauf in einen iterativen umgeformt werden, weil COBOL keine rekursiven Funktionsaufrufe kennt.

2) KERDA

Mit KERDA (Kosten- und Erlösinformationssystem auf der Basis einer Datenbank) liegt ein Laborsystem zur KLR vor, daß als erstes Experiment zur EDV-technischen Realisierung einer Daten- und Methodenbank betrachtet werden kann. Zugrunde gelegt wird zwar die EK&DBR, jedoch wird auf eine Periodisierung von Periodengemeinkosten nicht verzichtet, für die Kostenplanung werden lineare Funktionen vorausgesetzt.[78] Außerdem werden auch automatisch kalkulatorische Zinsen angesetzt.[79]

---

[74] Als Sicht (View) bezeichnet man eine Tabelle einer relationalen Datenbank, die aus anderen Tabellen abgeleitet ist und nur virtuell existiert. Vgl. *Elmasri, R./Navathe, S.B.*: Fundamentals, 1989, S. 198.
[75] Vgl. *Sinzig, W.*: Rechnungswesen, 1990, S. 137.
[76] Vgl. *Sinzig, W.*: Rechnungswesen, 1990, S. 212 ff.
[77] Vgl. *Sinzig, W.*: Rechnungswesen, 1990, S. 235-243.
[78] Vgl. *Puhl, W.*: Entwurf, 1983, S. 19.
[79] Vgl. *Puhl, W.*: Entwurf, 1983, S. 92.

Die Bindungsdauer der Kosten wird in diesem System dadurch berücksichtigt, daß jeweils einer ganzen Kostenart eine Bindungsdauer zugeordnet wird, was jedoch bei einer Differenzierung nach nur 11 verschiedenen Kostenarten sehr vereinfachend erscheint.

Die Grundrechnung ist nach Funktionsbereichen differenziert. In der Grundrechnung des Absatzbereiches werden die auftretenden Kostenbeträge mit den Merkmalen Periode, Kunde, Produkt und Auftrag gekennzeichnet. In der Grundrechnung des Produktionsbereichs werden alle Beträge mit Angaben über Periode, Kostenstelle, Produkt und Teil versehen.

Die realisierten Methoden sind nicht in einer zentralen Methodenbank zusammmengefaßt und werden daher als Methodensammlung bezeichnet. Mit Hilfe der realisierten Methoden lassen sich Kennzahlen berechnen, Datenbankabfragen formulieren, Planungen auf der Grundlage der deterministischen Simulation durchführen, Investionen planen sowie Kalkulationen durchführen.

Demonstriert wird die Anwendung von KERDA anhand eines Modellunternehmens, das Kühlaggregate in Sorten- und Serienfertigung herstellt. Der Umfang des Modellunternehmens ist mit 4 Kostenbereichen, 16 Kostenstellen, 4 Kundenregionen, 3 Abnehmergruppen und 15 Lieferanten relativ gering.

Vergleicht man KERDA mit dem zuvor beschriebenen System KULIS, so ist offensichtlich eine andere Zielsetzung verfolgt worden. Bei KERDA stand die Entwicklung eines **lauffähigen** Systems im Vordergrund, wobei jedoch theoretische Abstriche in Kauf genommen wurden. Der große Mangel von KERDA ergibt sich vor allem daraus, daß bei der Implementierung mit Hard- und Software gearbeitet werden mußte, die für die gegebene Problemstellung nicht geeignet war.

3) REMBA

Das System REMBA (**Rechnungswesen-Methodenbank**) ist ein Ansatz zur DV-gestützten KLR, der auf der Kombination einer Datenbank mit einer Methodenbank fußt. Es handelt sich um ein Folgeprojekt des zuvor beschriebenen KERDA. Auch dieses System baut auf der EK&DBR auf, allerdings wird zumindest für die laufende KLR der wertmäßige Kostenbegriff (ohne automatischen Einbezug von Opportunitätskostenanteilen) zugrunde gelegt.[80]

In der Grundrechnung von REMBA wird zwischen einer Grundrechnung der Bereitschaftskosten und einer Grundrechnung der Leistungskosten unterschieden. Im Vergleich zu KERDA erfolgt die Bildung von **Kostenkategorien** in REMBA wesentlich differenzierter. Die **Leistungskosten** werden in absatzmengenabhängige, produktionsmengenabhängige und lagermengenabhängige Kosten eingeteilt. Außerdem wird bei den Leistungskosten, die bei Kostenstellen erfaßt werden, zwischen beschäftigungsproportionalen und budgetierten Kosten differenziert. Bei den **Bereitschaftskosten** werden sprungfixe und streng fixe Kosten unterschieden.[81]

---

[80] Vgl. *Haun, P.*: Rechnungswesen, 1987, S. 24.
[81] Vgl. die Tabelle bei *Haun, P.*: Rechnungswesen, 1987, S. 98.

Die implementierten Methoden umfassen ein breites Spektrum. Es handelt sich allerdings z. T. um relativ allgemeine Methoden, die nicht speziell mit der Durchführung der EK&DBR verbunden sind. Z. B. wird bei der dort vorgeschlagenen stochastischen Breakeven-Analyse nicht auf die Daten der Grundrechnung zugegriffen, obwohl mit den Einzelkosten des Produktes und den zeitabhängigen Kosten, die sich diesem Produkt zurechnen lassen, in der Grundrechnung vorhandene Daten genutzt werden könnten.

Auch die Anwendung von REMBA wird anhand eines Modellunternehmens verdeutlicht. Dabei handelt es sich um einen Hersteller von Haushaltsgeräten (Kühlschränke, Waschmaschinen).[82]

4) KOREX

Mit dem System KOREX versuchen die Autorinnen, die EK&DBR mit Elementen der Betriebsmodelle von Laßmann zu kombinieren. Dabei wird die EK&DBR um eine detailliertere Berücksichtigung von Einflußgrößen auf Kosten und Leistungen erweitert.

Die diesem System zugrundeliegende Datensammlung ist keine Grundrechnung, sondern eine durch zeitliche Aggregation homogener Elemente gewonnene Auswertungsrechnung, so daß die Kosten einzelner Bezugsobjekte bereits zusammengefaßt vorliegen.[83]

KOREX zeichnet sich durch eine sehr umfangreiche Methodenbank bzw. Modellbank aus, die insbesondere die Vernetzungen der KLR mit dem Produktionsbereich berücksichtigt.

Der Leistungsumfang des Systems wird vorwiegend anhand der Daten eines Fahrradherstellers verdeutlicht. Außerdem wird ein Prototyp des Systems in einem Unternehmen des Stahlhandels eingesetzt.[84]

Zur besseren Übersicht sind einige Merkmale der Systeme KULIS, KERDA, REMBA und KOREX in der folgenden Tabelle zusammengefaßt:

---

[82] Vgl. zur weiteren Beschreibung *Haun, P.*: Rechnungswesen, 1987, S. 69-75.
[83] Vgl. *Fischer, R./Rogalski, M.*: Kosten- und Erlöscontrolling, 1991, S. 88.
[84] Vgl. *Fischer, R./Rogalski, M.*: Kosten- und Erlöscontrolling, 1991, S. 262 und 265 f.

	KERDA	KULIS	REMBA	KOREX
Rechner	CYBER 173	IBM (keine weitere Angabe)	IBM 4361 unter VM/CMS	386 PC unter UNIX
Datenbankteil				
Verwendetes Datenbanksystem	Keine Datenbank, sequentielle Speicherung	IBM System R	IBM SQL/DS	INFORMIX-SQL
Aggregationsgrad der Grundrechnung	Selektiv verdichtet, gegliedert nach Absatz- und Produktionsbereich	Urbelegnah	Selektiv verdichtet, gegliedert nach Leistungs- und Bereitschaftskosten	Selektiv verdichtet, Ausweis der gesamten Kosten eines Bezugsobjektes
Methodenbankteil				
Methoden	- Berechnung von Kennzahlen - Zugriff auf Datenbankinhalte - Berechnung stufenweiser Deckungsbeiträge - Planung auf der Basis deterministischer Simulation - Investitionsplanung - Kalkulation	Schwerpunkt liegt auf konzeptionellen Überlegungen	- Abrechnung und Analyse - Einfache Auswertung der Grundrechnung - Kostenstellenbericht - Mehrdimensionale stufenweise Deckungsbeitragsrechnung - Bruttogewinnanalyse - Planung und Entscheidungsunterstützung - Programm- und Kapazitätsplanung - Stochastische Break-even-Analyse - Investitionsplanung - Werbebudgetplanung - Kalkulation - Produktlebenszykluscontrolling	- Durchführung der Grundrechnung - Disaggregation unechter Gemeinkosten - Innerbetriebliche Leistungsverrechnung - Durchführen von Abweichungsanalysen - Durchführung von Deckungsbeitragsrechnungen - Entscheidungshilfen bei der Preisbestimmung - Entscheidungsmodelle zur Produktionsplanung - Materialbedarfsplanung - Produktionsprogrammplanung - Verfahrenswahl - Simultanplanungsmodelle - Definition und Ermittlung von Kennzahlen
Verwendete Programmiersprache	COBOL	COBOL und SEQUEL	COBOL, SQL, FCS, System W	INFORMIX-4GL, SQL

Abb. 4-7: Tabellarische Übersicht über implementierte Systeme auf der Basis der EK&DBR

Schließlich ist noch auf ein an der Universität Stuttgart durchgeführtes Projekt hinzuweisen, innerhalb dessen ein System entwickelt wurde, das nicht auf die gesamte Unternehmung ausgerichtet, sondern speziell für die Lösung kostenrechnerischer Probleme bei flexibler Automatisierung konzipiert ist. Grundlage dieses Systems ist eine auf die Belange der flexiblen Montage ausgerichtete Grundrechnung,[85] die durch umfangreiche produkt- und programmorientierte Auswertungsrechnungen ergänzt wird[86].

4.4.2 Möglichkeiten zur Implementierung mit Hilfe von Standardsoftware

Die im vorangegangenen Abschnitt beschriebenen Systeme weisen bezüglich ihrer Verarbeitungskapazität Grenzen auf, die ihren Einsatz in mittleren oder großen Unternehmen ausschließen. Beim derzeitigen Stand der relationalen Datenbanksysteme wäre die Umsetzung einer der Theorie entsprechenden Grundrechnung in realistischem Umfang allerdings ohnehin nicht praktikabel.[87]

Daher stellt sich die Frage, wie mit der zur Zeit verfügbaren Standardsoftware eine zumindest annäherungsweise Realisierung der EK&DBR erreicht werden kann.

Grundüberlegungen der EK&DBR sind insbesondere in dem auf Großrechnern einsatzfähigen KLR-Modul RK (Realtime Kostenrechnung) des von der Fa. SAP angebotenen Softwaresystems R/2 enthalten. Zwar lehnt sich dieses Paket am traditionellen Aufbau der KLR in Kostenarten-, Kostenstellen- und Kostenträgerrechnung an, es können aber Besonderheiten der EK&DBR - wie in Abb. 4-8 skizziert - integriert werden.

Um die Mehrdimensionalität der Bezugsobjekte abzubilden, lassen sich die anfallenden Kostenbeträge mit zusätzlichen, selbst definierbaren Deskriptoren (Kostenarten-Eigenschaften) versehen.[88] Auf diese Weise ist es möglich, auch in der traditionellen KLR unübliche Bezugsobjekte zu berücksichtigen sowie Informationen über die Abbaubarkeit und Dispositionszeitpunkte von Kosten zu speichern. Bei der Definition von Berichten kann eine Selektion der Kostendaten aufgrund dieser Merkmale erfolgen.

Das Teilmodul zur Betriebsergebnisrechnung erlaubt die Definition verschiedener Bezugsobjekthierarchien zu Auswertungszwecken. Die Analyse einzelner Hierarchien läßt sich im Dialog durchführen, wobei das Navigieren in den Baumstrukturen durch Funktionstasten möglich ist. Zu dem jeweils betrachteten Knoten der Hierarchie wird eine Tabelle am Bildschirm angezeigt, wobei zwischen zwei grundsätzlichen Darstellungsformen gewählt werden kann.[89] In der **Staffelform** erscheinen in den einzelnen Zeilen zunächst die Erlöse des betrachteten Objektes, von denen Erlösschmälerungen und Kosten abgezogen werden, um Deckungsbeiträge verschiedener Stufen zu erhalten. Der konkrete Aufbau des Rechenschemas läßt sich über Tabellen steuern. Während bei der Staffelform nur das aktuelle Bezugsobjekt sichtbar ist, werden in der **Hitliste** die dem aktuellen Objekt untergeordneten Objekte der nachfolgenden Stufe in sortierter Form dargestellt. Somit

---

[85] Vgl. *Mayer, R.*: Einzelkostenplanung, 1986.
[86] Vgl. *Kleiner, F.*: Kostenrechnung, 1991.
[87] Vgl. *Weber, J.*: Einführung, 1990, S. 275.
[88] Vgl. *SAP (Hrsg.)*: Systembeschreibung, 1992, S. 3-42.
[89] Vgl. *Sinzig, W.*: Rechnungswesen, 1990, S. 316.

läßt sich sehen, wie sich die in der Staffelform gezeigten Zeilen durch die Aggregation der nachfolgenden Objekte ergeben. Zwischen diesen beiden Darstellungsformen kann im Laufe des Analyseprozesses beliebig gewechselt werden.[90]

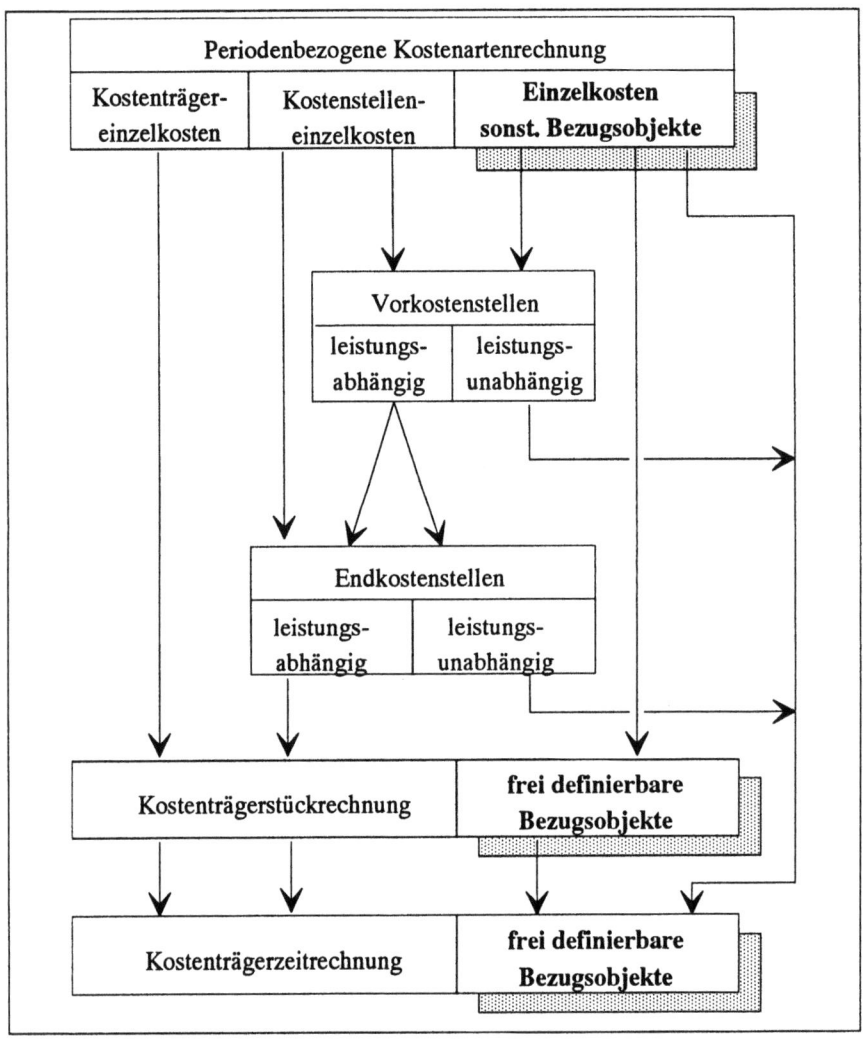

Abb. 4-8: Realisierung der EK&DBR mit SAP RK[91]

---

[90] Vgl. *Sinzig, W.*: Rechnungswesen, 1990, S. 289-291.
[91] Quelle: *SAP (Hrsg.)*: Systembeschreibung, 1992, S. 1·10.

4.4 Implementierungen der Einzelkosten- und Deckungsbeitragsrechnung

Die Datenhaltung im System R/2 erfolgt in einer Belegdatenbank, die einer urbelegidentischen Grundrechnung entspricht. Zwischensummen werden aus Performancegründen redundant gespeichert und nach jeder Bewegung aktualisiert. Verschiedene Wertansätze lassen sich parallel halten.

Wenn die von den Urbelegen übernommenen Daten weiteren Transformationen unterzogen werden, wie es z. B. bei der Disaggregation von unechten Gemeinkosten der Fall ist, erfolgt **keine Änderung**, sondern lediglich eine **Ergänzung** des Datenbestandes.[92]

Aus der Sicht eines Unternehmens, das an der Einführung der EK&DBR interessiert ist, bietet die beschriebene Konzeption die Möglichkeit einer schrittweisen Umstellung, ohne daß das bisherige System sofort aufgegeben werden muß.

Zwar gibt es nach Kenntnis des Verfassers keine weiteren Standardsoftwarepakete, die sich bezüglich ihres betriebswirtschaftlichen Konzeptes auf die EK&DBR beziehen, jedoch wird der Leistungsumfang moderner Standardsoftware zur KLR zunehmend durch die Aufnahme von Elementen der EK&DBR erweitert. Beispiele dafür sind Möglichkeiten zur Bildung von stufenweisen Deckungsbeitragsrechnungen und flexible Auswertungen von absatzwirtschaftlichen Bezugsobjekthierarchien im Rahmen der Artikelergebnisrechnung.[93]

Als Ergänzung zur Großrechnersoftware kommen außerdem im Rahmen der dezentralen Datenverarbeitung PC-gestützte Programme in Betracht, mit denen verdichtete Daten vom Großrechner geladen und dann weiter aufbereitet werden können.[94] Hierzu können handelsübliche **Tabellenkalkulationssysteme** (z. B. MS-Excel, Lotus 1-2-3), aber auch spezielle **Planungs- und Berichtssysteme** eingesetzt werden. Auf zwei solcher Systeme, **TZ-Info**[95] und **Controller's Toolbox**,[96] soll hier kurz hingewiesen werden.

TZ-Info ist für die Betriebssysteme DOS und OS/2 konzipiert. Bei jeder Installation des Systems werden individuell verschiedene Analysebereiche (z. B. Umsatz, Absatzmengen, Auftragseingang etc.) und deren Strukturen festgelegt. Somit lassen sich auch Bezugsobjekthierarchien bilden. Die zu einem Element gehörigen Werte können in bis zu 10 sogenannten Datenarten abgelegt werden (z. B. Istwerte, Planwerte, Prognosewerte, simulierte Werte etc.). Kostengrößen lassen sich allerdings nur nach Funktionsbereichen differenzieren, so daß die Aussagefähigkeit absatzorientierter Deckungsbeitragsrechnungen durch die fehlende Zurechnung von Fixkosten zu Absatzgebieten, Kundengruppen oder Absatzwegen beeinträchtigt wird. Der hohe Bedienungskomfort des Systems erleichert die Auswertung der Analysestrukturen, wobei in hohem Maße von grafischen Darstellungen Gebrauch gemacht wird. Ein Nachteil des Systems liegt darin, daß Analysebereiche und -

---

[92] Vgl. *SAP (Hrsg.):* Systembeschreibung, 1992, S. 1·13; *Riebel, P./Sinzig, W./Heesch, M.:* Fortschritte, 1992, S. 101.
[93] Vgl. *Warnick, B.:* Leistungsspektrum, 1990, S. 34.
[94] Vgl. hierzu auch *Warnick, B.:* Datenverarbeitung, 1991, S. 80 ff.
[95] TZ-Info ist ein Produkt der MIK GmbH, Konstanz, der ich für die Überlassung von umfangreichem Informationsmaterial danke.
[96] Die Controller's Toolbox ist ein Produkt der CTB Controlling Software AG, CH-8640 Rapperswil, der ich für die freundliche Überlassung einer Demo-Version und eines Handbuches danke.

strukturen einmalig festgelegt werden müssen. Diese festen Strukturen sind jedoch Voraussetzung für die sehr kurzen Antwortzeiten.[97]

Mit der Controller's Toolbox liegt ein unter dem Betriebssystem MS-DOS lauffähiges Software-System für PCs vor. Es wird von zwei Bezugsobjekthierarchien, einer produktorientierten (bis zu fünf Ebenen) und einer vertriebsorientierten (bis zu sechs Ebenen) ausgegangen. Die Wertgrößen werden diesen Hierarchien zugeordnet. Es existieren verschiedene Bewertungsarten für jede Wertgröße (Plan, Ist, Plan-Ist-Vergleich, Simulation, Erwartung). Zeitlich gesehen werden monatliche, quartalsmäßige, jahresweise kumulierte Werte sowie solche für einen dreijährigen Zeitraum unterschieden. Diese vier Selektionsebenen können menügesteuert kombiniert werden. Somit läßt sich z. B. eine Analyse einer Produktgruppe in einem bestimmten Absatzgebiet auf der Basis von Planzahlen für einen ausgewählten Monat durchführen. Grafische Darstellungen können über eine Schnittstelle zu dem Geschäftsgrafik-Programm MS-Chart realisiert werden.[98]

Zwar lassen beide Systeme bezüglich ihrer kostenrechnerischen Konzeption aus der Sicht der EK&DBR Wünsche offen, sie sind aber aufgrund ihrer geringen Hardware-Anforderungen auch für kleinere und mittlere Unternehmen interessant und bieten diesen die Möglichkeit zu einer verbesserten Durchführung der KLR.

---

[97] Vgl. zu diesem System *Hichert, R./Moritz, M.*: Konzeption, 1992 sowie *Warnick, B.*: Datenverarbeitung, 1991, S. 192-194.
[98] Vgl. *Seitz, E./Schäfer, D.*: Rechenschieber, 1988 sowie *Warnick, B.*: Datenverarbeitung, 1991, S. 180-183.

5 Darstellung und Diskussion des Unternehmensplanspiels als aktive Lehr- und Lernmethode

Lehr- und Lernmethoden lassen sich u. a. nach dem Grad der Partizipation der Lernenden am Lernprozeß klassifizieren. Demnach können idealtypisch **aktive und passive Lehr- und Lernmethoden** unterschieden werden.[1] Aktive Lehr- und Lernmethoden zeichnen sich dadurch aus, daß die Lernenden Problemstellungen selber erarbeiten sollen und ihnen die Möglichkeit gegeben wird, Rückmeldungen über ihr Verhalten zu bekommen. Zu den aktiven Lehr- und Lernmethoden, die besonders zur Förderung der Entscheidungsfähigkeit geeignet erscheinen, zählt das Unternehmensplanspiel. Diese Lehr- und Lernmethode soll im folgenden näher beschrieben werden.

5.1 Begriff und Arten von Unternehmensplanspielen

Betriebswirtschaftliche Planspiele haben ihren Ursprung im militärischen Bereich. Dort wurden Planspiele schon seit geraumer Zeit zur Simulation militärischer Operationen und deren Auswirkungen genutzt. Mitte der 50er Jahre entstanden unter dem Einfluß der Entwicklungen auf den Gebieten der EDV und des Operations Research die ersten Planspiele mit betriebswirtschaftlich ausgerichteten Inhalten.[2]

Die im Planspielbereich und verwandten Gebieten herrschende Begriffsvielfalt macht es notwendig, zunächst kurz auf terminologische Fragen einzugehen.[3] So werden häufig weder die Unterschiede zwischen Planspielen und Simulationen noch zwischen Planspielen und weiteren aktiven Lehr- und Lernmethoden, wie z. B. Fallstudien und Rollenspielen, verdeutlicht. Ähnlich klingende Begriffe, wie z. B. Spieltheorie, tragen zur zusätzlichen Verwirrung bei. Die Folge davon ist, daß gelegentlich unterschiedliche Begriffe für gleiche Sachverhalte verwendet oder unterschiedliche Sachverhalte mit gleichen Begriffen belegt werden.[4] Dadurch wird die Kommunikation auf dem Gebiet der Unternehmensplanspiele unnötig erschwert. Hinzu kommt, daß auch im englischsprachigen Bereich die Vielzahl der Begriffe verwirrend ist. Unternehmensplanspiele werden dort häufig als Business Games, Management Games oder Business Simulations bezeichnet.

Eine kurze und prägnante Definition eines Unternehmensplanspiels ist in der Monographie von Kibbee, Craft und Nanus enthalten:

---

[1] Vgl. z. B. *Kleine, M.*: Fallstudien, 1981, S. 26 sowie *Koeder, K.W.*: Studium, 1983, S. 205 f. mit weiteren Nachweisen.
[2] Zur geschichtlichen Entwicklung von Planspielen vgl. z. B. *Cohen, K.J./Rhenman, E.*: Rolle, 1974, 13-27; *Bleicher, K.*: Entscheidungsprozesse, 1974, S. 11 f.; *Fritzsche, D.J.*: Impact, 1987; *Keys, B./Wolfe, J.*: Role, 1990, S. 309 f.
[3] Zur mangelnden begrifflichen Abstimmung im Planspielbereich vgl. auch *Achtenhagen, F./Preiß, P.*: Planspieleinsatz, 1991, S. 26.
[4] Vgl. auch *Karczewski, S.*: Entwicklung, 1991, S. 16.

A management game is a dynamic training exercise utilizing a model of a business situation.[5]

Diese Definition macht den Modellcharakter eines Unternehmensplanspiels deutlich.[6] Modelle dienen dazu, die Komplexität realer Zusammenhänge zu reduzieren. Man bedient sich bei der Konstruktion eines Modells der isolierenden Abstraktion.[7] Der Untersuchungsgegenstand wird aus dem Gesamtbereich der Wirklichkeit isoliert und bildet einen Ausschnitt der Realität. Zur weiteren Untersuchung werden als unwesentlich erachtete Merkmale des Realitätsausschnittes vernachlässigt und die interessierenden Merkmale akzentuiert.

Greenlaw, Herron und Rawdon heben zusätzlich hervor, daß die Teilnehmer in einem Unternehmensplanspiel die Rolle eines Entscheidungsträgers übernehmen und nicht lediglich als Beobachter oder Berater fungieren. Ihre Definition lautet wie folgt:

We define a business simulation as a sequential decision-making exercise structured around a model of a business operation in which participants assume the role of managing the simulated operation.[8]

Um zu betonen, daß es sich bei der Entscheidungsfindung im Planspiel um einen zielbezogenen Prozeß handelt und im Rahmen einer Planspielveranstaltung grundsätzlich die Möglichkeit für die Teilnehmer besteht, Ziele selbst zu formulieren, wird die folgende Definition für die weiteren Ausführungen zugrunde gelegt:

Bei einem Unternehmensplanspiel handelt es sich um ein dynamisches Simulationsmodell eines gedachten oder realen betriebswirtschaftlichen Systems, das durch periodisch wiederkehrende Entscheidungen der als Entscheidungsträger agierenden Teilnehmer entsprechend eigener oder fremder Zielvorgaben optimal gelenkt werden soll.

Das Simulationsmodell eines Unternehmensplanspiels besteht typischerweise aus zwei Komponenten, nämlich dem:

1. Aktionsbereich (Steuerungsbereich) und dem
2. Reaktionsbereich (Simulationsbereich).[9]

Aus der Sicht der Teilnehmer bildet der **Aktionsbereich** den Rahmen, innerhalb dessen die Planspielentscheidungen getroffen werden.[10] Dort wird z. B. festgelegt, welche und wieviele Entscheidungen zu treffen sind.

Der **Reaktionsbereich** bezieht sich auf die im Simulationsmodell festgelegten funktionalen Beziehungen, aufgrund derer die Entscheidungsvariablen der Spieler in Ergebnisvariablen transformiert werden.

---

[5] *Kibbee, J.M./Craft, C.J./Nanus, B.*: Management Games, 1961, S. 3.
[6] Vgl. *Bellmann, R. et al.*: Construction, 1957, S. 473 f; *Bleicher, K.*: Entscheidungsprozesse, 1974, S. 12.
[7] Vgl. *Kosiol, E.*: Modellanalyse, 1961, S. 319.
[8] *Greenlaw, P.S./Herron, L.W./Rawdon, R.H.*: Business Simulation, 1962, S. V.
[9] Vgl. *Bleicher, K.*: Entscheidungsprozesse, 1974, S. 14.
[10] Die hier vertretene Auffassung ist abweichend von Bleicher, der unter dem Aktionsbereich die Spieler als Personengruppe versteht; vgl. *Bleicher, K.*: Entscheidungsprozesse, 1974, S. 14.

Damit wird auch der Unterschied zwischen Unternehmensplanspielen und **Simulationen** deutlich, denn für ein Simulationsmodell sind keine Eingriffe während des Simulationsablaufes notwendig, es kann somit auch ohne einen Aktionsbereich auskommen. Daher ist es sinnvoll, Unternehmensplanspiele als einen Spezialfall der Simulation zu fassen.[11]

Mit der **Fallstudie** hat das Unternehmensplanspiel den Einsatz als aktive Lehr- und Lernmethode gemeinsam. Unterschiede ergeben sich jedoch aus dem dynamischen Charakter des Unternehmensplanspiels und durch die direkte Rückmeldung der Ergebnisse. Im Gegensatz zur Fallstudie beeinflussen die Entscheidungen der Teilnehmer im Planspiel die Ausgangslage folgender Perioden, so daß die resultierenden positiven und negativen Konsequenzen für die Teilnehmer spürbar werden.[12] Da im Planspiel ähnliche Entscheidungen mehrmals getroffen werden, lassen sich außerdem die aus den Rückmeldungen abgeleiteten Verhaltensänderungen erneut überprüfen.[13] Wenn der in einem Unternehmensplanspiel abgebildete Realitätsbereich sehr wirklichkeitsnah gestaltet wird oder Fallstudien stufenweise aufgebaut sind, um zeitlich aufeinanderfolgende Fragestellungen abzubilden, gehen die beiden Lehr- und Lernmethoden fließend ineinander über.[14]

Zwar ist auch für das Unternehmensplanspiel kennzeichnend, daß die Teilnehmer Rollen der in der Unternehmung tätigen Personen übernehmen, jedoch ist dies im **Rollenspiel** wesentlich stärker ausgeprägt. Dabei treten die Sach- und die Problemebene zugunsten der Personenebene zurück.[15] Auch im Rollenspiel läßt sich ein Aktionsbereich identifizieren, der aber bezüglich der möglichen Aktionen i. d. R. weniger stark formalisiert und damit offener ist als in einem Unternehmensplanspiel.[16]

Gegenstand der **Spieltheorie** ist die mathematische Modellierung von Konfliktsituationen, wobei die Reaktionen der beteiligten Personen oder Institutionen im Modell berücksichtigt werden.[17] Im Gegensatz zum Unternehmensplanspiel handelt es sich i. d. R. nicht um Simulationsmodelle, sondern um analytische Modelle. Außerdem wird mit spieltheoretischen Modellen nicht unbedingt ein Realitätsbezug angestrebt.

Nachdem nun der Charakter des Unternehmensplanspiels etwas deutlicher umrissen ist, folgt eine Übersicht über die verschiedenen Arten von Unternehmensplanspielen. Bedingt durch die die große Anzahl von Gestaltungsmöglichkeiten bei der Konstruktion eines Unternehmensplanspiels ist ein Vergleich zwischen verschiedenen Entwicklungen nur dann möglich, wenn man die Eigenschaften der Modelle systematisch erfaßt. Die wichtigsten der in der Literatur diskutierten Merkmale sind in Abb. 5-1 zusammengefaßt und sollen im folgenden erörtert werden.

---

[11] Vgl. z. B. *Naylor, T.H. et al.*: Simulation Techniques, 1966, S. 3 und 205.
[12] Vgl. *Kleine, M.*: Fallstudien, 1981, S. 58; *Leftwich, H.D.*: Business Simulations, 1974, S. 371.
[13] Vgl. *Greenlaw, P.S./Herron, L.W./Rawdon, R.H.*: Business Simulation, 1962, S. 34.
[14] Vgl. *Kleine, M.*: Fallstudien, 1981, S. 58 f.
[15] Vgl. *Koeder, K.W.*: Studium, 1983, S. 211.
[16] Vgl. *Karczewski, S.*: Entwicklung, 1991, S. 18.
[17] Vgl. z.B. *Koller, H.*: Simulation, 1969, S. 75.

Klassifikations-merkmale	Merkmalsausprägungen		
Realitätsbezug	Idealmodell		Realmodell
Umfang der Modellierung	Generelles Modell	Generelles Modell mit Schwerpunkten	Funktionales Modell
Berücksichtigung zeitlicher Veränderungen	Statisches Modell		Dynamisches Modell
Berücksichtigung zufälliger Einflüsse	Deterministisches Modell	Quasi-stochastisches Modell	Stochastisches Modell
Wettbewerbsstruktur	Entscheidungen beeinflussen sich gegenseitig		Entscheidungen beeinflussen sich nicht gegenseitig
Struktur der Ausgangslage	Gleiche Ausgangslage für alle		Unterschiedliche Ausgangslage (skaliert/nicht-skaliert)
Zusammensetzung der Spieler	Einzelne Spieler		Gruppenspiel
Art der Auswertung	Handspiel		Computerspiel (PC/Mainframe)
Art der Eingabe der Entscheidungen	Interaktive Spiele		Nicht-interaktive Spiele
Komplexitätsgrad	Einfach	Mittel	Komplex
Einsatzmöglichkeiten	Instrument der Aus- und Weiterbildung	Instrument der experimentellen Forschung	Instrument der Personalauswahl

Abb. 5-1: Morphologisches Schema zur Klassifikation von Unternehmensplanspielen[18]

Nach dem Realitätsbezug unterscheidet Bleicher Ideal- und Realmodelle. Während **Idealmodelle** Abbildungen von gedachten Wirtschaftssituationen sind, handelt es sich bei **Realmodellen** um den Versuch, tatsächliche Wirtschaftssituationen nachzubilden. Grundlage von Idealmodellen ist eine möglichst durch allgemeine, empirisch beobachtete Zusammenhänge fundierte Menge von Annahmen. Bei Realmodellen steht die empiri-

---

[18] Zu einer ähnlichen Darstellung vgl. *Moker, A.*: Entwicklung, 1978, S. 19.

sche Fundierung des Modellierungsprozesses stärker im Vordergrund, jedoch sind auch hier Annahmen vom Modellkonstrukteur zu treffen.[19]

Ein weiteres wichtiges Merkmal ist, ob in einem Unternehmensplanspiel ein gesamtes Unternehmen oder nur Teilbereiche eines Unternehmens abgebildet werden sollen. Demnach lassen sich **generelle Unternehmensplanspiele** bzw. **Gesamtunternehmensplanspiele** (General Management Games, Total Enterprise Business Games) und **spezielle** bzw. **funktionale Unternehmensplanspiele** (Functional Management Games) unterscheiden. Vergleicht man die in generellen und speziellen Planspielen zu treffenden Entscheidungen mit denen in einer realen Unternehmung, so wird ersichtlich, daß es sich i. d. R. um verschiedene Ebenen des Managements handelt, die für die jeweiligen Entscheidungen zuständig sind.[20]

Neben den ganz speziell auf eine betriebliche Funktion ausgerichteten Spielen gibt es eine große Zahl von Modellen, die zwar ein gesamtes Unternehmen abbilden, wobei jedoch einzelne Funktionsbereiche und die in diesen Bereichen zu treffenden Entscheidungen in den Vordergrund rücken. Solche Spiele sollen im folgenden als **generelle Spiele mit Schwerpunkten** bezeichnet werden. Eine andere Möglichkeit der Schwerpunktbildung besteht in der Ausrichtung genereller Spiele auf eine bestimmte **Branche** (z. B. Banken, Elektrizitätswirtschaft oder Fluggesellschaften).[21]

Die allgemeinen Eigenschaften quantitativer Modelle treffen auch auf ein Unternehmensplanspiel als Spezialfall eines quantitativen Modells zu. Zunächst läßt sich zwischen **statischen** und **dynamischen** Modellen unterscheiden. Im Gegensatz zu **statischen** Modellen verändern sich bei **dynamischen** Modellen bestimmte Einflußgrößen im Zeitablauf.[22] Aufgrund ihrer Periodenstruktur können Unternehmensplanspiele grundsätzlich als dynamische Modelle betrachtet werden. Gelegentlich werden aber Modelle, bei denen die Auswertungsalgorithmen im Zeitablauf gleich bleiben, als statisch angesehen, wohingegen zeitliche Veränderungen der Auswertungsalgorithmen zu dynamischen Modellen führen. Weiterhin kann ein Unternehmensplanspiel als **deterministisch** bezeichnet werden, wenn die Ergebnisse ausschließlich von den Entscheidungen der Spieler abhängen und keine Zufallsgrößen in das Modell eingehen.[23] Werden jedoch zufällige Einflußgrößen berücksichtigt (z. B. Störungen von Maschinen oder Vernichtung von Lagerbeständen durch Katastrophen etc.), spricht man von **stochastischen** Modellen. Insbesondere dann, wenn sich die Entscheidungen verschiedener Spielgruppen gegenseitig beeinflussen, kommt jedoch auch deterministischen Modellen ein **quasi-stochastischer** Charakter zu, weil die Entscheidungen anderer Spielgruppen wie zufällige Größen wirken.[24]

---

[19] Vgl. *Bleicher, K.*: Entscheidungsprozesse, 1974, S. 19 f.
[20] Vgl. auch *Thorelli, H.B./Graves, R.L.*: Simulation, 1964, S. 10. Diese Autoren gliedern Unternehmensplanspiele auch nach dem "Level of Management".
[21] Vgl. z. B. *Kibbee, J.M./Craft, C.J./Nanus, B.*: Management Games, 1961, S. 170 ff. und auch *Biggs, W.D.*: Business Games, 1987, S. 244.
[22] Vgl. z. B. *Bleicher, K.*: Entscheidungsprozesse, 1974, S. 23.
[23] Vgl. *Koller, H.*: Simulation, 1969, S. 108.
[24] Vgl. *Bellmann, R. et al.*: Construction, 1957, S. 489 f.

Betrachtet man die Anzahl der Märkte, so lassen sich **Einmarkt- und Mehrmarktspiele** unterscheiden.[25] Diese Unterscheidung ist allerdings erklärungsbedürftig, weil damit sowohl gemeint sein kann, daß es mehrere Absatzmärkte gibt, aber auch daß neben dem Absatzmarkt weitere Märkte simuliert werden. Hier kommen neben Finanzmärkten, Beschaffungsmärkten oder dem Arbeitsmarkt auch weitere spezielle Märkte in Frage, wie z. B. die im Planspiel PENTA[26] simulierte Abfallbörse.

Beeinflussen sich die Entscheidungen verschiedener Spielergruppen auf einem oder mehreren Märkten, sprechen einige Autoren von **interaktiven** Modellen. Modelle, bei denen dies nicht der Fall ist, werden als **isoliert** bezeichnet.[27] Da sich der Begriff der Interaktion auch auf die Verwendung des Computers beziehen kann, wird stattdessen eine Gliederung in Spiele **mit und ohne Konkurrenz** vorgeschlagen.[28] Diese Bezeichnung ist aber ebenfalls unglücklich, weil auch ohne gegenseitige Beeinflussung der Spielerentscheidungen eine Konkurrenzsituation schon allein durch den Vergleich der Spielergebnisse gegeben sein kann.[29] Günstiger wäre eine Unterscheidung in Spiele **mit bzw. ohne interdependente Entscheidungen**.

Je nachdem, ob alle Spieler die gleiche oder eine unterschiedliche Ausgangslage haben, spricht man von **fairen und unfairen** Spielen.[30] Hierbei ist zu bedenken, daß generell auch Skalierungen der Ausgangslage möglich sind, so daß zwar von unterschiedlichen numerischen Werten ausgegangen wird, aber durch den Auswertungsmechanismus gleiche Voraussetzungen für alle Gruppen geschaffen werden.[31]

Nach der Zusammensetzung der Spieler lassen sich **Einzel- und Gruppen- bzw. Teamspiele** unterscheiden.[32] Der Vorteil von Gruppenspielen liegt darin, daß neben der Behandlung von Fachinhalten auch das Arbeiten in Gruppen trainiert werden kann.

Abhängig von der Art der Auswertung der Spielentscheidungen erscheint eine Einteilung in **Handspiele** (manuelle Auswertung) und **Computerspiele** sinnvoll. Bei Computerspielen ist für potentielle Planspielveranstalter weiterhin relevant, ob das Spiel einen Großrechner benötigt oder sich auf einem handelsüblichen Personal Computer (PC) durchführen läßt. Die heutigen PCs ermöglichen aufgrund ihrer Leistungsfähigkeit nicht nur die problemlose Durchführung auch komplexer Planspiele, sondern bieten zusätzlich eine höhere Anwenderfreundlichkeit für Planspielteilnehmer und Spielleiter.[33] Zeitliche Engpässe treten ohnehin eher beim Drucken als beim Berechnen der Ergebnisse auf.[34]

---

[25] Vgl. *Kraus, H.*: Unternehmungsspiele, 1976, Sp. 4110.
[26] Vgl. *Bloech, J./Rüscher, H.*: PENTA, 1991.
[27] Vgl. z.B. *Bleicher, K.*: Entscheidungsprozesse, 1974, S. 26.
[28] Vgl. *Biggs, W.D.*: Business Games, 1987, S. 243.
[29] Vgl. auch *Bleicher, K.*: Entscheidungsprozesse, 1974, S. 26.
[30] Vgl. *Kraus, H.*: Unternehmungsspiele, 1976, Sp. 4110.
[31] Ein Unternehmensplanspiel mit skalierter Ausgangslage ist z. B. Jeansfabrik. Vgl. *Preiß, P.*: Systemdokumentation, 1992, S. 65 ff.
[32] Vgl. *Biggs, W.D.*: Business Games, 1987, S. 244 und auch *Kraus, H.*: Unternehmungsspiele, 1976, Sp. 4110.
[33] Vgl. *Fritzsche, D.J.*: Impact, 1987, S. 184 f.
[34] Eine Möglichkeit, die jeweiligen Vorteile von PC und Großrechner zu kombinieren zeigen *Curran, K.E./Hornaday, R.W.*: Method, 1989.

5.1 Begriff und Arten von Unternehmensplanspielen

Bei der heutigen Generation von Planspielen zeigt sich die Tendenz, den Teilnehmern ein anwenderfreundliches Programm zur Verfügung zu stellen, mit dessen Hilfe die Entscheidungen im Dialog eingegeben werden können.[35] Dies führt zu der bereits erwähnten Gliederung in **interaktive und nicht-interaktive** Spiele. Bei interaktiven Spielen folgt entweder eine sofortige Rückmeldung in Form der Ergebnisse, oder es wird abgewartet, bis alle Gruppen ihre Entscheidungen getroffen haben, um diese dann gemeinsam zu verarbeiten. Der zweite Fall ist typisch für Spiele mit interdependenten Entscheidungen.[36] Zusätzlich lassen sich bei interaktiven Spielen die durch die Computerbenutzung gebotenen pädagogischen Vorteile weiter ausschöpfen, indem das Eingabeprogramm mit computergestützten **Entscheidungshilfen** ausgestattet wird.[37]

Insbesondere für die zielgruppengerechte Auswahl eines Planspiels ist der Grad der **Komplexität** ein wichtiges Kriterium.[38] Bisher existiert jedoch kein befriedigendes Maß zur Beurteilung der Komplexität eines Planspiels. Meist wird die Anzahl der Entscheidungen (evtl. ergänzt um die Berücksichtigung gegenseitiger Abhängigkeiten) als Merkmal herangezogen.[39] Dabei ist z. B. folgende Einstufung möglich: **einfach** (weniger als 15 Entscheidungen), **mittel** (ca. 15 - 30 Entscheidungen), **komplex** (mehr als 30 Entscheidungen).[40] Problematisch ist hier die Art und Weise, wie die Entscheidungen gezählt werden, wenn z. B. gleichartige Entscheidungen für mehrere Märkte zu treffen sind. Außerdem müßte zwischen Entscheidungen differenziert werden, die in jeder Periode neu zu treffen sind und solchen, die unverändert aus der Vorperiode übernommen werden können. Ebenfalls von Bedeutung ist, auf wieviele andere Variablen des Spielmodells sich eine Entscheidung auswirkt.[41] Weiterhin muß berücksichtigt werden, daß die Komplexität aus der Sicht der Teilnehmer auch durch Maßnahmen der Spielleitung beinflußt werden kann, indem z. B. die Entscheidungen unter stärkerem Zeitdruck getroffen werden müssen oder Informationen zurückgehalten werden.

Schließlich lassen sich Unternehmensplanspiele für verschiedene Zwecke einsetzen. Vorrangig werden Planspiele als **Aus- und Weiterbildungsmittel** genutzt. Aber auch als Grundlage **experimenteller Untersuchungen** wird das Planspiel häufig eingesetzt. Hierbei ließe sich weiter unterscheiden, zu welchem Zweck die Experimente durchgeführt werden, ob es sich z. B. um betriebswirtschaftliche oder psychologische Experimente handelt.[42] Ein drittes Einsatzgebiet ergibt sich durch die Verwendung von Planspielen als **Instrument der Personalauswahl**.[43]

---

[35] Vgl. *Wolfe, J./Teach, R.*: Business Games, 1987, S. 182.
[36] Vgl. *Biggs, W.D.*: Introduction, 1990, S. 26.
[37] Vgl. *Keys, B.*: Business Games, 1980, S. 238 f. sowie ausführlicher Abschnitt 5.3.3 der vorliegenden Arbeit.
[38] Vgl. *Cohen, K.J./Rhenman, E.*: Rolle, 1974, 31.
[39] Vgl. *Cohen, K.J./Rhenman, E.*: Rolle, 1974, 32; *Keys, B.*: Business Games, 1980, S. 277 f.
[40] Vgl. *Keys, B.*: Business Games, 1980, S. 278.
[41] Z. B. weist das Planspiel Jeansfabrik in der einfachsten Stufe eine beachtliche Komplexität auf, obwohl nur *zwei* Entscheidungen zu treffen sind. Vgl. *Preiß, P.*: Systemdokumentation, 1992, S. 22.
[42] Zum Einsatz des Unternehmensplanspiels zu Forschungszwecken vgl. die folgenden Übersichtsartikel: *Keys, B./Wolfe, J.*: Role, 1990; *Larréché, J.-C.*: Simulations, 1987.
[43] Vgl. hierzu *Faßheber, P.*: Planspiele, 1990, S. 492 ff.

5.2 Didaktische Überlegungen zum Einsatz eines Unternehmensplanspiels

5.2.1 Formulierung von Lernzielen

Zielvorstellungen über die Fähigkeiten, die durch Lehr- und Lernmethoden erreicht werden sollen, bezeichnet man als **Lernziele**.[44] Sie bieten eine einheitliche Diskussionsgrundlage für die an Bildungsmaßnahmen beteiligten Personen.[45]

Bei der Formulierung der Lernziele müssen zumindest die folgenden beiden Anforderungen erfüllt sein:[46]

1. Lernziele müssen so formuliert sein, daß es möglich ist, den Zielerreichungsgrad zu überprüfen.
2. Lernziele müssen so formuliert sein, daß es möglich ist, die Zweckmäßigkeit einzelner Lernziele zum Gegenstand der Diskussion zu machen.

Grundlegende Arbeiten auf dem Gebiet der Lernzielformulierung wurden von Tyler geleistet.[47] Er schlägt eine Lernzielmatrix vor, bei der in den einzelnen Zeilen **Inhalte** nach fachwissenschaftlichen Gesichtspunkten und in den einzelnen Spalten sieben verschiedene **Kategorien des Verhaltens** eingetragen werden. Während der Inhaltsbereich mit dem jeweiligen Stoffgebiet variiert, bleiben die Kategorien des Verhaltens konstant.[48] Aus jeder Zelle der Matrix kann nun ein sowohl nach Inhalts- als auch nach Verhaltensaspekten definiertes Lernziel gebildet werden. Würde man z. B. die verschiedenen Verfahren der Kalkulation in die Zeilen eintragen, so würde der Inhalt "Zuschlagskalkulation" zusammen mit der daran zu vollziehenden Tätigkeit "Interpretieren" zum Lernziel "Der Lernende soll die Ergebnisse der Zuschlagskalkulation interpretieren können" führen.

Da die von Tyler definierten Verhaltenskategorien nicht nach einem einheitlichen Kriterium gebildet worden waren, haben Bloom und Mitarbeiter Ende der 40er Jahre damit begonnen, Lernziele systematisch zu klassifizieren und eine Lernzieltaxonomie zu erstellen.[49] Bloom unterscheidet drei Hauptteile einer Taxonomie von Lernzielen, den **kognitiven, affektiven** und **psychomotorischen** Bereich.[50]

---

44 Vgl. *Posch, P./Schneider, W./Mann, W.E.*: Unterrichtsplanung, 1977, S. 5. Da Lernziele Zielvorstellungen von Lehrenden und nicht von Lernenden sind, wäre es korrekter, von *Lehrzielen* zu sprechen, was hier jedoch aus Gründen der Konvention nicht erfolgt.
45 Vgl. *Bloom, B.S. u.a.*: Taxonomie, 1972, S. 24.
46 Vgl. *Achtenhagen, F.*: Didaktik, 1984, S. 105.
47 Vgl. *Achtenhagen, F.*: Didaktik, 1984, S. 104 und *Klauer, K.J.*: Methodik, 1974, S. 11 ff. sowie die dort angegebene Literatur.
48 Vgl. *Klauer, K.J.*: Methodik, 1974, S. 16 f.
49 Vgl. *Achtenhagen, F.*: Didaktik, 1984, S. 121.
50 Vgl. *Bloom, B.S. u.a.*: Taxonomie, 1972, S. 20.

In den **kognitiven** (erkenntnismäßigen) Bereich fallen Lernziele wie das Erinnern oder die Erkenntnis von Wissen sowie die Entwicklung intellektueller Fertigkeiten und Fähigkeiten.[51] Somit sind auch Denken und Problemlösen in diesen Bereich einzuordnen.

Der **affektive** Bereich "schließt Lernziele ein, die Veränderungen von Interessen, Einstellungen und Werten und die Entwicklung von Wertschätzungen und geeignetem Anpassungsvermögen beschreiben".[52] Nicht sichtbare Emotionen sind ebenso bedeutend wie diejenigen, die sich im beobachtbaren Verhalten manifestieren.

Der **psychomotorische** Bereich bezieht sich auf manipulative und motorische Fertigkeiten.[53] In den wirtschaftswissenschaftlichen Fächern hat er im Rahmen der Bedienung von Computern und Peripheriegeräten an Bedeutung gewonnen, jedoch ist das "Lernen mit dem Computer" und nicht das "Lernen für den Computer"[54] Gegenstand des zu entwickelnden Planspiels, so daß dieser Bereich im folgenden vernachlässigt wird.

Die erste von Bloom und Mitarbeitern vorgelegte Taxonomie beschränkte sich auf den kognitiven Bereich und wurde 1956 veröffentlicht (vgl. Abb. 5-2).

Wissen		Intellektuelle Fähigkeiten und Fertigkeiten	
1 Wissen		**2 Verstehen**	
1.1	Wissen von konkreten Einzelheiten	2.1	Übersetzen
	1.1.1 Terminologisches Wissen	2.2	Interpretieren
	1.1.2 Wissen einzelner Fakten	2.3	Extrapolieren
1.2	Wissen der Wege und Mittel, mit konkreten Einzelheiten zu arbeiten	**3 Anwendung**	
		4 Analyse	
	1.2.1 Wissen von Konventionen	4.1	Analyse von Elementen
	1.2.2 Wissen von Trends und zeitlichen Abfolgen	4.2	Analyse von Beziehungen
		4.3	Analyse von ordnenden Prinzipien
	1.2.3 Wissen von Klassifikationen und Kategorien	**5 Synthese**	
	1.2.4 Wissen von Kriterien	5.1	Herstellen einer einzigartigen Nachricht
	1.2.5 Wissen von Methoden	5.2	Entwerfen eines Plans für bestimmte Handlungen
1.3	Wissen von Verallgemeinerungen und Abstraktionen eines Fachgebietes	5.3	Ableiten einer Folge abstrakter Beziehungen
		6 Evaluation	
	1.3.1 Wissen von Prinzipien und Verallgemeinerungen	6.1	Urteilen aufgrund innerer Evidenz
	1.3.2 Wissen von Theorien und Strukturen	6.2	Urteilen aufgrund äußerer Kriterien

Abb. 5-2: Taxononomie von Lernzielen aus dem kognitiven Bereich nach Bloom[55]

Die Reihenfolge der Hauptklassen wird durch den Übergang von einfachen zu komplexen Verhaltensweisen bestimmt. Die Anordnung der Hauptklassen soll eine hierarchische

---

[51] Vgl. *Bloom, B.S. u.a.*: Taxonomie, 1972, S. 20.
[52] *Bloom, B.S. u.a.*: Taxonomie, 1972, S. 21.
[53] Vgl. *Bloom, B.S. u.a.*: Taxonomie, 1972, S. 21.
[54] Vgl. zu diesen beiden Perspektiven *Weidenmann, B./Krapp, A.*: Lernen, 1989.
[55] Vgl. *Bloom, B.S. u.a.*: Taxonomie, 1972, S. 31 u. 71 ff.

Struktur repräsentieren, d. h. daß übergeordnete Lernzielklassen auf den untergeordneten aufbauen.[56] Die Operationalisierung einzelner Lernziele soll durch die Verknüpfung mit einem Inhaltsbereich in Form einer Aufgabe geschehen.[57] Neben der Lernzieltaxonomie enthält das Buch von Bloom u. a. eine Fülle von Beispielaufgaben zu jedem Element der Lernzieltaxonomie.[58]

Die hierarchischen Abhängigkeiten konnten mit Hilfe von Hauptkomponenten-Analysen und multiplen Regressionsmodellen empirisch nicht in der vorgeschlagenen Form nachgewiesen werden. Weitere Kritikpunkte werden von verschiedenen Autoren angemerkt.[59] Dennoch hat sich bisher noch kein anderer Vorschlag einer Taxonomie für den kognitiven Bereich durchsetzen können.

Weitere Taxonomien für den affektiven und psychomotorischen Bereich wurden später veröffentlicht.[60] In den Lehrplänen und auch bei der Überprüfung von Lernerfolgen in den wirtschaftswissenschaftlichen Fächern an kaufmännischen Berufsschulen kann allerdings eine Konzentration auf den kognitiven Bereich festgestellt werden[61], obwohl die neueren Forschungen in Psychologie und Pädagogik deutlich darauf hinweisen, daß ausschließlich kognitive Prozesse zur Erklärung menschlicher Lernvorgänge nicht hinreichend sind.[62] Konkrete Möglichkeiten zur Lösung dieser Problematik stehen jedoch gegenwärtig noch aus.

Nachdem in den bisherigen Ausführungen auf die Grundlagen der Lernzielformulierung und die damit verbundenen Probleme eingegangen wurde, soll nun diskutiert werden, wie sich Handlungsempfehlungen ableiten lassen, die bei der Lernzielformulierung genutzt werden können. Die Bedeutung solcher Handlungsempfehlungen wird ersichtlich, wenn man bedenkt, daß sorgfältig formulierte Lernziele im schulischen Bereich, aber auch in der Planspielliteratur eher die Ausnahme bilden.[63]

Um Lehrende bei der Formulierung von Lernzielen zu unterstützen, schlagen Posch, Schneider und Mann vor, schrittweise von zunächst relativ allgemein gehaltenen Lernzielen zu konkreten Lernzielen überzugehen.[64]

Die allgemein gehaltenen Lernziele werden als **Leitideen** bezeichnet. Diese lassen sich nach drei Dimensionen präzisieren:[65]

---

56 Vgl. *Bloom, B.S. u.a.*: Taxonomie, 1972, S. 31 f.
57 Vgl. *Achtenhagen, F.*: Didaktik, 1984, S. 124; *Klauer, K.J.*: Methodik, 1974, S. 19.
58 Vgl. *Bloom, B.S. u.a.*: Taxonomie, 1972, S. 85-213.
59 Zur Kritik an der Taxonomie von Bloom vgl. *De Landsheere, V.*: Taxonomies, 1988, S. 346 f. sowie die dort angegebene Literatur.
60 Vgl. zur Darstellung und Diskussion verschiedener Taxonomien für die drei genannten Bereiche *De Landsheere, V.*: Taxonomies, 1988.
61 Vgl. *Achtenhagen, F.*: Didaktik, 1984, S. 122; *Schunck, A.*: Jeans-Fabrik, 1992, S. 106.
62 Vgl. *Schunck, A.*: Jeans-Fabrik, 1992, S. 106 sowie die dort angegebene Literatur.
63 Vgl. *Achtenhagen, F.*: Didaktik, 1984, S. 102 bzw. *Eisenführ, F./Ordelheide, D./Puck, G.*: Vorwort, 1974, S. 4 u. 5.
64 Vgl. *Posch, P./Schneider, W./Mann, W.E.*: Unterrichtsplanung, 1977, S. 8.
65 Vgl. *Posch, P./Schneider, W./Mann, W.E.*: Unterrichtsplanung, 1977, S. 8.

1. Nach inhaltlichen Aspekten,
2. nach formalen Aspekten,
3. nach der Komplexität der Leitidee.

Die **inhaltliche** Dimension ist bereits aus der zuvor erwähnten Matrix von Tyler bekannt. Die **formale** Dimension bezieht sich auf die Präzisierung der Fähigkeiten, über die der Lernende verfügen soll.[66] Dabei sind geeignete Verhaltensindikatoren (z. B. beherrschen, kennen, aufzählen) zu definieren, ferner die Bedingungen, unter denen sie gezeigt werden sollen (sind Hilfsmittel erlaubt, handelt es sich um verbale, grafische oder mathematische Darstellungen etc.). Die zur Beurteilung der **Komplexität** einer Leitidee verwendeten drei Abstufungen können als eine Reduktion der Bloom'schen Taxonomie für den kognitiven Bereich interpretiert werden.[67] Die auf den drei Niveaus verlangten Fähigkeiten sind:

1. Wissen reproduzieren,
2. Wissen anwenden und
3. Strategien zur Problemlösung selbständig entwickeln.

5.2.2 Erfolgsindikatoren für die Evaluation der Teilnehmer

Die Verwendung des Begriffes "Erfolg" im Kontext von Unternehmensplanspielen ist nicht eindeutig. Soll ein Planspiel zur Ausbildung der Teilnehmer dienen, kann Erfolg im Sinne des "**Lernerfolges**"[68] interpretiert werden. Andererseits kann darunter auch der **Spielerfolg**, gemessen anhand der vom Planspiel gelieferten Rückmeldungen (Gewinne, Rentabilitäten, kumuliertes Eigenkapital etc.) verstanden werden.[69]

Es ist zunächst plausibel anzunehmen, daß Teilnehmer, die die im Planspiel dargebotenen Lehrinhalte verstanden haben, auch ein erfolgreiches Unternehmen vorweisen können.[70]

> *Although profit (or more precisely, rate of return on investment) is the "rules of the game" goal within the Executive Game, the player's real objective is of course learning. And the real winners are those who learn the most.*[71]

Das vorstehende Zitat aus dem Spielerhandbuch eines der am weitesten verbreiteten US-amerikanischen Unternehmensplanspiele deutet jedoch bereits an, daß Lernerfolg und Spielerfolg nicht notwendigerweise miteinander einhergehen müssen.[72] Ein Grund dafür liegt darin, daß sich der Spielerfolg auf die gesamte Planspieldauer bezieht, während zu vermuten ist, daß Lernzuwächse von Periode zu Periode stattfinden und daher relativ zu einem gegebenen Systemzustand des Planspielmodells beurteilt werden sollten.

---

[66] Vgl. *Posch, P./Schneider, W./Mann, W.E.*: Unterrichtsplanung, 1977, S. 13.
[67] Vgl. *Achtenhagen, F.*: Didaktik, 1984, S. 127.
[68] Auf die Probleme der Messung von "Lernerfolgen" soll zunächst nicht eingegangen werden.
[69] Vgl. auch *Loveluck, C.*: Construction, 1975, S. 232.
[70] Diese These wird offensichtlich auch von allen Autoren vertreten, die im Rahmen von Untersuchungen zum Ausbildungswert von Unternehmensplanspielen den Lernerfolg durch das Spielergebnis operationalisiert haben.
[71] *Henshaw, R.C./Jackson, J.R.*: Executive Game, 1978, S. 5.
[72] Vgl. auch *Greenlaw, P.S./Wyman, F.P.*: Teaching Effectiveness, 1973, S. 290.

Eine Möglichkeit zur Lösung dieses Problems schlägt Petzing vor. Im Rahmen einer psychologischen Untersuchung setzte er ein betriebswirtschaftliches Planspiel ein. Um Modelleinflüsse weitestgehend zu eliminieren, berechnete er für jeden Probanden in jeder Periode eine Kennzahl, die das Verhältnis zwischen der optimalen Lösung vor und nach der Verarbeitung der Entscheidungen angibt. Zu diesem Zweck findet eine Optimierung des Planspielmodells mit Hilfe von Suchverfahren statt. Als Zielfunktion wurde die Maximierung des Eigenkapitals (EK) zur letzten Periode (T) angesetzt. Bezeichnet man nun den Vektor der Entscheidungen zum Zeitpunkt t mit E_t, so gibt $EK_T^*(E_t)$ das maximal zu erreichende Eigenkapital nach Verarbeitung der in t getroffenen Entscheidungen an. Das Potential eines Probanden (POT) zum Zeitpunkt t läßt sich dann wie folgt bestimmen:

$$POT_t [\%] = EK_T^*(E_t)/EK_T^*(E_{t-1})*100; \quad 2 \leq t \leq T$$

Bei der Untersuchung individueller Probanden konnte Petzing zeigen, daß sowohl eine Erhöhung des Eigenkapitals mit einer Verschlechterung des Potentials als auch der umgekehrte Fall auftreten können.[73] Die geschilderte Vorgehensweise erlaubt es zwar, die Entscheidungen der Probanden relativ zum jeweiligen Systemzustand zu beurteilen, ist jedoch sehr rechenintensiv und daher zur Zeit für den Einsatz in Planspielveranstaltungen noch nicht geeignet. Sie ist außerdem nur für Spiele geeignet, bei denen sich die Entscheidungen der Spieler nicht gegenseitig beeinflussen, weil sonst auch die Entscheidungen der anderen Spieler bei der Optimierung berücksichtigt werden müssen.

Die in den gängigen Unternehmensplanspielen verwendeten Maßgrößen (am häufigsten sind es Höhe des kumulierten Gewinns, des kumulierten Eigenkapitals oder Rentabilitäten) weisen jedoch noch weitere Mängel auf:

1. Um mit solchen Maßen arbeiten zu können, muß für alle teilnehmenden Spieler die gleiche Ausgangslage gelten.
2. Insbesondere wenn den Teilnehmern die Anzahl der Spielrunden vorher bekannt ist, besteht die Gefahr, daß in den Endperioden Entscheidungen getroffen werden, die durch die Spielregeln belohnt werden, aber völlig unrealistisch sind.[74]
3. Die genannten Größen sind zwar wichtige Erfolgsindikatoren, deren alleinige Betrachtung kann jedoch zur Vernachlässigung einer langfristigen Perspektive zugunsten kurzfristiger Erfolge verleiten.[75]
4. Es handelt sich lediglich um eindimensionale Zielgrößen. Wie bereits in Abschnitt 2.1.2 erörtert, steht dies jedoch im Widerspruch zu den empirischen Erkenntnissen, nach denen von mehrdimensionalen Zielvorstellungen, die in einem Zielsystem zusammengefaßt werden, auszugehen ist.

---

[73] Vgl. *Petzing, F.*: Untersuchung, 1992, S. 141-143.
[74] Folgende Beispiele hierfür sind häufig zu beobachten: Völliger Verzicht auf langfristig wirkende Maßnahmen (Ausgaben für Marketing, Forschung und Entwicklung etc.), Verzicht auf Bestellung von Rohstoffen in der letzten Periode usw. Vgl. auch *Teach, R.D.*: Profits, 1990, S. 16.
[75] Vgl. *Vance, S.C./Gray, C.F.*: Performance Evaluation Model, 1967, S. 29; *Teach, R.D.*: Profits, 1990, S. 15.

5.2 Didaktische Überlegungen zum Einsatz eines Unternehmensplanspiels

Ausgehend vom 3. und 4. Kritikpunkt wird die Bildung eines Zielvektors vorgeschlagen, der sich aus unterschiedlichen Elementen zusammensetzt und auch langfristige Aspekte berücksichtigt.[76] Aus diesen Elementen kann ein einheitliches Erfolgskriterium gebildet werden. Die Transformation zu einem Skalar erfordert jedoch eine geeignete Verknüpfungsvorschrift, was wiederum vielfältige Probleme der Gewichtung der einzelnen Elemente mit sich bringt. Zudem besteht die Möglichkeit, daß einzelne Elemente miteinander korreliert sind.[77]

Aus diesen Überlegungen geht hervor, daß die Spielergebnisse allein nicht ausreichen, um die Qualität der getroffenen Entscheidungen zu beurteilen.[78] Wie in dem Experiment von Petzing gezeigt werden konnte, sind die bisher diskutierten Zielgrößen auch als Rückmeldungen für die Spieler weniger geeignet, denn "gute" Entscheidungen erscheinen u. U. als schlecht, das gleiche gilt für den umgekehrten Fall. Aus lerntheoretischer Sicht ist außerdem von besonderer Bedeutung, daß die Teilnehmer auch in der Lage sind, ihre jeweilige Vorgehensweise zu begründen:

... the highest order of understanding - and the ultimate goal in university level teaching - means not only beeing able to act effectively in a situation involving learned behaviour, but also beeing able to say what you have been doing.[79]

Es fragt sich daher, ob es nicht möglich ist, einerseits dem Leiter einer Planspielveranstaltung einen besseren Aufschluß über den Lernfortschritt der Teilnehmer zu bieten und andererseits den Teilnehmern aufschlußreichere Rückmeldungen zu geben und sie damit anzuregen, ihre Entscheidungen gut vorzubereiten. Um dies zu erreichen, wird von Teach vorgeschlagen, die Leistungen der Teilnehmer **anhand ihrer Planungsmaterialien** zu bewerten.[80] In operationalisierter Form sind damit Prognosen für ausgewählte Ergebnisvariablen gemeint. Eine Spielergruppe, die beispielsweise die Elimination eines Produktes aus dem Programm veranlaßt hat, müßte, wenn sie "gut" gearbeitet hat, die Auswirkungen dieser Maßnahme auf verschiedene relevante Variablen untersucht und prognostiziert haben. Als **Maß für die Güte der Entscheidungen** kann dann die Abweichung zwischen den prognostizierten und den tatsächlichen Werten der Ergebnisvariablen herangezogen werden.

Zur Begründung seines Vorschlags führt Teach u. a. eine Untersuchung von Hand und Sims an. In dieser Studie entwickelten die Autoren ein Schema mit 7 finanzwirtschaftlichen Kennzahlen sowie 6 zu prognostizierenden Variablen, anhand derer die am Planspiel INTOP teilnehmenden Spieler beurteilt wurden. Eine Analyse der Beziehungen zwischen den 13 Beurteilungskriterien ergab z. T. hohe Korrelationen. Daher wird vorgeschlagen, die Zahl der Erfolgskriterien auf 2, nämlich den Return on Investment (ROI)

---

[76] Vgl. *Vance, S.C./Gray, C.F.*: Performance Evaluation Model, 1967, S. 29 ff.
[77] Vgl. *Vance, S.C./Gray, C.F.*: Performance Evaluation Model, 1967, S. 30 sowie die Ergebnisse der Untersuchung von *Hand, H.H./Sims, H.P.*: Evaluation, 1975, S. 712 f.
[78] Vgl. auch *Greenlaw, P.S./Wyman, F.P.*: Teaching Effectiveness, 1973, S. 290.
[79] *Boocock, S.*: Simulation Games, 1970, S. 68.
[80] Vgl. *Teach, R.D.*: Profits, 1990, S. 20.

und die Prognose des Umsatzes, zu beschränken. Außerdem konnte festgestellt werden, daß Gruppen mit guten Prognosen stets hohe Gewinne vorweisen konnten.[81]

Auch das im folgenden kurz beschriebene Experiment stützt die Argumentation von Teach.[82] Ein Mitglied der OR-Abteilung eines amerikanischen Großunternehmens hatte ein mathematisches Modell entwickelt, mit dem sich das vergangene Unternehmensgeschehen unter Berücksichtigung der getroffenen Entscheidungen und der jeweils herrschenden Umweltbedingungen hinreichend genau abbilden ließ. Er teilte verschiedene Führungskräfte des Unternehmens in zwei Gruppen ein. Die erste Gruppe (Kontrollgruppe) wurde gebeten, für einen Zeitraum von vierzig Quartalen Entscheidungen zu treffen. Als Zielsetzung wurde vorgegeben, bessere als die tatsächlich realisierten Ergebnisse zu erreichen. Die Entscheidungen wurden mit einem Rechner ausgewertet. Als Rückmeldung erhielten die Teilnehmer eine Bilanz und eine Gewinn- und Verlustrechnung (GuV). Nachdem die Ergebnisgrößen der einzelnen Quartale im Zeitablauf grafisch dargestellt wurden, war bei allen Teilnehmern mit fortschreitender Zeit eine Verbesserung der Ergebnisse zu beobachten. Für die zweite Gruppe (Experimentalgruppe) wurde entsprechend vorgegangen. Der einzige Unterschied bestand darin, daß die Teilnehmer der zweiten Gruppe nach Abgabe ihrer Entscheidungen und vor Erhalt der Rückmeldungen eine gemäß ihren Entscheidungen **erwartete** Bilanz und GuV erstellen mußten. Somit konnten die Mitglieder der zweiten Gruppe die geplanten Ergebnisse mit den durch das Modell berechneten vergleichen. Eine Analyse der durchschnittlichen Verbesserung pro Quartal beider Gruppen zeigte, daß die zweite Gruppe wesentlich schneller "dazugelernt" hatte. Kritisch ist hier anzumerken, daß die Leistungsunterschiede nicht unbedingt auf die Erstellung der Prognose zurückgeführt werden können, sondern evtl. auch auf andere Maßnahmen, die zu einer intensiveren Beschäftigung mit dem Simulationsmodell anregen würden.

Die Beurteilung der Teilnehmer anhand der von ihnen abgegebenen Prognosen verursacht einen Mehraufwand bei der Durchführung des Planspiels. Die ohnehin schon große Anzahl der zu treffenden Entscheidungen wird noch um die Anzahl der zu prognostizierenden Variablen erhöht. Auf der anderen Seite verspricht diese Form der Leistungsmessung eine Reihe von Vorteilen:

1. Bei der Beurteilung wird der Einfluß von zufällig erfolgreichen Entscheidungen erheblich vermindert.
2. "Schlechte" Entscheidungen und Anfangsfehler aus Vorrunden machen sich in Folgerunden weniger bemerkbar.
3. Es wäre nicht zwingend notwendig, alle Gruppen mit den gleichen Ausgangswerten beginnen zu lassen.

---

[81] Vgl. *Hand, H.H./Sims, H.P.*: Evaluation, 1975, S. 715.
[82] Zur Beschreibung des Experimentes vgl. *Ackoff, R.L.*: Art, 1978, S. 195 f. Leider erfolgt nur eine verbale Schilderung, so daß die Experimentalbedingungen und Auswertungen nicht näher analysiert werden konnten.

4. Die Notwendigkeit zur Abgabe von Prognosewerten verspricht ein planvolleres Handeln der Teilnehmer und damit einen höheren Lernerfolg.[83]

5.2.3 Möglichkeiten zur Kombination mit anderen Lehr- und Lernmethoden

Bei der Festlegung von Lernzielen für Unternehmensplanspiele muß deren Stellung im Gesamtangebot möglicher Lehr- und Lernmethoden gesehen werden.[84] Dabei ist davon auszugehen, daß es Lernziele gibt, die mit einem Planspiel besonders gut zu erreichen sind und solche, für die es weniger in Frage kommt. Legt man den Schwerpunkt z. B. auf Lernziele, die in der Bloom'schen Taxonomie unter "Wissen" fallen, so stellt sich die Frage, ob nicht andere Lehr- und Lernmethoden besser dafür geeignet sind oder mit weniger Aufwand zu den gewünschten Ergebnissen führen können.

Aus der Literatur läßt sich entnehmen, daß spezifische Lehr- und Lernmethoden jeweils ihre Vor- und Nachteile haben und daß es eine eindeutig dominierende Lehr- und Lernmethode nicht gibt.[85] Nun ist ohnehin nicht davon auszugehen, daß im Rahmen von Lehrveranstaltungen nur eine einzige Lehr- und Lernmethode zum Einsatz kommen sollte.[86] Allerding lassen sich die Nachteile einzelner Lehr- und Lernmethoden u. U. durch die Kombination mehrerer Methoden ausgleichen. Daher soll kurz skizziert werden, welche Möglichkeiten zur Kombination von Unternehmensplanspielen und ausgewählten anderen Lehr- und Lernmethoden bestehen.

Auf die enge Verwandtschaft zwischen Planspiel und **Fallstudie** wurde bereits hingewiesen. Durch eine Kombination dieser beiden Lehr- und Lernmethoden wird die Fallsituation durch stärkere Rückmeldungen ergänzt. Wenn die Anwendung formaler Entscheidungsmodelle trainiert werden soll, lassen sich besonders die Probleme der **Datengewinnung** berücksichtigen.

Bei einer Fallstudie, die auf die Anwendung eines Entscheidungsmodells abzielt, wird den Teilnehmern typischerweise bereits eine Auswahl gewisser Daten präsentiert. Diese durch den Ersteller der Fallstudie getroffene Auswahl birgt die Gefahr, daß mit der Problemstellung auch schon die (eine) Lösung angedeutet wird. Bei einem Planspiel lassen sich hingegen große Datenmengen in unaggregierter Form speichern und für Auswertungen bereithalten. Die im Hochschulunterricht oft gebotene Vorgehensweise der Anwendung eines Entscheidungsmodells auf gegebene Daten kann somit vermieden werden.

Ein Anwendungsbeispiel aus dem Bereich der dynamischen Investitionsrechnung läge vor, wenn die Planung der zukünftigen Zahlungsströme unter Rückgriff auf der Basis der im Planspiel vorhandenen Daten vergangener Perioden erfolgt. Ein weiteres Anwen-

---

[83] Bei vom Autor durchgeführten Planspielseminaren mit verschiedenen Zielgruppen (Lehrer, Ausbilder, Studenten, Umschüler aus der ehemaligen DDR) konnte in der ersten Spielrunde nur äußerst selten beobachtet werden, daß Teilnehmer vor Abgabe ihrer Entscheidungen deren Auswirkungen auf z. B. Gewinn, Kassenbestand etc. zumindest überschlägig berechneten.
[84] Vgl. *Bleicher, K.*: Entscheidungsprozesse, 1974, S. 43.
[85] Vgl. z. B. *Bleicher, K.*: Entscheidungsprozesse, 1974, S. 44; *Stiefel, R.*: Beziehung, 1970, S. 201.
[86] Vgl. z. B. *Mertens, P.*: Lehrtechniken, 1975; *Stiefel, R.*: Beziehung, 1970, S. 201.

dungsbeispiel wäre die Formulierung eines Modells zur linearen Programmierung, wobei die Koeffizienten aus den Planspieldaten gewonnen werden müssen.[87]

Eine weitere Kombinationsmöglichkeit besteht darin, Planspiele um **tutorielle Elemente** zu ergänzen. Tutorielle Programme[88] funktionieren i. d. R. nach folgendem Prinzip: Ein fachlicher Inhalt wird zunächst schrittweise dargestellt, danach schließen sich Fragen zum Verständnis an. Die Rückmeldung geschieht abhängig von den Antworten, z. B. kann bei falschen Antworten der für die richtige Antwort notwendige Stoff wiederholt oder ergänzt werden.[89]

Die erhältliche Software ist in bezug auf die Diagnosefähigkeit von Fehlern und die Art und Weise der Rückmeldungen qualitativ sehr unterschiedlich. Sehr anspruchsvolle Programme arbeiten mit wissensbasierten Komponenten und werden als intelligente Tutorensysteme (ITS) bezeichnet.[90]

Eine Kombination von Unternehmensplanspiel und tutoriellen Programmen erscheint besonders dann sinnvoll, wenn die Vermittlung von terminologischem Wissen einen hohen Stellenwert hat. Vorstellbar sind in ein Planspiel integrierte tutorielle Hilfen, die als Lexikon dienen und die für den Inhaltsbereich des Planspiels notwendigen Begriffe und Verfahrensbeschreibungen enthalten. Dabei muß eine große Menge von Informationen strukturiert bereitgehalten werden. Zu diesem Zweck eignet sich auch der Einsatz sogenannter **Hypertextsysteme**.[91]

Im Hinblick auf Lernzielkategorien wie Analyse und Synthese wäre es wünschenswert, daß die tutoriellen Programme nicht nur den Wissenserwerb fördern, sondern auch bei der Erschließung der im Planspielmodell vorliegenden Systemzusammenhänge unterstützend wirken. Hierbei ist an die Diagnose der Spielereingaben zu denken, wobei jedoch nicht nur einzelne Eingaben zu prüfen sind, sondern auch Unstimmigkeiten zwischen verschiedenen Eingaben bemerkt werden sollten. Je nach Art des Eingabefehlers ließe sich nun eine kurze Lerneinheit anbieten, die den mit dem Fehler verbundenen Inhalt erörtert. Ein Beispiel dafür läge vor, wenn die Spieler ihre Produktionsmenge so festlegen, daß die verfügbare Kapazität deutlich überschritten wird. Dann könnte der Tutor erläutern, welche Faktoren die Produktionsmenge limitieren. Ein weiteres Beispiel wäre gegeben, wenn die von den Spielern festgelegten Preise eines Produktes im Laufe der Perioden stark oszillieren. In diesem Fall könnte der Tutor über die Vorteile einer kontinuierlichen Preispolitik aufklären.

Da es sich sowohl bei den hier diskutierten Formen von Unternehmensplanspielen als auch bei den tutoriellen Programmen um computergestützte Lernmedien handelt, liegt die eben beschriebene integrierte Lösung besonders nahe. Dabei hat das tutorielle Programm

---

[87] Zu einer Konkretisierung des zweiten Anwendungsbeispiels vgl. Abschnitt 7.1.
[88] Die beiden gebräuchlichsten weiteren Bezeichnungen hierfür sind *Computer Aided Instruction* (CAI) und *Computer Based Training* (CBT).
[89] Vgl. *Mandl, H./Hron, A.*: Aspekte, 1989, S. 669.
[90] Zu einem wissensbasierten Lernprogramm zur Erstellung und Analyse des Jahresabschlusses vgl. *Lusti, M.*: Methoden, 1987.
[91] Vgl. zu Hypertext *Shneiderman, B./Kearsley, G.*: Hypertext, 1989 und zur Anwendung von Hypertextsystemen für die Lehre in der KLR *Schellhaas, K.-U.*: Lernmedien, 1992.

eher die Aufgabe, Grundwissenslücken zu füllen, als Grundwissen zu vermitteln. Wenn jedoch terminologisches Wissen erstmals erarbeitet werden soll, dann lassen sich tutorielle Programme und Planspiele auch nacheinander einsetzen. So entwickelte z. B. Curth ein Konzept für die Schulung von Mitarbeitern der Einkaufsabteilung eines großen Handelsunternehmens, bei dem ein tutorielles Programm und ein darauf aufbauendes Planspiel eingesetzt werden.[92]

Die in diesem Abschnitt diskutierten Anregungen zur Kombination von Unternehmensplanspielen und Fallstudien bzw. tutoriellen Programmen zeigen, wie vielfältig die lernzielgerechten Einsatzmöglichkeiten eines Unternehmensplanspiels sein können. Insbesondere für die Verknüpfung von Planspielen mit intelligenten tutoriellen Programmen muß aber berücksichtigt werden, daß solche Konzepte einen hohen Aufwand bei der Erstellung bedingen. Dies kann jedoch kein Argument gegen die Entwicklung solcher Systeme sein, sondern sollte als Argument für die **gemeinsame** Erstellung und Nutzung hochwertiger Lernsoftware durch verschiedene Interessengruppen aufgefaßt werden.

5.3 Eignung und Einsatz von Unternehmensplanspielen zur Förderung der Entscheidungsfähigkeit

5.3.1 Empirische Untersuchungen zum Ausbildungswert von Unternehmensplanspielen

Die Ansichten über den pädagogischer Wert von Unternehmensplanspielen gehen in der Literatur weit auseinander. Sehr optimistische Einschätzungen stehen sehr ablehnenden gegenüber.[93] Häufig findet man in der Literatur die Auffassung, daß der pädagogische Wert von Unternehmensplanspielen nicht nachgewiesen sei. Dies gilt auch für generelle Befürworter der Planspieltechnik. So bemerkt z. B. Loveluck:

> *The educational value of games is, of course, debatable. They have never been scientifically evaluated as a management teaching device so that their use really rests on the intuitive feelings of those who, experienced in using them, are convinced of their usefulness.*[94]

Betrachtet man die pädagogische Literatur über die Wirkung computergestützten Lernens, so werden dort Planspiele mit Entscheidungscharakter tatsächlich gar nicht oder nur rudimentär behandelt.[95] Dies täuscht jedoch über den Umfang der Arbeiten zum pädagogischen Wert von Unternehmensplanspielen hinweg. Greenlaw und Wyman fassen die zwischen 1961 und 1972 in den USA durchgeführten Studien zusammen. Bei den insgesamt 22 referierten Arbeiten sind nur solche berücksichtigt, die über die bloße Äußerung von Meinungen und Ansichten hinausgehen und sich experimenteller Methoden bedienen.[96] Für den Zeitraum von 1973 bis 1983 legt Wolfe eine Fortsetzung der Übersicht

---

92 Vgl. *Curth, M.*: Planspieltechnik, 1989.
93 Eine sehr ablehnende Haltung vertritt z. B. *Neuhauser, J.J.*: Business Games, 1976.
94 *Loveluck, C.*: Construction, 1975, S. 219.
95 Vgl. z. B. *Frey, K.*: Effekte, 1989, S. 642; *Mandl, H./Hron, A.*: Aspekte, 1989, S. 663-669.
96 Vgl. *Greenlaw, P.S./Wyman, F.P.*: Teaching Effectiveness, 1973, S. 260.

von Greenlaw und Wyman vor.[97] Dort wird von 39 Studien berichtet, die nach gleichen Kriterien ausgewählt wurden.

Die bei Greenlaw und Wyman geschilderten Studien lassen einen eindeutigen Schluß nicht zu. Vorgeschlagen wird eine stärkere Berücksichtigung von Kosten- und Nutzen-Aspekten beim Einsatz und bei der Entwicklung von Unternehmensplanspielen.[98] Der Beitrag von Wolfe nimmt eine andere Perspektive ein. Statt die Vorteilhaftigkeit von Unternehmensplanspielen im allgemeinen zu betrachten, untersucht er, welche Auswirkungen verschiedene Variablen im Rahmen einer Planspielveranstaltung auf den Lernerfolg haben können. Zu diesen Variablen zählen die **Art des verwendeten Unternehmensplanspiels** (z. B. generelles oder spezielles Spiel, Komplexität des Spiels, Validität der dem Spiel zugrundeliegenden Algorithmen), die **Art der Durchführung** (z. B. Teamgröße, Gruppenzusammensetzung, mit oder ohne Proberunde, Anzahl der Spielperioden) sowie **Persönlichkeitsvariablen der Spieler** und der **Spielleitung**.[99]

Im deutschsprachigen Raum liegt mit dem Aufsatz von Kahle und Achtenhagen eine Studie vor, die einen signifikanten Lernzuwachs bei Studenten der Betriebswirtschaftslehre im Hauptstudium belegt.[100] Für das komplexe, generelle Planspiel OMNILOG IV wurden zunächst Lernziele abgeleitet und operationalisiert. Die Messung des Lernzuwachses erfolgte anhand eines an diesen Lernzielen ausgerichteten Tests mit insgesamt 177 Items.

Ein methodisch neuer Weg zur Operationalisierung des "Lernens" wurde in der Arbeit von Getsch gegangen.[101] Er untersuchte, inwieweit durch den Einsatz eines Planspiels das betriebswirtschaftliche Zusammenhangswissen von angehenden Industriekaufleuten gefördert werden kann. Bei der Erhebung des Zusammenhangswissens wurden die Probanden aufgefordert, eine Reihe von gegebenen Konzepten (z. B. "Beschaffungsmarkt", "Nachfrage", "Kapazität") in Form einer Grafik mit gegebenen Relationen (z. B. "bewirkt", "ist ein", "beeinflußt") zu verknüpfen. Dabei konnten die Probanden auch Konzepte oder Relationen neu einführen.[102] Netzwerke dieser Art wurden vor und nach der Durchführung des Planspiels erhoben und anschließend ausgewertet.[103] Auch in dieser Arbeit konnten positive Auswirkungen des Planspieleinsatzes gezeigt werden.[104]

Auch wenn sich aus den erwähnten Studien kein eindeutiger Vorteil des Unternehmensplanspiels gegenüber anderen Lehr- und Lernmethoden ableiten läßt, so deuten sie dennoch darauf hin, daß die überwiegend positive Haltung Planspielen gegenüber nicht zu Unrecht besteht. Einschränkend muß jedoch gesagt werden, daß sich die Studien zur Wirkung des Planspieleinsatzes in den meisten Fällen auf generelle Unternehmensplan-

---

[97] Vgl. *Wolfe, J.*: Teaching Effectiveness, 1985. Ein sehr kurzer Überblick, der auch die bis 1989 veröffentlichten Studien umfaßt, liegt ebenfalls vor. Vgl. *Keys, B./Wolfe, J.*: Role, 1990, S. 311-318.
[98] Vgl. *Greenlaw, P.S./Wyman, F.P.*: Teaching Effectiveness, 1973, S. 289 f.
[99] Vgl. *Wolfe, J.*: Teaching Effectiveness, 1985, S. 275-281.
[100] Vgl. *Kahle, E./Achtenhagen, F.*: Evaluation, 1979, S. 627.
[101] Vgl. *Getsch, U.*: Möglichkeiten, 1990.
[102] Vgl. zur Erhebung ausführlich *Getsch, U.*: Möglichkeiten, 1990, S. 192-197.
[103] Auf die methodischen Einzelheiten der Auswertung kann hier nicht eingegangen werden. Vgl. dazu *Getsch, U.*: Möglichkeiten, 1990, S. 203 ff.
[104] Vgl. *Getsch, U.*: Möglichkeiten, 1990, S. 245.

spiele beziehen. Bei funktionalen Planspielen waren Spiele mit dem Schwerpunkt auf dem Marketing am häufigsten Gegenstand von Evaluationsversuchen.[105]

Die bereits im Abschnitt 5.2.3 angesprochenen Möglichkeiten zur Kombination von Unternehmensplanspielen mit anderen Lehr- und Lernmethoden sowie die immer wieder erhobene Forderung, Planspiele sinnvoll in den gesamten curricularen Zusammenhang einzubetten,[106] werden es in Zukunft weiter erschweren, Vorteile des Unternehmensplanspiels nachzuweisen. Einzelne Lerneffekte sind dann nicht mehr allein auf den Planspielgebrauch zurückzuführen.[107] In diesem Fall wäre lediglich eine Evaluation der gesamten Unterrichtseinheit möglich.

Somit zeichnet sich eine Verlagerung der Fragestellung ab. Statt der Wirksamkeit eines Planspiels schlechthin rücken die folgenden beiden Aspekte in den Vordergrund:

1. Ist ein Planspiel zur Erreichung eines bestimmten Lernziels geeignet? Wenn dies der Fall ist, lohnt sich der mit einem Planspiel zusätzlich verbundene Aufwand?
2. Wie soll der Planspieleinsatz gestaltet werden, um optimale Bedingungen für die jeweilige Zielgruppe zu schaffen?

Im folgenden Abschnitt soll daher untersucht werden, wie sich Unternehmensplanspiele für Ausbildung in der KLR einsetzen lassen.

5.3.2 Einsatz von Unternehmensplanspielen in der Ausbildung zur Kosten- und Leistungsrechnung

Typischerweise wird in computergestützten Unternehmensplanspielen eine Abbildung des Unternehmungsprozesses in Wertgrößen vorgenommen. Die Ergebnisberichte umfassen bei den weit verbreiteten generellen Planspielen i. d. R. eine Bilanz und eine GuV.[108] Die Teilnehmer sind somit bei der Vorbereitung ihrer Entscheidungen vorwiegend auf Informationen des externen Rechnungswesens angewiesen.

Stärker ausgeprägt ist die Berücksichtigung von Informationen aus der KLR bei Spielen, die sich in erster Linie mit absatzwirtschaftlichen Problemen befassen. Dort findet man häufig produktbezogene und gelegentlich auch auf die Absatzgebiete bezogene Deckungsbeitragsrechnungen.[109] Planspiele, deren Schwerpunkt auf den Problemen der KLR liegt, sind dagegen relativ selten. Einige dieser Spiele sollen nun betrachtet werden.

Ein speziell für die Einführungsveranstaltung im Rechnungswesen entwickeltes Unternehmensplanspiel schlagen Gray, Willingham und Johnston vor. Eine Besonderheit dieses Spiels ist, daß die Teilnehmer die Berichte (GuV, Bilanz) selbst erstellen müssen und nicht bloße Empfänger sind. Bezüglich der Nutzung von Kostendaten für Entscheidungen sind der Einsatz des Direct Costing sowie die Durchführung von Break-even Analysen vorgesehen. Den wesentlichen Vorteil eines Unternehmensplanspiels gegenüber Fall-

---

[105] Vgl. *Wolfe, J.*: Teaching Effectiveness, 1985, S. 252.
[106] Vgl. z. B. *Achtenhagen, F.*: Überlegungen, 1990, S. 122.
[107] Vgl. auch *Mandl, H./Hron, A.*: Aspekte, 1989, S. 665 f.
[108] Vgl. *Keys, B.*: Business Games, 1987, S. 238; *Biggs, W.D.*: Introduction, 1990, S. 25.
[109] Vgl. *Faria, A.J.*: Marketing Games, 1980, S. 184.

studien für die Zwecke einer Einführungsveranstaltung sehen die Autoren in einer Förderung der Motivation. Während die Studenten beim Bearbeiten einer Fallstudie relativ wenig involviert sind, ist bei einem Planspiel eine engere Beziehung der Teilnehmer zur Lernsituation zu erwarten.[110]

Mit UPLAN liegt ein Planspiel vor, mit dessen Hilfe erste Erfahrungen mit den in Abschnitt 2.2.2 angesprochenen Betriebsmodellen gemacht werden können. In diesem Planspiel wird ein gemischtes Hüttenwerk simuliert. Das Modell ist sehr detailliert; insgesamt sind ca. 70 Entscheidungen zu treffen.[111] Aufgrund der hohen Komplexität ist dieses Spiel nicht für Anfänger geeignet. Zielgruppe dieses Planspiels sind Studenten des Hauptstudiums, die sich mit den spezifischen Problemen der Betriebsmodelle in einer anspruchsvollen Lernumgebung befassen möchten.

In den beiden bisher beschriebenen Planspielen steht das Arbeiten mit einem gegebenen System der KLR im Vordergrund. Stattet man ein Planspiel mit verschiedenen Systemen der KLR aus, so kann jedoch auch die Auswahl eines geeigneten Verfahrens zum Gegenstand einer Entscheidung gemacht werden.[112]

Das System XPER.D ist zwar als generelles Planspiel konzipiert, enthält aber u. a. sehr umfangreiche Möglichkeiten zur Anpassung der KLR. Eine Istkostenrechnung kann auf Voll- oder Teilkostenbasis betrieben werden, wobei sich der Umfang der auf die Produkte zu verrechnenden Kosten wählen läßt. Auch können mehrere Systeme der KLR gleichzeitig verwendet werden.[113] Die hohe Flexibilität dieses Planspiels erlaubt eine Anpassung an unterschiedliche Zielgruppen und Lernziele. Theoretisch möglich ist ein Planspiel, bei dem die Beurteilung verschiedener Systeme der KLR im Vordergrund steht.

Faßt man die Ausführungen dieses Abschnitts zusammen, so kann man sagen, daß sich die bereits in Abschnitt 2.1.2 kritisierte Ausrichtung des Rechnungswesens an Dokumentationszwecken in vielen generellen Unternehmensplanspielen widerspiegelt. Es gibt nur wenige speziell auf die Belange der Ausbildung für die KLR ausgerichtete Planspiele, die genannten Beispiele decken jedoch von ihrer Konzeption einen breiten Kreis von Lernzielen ab. Die für die Ausbildung in der KLR wesentlichen Grundlagen (Kenntnisse über Aufbau und Ablauf der KLR, Beherrschung von Rechentechniken) lassen sich ebenso abdecken wie die auf einer höheren Ebene angesiedelten Fähigkeiten und Fertigkeiten, die sowohl im Umgang mit einzelnen Systemen als auch beim kritischen Vergleich unterschiedlicher Systeme gefordert werden.

---

110 Vgl. *Gray, J./Willingham, J./Johnston, K.*: Business Game, 1963, S. 336.
111 Vgl. *Laßmann, G./Wartmann, R./Gilles, R.*: UPLAN, 1991.
112 Der Gedanke wird erstmals erwähnt bei *Puck, G.*: Unternehmungsspiel, 1972, S. 2 und später konkretisiert in *Eisenführ, F./Puck, G.*: XPER.D, 1974, S. 603 und 607.
113 Vgl. *Eisenführ, F./Puck, G.*: XPER.D, 1974, S. 607.

5.3.3 Kopplung von Unternehmensplanspielen mit Systemen zur Entscheidungsunterstützung

Im Mittelpunkt eines Unternehmensplanspiels steht das Treffen von Entscheidungen. Sieht man von sehr einfachen Planspielen ab, ergeben sich durch die Anzahl der Variablen im Planspiel und deren Verknüpfungen Systeme, zu deren Beherrschung eine sehr sorgfältige Entscheidungsvorbereitung notwendig ist. Die Bedeutung gut vorbereiteter Entscheidungen ist noch viel größer, wenn es um die Beherrschung realer betriebswirtschaftlicher Systeme geht, die noch eine erheblich höhere Komplexität aufweisen. Um die in der Unternehmung entscheidenden Personen zu unterstützen, wurden computergestützte Systeme entwickelt. Solche Systeme wurden zunächst als Management Information Systems (MIS) und später als Decision Support Systems (DSS) bezeichnet.[114]

Zwischen Unternehmensplanspielen und computergestützten Systemen zur Entscheidungsunterstützung besteht eine wechselseitige Beziehung. Zum einen werden Planspiele mit solchen Systemen ausgestattet, um deren Anwendung trainieren zu können, zum anderen werden Planspiele in Laborexperimenten eingesetzt, um verschiedene Fragestellungen aus der MIS/DSS-Forschung empirisch zu untersuchen.[115]

Hier soll im folgenden die Möglichkeit betrachtet werden, Unternehmensplanspiele mit entscheidungsunterstützenden Systemen auszustatten.[116] Dabei können grundsätzlich zwei Formen unterschieden werden. Die Entscheidungshilfen können **separat** konzipiert werden, oder in das Programm zur Eingabe der Entscheidungen **integriert** werden.

Separate Entscheidungshilfen entstanden aus den üblicherweise bei nicht-interaktiven Spielen verwendeten Entscheidungsformularen. Dabei handelte es sich oft um Umsetzungen der Formulare in einfache Rechenblätter für ein Tabellenkalkulationsprogramm. Für interaktiv betriebene Planspiele lassen sich neben den vorwiegend verwendeten Tabellenkalkulationssystemen auch Statistik- und Optimierungsprogramme einsetzen, die direkt auf vom Planspiel erzeugte Daten zugreifen. Möglich sind aber auch Systeme, die auf den gesamten vom Planspiel verwalteten Datenbestand Zugriff haben.

Ein sehr komplexes Unternehmensplanspiel mit umfangreichen, im Dialog zugänglichen Entscheidungshilfen wurde schon sehr früh bei IBM unter dem Namen ORBYD (Operations Research by Doing) entwickelt.[117] ORBYD besteht aus zwei Hauptkomponenten: Dem Simulationsmodell, das einem herkömmlichen Unternehmensplanspiel entspricht, und dem Informationssystem. Mit dessen Hilfe können die Teilnehmer auf alle unternehmensspezifischen Rohdaten zugreifen und sich verschiedener, in einer Methodenbank gespeicherter mathematischer und betriebswirtschaftlicher Methoden bedienen.

---

[114] Zur Definition und Abgrenzung dieser Begriffe vgl. *Keen, P.W.G./Scott Morton, M.S.*:Decision Support Systems, 1978, S. 1-3.
[115] Vgl. zum Einsatz des Planspiels für die MIS/DSS-Forschung z. B. *Ein-Dor, P./Segev, E.*: Attitudes, 1986.
[116] Diese Idee wird schon sehr früh erwähnt bei *Kibbee, J.M./Craft, C.J./Nanus, B.*: Management Games, 1961, S. 47.
[117] Vgl. hierzu und zum folgenden *Fasshauer, R./Wurzbacher, W.*: ORBYD, 1973.

Moderne Software-Werkzeuge wie z. B. Planungssprachen[118] oder spezielle Analyse- und Berichtssysteme lassen sich ebenso zur Erstellung von Entscheidungshilfen für Planspiele verwenden. Beispielsweise ließe sich das in Abschnitt 4.4.2 angesprochene System TZ-Info auch als Entscheidungshilfe für die Teilnehmer eines Planspiels nutzen. Ein weiteres Beispiel ist das von Werner auf der Basis von pcEXPRESS entwickelte System aMAdEUS.[119] Mit diesem System können die Teilnehmer des Planspiels PUMA[120] u. a. aus ihren Daten Berichte erzeugen, Kennzahlen abrufen sowie Risiko- und Portfolio-Analysen durchführen und grafisch darstellen lassen.

Möchte man interaktive Planspiele mit separaten Entscheidungshilfen betreiben, muß eine Schnittstelle für den Datenaustausch geschaffen werden, so daß aus den Planspieldaten Eingabedateien für die verwendeten Programme erzeugt werden können. Ansonsten müßte der Datentransfer jeweils durch manuelle Eingaben erfolgen.

Wird bei der Realisierung der DSS-Komponente auf gängige Standard-Software zurückgegriffen, so bietet dies den Vorteil, daß zur Entscheidungsvorbereitung genau die Werkzeuge eingesetzt werden, die auch in der Realität vorliegen. Nachteilig ist dagegen, daß die Teilnehmer die benutzte Software bereits kennen oder sich während des Spielverlaufes damit vertraut machen müssen. Falls das betreffende Planspiel auch anderen Anwendern zugänglich gemacht werden soll, müssen diese ebenfalls über die verwendeten Programme verfügen. Aus der Sicht der Teilnehmer kommt hinzu, daß mit separaten Entscheidungshilfen vorwiegend mit Daten abgelaufener Perioden gearbeitet wird, während mit integrierten Systemen auch schon vor Abschluß einer Planspielrunde Rückmeldungen gewährt werden können. Schließlich erfordern separate Konzeptionen einen ständigen Wechsel zwischen Eingabeprogramm und der für die Entscheidungshilfe verwendeten Software.

Ein Beispiel für ein integriertes System zur Entscheidungsunterstützung wurde am Lehrstuhl von Schiemenz auf der Grundlage des bekannten Unternehmensplanspiels TOPIC von IBM entwickelt. Mit diesem System lassen sich die Spielerentscheidungen eingegeben. Außerdem stehen verschiedene Module eines DSS zur Verfügung, die von den Teilnehmern bei der Entscheidungsfindung verwendet werden können. Im einzelnen sind dies Module für kurz-, mittel- und langfristige Planungen, Absatzprognosen, Optimierungsrechnungen mit Hilfe von Suchverfahren und Abfragen einer Datenbank mit den Daten aller beteiligten Unternehmen. Die Module sind mit Hilfe des integrierten Programmpaketes Open Access auf einem PC implementiert. Zusätzlich ist ein Hilfsmodul mit Hilfen zu den einzelnen Menüoptionen, Eingabefeldern sowie allgemeinen Informationen realisiert.[121]

---

[118] Planungssprachen sind spezielle, interaktiv nutzbare Programmiersprachen mit nichtprozeduralen Elementen und einem Grundstock von Methoden für den jeweiligen Einsatzbereich. Vgl. *Mertens, P./Griese, J.*: Informationsverarbeitung 2, 1991, S. 40.
[119] Vgl. *Werner, L.*: Entscheidungsunterstützungssysteme, 1992.
[120] Vgl. *Bloech, J./Rüscher, H.*: PUMA, 1990.
[121] Vgl. zu diesem System *Schiemenz, B.*: Simulation, 1990.

Integrierte Entscheidungshilfen zu einem Planspiel erleichtern die software-technische Handhabung durch die Teilnehmer erheblich. Ihre Erstellung ist allerdings i. d. R. mit höherem Aufwand verbunden.

Trotz der bisher erörterten Vorteile von computergestützten Entscheidungshilfen stellt sich auch hier wieder die Frage nach ihrer pädagogischen Eignung. Keys et al. untersuchten in einem Experiment, inwiefern sich der Einsatz eines DSS auf die Ergebnisse und die Einstellung der Planspielteilnehmer auswirkt.[122] Zu einem Gesamtunternehmensplanspiel mit 14 Entscheidungsvariablen wurde ein Satz von Rechenblättern für ein Tabellenkalkulationsprogramm entwickelt, mit dessen Hilfe die Absatz-, Produktions- und Finanzplanung durchgeführt werden konnte. Die Teilnehmer wurden in zwei Gruppen eingeteilt, von denen eine mit und die andere ohne das DSS arbeitete. Die Gruppe mit DSS unterschied sich von der Kontrollgruppe vor allem durch folgende Merkmale:

1. positivere Einstellung gegenüber dem Planspiel,
2. Tendenz zu höherem Planungsaufwand,
3. besseres Verständnis des Planungsprozesses und der Beziehungen im Planspiel,
4. Tendenz zu besseren Ergebnissen.

Die ersten drei Merkmale wurden durch einen Fragebogen erhoben; der Vergleich der Ergebnisse beruht auf einer Varianzanalyse der Eigenkapitalrentabilitäten pro Quartal.[123]

Als Fazit dieses Abschnitts läßt sich sagen, daß die computerunterstützte Entscheidungsfindung auch im Rahmen von Planspielveranstaltungen sinnvoll ist. Solche Entscheidungshilfen erlauben die Handhabung sehr komplexer Planspielmodelle und eröffnen somit eine stärker auf den gesamten Planungszusammenhang ausgerichtete Perspektive. Gleichwohl sind solche Systeme kein Selbstzweck, so daß die Auswahl der zur Verfügung gestellten Methoden sorgfältig im Hinblick auf die verfolgten Lernziele getroffen werden muß.

5.4 Eignung eines computergestützten Unternehmensplanspiels zur Vermittlung der Einzelkosten- und Deckungsbeitragsrechnung

Die KLR kann als ein Gebiet bezeichnet werden, in dem Details, wie z. B. einzelne Rechentechniken, relativ einfach vermittelt und verstanden werden können. Es bereitet jedoch Probleme, die zumeist isoliert erworbenen Kenntnisse miteinander in Beziehung zu setzen und auf praktische Problemstellungen anzuwenden. Die Verknüpfung der einzelnen Bausteine ist aber eine notwendige Voraussetzung, um betriebswirtschaftliche Problemstellungen lösen zu können.[124]

Für die Vermittlung der KLR ist im betriebswirtschaftlichen Hochschulunterricht die Vorlesung immer noch die dominierende Veranstaltungsform. Zur Vertiefung des Lernstoffes werden überwiegend Übungsaufgaben eingesetzt. Die folgenden Argumente zei-

---

[122] Vgl. *Keys, B. et al.*: Decision Support Package, 1988.
[123] Vgl. *Keys, B. et al.*: Decision Support Package, 1988, S. 444.
[124] Vgl. *Schellhaas, K.-U.*: Lernmedien, 1992, S. 270.

gen jedoch, daß eine Ergänzung der Vorlesungen durch Unternehmensplanspiele einige Vorteile verspricht.

Gerade wenn verschiedene, isoliert erworbene Kenntnisse zu einem sinnvollen Ganzen zusammengefügt werden sollen, bietet sich der Einsatz von Unternehmensplanspielen an, denn ein Planspielmodell vermag die in der Realität vorherrschende Komplexität wesentlich besser anzunähern als einzelne mathematische Überlegungen oder Übungsaufgaben.

Bei der Anwendung der EK&DBR kann nicht schematisch vorgegangen werden. Stattdessen ist die individuelle Interpretation einzelner Entscheidungssituationen notwendig. Mit einem Unternehmensplanspiel können solche Situationen erzeugt werden, so daß die Auswahl und der Einsatz der methodischen Instrumente der EK&DBR an vielfältigen Beispielen geübt werden kann.

Für Studenten der Betriebswirtschaftslehre sind Erfahrungen mit Systemen der Teilkostenrechnung insbesondere auch deshalb von Bedeutung, weil Fehlentscheidungen auf der Grundlage von Teilkosteninformationen häufig auf eine falsche Anwendung der Prinzipien dieser Systeme zurückzuführen sind.[125] Werden bei der Teilnahme an einem Unternehmensplanspiel solche Fehler gemacht, so hat dies keine existenzbedrohenden Konsequenzen für eine reale Unternehmung. Den betreffenden Teilnehmern bietet sich jedoch die Möglichkeit, aus den gemachten Fehlern zu lernen und sie im späteren Berufsleben u. U. zu vermeiden.

Im Gegensatz zu anderen Systemen der KLR wird in der EK&DBR der Aspekt unterschiedlicher Fristigkeitsgrade von Planungsproblemen besonders akzentuiert. Durch den dynamischen Charakter eines Unternehmensplanspiels läßt sich die zeitliche Differenzierung der Kosten nach ihrer Abbaubarkeit besser als mit Fallstudien oder Übungsaufgaben illustrieren.

Weiterhin erfolgt der Einsatz der KLR i. d. R. in einem Entscheidungsumfeld, das durch Unsicherheit gekennzeichnet ist. Im Rahmen der Ausbildung wäre es vorteilhaft, die Unsicherheit und ihre Konsequenzen für die Arbeit mit einem System der KLR zu behandeln. Hierzu bieten weder Übungsaufgaben noch Fallstudien ausreichende Möglichkeiten. Durch interne Zufallsmechanismen und die für die Gruppen quasi-stochastischen Entscheidungen der anderen Teilnehmer kann dagegen mit einem Unternehmensplanspiel die in der Realität vorherrschende Unsicherheit zumindest ansatzweise modelliert werden.

Schließlich sind auch die Wirkungen von Unternehmensplanspielen auf die Motivation der Teilnehmer zu berücksichtigen. Da die Teilnehmer eines Unternehmensplanspiels aktiv und somit in das Lerngeschehen miteinbezogen werden, kann von einer erhöhten

---

[125] Vgl. *Kilger, W.*: Plankostenrechnung, 1988, S. 771; *Hummel, S./Männel, W.*: Kostenrechnung 2, 1983, S. 98; *Riebel, P.*: Gefahren, 1974, S. 521 ff. [378 ff.].

Motivation ausgegangen werden. Auch die Wettbewerbssituation kann positiv auf die Motivation wirken.[126]

Zusammenfassend kann festgehalten werden, daß der Einsatz eines Unternehmensplanspieles für das hier behandelte Themengebiet sehr geeignet erscheint. Dies gilt vor allem dann, wenn gezeigt werden soll, wie sich mit der EK&DBR Planungs-, Steuerungs- und Kontrollaufgaben wahrnehmen lassen. Allerdings muß beachtet werden, daß mit dem Planspieleinsatz i. d. R. ein erheblich höherer Aufwand bei der Durchführung einer Lehrveranstaltung verbunden ist. Ob sich dieser Aufwand lohnt, muß individuell abgewogen werden.

Zusätzlich zu den Vorteilen eines Unternehmensplanspiels zur EK&DBR für Ausbildungszwecke bietet sich auch ein Einsatz zu experimentellen Zwecken an. Beispielsweise können so wertvolle Hinweise gewonnen werden, inwiefern

- die gebotenen Informationen genutzt werden und
- ob es Informationen gibt, die benötigt, aber nicht bereitgestellt werden.

Auf diese Weise ließe sich das Planspiel dazu nutzen, Art und Umfang der bei der praktischen Anwendung der EK&DBR gewünschten Informationen näher zu spezifizieren.

---

[126] Bisher fehlen allerdings genauere Aussagen zu den Ursachen motivationaler Wirkungen von Unternehmensplanspielen. Vgl. *Wolfe, J.*: Teaching Effectiveness, 1985, S. 278 f. Zu neueren Ergebnissen vgl. auch Schunck, A.: *Schunck, A.*: Jeans-Fabrik, 1992.

6 Konzeption der Planspielsoftware

6.1 Vorüberlegungen

6.1.1 Ableitung von Anforderungen

Bevor näher auf die fachdidaktischen Anforderungen an das zu erstellende Unternehmensplanspiel eingegangen wird, soll zunächst die mit dem Planspiel verfolgte Intention grob umrissen werden. Zielsetzung des Unternehmensplanspiels ist die Vermittlung der EK&DBR durch das Arbeiten mit einer simulierten Unternehmung, wobei der Schwerpunkt auf dem Treffen von Entscheidungen liegt, die durch Analysen von Daten aus der KLR vorzubereiten sind.

Bei der Gestaltung eines Unternehmensplanspiels ist es notwendig, eine Reihe von Grundsatzentscheidungen zu treffen. Für das einem Unternehmensplanspiel zugrundeliegende Modell muß stets ein Kompromiß bezüglich der Komplexität gefunden werden.[1] Einerseits ist eine hohe Komplexität wünschenswert, weil damit eine höhere Realitätsnähe erreicht werden kann. Andererseits besteht bei zu hoher Komplexität die Gefahr, daß die Teilnehmer überfordert werden und sich dadurch die gewünschten Lernerfolge nicht einstellen können. Weitere Grundsatzentscheidungen betreffen z. B. die Wahl einer bestimmten Branche und der schwerpunktmäßig zu behandelnden Funktionsbereiche.

Flexible Planspiele zeichnen sich dadurch aus, daß diese Grundsatzentscheidungen nicht bereits fest im Planspielprogramm verankert sind, sondern durch den Spielleiter beeinflußt werden können. Jedoch ist diese Flexibilität bei vielen Planspielen weniger stark ausgeprägt als erwünscht.[2]

Je größer die Flexibilität eines Planspiels ist, desto eher wird es möglich, ein Planspiel an die Bedürfnisse unterschiedlicher Zielgruppen anzupassen. Zeitlich gesehen kann dies **vor Beginn** (grundsätzliche Auswahl von Branche, Funktionsbereichen etc.) und **während** einer Planspielveranstaltung (Erhöhung des Umfangs der zu treffenden Entscheidungen, Einführung zusätzlicher Produkte oder Märkte im Zeitablauf etc.) geschehen.

Bereits in Abschnitt 5.3.3 wurde auf den immer stärker zu beobachtenden Trend hingewiesen, computergestützte Unternehmensplanspiele durch Systeme zur Entscheidungsunterstützung zu ergänzen. Auch bei der Verwendung solcher Systeme ist es wünschenswert, den Zeitpunkt und Umfang des Einsatzes dieser Hilfsmittel flexibel bestimmen zu können. Bei einem Planspiel mit dem Schwerpunkt auf der Anwendung quantitativer Verfahren könnte dies beispielsweise dadurch geschehen, daß bestimmte Berechnungen zunächst von den Spielern selbst durchzuführen sind, später aber vom Rechner übernommen werden. Damit tritt die eigentliche Berechnung gegenüber der Problemstrukturierung und der Interpretation der Ergebnisse in den Hintergrund.

---

[1] Vgl. z. B. *Eisenführ, F./Puck, G.*: XPER.D, 1974, S. 594; *Fertuck, L.*: Business Game Design, 1979, S. 305.
[2] Vgl. auch *Achtenhagen, F./Preiß, P.*: Planspieleinsatz, 1991, S. 26.

Auch für ein Unternehmensplanspiel zur EK&DBR ist eine hohe Flexibilität anzustreben. Obwohl in diesem Fall mit der KLR bereits ein funktionaler Schwerpunkt festliegt, sind weitere Anpassungsmöglichkeiten sehr wichtig. Dies liegt daran, daß die KLR für die Abbildung des gesamten Unternehmensgeschehens herangezogen wird. Daher wäre es vorteilhaft, wenn sich das Unternehmensplanspiel so gestalten ließe, daß kostenrechnerische Probleme unterschiedlicher Funktionsbereiche mehr oder weniger stark betont werden können.

Kennzeichnend für die Philosophie der EK&DBR ist die problemabhängige Auswahl von Daten aus der Grundrechnung. Hierfür bieten sich im Dialog zu bedienende Entscheidungshilfen an. Auch für weitere Planungsaufgaben sollten computergestützte Entscheidungshilfen zur Verfügung gestellt werden.

Da ein dialogorientiertes Planspiel zugrunde gelegt wird, ist eine möglichst einfache Benutzerführung erforderlich. Für die Interaktion zwischen Spieler und Planspielsoftware bieten sich Auswahlmenüs an, deren Optionen sich entweder mit den Cursortasten oder einem mnemotechnisch sinnvollen Kennbuchstaben auswählen lassen.[3] Für alle einzugebenden Entscheidungen sollte ein Hilfstext mit näheren Erläuterungen abgerufen werden können. Außerdem sollten aussagefähige Fehlermeldungen erscheinen, falls ungültige Eingaben gemacht werden. Schließlich sollte die Speicherung der Unternehmensdaten so angelegt werden, daß marktgängige Tabellenkalkulations-, Grafik- und Statistikpakete in der Lage sind, die Daten weiterzuverarbeiten, um den Kreis der möglichen Auswertungen zu erweitern.

Die genannten softwaretechnischen Anforderungen können zwar weitgehend als selbstverständlich angesehen werden, sie sind jedoch leider in der Programmierung sehr zeitaufwendig und werden daher oft vernachlässigt.

6.1.2 Lösungskonzeption und Vorgehensweise

Betrachtet man die große Anzahl der Veröffentlichungen im Bereich betriebswirtschaftlicher Planspiele, so fällt auf, daß nur in wenigen Beiträgen konkrete Handlungsempfehlungen für die Gestaltung von Unternehmensplanspielen gegeben werden. Insbesondere die softwaretechnische Realisierung von Planspielen wird dabei m. E. vernachlässigt.[4] Dies ist vor allem deshalb zu kritisieren, weil die im vorangegangenen Abschnitt diskutierte und aus didaktischer Sicht wesentliche Eigenschaft eines Planspiels, nämlich dessen **Flexibilität**, maßgeblich durch die softwaretechnische Realisierung geprägt wird.

Bei der Programmierung computergestützter Unternehmensplanspiele läßt sich die Flexibilität vor allem durch einen hohen Grad der **Parametrisierung** erreichen. Dies bedeutet,

---

[3] Planspiele der vorliegenden Art werden i. d. R. nur zeitlich begrenzt eingesetzt. Daher macht sich der hauptsächliche Vorteil der Menüsteuerung, nämlich die kurze Einarbeitungszeit, besonders bemerkbar, während Nachteile, wie z. B. ein langsameres Arbeiten für geübte Systembenutzer unwesentlich sind. Vgl. zu den Vor- und Nachteilen verschiedener Möglichkeiten zur Gestaltung der Interaktion zwischen Bediener und Software *Shneiderman, B.*: User Interface, 1992, S. 70 f.

[4] Vgl. auch zur Kritik *Karcewski, S.*: Entwicklung, 1991, S. 1 f. sowie die dort genannten Vorschläge zur Software-Entwicklung für Planspiele. Beiträge zur Software-Entwicklung für Planspiele liefern ebenfalls *Moker, A.*: Entwicklung, 1978; *Fertuck, L.*: GAME, 1977.

daß die Werte bestimmter Planspielvariablen nicht im Planspielprogramm, sondern extern festgelegt werden.

Bemerkungen über die Verwendung von Parametern zur Steuerung eines Planspielmodells findet man schon sehr früh.[5] Sie beziehen sich allerdings eher auf generelle Planspiele, die auf der Basis von Idealmodellen konzipiert sind. Typische Parameter, die in solchen Spielen verändert werden, sind Konjunkturindizes, Größenordnung der Gesamtnachfrage, Kosten für Rohmaterialien etc.

Zwei Unternehmensplanspiele, bei denen die Parametrisierung besonders stark ausgeprägt ist, sind z. B. INTOP und X.PERD.[6] Mit dem IMAGINIT MANAGEMENT GAME von Barton liegt ein Unternehmensplanspiel vor, bei dem versucht wird, die gesamten, zur Beschreibung einer Branche benötigten Größen als Parameter zur Verfügung zu stellen, so daß sehr unterschiedliche industrielle Unternehmungen modelliert werden können. Unter anderem wurden Datenkonstellationen für Hersteller von Waschmaschinen, Reifen, Heim-Computern, Schreibmaschinen und Autos entwickelt. Allerdings ist dieses Modell hinsichtlich der Anzahl der Märkte auf zwei und bezüglich der Anzahl der Produkte auf eins für den ersten Markt und zwei für den zweiten Markt begrenzt.[7]

Weiterhin gibt es auch Planspiele, die die Einführung zusätzlicher Entscheidungen oder die Veränderung der Anzahl der Produkte oder Märkte im Zeitablauf zulassen, jedoch ist dies meist nur zu vorgegebenen Zeitpunkten möglich. Von der Konzeption her handelt es sich um Planspiele, die eine vom Planspielkonstrukteur fest vorgegebene Komplexitätsstufe haben, aus der der Spielleiter Ausschnitte niedrigerer Komplexität auswählen kann. Die Menge der Anpassungsmöglichkeiten ist somit auch hier relativ begrenzt.

Ein noch höherer Grad der Flexibilität von Unternehmensplanspielen läßt sich erreichen, **wenn noch sehr viel deutlicher zwischen dem der Planspielsoftware zugrundeliegenden Modell und der Beschreibung des verwendeten Beispielunternehmens getrennt wird.** Zunächst sind hierzu auf abstrakter Ebene Datenstrukturen zu definieren. Ergänzend müssen Routinen implementiert werden, die in der Lage sind, diese Struktur unabhängig von ihren Ausprägungen auszuwerten. Dies ist prinzipiell nichts anderes, als den grundsätzlichen Gedanken, der der Datenbankkonzeption oder der Trennung von Grund- und Auswertungsrechnungen zugrunde liegt, auch auf die Konzeption von Unternehmensplanspielen zu übertragen.

Ein ähnliches Vorgehen wird seit einiger Zeit auch im Bereich der Simulation unter dem Stichwort "**datengetriebene Simulationsmodelle**" diskutiert. Solche Simulationsmodelle sind besonders für Problemstellungen geeignet, bei denen die zu simulierenden Vorgänge stets eine ähnliche Struktur haben (z. B. Simulation diskreter Produktionssysteme).[8] Ein datengetriebenes Simulationsmodell zeichnet sich dadurch aus, daß alle verwendeten Variablen durch Werte aus einer Datenbank initialisiert werden. Dadurch entfällt die Not-

---

[5] Vgl. z. B. *Kibbee, J.M./Craft, C.J./Nanus, B.*: Management Games, 1961, S. 154 f.
[6] Vgl. *Thorelli, H.B./Graves, R.L.*: Simulation, 1964, insbesondere S. 270 ff. bzw. *Eisenführ, F./Puck, G.*: XPER.D, 1974, S. 594 f.
[7] Vgl. *Barton, R.F.*: Simulated Industries, 1980, S. 443.
[8] Vgl. mit einem Anwendungsbeispiel *Witte, T.*: Simulation, 1990.

wendigkeit, bei eventuellen Änderungen der Ausgangswerte das Programm neu zu kompilieren und zu binden. Es muß lediglich eine Änderung des Ausgangswertes in der Datenbank vorgenommen werden.

Auch Unternehmensplanspiele bieten eine große Zahl struktureller Gemeinsamkeiten. Welche Gemeinsamkeiten dies im einzelnen sind, hängt jedoch vom gewählten Abstraktionsgrad ab. Betrachtet man die abzubildenden Unternehmen unter institutionellen Gesichtspunkten, so haben z. B. sowohl Handelsunternehmen, Industrieunternehmen als auch Dienstleistungsunternehmen die Eigenschaft, daß sie Leistungen am Markt anbieten. Für ein Planspiel mit dem Schwerpunkt auf der KLR ist diese Sichtweise jedoch wenig ergiebig, weil die Behandlung von speziellen Problemen eine Darstellung im jeweiligen Umfeld eines Wirtschaftszweiges verlangt. Daher wird eine Einschränkung auf einen Wirtschaftszweig unumgänglich, wobei im folgenden ein allgemeines Modell einer industriellen Unternehmung zugrunde gelegt wird.

Es stellt sich nun die Frage, wie die Forderung nach einer hohen Flexibilität des Planspiels umgesetzt werden kann. Eine geeignete Möglichkeit besteht darin, die für ein solches Planspiel wesentlichen Elemente zunächst auf einer abstrakten Ebene in Form des in Abschnitt 4.2.4 vorgestellten ERM zu beschreiben. Man gelangt dann zu einer Beschreibung einer industriellen Unternehmung, mit der zwar eine gewisse Struktur festgelegt wird, nicht aber die konkrete Ausprägung der Struktur.

Dies bedeutet, daß in der Datenstruktur zwar Entity-Typen (Produkte, Materialien, Lieferanten, Maschinen, Vertriebswege etc.) und Beziehungs-Typen (Produkte werden auf Maschinen gefertigt, Lieferanten liefern Material etc.) spezifiziert werden müssen, nicht jedoch einzelne Entities oder Beziehungen.

Im Gegensatz zur Modellierung einer Datenstruktur für ein real existierendes Unternehmen kann in diesem Fall allerdings nicht auf bereits vorhandene Entity- und Beziehungstypen zurückgegriffen werden. Im Rahmen der Planspielmodellierung muß daher eine didaktisch begründete Auswahl möglicher Objekte erfolgen.

Aus der im ERM beschriebenen Datenstruktur lassen sich Tabellen für relationale Datenbanken ableiten. Durch entsprechende Einträge in den Relationen können somit z. B. die Art und Anzahl der Produkte, Lieferanten, Materialien, Absatzgebiete etc. und die zwischen diesen Entity-Typen bestehenden Beziehungen frei gewählt werden. Beispielsweise läßt sich über Einträge in einem Arbeitsplan steuern, welche Produkte auf welchen Maschinen gefertigt werden können. Auf diese Weise ist es auch möglich, im Laufe des Spieles neue Produkte oder Fertigungsverfahren einzuführen.

In einem weiteren Schritt können dann konkrete Überlegungen hinsichtlich des zu modellierenden Unternehmens getroffen werden. Erst dann sind die Ausprägungen der einzelnen Entity- und Beziehungstypen festzulegen. Mit der oben vorgeschlagenen Vorgehensweise ist es nun möglich, nahezu beliebige Unternehmen zu modellieren. Die einzige Einschränkung besteht darin, daß sich das Unternehmen auf abstrakter Ebene durch die gewählte Struktur darstellen läßt. Es ist ferner nicht zwingend, alle Möglichkeiten dieser Struktur auszuschöpfen. Ein sehr einfaches Unternehmen, z. B. eine Einproduktunternehmung mit einstufiger Fertigung und einem einzigen Absatzweg, ist immer noch als Spezialfall in der gewählten Struktur enthalten.

Ein weiterer Vorteil der vorgeschlagenen Lösungskonzeption besteht darin, daß mit der grafischen Darstellung des ERM eine Beschreibung des Unternehmens vorliegt, mit deren Hilfe sich die Teilnehmer rasch einen Überblick über "ihr" Unternehmen verschaffen können.

Neben der Festlegung einer Datenstruktur sind für die Konzeption einer allgemeinen Planspielsoftware noch weitere Überlegungen notwendig. Es muß festgelegt werden, welche Vorgänge zu simulieren sind. Hierbei läßt sich zwischen den Vorgängen, die innerhalb des Unternehmens (z. B. der Produktionsprozeß) und den Vorgängen die außerhalb des Unternehmens stattfinden (z. B. Nachfrage) unterscheiden. Weiterhin ist zu bestimmen, welche Hilfsmittel zur Entscheidungsunterstützung den Teilnehmern zur Verfügung gestellt werden sollen und wie diese zu gestalten sind. Schließlich sind Gedanken darüber notwendig, wie die für die Abwicklung eines Planspiels typischen Funktionen (Eingabe der Entscheidungen etc.) im Rahmen eines allgemeinen Modells realisiert werden können.

Aus den bisherigen Ausführungen läßt sich folgende Vorgehensweise ableiten, die den weiteren Aufbau der Arbeit bestimmt:

1) Ableitung von Datenstrukturen

Im Abschnitt 6.2 soll mit Hilfe des ERM eine Datenstruktur entworfen werden, die es ermöglicht, unterschiedliche Industrieunternehmen abzubilden. Hierbei wird nach der in der Literatur vorwiegend verwendeten Einteilung eines Industrieunternehmens in verschiedene Funktionsbereiche vorgegangen. Einen Überblick über diese Funktionsbereiche sowie über die Beziehungen der Industrieunternehmung zu Umsystemen gibt Abb. 6-1 auf der folgenden Seite.

Die Funktionen der Leistungserstellung und -verwertung (Beschaffung, Produktion und Absatz) nehmen eine zentrale Stellung in der Abbildung ein. Diese drei Funktionsbereiche und der Bereich der KLR werden jeweils separat, die verbleibenden unter den sonstigen Funktionsbereichen behandelt.

2) Simulation von Beziehungen

In Abschnitt 6.3 werden Überlegungen getroffen, wie Beziehungen innerhalb des Unternehmens sowie Beziehungen zu den Umsystemen simuliert werden können. Konkret handelt es sich vor allem darum, die einzelnen Eingaben der Spieler in Wirkungen auf bestimmte Outputvariablen zu transformieren.

Dazu steht dem Konstrukteur eines Unternehmensplanspiels eine Vielzahl von Möglichkeiten zur Verfügung. Obwohl hier kein allgemeines Schema zur Entwicklung einzelner mathematischer Beziehungen gegeben werden kann, gibt es einige Überlegungen, deren

114 6 Konzeption der Planspielsoftware

Berücksichtigung die Zuverlässigkeit und Validität eines Planspielmodells erhöhen können.

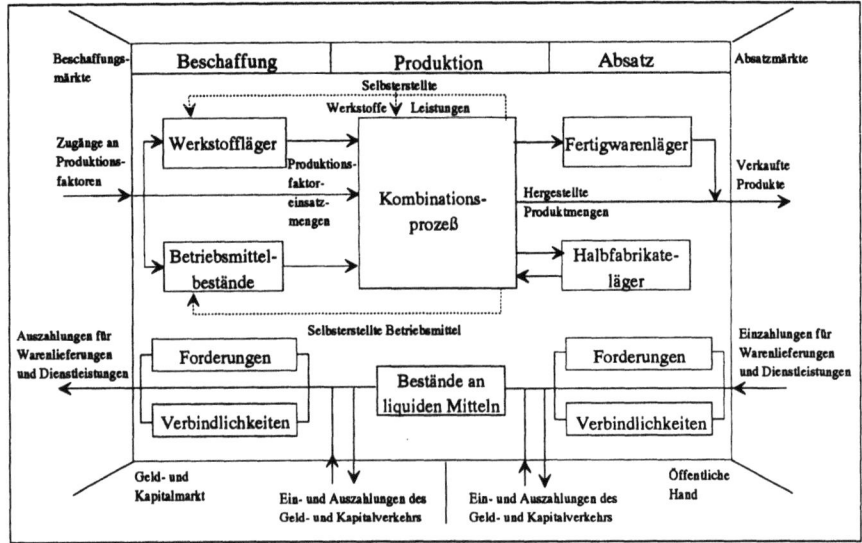

Abb. 6-1: *Die Funktionsbereiche einer Industrieunternehmung und ihre Verbindung mit Umsystemen*[9]

Bei der Modellierung sollten abschnittsweise definierte Funktionen mit Sprungstellen möglichst vermieden werden, es sei denn, sie repräsentieren reale wirtschaftliche Zusammenhänge (z. B. gestaffelte Mengenrabatte oder Schichtbetrieb). Diese Funktionen haben die Eigenschaft, daß kleine Änderungen einer Inputvariable zu großen Änderungen der Outputvariablen führen, wenn bei der Änderung der Bereich der Sprungstelle überschritten wird. Auf der anderen Seite können große Änderungen der Inputvariablen zu kleinen oder gar keinen Änderungen der Outputvariablen führen, wenn keine Sprungstelle überschritten wird. Damit entstehen Situationen, in denen unterschiedlich starke Reaktionen auf Änderungen erfolgen, die vom Spieler nicht sinnvoll interpretiert werden können. Sie lassen sich nur aus der genauen numerischen Kenntnis der unterliegenden Funktion erklären, nicht jedoch durch ökonomische Überlegungen.

Außerdem sollten Funktionen verwendet werden, die ab einer bestimmten Grenze einen Sättigungswert annehmen. So kann vermieden werden, daß unrealistische Eingaben der Spieler zu unrealistischen Ergebnissen führen.

Schließlich ist bei der Modellierung ist darauf zu achten, daß die jeweils getroffenen Annahmen durch die theoretischen Erkenntnisse der allgemeinen und speziellen Betriebs-

---

[9] Quelle: *Kilger, W.*: Einführung, 1987, S. 2. Eine ähnliche Darstellung findet sich bei *Lücke, W.*: Finanzplanung, 1965, S. 14.

wirtschaftslehre gestützt werden. Daher empfiehlt es sich, bei der Festlegung funktionaler Zusammenhänge auf empirische Untersuchungen in den entsprechenden Gebieten zurückzugreifen.

Abb. 6-2 bietet eine Übersicht über einige Funktionstypen, die für die Modellierung von Interaktionen, Zeitverzögerungen und Zufallseinflüssen herangezogen werden können.

Kategorie	Beispiel
1. Mathematische Form	
Linear in Parametern und Variablen	$Y = a_0 + a_1 X$
Nichtlinear in Variablen, linear in Parametern	$Y = a_0 + a_1 X + a_2 X^2$
Nichtlinear in Parametern, durch Transformation linearisierbar	$Y = a_0 X^{a_1} X^{a_2}$
Nichtlinear	$Y = \dfrac{\overline{Y}}{1 + e^{-(a_0 + a_1 X + a_2 X)}}$
2. Berücksichtigung von Zeitverzögerungen	
Statisch	$Y = a_0 + a_1 X$
Dynamisch	$Y = a_0 + a_1 X + (1 - a_1) Y_{t-1}$
3. Berücksichtigung von Unsicherheit	
Deterministisch	$Y = a_0 + a_1 X$
Deterministisch mit zufälligem Fehler	$Y = a_0 + a_1 X + \varepsilon$
Zufällig	$Y = p(X)$

Abb. 6-2: *Mögliche Funktionstypen für die Simulation von Beziehungen in Unternehmensplanspielen*[10]

3) Auswahl und Gestaltung der Hilfsmittel zur Entscheidungsunterstützung

Abschnitt 6.4 schließlich beschäftigt sich mit den Möglichkeiten, für die im Rahmen des Planspiels zu treffenden Entscheidungen Hilfsmittel zu konzipieren, die von den Planspielteilnehmern im Dialog genutzt werden können. Hierbei werden sowohl Hilfsmittel behandelt, die sich für Problemstellungen in den Bereichen Beschaffung, Produktion und Absatz heranziehen lassen, als auch solche, die speziell auf die EK&DBR ausgerichtet sind. Es wird die Zielsetzung verfolgt, eine umfangreiche Sammlung von Hilfsmitteln zur Verfügung zu stellen, aus denen sich einzelne für ein individuell konfiguriertes Planspiel auswählen lassen.

Weitere Punkte, die angesprochen werden, sind die Realisierung des Zugriffs auf die umfangreichen Planspieldaten und die Möglichkeiten grafischer Darstellungen zur Entscheidungsunterstützung. Obwohl der Einfluß von grafischen Darstellungen auf die Entschei-

---

[10] In Anlehnung an *Lilien, G.L./Kotler, P.*: Marketing Decision Making, 1983, S. 67.

dungsqualität im allgemeinen überschätzt wird,[11] bieten Grafiken bei bestimmten Aufgabenbereichen Vorteile. Dies ist insbesondere der Fall, wenn Tendenzen aus Zeitreihendaten erkannt werden sollen.

4) Planspielspezifische Leistungsmerkmale

Zum Leistungsumfang eines computergestützten Planspiels gehört die Bewältigung einer Reihe von administrativen Aufgaben. Beispiele hierfür sind Routinen zur Fehlerbehandlung oder zum Ein- und Auslesen der Daten der Teilnehmer. Für eine allgemein gehaltene Planspielsoftware sind insbesondere die Gestaltung der Menüs und der Eingabemasken von Bedeutung, weil sich diese an die unterschiedlichen Gegebenheiten eines konkreten Planspielmodells anpassen lassen müssen. Beispielsweise ist für unterschiedliche Beispielunternehmen i. d. R. eine andere Gruppierung der Menüoptionen notwendig.

Während die Bereiche 1) bis 3) intensiv in den Abschnitten 6.2 bis 6.4 abgehandelt werden, wurde darauf verzichtet, näher auf die Implementierung der planspielspezifischen Funktionen einzugehen. Wichtige Aspekte werden jedoch in Abschnitt 6.1.3 skizziert.

6.1.3 Anmerkungen zur softwaretechnischen Realisierung

Die Bedienung der Planspielsoftware erfolgt menügesteuert. Die einzelnen Menüoptionen und eine Beschreibung der durch die Menüauswahl auszulösenden Aktionen werden aus einer Relation eingelesen, so daß für unterschiedliche Planspiele auch unterschiedliche Menüs verwendet werden können.

Die Eingabe der Entscheidungen erfolgt über Bildschirmmasken, die vom Planspielleiter definiert werden können. Die Planspielsoftware interpretiert die gemachten Angaben zur Laufzeit. Alle einzugebenden Entscheidungen werden in einer gemeinsamen Relation gespeichert, wobei für jede Spielperiode ein Satz angelegt wird. Die Entscheidungen vergangener Runden bleiben somit stets verfügbar, so daß Runden wiederholt werden können. Damit wird es z. B. auch möglich, ab einer bestimmten Runde das Spiel neu aufzunehmen. Alle Auswertungsroutinen haben jederzeit Zugriff auf die Relation mit den Entscheidungen.

Bei der Eingabe der Entscheidungen sind u. U. gewisse Restriktionen zu beachten. Es kann z. B. sein, daß für die Eingabe eines numerischen Wertes nur ganze Zahlen zulässig sind oder daß nur Eingaben innerhalb eines gewissen Intervalls gemacht werden dürfen. Daher wird zu jeder Entscheidungsvariable eine Reihe von Integritätsbedingungen abgespeichert, die die Eingabe korrekter Werte gewährleisten. Dabei lassen sich auch Formeln definieren, mit deren Hilfe Abhängigkeiten zwischen verschiedenen Variablen berücksichtigt werden können (z. B., daß nur Abweichungen von +/- 10 % vom Wert der letzten Periode zulässig sind oder daß der Wert einer Entscheidungsvariable höchstens das x-fache des Wertes einer anderen betragen darf).

Bei der Auswahl der Programmiersprache, mit Hilfe derer die Planspielsoftware erstellt werden soll, standen vor allem folgende Kriterien im Vordergrund:

---

[11] Vgl. *Benbasat, I./Dexter, A.S./Todd, P.*: Influence, 1986, S. 67; *Gemünden, H.G.*: Impact, 1986, S. 3.

- Das fertige Programm sollte auf einem **IBM-kompatiblen PC** lauffähig sein.
- Die Sprache sollte eine **hohe Programmierproduktivität** ermöglichen, um in dem zeitlich auf zwei Jahre begrenzten Projekt ein möglichst umfangreiches System erstellen zu können.
- Die sich bei vielen Programmierprojekten als sehr aufwendig erweisenden **Arbeiten für die Gestaltung der Benutzerschnittstelle sollten möglichst gering gehalten werden**, ohne auf eine akzeptable und einfache Bedienung zu verzichten.[12]
- Für die Umsetzung der in Abschnitt 6.1.2 vorgestellten Konzeption eines datengetriebenen Simulationsmodells müssen **Zugriffe auf am relationalen Datenbankmodell orientierte Datenstrukturen** möglich sein.
- Zur Auswertung der im Rahmen der EK&DBR zu definierenden Bezugsobjekthierarchien sollte die **rekursive Programmierung** unterstützt werden, um eine natürliche Behandlung von Baumstrukturen zu gewährleisten.
- Bei der Darstellung von Informationen sollten auch **Grafiken** unterstützt werden.

Generell kommen für die Implementierung sogenannte höhere Programmiersprachen (z. B. FORTRAN, Pascal, C) in Frage. Außerdem lassen sich auch mit den handelsüblichen Tabellenkalkulationssystemen (z. B. Lotus 123, MS-Excel) und DBMS (z. B. dBase, Paradox) Planspiele erstellen.

Eine zu Beginn der Planspielentwicklung durchgeführte Abschätzung ergab, daß die Arbeiten für die Benutzeroberfläche und die Realisierung von Datenbankzugriffen einen beträchtlichen Anteil am gesamten Umfang der Planspielsoftware ausmachen. Gerade in diesen Bereichen weisen die im Leistungsumfang von DBMS für PCs enthaltenen Programmiersprachen deutliche Vorteile gegenüber den höheren Programmiersprachen auf.[13]

Von den in Frage kommenden Produkten gehört dBase aufgrund des inzwischen klassischen Dateiformats und der leistungsfähigen Programmiersprache zu den am weitesten verbreiteten.[14] Mit Clipper 5.01 wurde ein Compiler ausgewählt, der einen erheblich erweiterten Sprachumfang der dBase-Sprache bietet und schnellere Programme erzeugt. Außerdem sind die Programme selbständig ablauffähig, so daß der Anwender nicht im Besitz von dBase sein muß. Weitere Besonderheiten sind die Unterstützung der Datenkapselung bei der Variablendeklaration und die Möglichkeiten zur Definition mehrdimensionaler Arrays, deren Elemente Zeiger auf andere Arrays sein können. Ferner können auch in Assembler oder C geschriebene Routinen über eine Schnittstelle eingebunden werden. In der derzeitigen Version von Clipper sind erste Schritte zur Unterstützung der objektorientierten Programmierung realisiert, die insbesondere für die Programmierung der Benutzeroberfläche von Bedeutung sind. Es existieren vorgegebene Klassen zum editieren von Tabellen, zur Dateneingabe am Bildschirm und zur Behandlung von Fehlern.

---

[12] Vgl. hierzu auch die Ausführungen in Abschnitt 6.1.2.
[13] Vgl. z. B. *Misra, S.K./Jalics, P.J.*: Software Development, 1988, S. 14.
[14] Vgl. auch *Schnapp, M.*: xBase, 1991, S. 131.

Neben diesen Vorteilen müssen auch einige Nachteile in Kauf genommen werden. So ist Clipper zwar an das relationale Datenbankmodell angelehnt, unterstützt dieses jedoch nicht in vollem Umfang. Insbesondere werden keine Mechanismen zur Erhaltung der referentiellen Integrität zur Verfügung gestellt. Löscht man beispielsweise einen Satz in einer Relation mit Aufträgen, so muß der Programmierer dafür Sorge tragen, daß auch die dazugehörigen Auftragspositionen gelöscht werden.

Außerdem fehlen in Clipper Routinen zur Erstellung von Grafiken. Daher wurde mit Flipper 5.0 eine ergänzende Funktionsbibliothek verwendet, die umfangreiche Unterstützung für die Programmierung von Grafiken bietet.

Das Programm, mit dessen Hilfe die Spieler ihre Entscheidungen vorbereiten und eingeben sollen, besteht aus mehr als 10.000 Zeilen Quell-Code. Die minimalen Hardwareanforderungen sind eine Festplatte (20 MB) und 590 KB freier Arbeitsspeicher. Empfehlenswert ist der Einsatz eines Rechners mit einem leistungsfähigen Prozessor (80386 oder größer) und einer VGA-Grafikkarte. Zusätzliche Software wird nicht benötigt.

6.2 Modellierung von Datenstrukturen

6.2.1 Produktion

Vereinfacht läßt sich der Funktionsbereich "**Produktion**" als ein Subsystem der Unternehmung auffassen, in dem ein bestimmter Input von Repetier- und Potentialfaktoren durch einen Kombinationsprozeß in einen bestimmten Output, nämlich Halb- und Fertigfabrikate, transformiert wird.[15] In der folgenden Aufzählung werden typische Charakteristika dieses Subsystems genannt, die zugleich als Grundannahmen für die Modellierung der Datenstrukturen des Produktionsbereichs dienen sollen.[16]

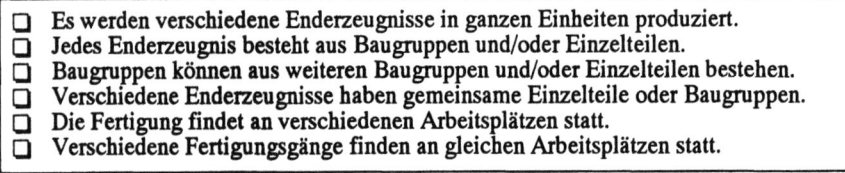

- ☐ Es werden verschiedene Enderzeugnisse in ganzen Einheiten produziert.
- ☐ Jedes Enderzeugnis besteht aus Baugruppen und/oder Einzelteilen.
- ☐ Baugruppen können aus weiteren Baugruppen und/oder Einzelteilen bestehen.
- ☐ Verschiedene Enderzeugnisse haben gemeinsame Einzelteile oder Baugruppen.
- ☐ Die Fertigung findet an verschiedenen Arbeitsplätzen statt.
- ☐ Verschiedene Fertigungsgänge finden an gleichen Arbeitsplätzen statt.

Abb. 6-3: Grundannahmen zur Gestaltung des Produktionssubsystems

Der durch diese Aufzählung in abstrakter Weise beschriebene Gegenstandsbereich soll nun in ein mit Hilfe des ERM zu erstellendes konzeptuelles Modell überführt werden.[17] Dabei wird auf verschiedene Arbeiten zurückgegriffen, die sich mit der semantischen

---

[15] Vgl. *Gutenberg, E.*: Produktion, 1983, S. 298; *Zäpfel, G.*: Produktionswirtschaft, 1982, S. 2.
[16] Vgl. auch den ähnlichen Katalog bei *Partridge, S.E./Sculli, D./Wong, S.H.*: Management Games, 1984, S. 330 f.
[17] Vgl. zu dieser Vorgehensweise Abschnitt 4.2.4 und insbesondere die dortige Abb. 4-4.

Datenmodellierung des Produktionsbereichs befassen.[18] Bei der Modellierung werden jedoch Strukturen, die für das Planspiel unerheblich sind, vereinfacht oder weggelassen.

Wesentliche, in der Liste enthaltene Entity-Typen sind Enderzeugnisse (Produkte), Baugruppen und Einzelteile. Diese sollen im folgenden unter der allgemeinen Bezeichnung Teil zusammengefaßt werden. Vom jeweiligen Unternehmen selbst gefertigte Teile werden auch als Eigenteile, von anderem Unternehmen bezogene Teile als Fremdteile bezeichnet. Weiterhin ist zu unterscheiden, ob ein Teil am Markt angeboten wird, oder ob es lediglich als Komponente in am Markt angebotene Güter eingeht. Am Markt angebotene Güter lassen sich auch als Artikel oder Verkaufsteil bezeichnen. I. d. R. handelt es sich bei den Enderzeugnissen auch um Verkaufsteile, aber auch andere Eigenteile und sogar Fremdteile können Verkaufsteile sein, wenn sie z. B. als Ersatzteil oder Handelsware angeboten werden.

Für die Datenmodellierung sind diese Unterscheidungen deshalb von Bedeutung, weil die Attribute der Entity-Typen jeweils unterschiedlich sind. Z. B. benötigen nur Verkaufsteile ein Attribut "Verkaufspreis". Lediglich für Eigenteile sind Angaben über die Losgröße und Vorlaufzeiten notwendig. Dennoch haben auch alle Teile gemeinsame Attribute, z. B. eine Teilenummer und eine Teilebezeichnung. Unter Verwendung des Konstruktionsoperators der Generalisierung läßt sich daher der Entity-Typ Teil gewinnen.[19] Dies ist in der folgenden Abbildung dargestellt:

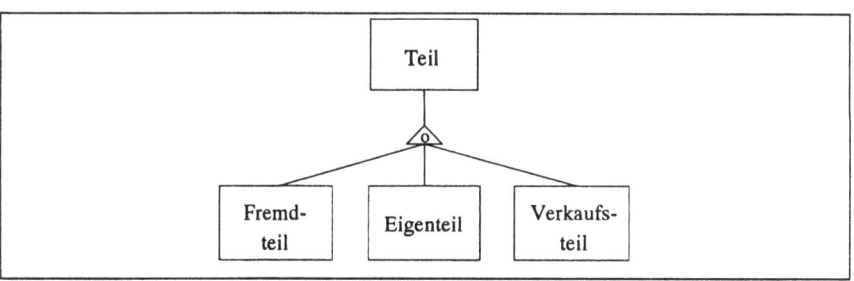

Abb. 6-4: Gewinnung des Entity-Typs Teil durch Anwendung der Generalisierung

Für diejenigen Teile, die sich aus anderen Teilen zusammensetzen, sind Informationen über die jeweiligen mengenmäßigen Einsatzverhältnisse zu speichern. Diese Informationen werden als **Stücklisten** bezeichnet.[20] Zur Darstellung von Stücklisteninformationen gibt es verschiedene Möglichkeiten. Eine sehr übersichtliche Darstellung ist ein Erzeugnisbaum, wie er in der folgenden Abbildung gezeigt wird.

---

[18] Vgl. *Scheer, A.-W.*: Wirtschaftsinformatik, 1990, S. 74-259; *Giard, V.*: Gestion, 1988, S. 929-958; *De Brock, E.O./Remmen, F./Wortmann, J.C.*: Conceptual Model, 1990.
[19] Vgl. *Scheer, A.-W.*: Wirtschaftsinformatik, 1990, S. 86. Zu weitergehenden Betrachtungen von Subtypen des Enity-Typs Teile vgl. *De Brock, E.O./Remmen, F./Wortmann, J.C.*: Conceptual Model, 1990.
[20] Vgl. zu diesen Formen z. B. *Glaser, H./Geiger, W./Rohde, V.*: Produktionsplanung, 1991, S. 13 ff.; *Zäpfel, G.*: Produktionswirtschaft, 1982, S. 72 ff.

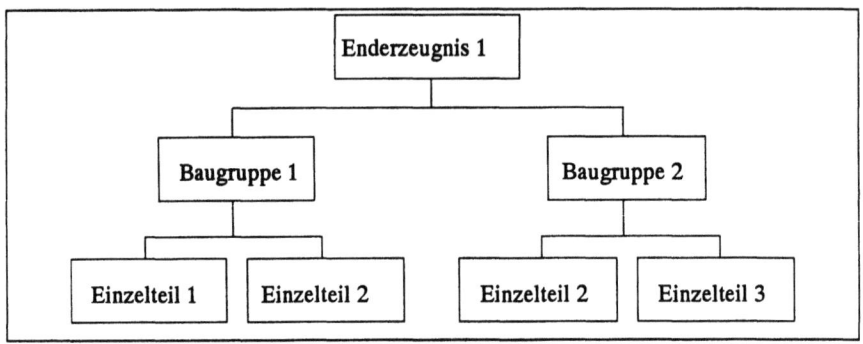

Abb. 6-5: Darstellung eines Erzeugnisbaums

Diese Struktur läßt sich mit Hilfe des ERM wie in Abb. 6-6 darstellen. Es ist ersichtlich, daß jeweils zwei Entities desselben Entity-Typs (Teil) miteinander verbunden werden. Ein Entity tritt dabei in der Rolle des Vorgängers und eines in der Rolle des Nachfolgers auf. Für die Beschreibung mit Hilfe des ERM ergibt sich somit eine rekursive Struktur.[21] Daher müssen sogenannte Rollennamen eingeführt werden, um die Rolle eines Entities näher zu spezifizieren. Es handelt sich dabei um eine n:m-Beziehung, denn ein Teil kann mehrere Vorgänger (z. B. Einzelteil 2) aber auch mehrere Nachfolger haben (z. B. Baugruppe 1).

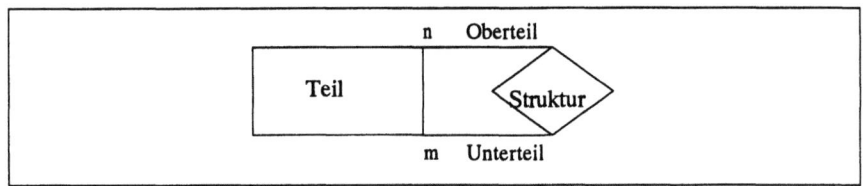

Abb. 6-6: Darstellung einer Stückliste im ERM

Speichert man Stücklisteninformationen in der in Abb. 6-6 beschriebenen Art und Weise, lassen sich daraus verschiedene Formen von Stücklisten gewinnen. Ebenso können Verwendungsnachweise, die im Gegensatz zur Stückliste angeben, für welche übergeordneten Teile das betrachtete Teil benötigt wird, erzeugt werden.[22]

Mit der Beschreibung der Stücklisten ist das **Mengengerüst** der Produktion beschrieben. Die zweite wichtige Information, die zur Erstellung eines Teils benötigt wird, ist das **Zeitgerüst** der Produktion.[23]

Informationen über die Reihenfolge und Dauer der zur Fertigung eines Teils notwendigen Arbeitsgänge werden in **Arbeitsplänen** gespeichert. In der betrieblichen Praxis ist es üblich, daß zur Fertigung eines Teils verschiedene Arbeitspläne herangezogen werden kön-

---

[21] Zu einer alternativen Modellierung der Stücklistenbeziehung in Verbindung mit Arbeitsplänen vgl. *Giard, V.*: Gestion, 1988, S. 944.
[22] Vgl. *Scheer, A.-W.*: Wirtschaftsinformatik, 1990, S. 86.
[23] Vgl. *Zäpfel, G.*: Produktionswirtschaft, 1982, S. 79.

nen. Davon soll hier abgesehen werden. I. d. R. sind mehrere Arbeitsgänge zur Fertigung eines Teils notwendig. Andererseits ist es durchaus möglich, daß für unterschiedliche Teile gleiche Arbeitsgänge anfallen. Daher wird der Arbeitsplan hier als eine n:m-Beziehung zwischen Arbeitsgang und Eigenteil modelliert.

Für den Entity-Typ Arbeitsgang ist nun weiterhin von Bedeutung, auf welcher Anlage er durchgeführt wird. Üblicherweise existieren in Unternehmungen oftmals ähnliche Anlagen, mit denen die gleichen Arbeitsgänge durchgeführt werden können. Daher werden diese Anlagen zu Betriebsmittelgruppen zusammengefaßt. Dies würde in einem ERM durch Einführung des Entity-Typs Betriebsmittelgruppe erfolgen.[24] Im Rahmen des Planspiels soll darauf jedoch verzichtet werden; es sei angenommen, daß ein bestimmter Arbeitsgang nur von einem der vorhandenen Anlagentypen erledigt werden kann. Umgekehrt ist es jedoch möglich, daß sich auf einer Anlage unterschiedliche Arbeitsgänge durchführen lassen. Daraus folgt eine 1:n-Beziehung zwischen Anlagen und Arbeitsgang. Die Darstellung der Entity-Typen Anlage, Arbeitsgang und Teil sowie der zwischen ihnen herrschenden Beziehungen im ERM geht aus Abb. 6-7 hervor.

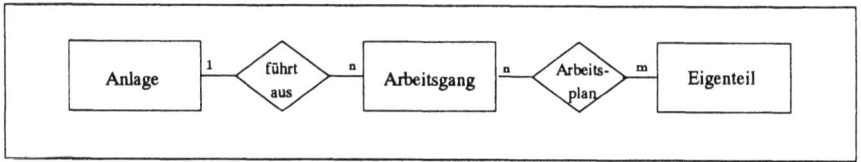

Abb. 6-7: Datenstrukturen für die Ermittlung des Zeitgerüsts im ERM

Um die vergangenen und zukünftigen Bedarfsmengen für einzelne Teile festhalten zu können, wird der Entity-Typ Teil mit dem Entity-Typ Zeit in einer n:m-Beziehung verbunden. Dies ist in Abb. 6-8 dargestellt.

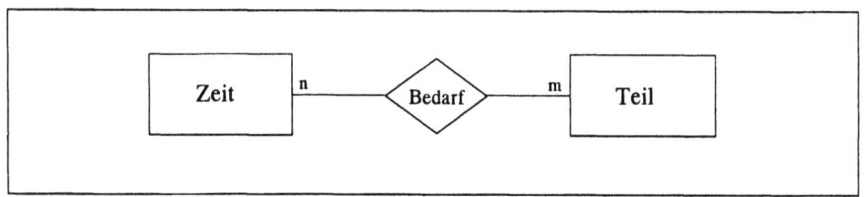

Abb. 6-8: Datenstruktur zum Speichern vergangener und zukünftiger Bedarfe

Schließlich ist noch zu berücksichtigen, daß für alle Teile prinzipiell eine Lagerhaltung möglich ist. Die Information über die Höhe des Lagerbestandes ließe sich als Attribut des Entity-Typs Teil berücksichtigen. Damit wäre jedoch ausgeschlossen, daß das gleiche Teil an verschiedenen Lagerorten gehalten wird. Daher wird der Lagerbestand als n:m-Beziehung zwischen Teil und Lagerort modelliert. Zur Darstellung dieses Sachverhalts im ERM vgl. Abb. 4-6 a) in Abschnitt 4.2.4.

---

[24] Vgl. z. B. *Scheer, A.-W.*: Wirtschaftsinformatik, 1990, S. 164 f.

Nachdem ein konzeptuelles Modell der Daten im Produktionsbereich abgeleitet ist, bestünde der nächste Schritt darin, ein konzeptuelles Schema, also Relationen im Sinne des relationalen Datenbankmodelles daraus abzuleiten. Aus Gründen der Übersichtlichkeit soll an dieser Stelle darauf verzichtet werden; die verwendeten Relationen sind im Anhang zusammengefaßt. Ebenfalls im Anhang befindet sich eine Übersicht, in der die hier einzeln abgeleiteten Datenstrukturen in ihrer Gesamtheit dargestellt werden.

6.2.2 Beschaffung und Absatz

Die **Beschaffung** ist ein weiteres Subsystem der Unternehmung. Aufgabe der Beschaffung ist es, die Versorgung der Unternehmung mit Gütern zu gewährleisten.[25] Dabei bestehen unterschiedliche Ansichten darüber, welche Güter in den Zuständigkeitsbereich der Beschaffung fallen und welche von anderen Funktionsbereichen beschafft werden sollen. Im Rahmen dieser Arbeit erfolgt dabei eine Beschränkung auf die Beschaffung von Roh-, Hilfs- und Betriebsstoffen, während die Beschaffung von Finanzmitteln, Anlagen und Personal den Funktionsbereichen Finanzierung, Investition und Personalwirtschaft vorbehalten bleibt.

Im folgenden sollen auch für den Beschaffungsbereich Datenstrukturen abgeleitet werden, wobei wieder von einer Reihe von Annahmen ausgegangen wird:[26]

- ❏ Das Unternehmen wird von verschiedenen Lieferanten beliefert.
- ❏ Jeder Lieferant kann mehrere Fremdteile liefern.
- ❏ Jedes Fremdteil kann von mehreren Lieferanten geliefert werden.
- ❏ Die Preisstellung kann mengenabhängig erfolgen.

Abb. 6-9: Grundannahmen zur Gestaltung des Beschaffungssubsystems

Als Entity-Typen im Beschaffungsbereich lassen sich zunächst die Lieferanten und die fremdbezogenen Teile nennen. Zwischen diesen besteht eine n:m-Beziehung. Vereinfachend wird hier angenommen, daß die Art und Anzahl der von einem Lieferanten angebotenen Fremdteile im Zeitablauf relativ konstant sind und nicht ständig von veränderten Angebotsbedingungen ausgegangen werden muß. Dennoch können mit der vorgeschlagenen Datenstruktur auch neue Angebotspositionen eingeführt bzw. alte gestrichen werden. Es ergibt sich die folgende Darstellung im ERM:

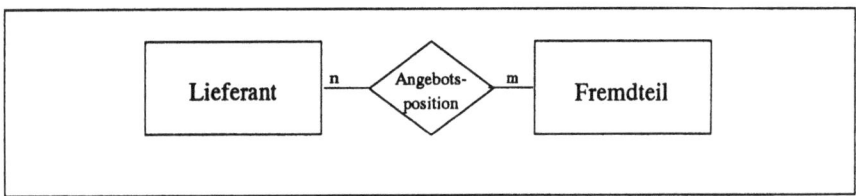

Abb. 6-10: Darstellung der Lieferbeziehungen im ERM

---

[25] Vgl. *Schweitzer, M.*: Einführung, 1973, S. 81.
[26] Zu einem ERM für den Beschaffungsbereich vgl. *Scheer, A.-W.*: Wirtschaftsinformatik, 1990, S. 319-343.

6.2 Modellierung von Datenstrukturen

Weiterhin muß zu jedem Fremdteil festgehalten werden, wann eine Bestellung aufgegeben wird, bei welchen Lieferanten dies geschieht und wieviele Mengeneinheiten bestellt werden sollen. Hierbei werden die Entity-Typen Teil, Lieferant und Zeit durch einen gemeinsamen Beziehungstyp verknüpft. Auf diese Weise lassen sich auch für die Zukunft geplante Bestellungen festhalten, die im Rahmen einer Planung mit einem über eine Periode hinausgehenden Planungshorizont ermittelt wurden.

Der **Absatzbereich** ist das Subsystem der Unternehmung, welches die Produktion mit dem Absatzmarkt verbindet. Analog zu den beiden bisher behandelten leistungswirtschaftlichen Grundfunktionen erfolgt auch hier wieder eine Modellierung der Datenstrukturen, wobei folgende Annahmen als Grundlage dienen:

- ❑ Das Unternehmen liefert an verschiedene Kunden.
- ❑ Jeder Kunde kann mehrere Verkaufsteile beziehen.
- ❑ Jedes Verkaufsteil kann an mehrere Kunden geliefert werden.
- ❑ Es existieren verschiedene Produktgruppen.
- ❑ Es existieren verschiedene Kundengruppen.
- ❑ Es existieren verschiedene Absatzgebiete.
- ❑ Es existieren verschiedene Absatzwege.
- ❑ Kundengruppen können unterschiedliche Preis- und Lieferkonditionen haben.

Abb. 6-11: Grundannahmen zur Gestaltung des Absatzsubsystems

Die Datenstrukturen des Beschaffungsbereiches und des Absatzbereiches verhalten sich in mancher Hinsicht spiegelbildlich. Dies wird offensichtlich, wenn man die Beziehungen zwischen Lieferant und Fremdteil den Beziehungen zwischen Kunde und Verkaufsteil gegenüberstellt.[27]

Während diese Beziehung für den Beschaffungsbereich durch die Annahme eines im Zeitablauf konstanten Lieferangebots vereinfacht wurde, soll für den Absatzbereich eine detailliertere Modellierung erfolgen. Dies ist erforderlich, um die aus der Sicht der KLR wesentlichen Informationen über einzelne Aufträge bereitzuhalten. Diesen Anforderungen genügt folgende Datenstruktur: Jeder Kunde kann mehrere Aufträge vergeben, die sich bezüglich des Termins bzw. der Spielperiode unterscheiden. Jeder Auftrag wiederum kann aus mehreren Auftragspositionen bestehen, wodurch eine Beziehung zu den vom Unternehmen angebotenen Verkaufsteilen hergestellt wird.[28] Diese Zusammenhänge werden in Abb. 6-12 verdeutlicht. Zu beachten ist dabei, daß der Kundenauftrag einerseits eine Beziehung zwischen einem Kunden und der Zeit repräsentiert und andererseits aus der Sicht der Auftragspositionen einen Entity-Typ darstellt.

---

[27] Vgl. *Scheer, A.-W.*: Wirtschaftsinformatik, 1990, S. 346.
[28] Vgl. *Scheer, A.-W.*: Wirtschaftsinformatik, 1990, S. 348 ff.

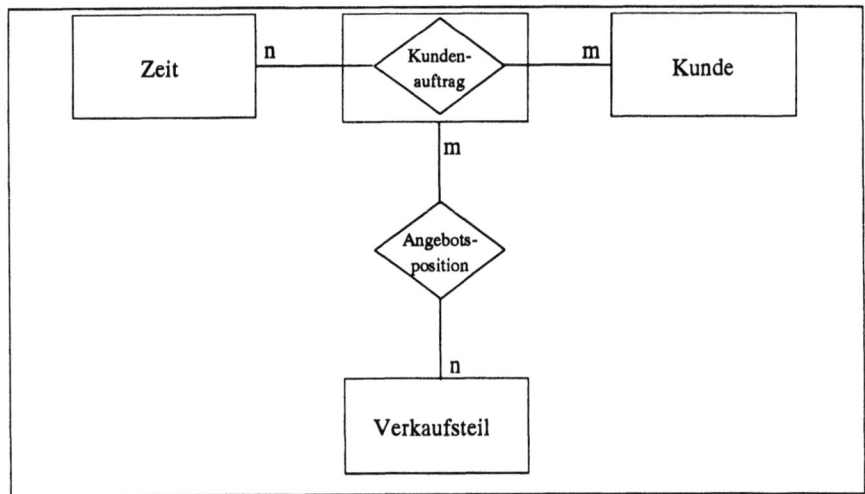

Abb. 6-12: Datenstruktur zur Speicherung von Kunden- und Auftragsdaten

Im Rahmen der Erfolgskontrolle und -analyse reicht es nicht aus, den Umsatz als gesamte Größe zu betrachten. Daher wird in der Literatur zum Marketing vorgeschlagen, den Gesamtumsatz rechnerisch zu untergliedern und sogenannten Absatzsegmenten zuzuordnen. Ein **Absatzsegment** bezeichnet dabei einen gedanklich unterscheidbaren Teilbereich der betrieblichen Marktbeziehungen und Absatztätigkeit.[29] Typische Absatzsegmente sind Kunden, Aufträge, Produkte, Absatzgebiete und Absatzwege. Absatzsegmente können als Spezialfall der in Abschnitt 3.2.2 beschriebenen Bezugsobjekte angesehen werden. Die EK&DBR mit ihrer vielseitigen Grundrechnung bietet daher gute Voraussetzungen für ein- und mehrdimensionale Absatzsegmentrechnungen. Um die Durchführung von Absatzsegmentrechnungen - also Deckungsbeitragsrechnungen für absatzwirtschaftliche Bezugsobjekte - im Planspiel demonstrieren zu können, bedarf es einer hinreichend komplexen Modellierung des Absatzbereiches.

Aus diesem Grund wird der Entity-Typ Kunde mit einem Entity-Typ Kundengruppe und einem Entity-Typ Absatzgebiet verknüpft. Weiterhin erfolgt noch eine Zuordnung der Kunden zu einem Absatzweg.[30] Es handelt sich dabei jeweils um 1:n-Beziehungen (zu einer Kundengruppe können mehrere Kunden gehören, in einem Absatzgebiet können sich mehrere Kunden befinden, ein Absatzweg bezieht sich auf mehrere Kunden). Da zu jedem Auftrag der entsprechende Kunde festgehalten wird, läßt sich jeder Auftrag einer Kundengruppe, einem Absatzgebiet und einem Absatzweg zuordnen. Schließlich können auch Produkte zu Produktgruppen zusammengefaßt werden, so daß sich eine 1:n-Bezie-

---

[29] Vgl. *Köhler, R.*: Absatzsegmentrechnung, 1991, S. 328.
[30] Ein Absatzweg wird hier als eine spezielle Form der Gruppierung von Kunden verstanden. Vgl. *Weigand, C.*: Vertriebskostenrechnung, 1989, S. 298; *Riebel, P.*: Deckungsbeitragsrechnung, 1964, S. 626 [200].

hung zwischen einer Produktgruppe und einzelnen Produkten ergibt. Auf eine grafische Darstellung dieser Zusammenhänge kann verzichtet werden.

Für die aus den Datenstrukturen des Beschaffungs- und des Absatzbereiches abgeleiteten Relationen wird wiederum auf den Anhang verwiesen.

6.2.3 Sonstige Funktionsbereiche

Neben den in den Abschnitten 6.2.1 und 6.2.2 betrachteten leistungswirtschaftlichen Grundfunktionen existiert noch eine Reihe weiterer Funktionsbereiche, die auch als Querschnittsfunktionen bezeichnet werden. Diese Querschnittsfunktionen unterstützen die Leistungserstellung und -verwertung.

Im Bereich der **Personalwirtschaft** sind Informationen über die in der Unternehmung tätigen Personen festzuhalten. Daraus läßt sich ein Entity-Typ Personal ableiten. Dieser Entity-Typ muß mit den im nächsten Abschnitt behandelten Kostenstellen verknüpft werden, damit die anfallenden Personalkosten zugeordnet werden können. Speziell für die Arbeitnehmer im Produktionsbereich muß eine Zuordnung zu den dort verwendeten Anlagen erfolgen. Im Planspiel wird dabei jeweils von einer n:1-Beziehung ausgegangen. Damit wird der Fall ausgeschlossen, daß ein Arbeitnehmer für mehrere Kostenstellen tätig ist oder mehrere Anlagen bedient. Die Arbeitnehmer werden hinsichtlich ihrer Anzahl und einer Qualifikationsklasse konkretisiert. Auf diese Weise lassen sich z. B. personelle Anpassungen an veränderte Bedingungen im Fertigungsbereich simulieren (z. B. Ersatz alter Anlagen durch neue, Ausgleich zwischen ungleichmäßig ausgelasteten Anlagen).

Bei der Betrachtung des **Rechnungswesens** wird in diesem Abschnitt nur das externe Rechnungswesen berücksichtigt, während die KLR im nächsten Abschnitt gesondert behandelt wird.[31] Der zentrale Entity-Typ in der **Finanzbuchhaltung** ist das Konto. Die verschiedenen Konten eines Unternehmens werden durch einen Kontenrahmen hierarchisch strukturiert. Demnach wäre der Entity-Typ Konto durch eine rekursive 1:n-Beziehung mit sich selbst verbunden. In der Literatur wird jedoch meist von einer n:m-Beziehung ausgegangen.[32] Diese ist dann sinnvoll, wenn u. U. mehrere Gliederungskriterien parallel zum Einsatz kommen.[33] Die Darstellung im ERM erfolgt analog zur Darstellung der Stückliste (vgl. Abb. 6-6). Für das Planspiel sind insbesondere die Erfolgskonten (Aufwands- und Ertragskonten) von Bedeutung, weil diese benötigt werden, um auf Wunsch den handels- und steuerrechtlichen Bestimmungen entsprechende Berichte erzeugen zu können.

Alle aus den in diesem Abschnitt erwähnten Entity-Typen und Beziehungs-Typen abzuleitenden Relationen sind im Anhang aufgeführt.

---

[31] Vgl. zu einem ERM für Buchhaltungssysteme, wie sie für den englischsprachigen Bereich typisch sind *Parrello, B./Overbeek, R./Lusk, E.*: Design, 1985.
[32] Vgl. z. B. *Wedekind, H.*: Strukturveränderungen, 1980, S. 670. Die n:m-Beziehung wird zwar nicht explizit erwähnt, geht aber aus der dortigen Abb. 4 hervor.
[33] Vgl. *Scheer, A.-W.*: Wirtschaftsinformatik, 1990, S. 435.

6.2.4 Datenstrukturen für die Einzelkosten- und Deckungsbeitragsrechnung

In diesem Abschnitt soll hauptsächlich die für das Planspiel zugrunde gelegte Datenstruktur der zweckpluralen Grundrechnung vorgestellt werden. Außerdem werden einige Entity-Typen eingeführt, die für die vorzunehmenden Auswertungsrechnungen notwendig sind. Zunächst sei jedoch kurz auf den bereits erwähnten Entity-Typ Kostenstelle eingegangen.

Üblicherweise wird eine Unternehmung für die Zwecke der KLR in voneinander abgegrenzte Teilbereiche untergliedert, die als Kostenstellen bezeichnet werden. Für die Planspielunternehmung wird ebenfalls eine Einteilung in Kostenstellen vorgenommen, die vornehmlich der Kostenerfassung dient. Die einzelnen Kostenstellen weisen u. U. Ober- und Unterordnungsverhältnisse auf, so daß neben dem Entity-Typ Kostenstelle ein Beziehungstyp Kostenstellenstruktur eingeführt wird. Dabei kann von einer 1:n-Beziehung ausgegangen werden.[34]

In Abschnitt 3.2.4 wurde bereits auf verschiedene Formen der Grundrechnung eingegangen. Eine urbelegggleiche Grundrechnung kommt für ein Planspiel definitionsgemäß nicht in Frage, weil ansonsten jede Einzelheit des Unternehmensprozesses zu simulieren und kostenrechnerisch abzubilden wäre. Darin kann jedoch keine didaktisch sinnvolle Lösung gesehen werden. Anders ist dies bei einer urbeleghnahen Grundrechnung. In dieser sind die gespeicherten Kostendaten bereits nach bestimmten Merkmalen vorstrukturiert. Vorgänge, die in der Realität z. B. täglich stattfinden, deren Kosten im Planspiel aber nur als aggregierte, monatliche Werte simuliert werden, lassen sich in einer urbeleghnahen Grundrechnung als temporal aggregierte Werte interpretieren. Außerdem soll eine weitere Vorstrukturierung nach Leistungs- und Bereitschaftskosten vorgenommen werden, weil sich diese Kostenkategorien stark durch die zuzuordnenden Attribute unterscheiden. Leistungs- und Bereitschaftskosten lassen sich dann als zwei neue Entity-Typen ansehen, die durch eine disjunkte Spezialisierung gewonnen werden.

Sowohl den Leistungskosten als auch den Bereitschaftskosten sind die jeweiligen Bezugsobjekte und Kostenkategorien zuzuordnen. Im Gegensatz zur Entwicklung der Datenstrukturen in den vorangegangenen Abschnitten ist es hier notwendig, dabei auch auf die Behandlung der Attribute und die Ableitung der Relationen einzugehen.

Jedem auftretenden Betrag läßt sich mindestens ein Bezugsobjekt zuordnen. Allerdings ist davon auszugehen, daß häufig sogar mehrere Bezugsobjekte zugeordnet werden können.[35] Weiterhin läßt sich ein bestimmtes Bezugsobjekt grundsätzlich mehreren Kostenbeträgen zuordnen. Demnach würde sich eine n:m-Beziehung zwischen dem Entity-Typ Leistungs- bzw. Bereitschaftskosten und dem Entity-Typ Bezugsobjekt ergeben. Jedoch werden in der Literatur auch andere Vorschläge zur Lösung dieses Problems gemacht, die kurz betrachtet werden sollen.

---

[34] Würde man unterstellen, daß mehrere Kostenstellenhierarchien parallel existieren, müßte man von einer n:m-Beziehung ausgehen.
[35] Vgl. auch Abb. 3-8 in Abschnitt 3.2.4.

In der Grundrechnung von Haun werden Leistungs- und Bereitschaftskosten als eigene Entity-Typen geführt.[36] In den daraus abgeleiteten Relationen sind die Attribute Kostenstelle, Kunde, Produkt und Projekt sowie bei den Leistungskosten noch zusätzlich Periode enthalten. Diese Form der Grundrechnung erlaubt zwar prinzipiell eine Zuordnung von Kosten zu mehreren Bezugsobjekten, jedoch gibt es einige Fälle, die sich damit nicht abbilden lassen. Kosten, die z. B. mehreren, aber nicht allen Produkten einer Produktgruppe zuzurechnen sind, können nicht erfaßt werden. Für Kosten, die nur einer Produktgruppe als Ganzes zugerechnet werden können, müßte das Bezugsobjekt Produktgruppe entweder beim Attribut Produkte oder bei einer entsprechend definierten Kostenstelle ausgewiesen werden. Ebenso müßten die einer bestimmten Kundengruppe und einem bestimmten Absatzgebiet gemeinsam zurechenbaren Kosten (z. B. Werbung) einer gesondert definierten Kostenstelle zugerechnet werden.

In der sehr abstrakten Grundrechnung von Sinzig lassen sich die Beträge der Wertgrößen mit einer Reihe verschiedener Kriterien und Bezugsobjekte versehen, wobei jedoch nicht spezifiziert wird, wieviele Attribute insgesamt gespeichert werden sollen.[37]

Einen anderen Weg, die Mehrdimensionalität der Bezugsobjekte zu erfassen, geht Brombacher.[38] Im Rahmen der Auswertung von absatzwirtschaftlich orientierten Bezugsobjekthierarchien schlägt er vor, für komplexe Bezugsobjekte (z. B. Absatzgebiet, Kunde, Produktgruppe) eigene Beziehungstypen im ERM einzuführen. Daraus resultiert eine Enumeration der komplexen Bezugsobjekte, für die dann jeweils ein Beziehungstyp eingeführt wird.

Die angesprochene Problematik verdeutlicht einen grundsätzlichen Nachteil des relationalen Datenbankmodells. Da für die erste Normalform verlangt wird, daß alle Ausprägungen der Attribute atomar sind, lassen sich Wiederholungsgruppen, also mehrere Ausprägungen des gleichen Attributes, nur in einer separaten Relation speichern. Dies führt in der Praxis zu längeren Antwortzeiten, weil die beiden Relationen über die aufwendige Join-Operation verknüpft werden müssen. Aber auch aus der Sicht der Theorie läßt sich diese Form der Speicherung kritisieren, da dies in manchen Fällen dazu führt, daß ein einzelnes Objekt durch mehrere Relationen beschrieben wird.[39]

Genau dieser Fall liegt beim Speichern von mehreren **Bezugsobjekten** zu einem Kostenbetrag vor. Um Objekte der realen Welt auch in einer Datenbank als einzelnes Objekt darstellen zu können, wurden verschiedene Vorschläge zur Konzeption sogenannter NF2-Datenbanken gemacht, bei denen die Forderung nach atomaren Ausprägungen der Attribute aufgegeben wird.[40] NF2-Datenbanken sind dadurch gekennzeichnet, daß der Inhalt eines Feldes selbst wieder eine Relation sein kann. Weil bezüglich der Definiton von

---

[36] Vgl. *Haun, P.*: Rechnungswesen, 1987, S. 95.
[37] Vgl. *Sinzig, W.*: Rechnungswesen, 1990, S. 136 ff.
[38] Vgl. *Brombacher, R.*: Entscheidungsunterstützungssysteme, 1988, S. 89 ff.
[39] Vgl. *Scholl, M.H./Schek, H.-J.*: Evolution, 1990, S. 105.
[40] Vgl. auch Abschnitt 4.2.3.

Relationen ein rekursives Prinzip zugrunde liegt, spricht man daher auch von einer geschachtelten Normalform.[41]

Die bisherigen Ausführungen legen es nahe, in den Relationen, die für die Leistungs- und Bereitschaftskosten angelegt werden müssen, auf die Einhaltung der 1. Normalform zu verzichten und die Bezugsobjekte als Wiederholungsgruppe zu speichern. Da das verwendete Datenbanksystem keine Wiederholungsgruppen unterstützt, werden mehrere Bezugsobjekte in einem einzelnen Feld aufgelistet. Die für die Auswertung eines solchen Feldes benötigten Vergleichsoperationen werden durch selbst erstellte Programmroutinen durchgeführt.

Während die Speicherung der Bezugsobjekte prinzipiell für die Leistungskosten und für die Bereitschaftskosten erfolgen muß, ergeben sich bezüglich der **Kostenkategorien** Unterschiede.[42] Da Leistungs- und Bereitschaftskosten als eigene Entity-Typen betrachtet werden, ist die Einteilung in diese beiden Gruppen auch ohne Verwendung eines Attributes gegeben. Bei beiden Entity-Typen wird die jeweilige Kostenart gespeichert. Für die Leistungskosten erfolgt eine Kennzeichnung der Haupteinflußgröße. Außerdem muß die Periode gespeichert werden, in der die Kosten angefallen sind. Bei den Bereitschaftskosten werden Beginn und Ende der Bindungsdauer festgehalten. Die Zugehörigkeit zu den Periodeneinzel- oder -gemeinkosten kann anhand des Planungszeitraums und der Angaben über die Bindungsdauer abgeleitet werden. Ein Attribut muß dafür nicht eingeführt werden.

Die Zuordnung der Bezugsobjekte zu den Kostenbeträgen wurde zwar schon diskutiert, nicht jedoch der Entity-Typ Bezugsobjekt. Die in Abschnitt 3.2.2 enthaltene Liste möglicher Bezugsobjekte verdeutlicht, daß der Entity-Typ Bezugsobjekt als Generalisierung verschiedener anderer Entity-Typen gewonnen werden kann. Dabei lassen sich sowohl einfache Bezugsobjekte als auch die sich durch Beziehungen zwischen einzelnen Bezugsobjekten (z. B. Absatzweg, Produktgruppe und Absatzgebiet) ergebenden komplexen Bezugsobjekte betrachten.[43] Da die Bildung komplexer Bezugsobjekte bereits durch die Verwendung einer Wiederholungsgruppe bei den Entity-Typen Leistungskosten und Bereitschaftskosten erfolgt, muß keine eigene Relation für den Entity-Typ Bezugsobjekt abgeleitet werden. Alle sonstigen Bezugsobjekte sind bereits in ihren speziellen Ausprägungen (z. B. als Teile, Kunden, Kundengruppen, Absatzgebiete etc.) gespeichert.

Zwar ist eine eigene Relation für die Bezugsobjekte nicht notwendig, für den sachgerechten Aufbau von Bezugsobjekthierarchien müssen jedoch Angaben über die Beziehungen zwischen den Bezugsobjekten gespeichert werden.

Zunächst müssen die Beziehungen gespeichert werden, die in dem gesamten Netzwerk der Bezugsobjekte zum Ausdruck kommen (vgl. z. B. Abb. 3-4 in Abschnitt 3.2.2). Dies

---

[41] Vgl. *Scholl, M.H./Schek, H.-J.*: Evolution, 1990, S. 103.
[42] Vgl. Abschnitt 3.2.3.
[43] Vgl. auch die Ausführungen über Kostenträger bei *Scheer, A.-W.*: Wirtschaftsinformatik, 1990, S. 471 f. Zur Überführung komplexer Bezugsobjekte in einfache vgl. auch *Sinzig, W.*: Rechnungswesen, 1990, S. 148.

erfolgt in einem (rekursiven) Beziehungstyp Netz.[44] Dabei reicht es jedoch aus, sich bei den einzelnen Einträgen in der daraus abgeleiteten Relation auf Bezugsobjektkategorien zu beschränken. Dies bedeutet, daß z. B. nicht jedes einzelne Produkt dort enthalten ist, sondern nur die globale Kategorie Produkte.[45] Außerdem genügt es, lediglich die natürlichen hierarchischen Beziehungen zu speichern. Man erhält dann einen gerichteten Graphen, aus dem sich ableiten läßt, welche Wege durch das Netz "Einbahnstraßen" sind und welche sinnvolle Verknüpfungen darstellen. Da allerdings nur direkte Wege gespeichert werden, sind weitere Überlegungen darüber notwendig, wie Unter- und Überordnungen über mehrere Ebenen geprüft werden können.

Dies kann entweder durch eine rekursive Suchroutine, die alle Nachfolger eines Bezugsobjektes angibt, oder aber mit Hilfe der Matrizenrechnung geschehen. Trägt man alle vorhandenen Bezugsobjektkategorien sowohl in den Zeilen als auch in den Spalten einer Matrix N ab, so erhält man eine quadratische Matrix, die bei entsprechender Anordnung der Zeilen die Form einer Dreiecksmatrix hat. Liegt eine natürliche hierarchische Beziehung zwischen Objekt i (Vorgänger) und j (Nachfolger) vor, so gilt $n_{ij} = 1$. Bildet man N^2, so erhält man eine Matrix, die für alle Beziehungen zwischen den Objekten i und j über zwei Stufen den Wert 1 hat. Bei K Stufen gibt N^K alle Verbindungen über K Stufen an. Bezeichnet man das Ergebnis von $\Sigma_k N^k$ mit N(K), so geben die Elemente von N(K) die Anzahl der möglichen Wege von einem Objekt i zu einem Objekt j an. Mit Hilfe dieser Matrix können alle benötigten Plausibilitätsprüfungen durchgeführt werden.

Neben diesen Informationen über die allgemeinen Beziehungen zwischen den Bezugsobjekten ist außerdem der strukturelle Aufbau einzelner Bezugsobjekthierarchien abzuspeichern. Auch hier ergibt sich wieder ein rekursiver Beziehungstyp. Gäbe es nur eine mögliche Bezugsobjekthierarchie, so könnte man prinzipiell den Vorgänger jedes Bezugsobjektes als Attribut speichern. Da die Anzahl der Bezugsobjekthierarchien jedoch beliebig ist, ist ein eigener Beziehungstyp notwendig.

Die nächste Frage betrifft die Auswertung der definierten Bezugsobjekthierarchien. Zu jeder definierten Bezugsobjekthierarchie wird eine verdichtete Grundrechnung in Form einer separaten Relation erstellt. Diese Relation enthält für jedes Element der Hierarchie einen Satz, in dem die zugehörigen Kosten, Erlöse und Deckungsbeiträge festgehalten sind. Da die Anzahl und Art der Attribute vom Anwender bestimmt werden können, ist eine eigene Relation notwendig. Man erhält eine 1:1-Beziehung zwischen der verdichteten Grundrechnung und der hier als Entity-Typ interpretierten Hierarchiestruktur. Alle Auswertungen einer Hierarchie operieren dann auf dieser Zwischendatei. Zwar könnten die Auswertungen auch direkt mit der urbelegnahen Grundrechnung gemacht werden, jedoch ergeben sich dann Probleme mit den Antwortzeiten. In der verdichteten Grundrechnung können keine Änderungen vorgenommen werden, die Daten werden nur gelesen.

---

[44] Die rekursive Beziehung würde auch in diesem Fall die Verwendung des NF^2-Datenbankmodells nahelegen. Dies ist jedoch nicht möglich, da die Schachtelungstiefe einer Bezugsobjekthierarchie im voraus unbekannt ist und nicht im Schema der NF^2-Relation festgelegt werden kann. Vgl. *Scholl, M.H./Schek, H.-J.*: Evolution, 1990, S. 106.

[45] Dies entspricht dem Grobnetz bei *Fischer, R./Rogalski, M.*: Kosten- und Erlöscontrolling, 1991, S. 41 ff.

Eine Übersicht über die für die EK&DBR benötigten Datenstrukturen gibt Abb. 6-13.

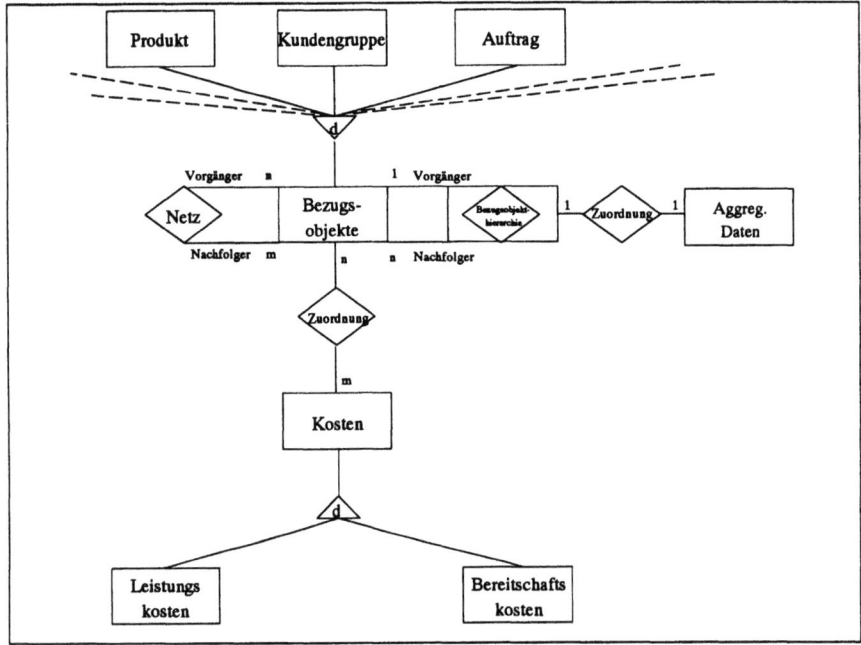

Abb. 6-13: Darstellung der Datenstrukturen für die EK&DBR im ERM

6.3 Simulation von Beziehungen

6.3.1 Beziehungen innerhalb der Unternehmung

Kennzeichnend für ein Unternehmensplanspiel ist, daß den Teilnehmern die Konsequenzen ihrer Entscheidungen sichtbar gemacht werden sollen. Daher sind die wirtschaftlichen Auswirkungen dieser Entscheidungen zu simulieren.

Was die Beziehungen innerhalb industrieller Unternehmungen betrifft, liegt der Schwerpunkt auf der Simulation der **Produktion** und der damit eng verbundenen **Lagerhaltung**. Diese beiden Bereiche sollen zunächst betrachtet werden.

Bei der Modellierung der Datenstruktur für den Produktionsbereich in Abschnitt 6.2.1 wurden Mengen- und Zeitgerüst der Produktion in Form von Stücklisten und Arbeitsplänen abgebildet. Daraus folgt die Annahme einer limitationalen Produktionsfunktion.[46]
Für die **Simulation des Produktionsprozesses** soll eine solche Produktionsfunktion angenommen werden. Dabei werden jedoch nicht alle eingesetzten Produktionsfaktoren auf

---

[46] Vgl. *Schweitzer, M.*: Einführung, 1973, S. 90; *Zäpfel, G.*: Stücklisten, 1991, S. 346.

6.3 Simulation von Beziehungen

einzelne Einheiten der zu fertigenden Produkte, sondern auch auf Quanten der zu fertigenden Produkte bezogen. Dies betrifft den Einsatz von Potentialfaktoren, deren Kapazität nicht beliebig an Änderungen der Ausbringungsmengen angepaßt werden kann.

Für die Simulation des Produktionsprozesses wird daraus folgende Vorgehensweise abgeleitet: Für jede Anlage wird zunächst geprüft, ob die erforderlichen Arbeitskräfte zur Bedienung vorhanden sind. Wenn dies der Fall ist, gilt die Anlage als einsatzbereit. Dann wird anhand der Arbeitspläne und der von den Teilnehmern geplanten Produktionsmengen geprüft, ob die Kapazität der Anlagen ausreicht, um die geplante Produktionsmenge zu fertigen. Dazu werden zwei vom Spielleiter festzulegende Parameter verwendet. Der erste Parameter gibt die maximal mögliche Kapazitätsauslastung in Prozent an. Mit diesem Parameter werden Ausfall- und Stillstandszeiten global berücksichtigt. Der zweite Parameter gibt an, um wieviel Prozent die Kapazität der betrachteten Anlage durch Überstunden maximal angepaßt werden kann. Sollte der Fall eintreten, daß trotz Anpassung der Engpaßanlagen durch Überstunden die geplante Produktionsmenge nicht gefertigt werden kann, werden die Produktionsmengen sukzessive gekürzt, bis ein zulässiges Produktionsprogramm erreicht ist. Diese Vorgehensweise bildet insofern eine Vereinfachung, als Reihenfolgeprobleme nicht berücksichtigt werden.

Weiterhin kann eine Kürzung der Produktionsmengen notwendig werden, wenn sich ein Teil aus mehreren weiteren Teilen zusammensetzt und diese zu Beginn der Periode bzw. während des Produktionsprozesses nicht zur Verfügung stehen.

Für die **Simulation der Lagerhaltung** sind einige Überlegungen über die zeitliche Abfolge von Ereignissen notwendig. Unternehmensplanspiele sind typische Beispiele für Simulationsmodelle, bei denen die Simulation von Ereignissen jeweils zu äquidistanten Zeitpunkten vorgenommen wird (fixed-increment approach).[47]

In jeder Periode ist zu prüfen, ob bestimmte Ereignisse eingetreten sind, damit die entsprechenden Veränderungen der Bestandsmengen vermerkt werden können. Dabei handelt es sich um folgende Ereignisse, die prinzipiell für jeden Satz der Relation Teil in Frage kommen:

- Lagerzugänge (aus Eigenfertigung oder Fremdbezug)
- Lagerabgänge (in die Fertigung oder zum Verkauf)

Weiterhin muß eine zeitliche Abfolge dieser Ereignisse unterstellt werden. Im Planspiel wird angenommen, daß die Zugänge von Fremdteilen und die von Eigenteilen mit einer Fertigungsdauer von mehr als einer Periode zuerst bearbeitet werden. Anschließend erfolgt die Simulation der Lagerentnahme. Daraus ergibt sich, daß der Spielleiter durch die Angabe von Lieferzeiten für die Fremdteile und von Bearbeitungszeiten in den Arbeitsplänen jede beliebige Form der zeitlichen Verzögerung erreichen kann.

Der Bereich der **Finanzierung** weist auf einer abstrakten Ebene große Ähnlichkeiten zur Lagerhaltung auf. Die Simulation von Zahlungsvorgängen geschieht daher ebenfalls auf

---

[47] Vgl. zu den grundlegenden Zeitmechanismen für Simulationsmodelle *Law, A.M./Kelton, W.D.*: Modeling, 1982, S. 4 f.

der Grundlage einer unterstellten Abfolge zeitlicher Ereignisse. Hierzu sind zunächst alle Ereignisse zu spezifizieren, die mit Zahlungen verbunden sind. Weiterhin muß zu jedem dieser Ereignisse angegeben werden, wieviele Perioden zwischen dem Eintritt des Ereignisses und dem Anfall der Zahlung verstreichen. Unterstellt man beispielsweise, daß mit der Auslieferung eines Enderzeugnisses auch gleich die Einzahlung des Umsatzerlöses anfällt, so besteht keine zeitliche Verzögerung. Wird dagegen unterstellt, daß die aus dem Verkauf entstehende Forderung erst in der nächsten Periode beglichen wird, ist für dieses Ereignis eine Verzögerung von einer Periode zu spezifizieren.

6.3.2 Beziehungen zu Umsystemen der Unternehmung

Für das vorliegende Planspiel sind vor allem die Beziehungen der Unternehmung zum Beschaffungsmarkt und zum Absatzmarkt von Bedeutung.

Für den **Beschaffungsmarkt** werden keine Konkurrenzbeziehungen angenommen. Daraus folgt, daß die Beziehungen zu den Beschaffungsmärkten durch die Entscheidungen der Spieler (Bestellungen) und durch die vom Spielleiter festzulegenden Lieferangebotsdaten determiniert werden. Sie sollen daher nicht weiter betrachtet werden.

Um Beziehungen der Unternehmung zum **Absatzmarkt** zu simulieren, bedarf es der Bestimmung von Nachfragegrößen. Zu diesem Zweck kann auf die in der Marketing-Literatur entwickelten Marktreaktionsfunktionen zurückgegriffen werden.[48] Nachfragefunktionen sind spezielle Ausprägungen von Marktreaktionsfunktionen und geben formale Zusammenhänge zwischen dem Einsatz absatzpolitischer Instrumente und der Nachfrage an.

Für die Spezifikation einer Nachfragereaktionsfunktion im Planspiel ergibt sich die Frage, welche und wieviele Bestimmungsfaktoren in die Funktion miteinzubeziehen sind. Die Auswahl der Bestimmungsfaktoren ist für die inhaltliche Plausibilität des Planspiels von hoher Relevanz. Für die softwaretechnische Realisierung ist sie jedoch von geringerer Bedeutung, weil die Anzahl der in der Marketing-Theorie vorgeschlagenen Funktionstypen zur Modellierung von Nachfragefunktionen begrenzt ist und diese Funktionstypen sehr flexibel bezüglich der Anzahl der zu berücksichtigenden Bestimmungsfaktoren sind.

Aus Raumgründen muß auf eine vertiefte Diskussion der Auswahl von Bestimmungsfaktoren der Nachfrage verzichtet werden. Aus inhaltlicher Sicht sind jedoch einige allgemeine Bemerkungen zur Modellierung der beiden Nachfragebestimmungsfaktoren notwendig, die in Unternehmensplanspielen am häufigsten verwendet werden. Dabei handelt es sich umd die Wirkungen der **Preisstellung** und der **Werbung**.

Die folgenden Überlegungen betreffen die **Preiswirkungen** in Planspielen, bei denen sich die Entscheidungen der Teilnehmer eines Planspiels gegenseitig beeinflussen. Dabei wird von einer fallenden Preis-Absatz-Funktion ausgegangen. Im Falle interdependenter Entscheidungen sind bei der Bestimmung der Nachfrage eines Unternehmens neben den eigenen auch die Verkaufspreise der anderen Unternehmen zu berücksichtigen. Dabei

---

[48] Zum Begriff der Marktreaktionsfunktion vgl. *Meffert, H.*: Marketing, 1986, S. 122.

wird üblicherweise zunächst die Nachfrage für den gesamten Markt anhand eines Durchschnittspreises bestimmt. Anschließend ist die Gesamtnachfrage auf die einzelnen Unternehmen zu verteilen, wobei die Abweichung des individuellen Preises eines Unternehmens vom Durchschnittspreis für den erhaltenen Anteil maßgeblich ist.

Bei der Ermittlung des Durchschnittspreises sollte das harmonische und nicht das arithmetische Mittel gebildet werden.[49] Der harmonische Mittelwert m_h ist wie folgt definiert:

$$m_h = \frac{n}{\sum_{i=1}^{n} \frac{1}{x_i}}$$

Die theoretische Überlegenheit des harmonischen Mittelwertes gegenüber dem arithmetischen besteht darin, daß niedrigere Preise stärker als hohe gewichtet werden. Außerdem werden Abweichungen zwischen niedrigen Preisen und dem Durchschnittspreis geringer gewichtet als die Abweichung hoher Preise vom Durchschnittspreis. Dies soll an einem kleinen Beispiel gezeigt werden. Setzen zwei Anbieter ihren Preis auf 40,-, ergibt sich bei beiden Formen des Mittelwerts ein Durchschnittspreis von 40,-. Setzt jedoch ein Anbieter seinen Preis auf 20,- und der andere auf 60,-, so ergibt sich bei Verwendung des arithmetischen Mittelwerts ebenfalls ein Durchschnittspreis von 40,-. Alle Preise gehen also mit gleichem Gewicht ein. Beim harmonischen Mittelwert ergibt sich jedoch mit 30,- ein niedrigerer Durchschnittspreis und somit eine höhere Gesamtnachfrage.

Als zweiter wesentlicher Bestimmungsfaktor der Nachfrage gelten die **Werbeanstrengungen** einer Unternehmung. Die theoretischen Bemühungen im Marketing haben zu folgender Hypothese über die Wirkungen alternativer Höhen der Werbeausgaben bei polypolistischer oder oligopolistischer Konkurrenz geführt:

Mit steigender (sinkender) Höhe des Werbebudgets für das betrachtete Produkt nimmt die Absatzmenge des Produkts bei gleichbleibendem Einsatz anderweitiger absatzpolitischer Anstrengungen des Anbieters und der Wettbewerber zu (ab). Kurzfristig wird jedoch bei einer extremen Budgetausweitung (Budgetrücknahme) eine Obergrenze (Untergrenze) der Absatzmenge nicht überschritten (unterschritten).[50]

Die Umsetzung dieser Hypothese in eine mathematische Funktion kann mit verschiedenen Funktionstypen bewerkstelligt werden. Zwei der im Marketing am häufigsten verwendeten Funktionen sind in Abb. 6-14 in allgemeiner Form skizziert. Für den hier betrachteten Fall einer Werbewirkungsfunktion steht Y für die Nachfrage und X für die effektiv wirksamen Werebausgaben. Beide Funktionstypen verlaufen S-förmig, was eine Reihe von Vorzügen bietet. Es ergeben sich jeweils Bereiche steigender, sinkender und konstanter Grenzerträge. Außerdem werden die in der Theorie vermuteten Schwellen- und Sättigungseffekte abgebildet.[51]

---

[49] Vgl. *Henshaw, R.C./Jackson, J.R.*: Executive Game, 1978, S. 118 f.; *Gold, S.C./Pray, T.F.*: Demand Functions, 1984, S. 350.
[50] *Steffenhagen, H.*: Marketing, 1988, S. 191.
[51] Vgl. *Lilien, G.L./Kotler, P.*: Marketing Decision Making, 1983, S. 76 f.; *Steffenhagen, H.*: Marketing, 1988, S. 192.

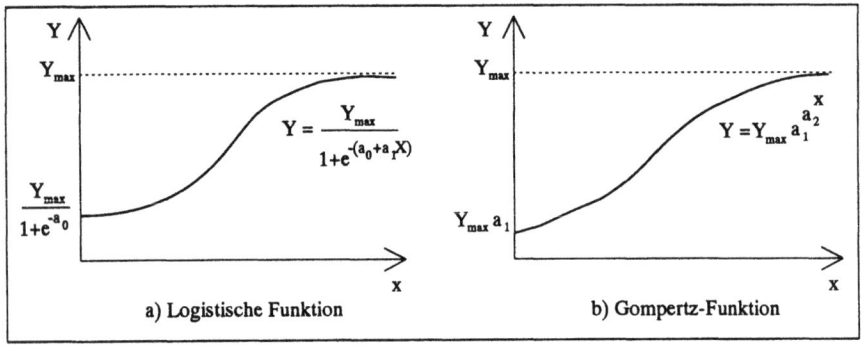

Abb. 6-14: S-förmige Funktionstypen zur Modellierung von Werbewirksamkeitsfunktionen

Ob die Werbereaktionsfunktion eine negative Steigung aufweist, wenn die Werbeausgaben weit über den Sättigungsbereich hinaus ausgeweitet werden, kann aus der Theorie nicht allgemeingültig beurteilt werden. Plausibel ist dies z. B. dann, wenn sich die Werbung in Form persönlicher Kontaktaufnahme vollzieht (z. B. durch Vertreterbesuche) und vom Nachfrager als aufdringlich empfunden wird. Jedoch konnte ein solcher Übersättigungseffekt auch bei Werbung in Druck- und Funkmedien für eine in den USA weit verbreitete Biersorte nachgewiesen werden.[52]

Wenn man bedenkt, daß insbesondere bei als Idealmodellen konzipierten Gesamtunternehmensplanspielen keine besonders detaillierten Vorstellungen über die Art der angebotenen Produkte vorliegen, so ergibt sich das Problem, daß keine zwingende Logik für eine Funktion mit bzw. ohne Übersättigungseffekte spricht. Aus didaktischer Sicht ist daher in einem solchen Fall der allgemeine Verlauf der zugrunde gelegten Werbereaktionsfunktion transparent zu machen.

Ein weiterer Gesichtspunkt der Modellierung von Nachfragereaktionsfunktionen betrifft die **Wirkungen zeitlicher Verzögerungen**. Typischerweise entfalten absatzpolitische Maßnahmen ihre Wirkung nicht sofort, sondern erst im Zeitablauf. Dieser Zusammenhang gilt mehr oder weniger stark für alle absatzpolitischen Instrumente.[53] Eine Möglichkeit, diesen Zusammenhang zu modellieren, besteht darin, die Werte, die eine Variable zu verschiedenen Zeitpunkten annimmt, zu gewichten.[54] Anstelle des aktuellen Wertes der Variable (z. B. Werbeausgaben) würde dann der geglättete Wert als Argument in die Nachfragereaktionsfunktion eingesetzt werden.

Bei der Betrachtung von Nachfragereaktionsfunktionen wird ein fundamentaler Unterschied zwischen der Simulation betriebswirtschaftlicher und technischer Systeme deutlich. Bei technischen Systemen lassen sich Reaktionen oftmals relativ genau berechnen, bei sozialen und somit auch bei betriebswirtschaftlichen Systemen spielen jedoch vielfäl-

---

[52] Vgl. *Ackoff, R.L./Emshoff, J.R.*: Advertising Research, 1975, S. 4.
[53] Zur Betrachtung zeitlicher Verzögerungen bei der Werbewirksamkeit vgl. *Forrester, J.W.*: Advertising, 1959.
[54] Hierfür bietet sich insbesondere das Verfahren der exponentiellen Glättung an. Vgl. z. B. *Hüttner, M.*: Prognoseverfahren, 1986, S. 55 f. sowie Abschnitt 6.4.2.2 dieser Arbeit.

tige menschliche Verhaltensweisen eine Rolle, die nur schwer quantifizierbar sind. Im Bereich der Nachfragereaktion muß man sich somit mit plausiblen Modellen zufrieden geben.

Für die softwaretechnische Realisierung der Nachfragebestimmung wurde folgende Vorgehensweise gewählt: Im Auswertungsprogramm sind die üblicherweise zur Bestimmung der Nachfrage verwendeten Funktionsformen (z. B. Logistische Funktion, Gompertz-Funktion etc.) als allgemeine Funktionen implementiert. Welche der Funktionen aufgerufen wird und mit welchen Parametern dies geschieht, wird durch Einträge in einer Datei festgelegt. Der entscheidende Vorteil ist, daß eine große Freiheit für die Modellierung der Nachfragephänomene besteht. Dadurch läßt sich das Planspielmodell an die Verhältnisse unterschiedlicher Branchen anpassen. Außerdem können im Rahmen der Testphase einzelne Parameter oder Funktionsaufrufe variiert werden, ohne daß das Programm kompiliert werden muß. Einige zusätzliche Hilfsprogramme unterstützen das Schätzen der Parameter für einzelne Funktionstypen. Es muß jedoch daraufhingewiesen werden, daß die eigentliche Bestimmung der Funktionsform, die für die zu simulierende Situation am besten geeignet ist, nicht von der Planspielsoftware übernommen werden kann, sondern Aufgabe des Planspielmodellierers ist. Sollte für einen konkreten Anwendungsfall ein Funktionstyp benötigt werden, der nicht implementiert ist, kann dieser auch als Formelausdruck spezifiziert werden. Dieser Formelausdruck wird dann zur Laufzeit des Programmes interpretiert und ausgewertet.

6.3.3 Abbildung der Beziehungen in der Einzelkosten- und Deckungsbeitragsrechnung

Die Erkenntnisse der Produktions- und Kostentheorie bieten die Grundlage für moderne Verfahren der Teilkostenrechnung. Sowohl bei der Grenzplankostenrechnung als auch bei der EK&DBR besteht eine enge Verbindung zur Produktions- und Kostentheorie.[55] Die Kostentheorie und KLR bedienen sich beide in hohem Maße der Abstraktion. Dies ist bei der Kostentheorie noch wesentlich stärker ausgeprägt. I. d. R. wird mit nur einer Bezugsgröße gearbeitet. Meßprobleme werden in der Kostentheorie meist ebenso wenig beachtet wie die Kosten, die nur indirekt oder gar nicht von den Ausbringungsmengen abhängen.[56] Aus diesem Grund ist für das Planspiel eine Kostenfunktion zu bestimmen, die in mancherlei Hinsicht von den in der Kostentheorie vorwiegend verwendeten abweicht.

Dabei ist insbesondere die Vielfalt der möglichen Kosteneinflußgrößen auf den verschiedensten Ebenen des Unternehmens zu berücksichtigen. In allgemeiner Darstellung läßt sich dann für die gesamten Kosten des Unternehmens (K) folgender Zusammenhang formulieren:[57]

$$K = K_F + \Sigma_i k_{vi} x_i + \Sigma_j f_j(e_j)$$

---

[55] Vgl. *Bloech, J./Lücke, W.*: Produktion, 1982, S. 181 sowie *Dellmann, K.*: Stand, 1979, S. 324 zum Verhältnis zwischen KLR und Kostentheorie.
[56] Vgl. *Bloech, J./Lücke, W.*: Produktion, 1982, S. 179.
[57] Vgl. zu ähnlichen Formulierungen *Küpper, H.-U.*: Grundlagen, 1992, S. 43; *Kloock, J.*: Erfolgsrechnungen, 1981, S. 508 ff.

In dieser Formel bezeichnet x_i die Ausbringungsmengen und k_{vi} die variablen **Einzelkosten** des Produktes i. Zusätzlich zu den Ausbringungsmengen sollen weitere Einflußgrößen betrachtet werden, die in der Gleichung mit e_j bezeichnet sind. Zu jeder Einflußgröße e_j existiert eine Funktion $f_j(e_j)$, die angibt welche Kosten auf die Existenz dieser Einflußgröße zurückgehen. Dabei kann es sich um unterschiedliche Funktionsformen handeln. K_F steht für die fixen Kosten der gesamten Unternehmung. Die beiden ersten Terme könnten ebensogut im dritten Term der Gleichung untergebracht werden, wenn man dort die Ausbringungsmengen bzw. die Existenz des Gesamtunternehmens als Einflußgröße betrachtet.

Die softwaretechnische Realisierung der Kostenfunktionen erfolgt ähnlich wie bei den Nachfragefunktionen. In einer Datei müssen alle einfachen und komplexen Bezugsobjekte festgelegt werden, denen im Rahmen des Planspiels Kosten zugerechnet werden sollen. Zu jedem Bezugsobjekt wird eine Kostenfunktion in Formelschreibweise angegeben, die als Argumente die gewünschten Einflußgrößen enthält.

Mit dieser Modellierungstechnik läßt sich eine Vielzahl von Kostenverläufen darstellen, die von einfachen proportionalen Zusammenhängen zwischen Mengen- und Kostengrößen über sprungfixe Kosten bis hin zu exponentiellen Kostenverläufen reichen. Außerdem können Kosten modelliert werden, die erst durch eine Kombination verschiedener Einflußgrößen zustandekommen.

Aus didaktischer Sicht ist bei der Wahl der Einflußgrößen darauf zu achten, daß ein möglichst großer Teil der Kosten durch die Entscheidungen der Spieler beeinflußt werden kann. Dies ist allerdings nicht in jedem Falle sinnvoll, da die Anzahl der zu treffenden Entscheidungen einerseits begrenzt werden muß und andererseits auch in nicht durch Entscheidungen beeinflußbaren Teilen des Unternehmens Kosten simuliert werden sollten, um auf plausible Kostenstrukturen zu kommen.

Die bisherigen Ausführungen über Kostenfunktionen lassen sich auch auf die Bildung von Leistungs- bzw. Erlösfunktionen übertragen. Allerdings sind im Bereich der Leistungen die Zusammenhänge besser überschaubar als im Bereich der Kosten, so daß dort im wesentlichen die von den Absatzmengen abhängigen Verkaufserlöse in Frage kommen.

6.4 Hilfsmittel zur Entscheidungsunterstützung

6.4.1 Zugriff auf den Datenbestand

Die in Abschnitt 6.2 mit Hilfe des ERM modellierten Datenstrukturen führen zu einer großen Anzahl von Relationen, in denen die Daten des Planspielunternehmens gespeichert sind. Für die Teilnehmer stellt sich nun die Frage, auf welche Art sie den vorliegenden Datenbestand einsehen und analysieren können.

Eine grundsätzliche Möglichkeit bestünde darin, den Teilnehmern eine Datenbankabfragesprache zur Verfügung zu stellen, mit der sie einen freien Zugriff auf die vorhandenen Daten haben. Nachteilig daran ist, daß in diesem Falle die Kenntnis der Bezeichnungen von Relationen und den darin enthaltenen Feldern notwendig wäre. Hinzu kommt, daß

z. T. relativ häufig benötigte Abfragen eine Verknüpfung mehrerer Relationen bedingen. Dazu wären tiefergehende Kenntnisse der verwendeten Abfragesprache notwendig. Selbst wenn man die Standardabfragesprache SQL verwenden würde, ergäbe sich die Gefahr, daß die technischen Schwierigkeiten bei der Datenanalyse überwiegen und die Beschäftigung mit den eigentlichen Inhalten des Planspiels be- oder sogar verhindern.[58] Durch das verwendete Dateiformat ergibt sich jedoch die Möglichkeit, den Datenbestand des Planspiels mit externen Programmsystemen beliebig auszuwerten.

Eine andere Möglichkeit bestünde darin, feste Bildschirmmasken zu entwerfen, auf denen die vom Planspielkonstrukteur für relevant erachteten Daten zu sehen sind. Dies führt allerdings zu einer gewissen Inflexibilität, denn abhängig von der konkreten Ausgestaltung der Spielsituation können verschiedene Daten als wesentlich angesehen werden oder unterschiedliche Sichten auf gleiche Daten sinnvoll sein.

Die Benutzerschnittstellen von Datenbanksystemen für PCs ermöglichen es i. d. R., den Inhalt einer Datei tabellarisch am Bildschirm darzustellen. Dabei lassen sich einzelne Felder mit den Cursor-Tasten ansteuern. Die bei größeren Dateien nicht sichtbaren Zeilen oder Spalten lassen sich ebenfalls durch Blättern mit den Cursor-Tasten erreichen. Die Programmroutine, die eine solche Darstellung ermöglicht, läßt sich als **Browser**[59] bezeichnen.[60] Ein solcher Browser kann auch im Planspiel zur Betrachtung einzelner Relationen verwendet werden.

Die einzelnen Relationen sind jedoch auf verschiedene Arten miteinander verknüpft, so daß häufig mehrere Relationen gleichzeitig betrachtet werden müssen, um die gewünschten Informationen zu erhalten. Z. B. müßte man nacheinander die Relationen Teil, Lieferangebot und Lieferant einsehen , um eine Antwort auf die Frage nach allen Lieferanten eines bestimmten Fremdteils zu bekommen. Daher wurde ausgehend von den im ERM unterschiedenen Arten von Beziehungen (1:1, 1:n und n:m) für das Planspiel ein weiterer Browser entwickelt, der in der Lage ist, verknüpfte Relationen tabellarisch anzuzeigen.[61] In allen angezeigten Tabellen kann sich der Anwender frei bewegen. Welche Daten in diesem Browser angezeigt werden, wird über Parameter gesteuert, die aus einer Datenbank eingelesen werden. Somit ist eine individuelle Konfiguration vor oder sogar während einer Planspielveranstaltung durch den Planspielleiter möglich.

Der grundsätzliche Aufbau dieses Browsers soll nun kurz erläutert werden. Der Bildschirm wird in drei Fensterbereiche eingeteilt (siehe Abb. 6-15).[62]

---

[58] Dies wird z.B. schon bei der relativ einfachen Auswertung deutlich, die bei *Haun, P.*: Rechnungswesen, 1987, S. 116 dargestellt ist.
[59] Das Verb "to browse" wird in der deutschsprachigen Informatik-Literatur meist mit "blättern" übersetzt. Die Übersetzung von "Browser" mit "Blätterer" erschien jedoch unpassend, weshalb der englische Begriff weiterverwendet wird.
[60] Der Begriff des Browsers wird jedoch z.T. auf die grafische Darstellung von Informationen begrenzt. Vgl. z.B. *Kurbel, K./Rautenstrauch, C.*: Navigieren, 1991, S. 615.
[61] Für die große Hilfe bei der sehr aufwendigen Entwicklung der Browse-Routine danke ich Herrn Dipl.-Kfm. Christian Meier.
[62] Zur Verwendung von einfachen und mehrfachen Fensterbereichen bei der Gestaltung von Benutzerschnittstellen vgl. insbesondere *Shneiderman, B.*: User Interfaces, 1992, S. 336-365.

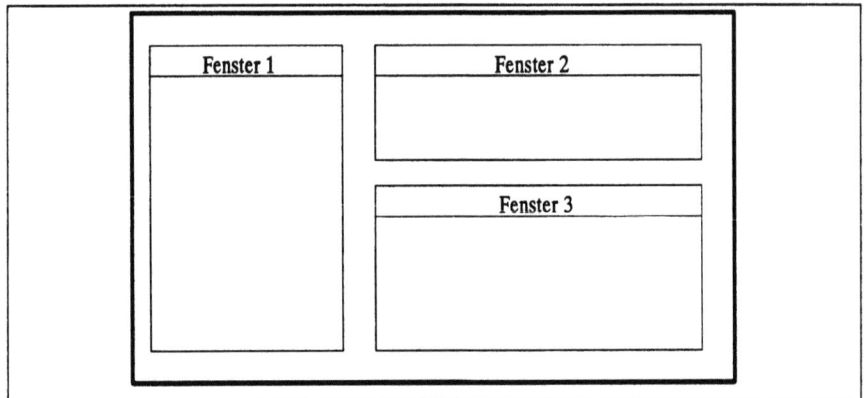

Abb. 6-15: Konzeption eines Browsers zur Darstellung verknüpfter Relationen

Diese drei Fensterbereiche können in ihrer Lage und Größe verändert werden. Die einzelnen Fensterbereiche enthalten dabei grundsätzlich folgende Informationen:

Fensterbereich 1 enthält Daten einer Relation in Form einer Liste. Diese Relation soll im folgenden als Eltern-Relation bezeichnet werden. Bei der in Abb. 6-15 dargestellten Anordnung der Fenster lassen sich nur wenige Attribute eines Satzes der Eltern-Relation anzeigen. Daher enthält **Fensterbereich 2** die Detailinformationen zum aktuellen Satz der Eltern-Relation. **Fensterbereich 3** enthält Daten einer mit der Eltern-Relation verknüpften Kind-Relation. Die Anzeige des Fensters 1 ist mit der der Fenster 2 und 3 synchronisiert, so daß beim Blättern in Fenster 1 die Daten in den Fenstern 2 und 3 automatisch aktualisiert werden. Das zweite Fenster kann auf Wunsch weggelassen werden. Wenn die Eltern- und die Kind-Relation identisch sind, handelt es sich um eine rekursive Beziehung, die ebenfalls darstellbar ist. Abb. 6-16 skizziert die angezeigten Informationen für die Fälle einer 1:n- und einer n:m-Beziehung.

Ein Beispiel für eine 1:n-Beziehung wäre die Beziehung zwischen Anlagen und Arbeitsgängen (vgl. Abb. 6-7). Im Fenster 1 könnte der Anwender dann zwischen verschiedenen Anlagen wählen, Fenster 2 enthielte Detailinformationen (z. B. Tag der Anschaffung, Kostenstelle, Kapazität) und in Fenster 3 würden alle Arbeitsgänge angezeigt, die von der jeweiligen Anlage ausgeführt werden können. Als Beispiel für eine n:m-Beziehung soll die Beziehung zwischen Lieferanten und Fremdteilen betrachtet werden. Steht die Liste der Lieferanten in Fenster 1, so werden alle von diesem Lieferanten angebotenen Fremdteile in Fenster 3 angezeigt. Umgekehrt läßt sich jedoch auch die Frage nach allen Lieferanten eines bestimmten Fremdteils beantworten, wenn die Teile in Fenster 1 und die Lieferanten in Fenster 3 erscheinen.

Die auf der folgenden Seite gezeigte Abbildung verdeutlicht den Bildschirmaufbau des Browsers bei 1:n- und n:m-Beziehungen. Die Pfeile deuten an, aus welchen Relationen die in einem Fensterbereich sichtbaren Daten stammen und wie diese miteinander verknüpft sind. Auf die Abbildung konkreter Bildschirmmasken wurde an dieser Stelle verzichtet, da sich in Kapitel 7 ausreichend Beispiele befinden.

Der Vorteil dieses Ansatzes liegt in der einfachen und übersichtlichen Darstellung verknüpfter Informationen bei hoher Flexibilität.[63] Die Bedienung ist sehr einfach, zwischen den Fensterbereichen kann beliebig hin- und hergewechselt werden.

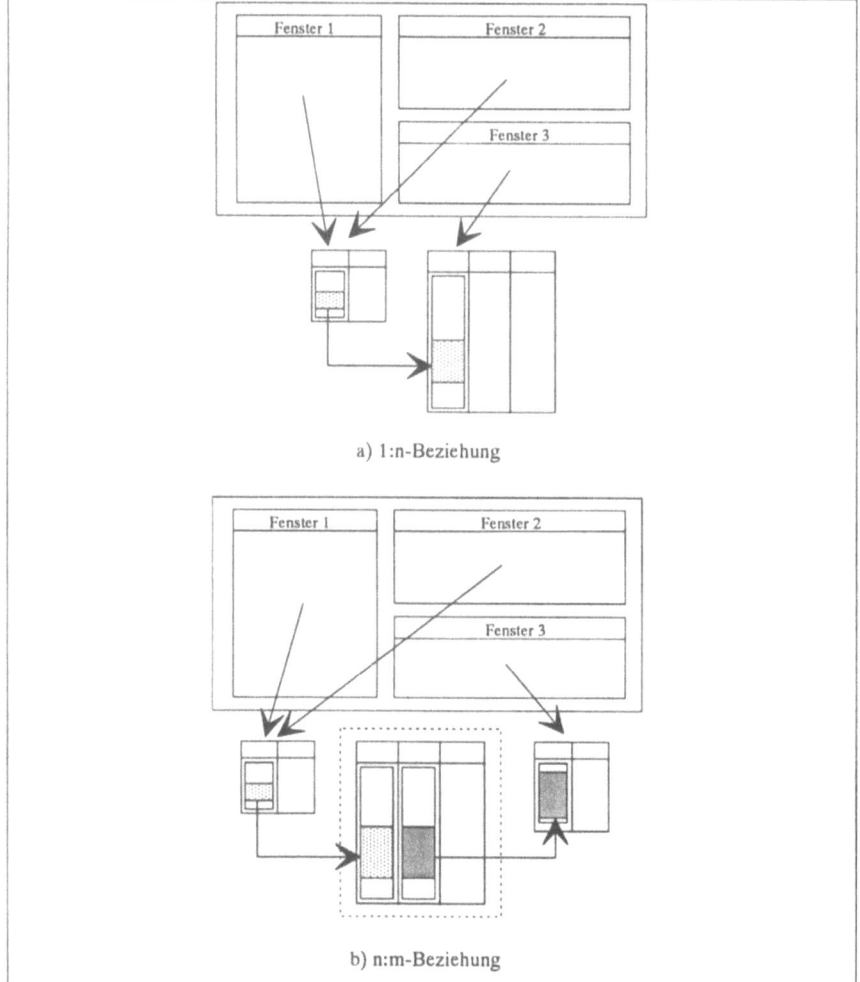

Abb. 6-16: Arbeitsweise des Browsers zur Darstellung verknüpfter Relationen

---

[63] Diese Aussage kann zwar erst im praktischen Einsatz belegt werden, jedoch wurden Darstellungsform und Bedienerführung bereits in mehreren Tests mit verschiedenen Studenten und Doktoranden optimiert.

Die hier beschriebene Konzeption ist zur kombinierten Darstellung aller Relationen geeignet, zwischen denen eine 1:1, 1:n- oder eine n:m-Beziehung besteht. Damit wird bereits der größte Teil des Informationsbedarfs für die Planspielteilnehmer abgedeckt.

Für diejenigen Sichten, die mit einer einfachen Verknüpfung der beschriebenen Art nicht erzeugt werden können (z. B. Erzeugen von speziellen Stücklistenformen), wurden spezielle Browser abgeleitet, die in den folgenden Abschnitten bei der Behandlung der jeweiligen Problemstellung beschrieben sind.

6.4.2 Produktionsplanung

6.4.2.1 Zugriff auf Daten zur Produktionsplanung

Der relativ große Raum, der in dieser Arbeit den Fragen der Produktionsplanung eingeräumt wird, ist dadurch zu erklären, daß ein für die KLR konzipiertes Planspiel ein relativ komplexes Submodell des Produktionsbereiches haben sollte, um den notwendigen Realitätsbezug herstellen zu können. Dadurch besteht jedoch die Gefahr, daß die Probleme des Produktionsbereichs im Vergleich zu den kostenrechnerischen Problemen zu stark in den Vordergrund rücken. Aus diesem Grund sollen den Teilnehmern umfangreiche Planungshilfen für die Produktionsplanung an die Hand gegeben werden, so daß die resultierenden Probleme besser bewältigt werden können. Allerdings muß auch beachtet werden, daß insbesondere bei der Planung des Produktionsprogramms mit Hilfe von Deckungsbeiträgen sehr enge Beziehungen zur KLR bestehen.

Das Teilgebiet der Betriebswirtschaftslehre, das sich speziell mit den Entscheidungen im Produktionsbereich befaßt, wird als **Produktionsplanung und -steuerung** (PPS) bezeichnet. Glaser subsumiert darunter die "Gesamtheit von Dispositionen, die auf die Festlegung eines Absatz- bzw. Produktionsprogramms und die Bestimmung des Vollzugs dieses Programms in mengenmäßiger und zeitlicher Hinsicht ausgerichtet sind"[64].

Die für den Zugriff auf die Daten der Produktionsplanung entwickelten Hilfsmittel unterstützen bestimmte Schritte des Planungsprozesses, in dem die Daten bereits in aufbereiteter Form betrachtet werden können. Außerdem sind die in den Abschnitten 6.4.2.2 bis 6.4.2.4 beschriebenen Hilfsmittel zur Entscheidungsunterstützung z. T. direkt aus den Bildschirmmasken aufrufbar. Daher soll der Planungsprozeß im Produktionsbereich kurz skizziert werden, bevor die für den Zugriff auf Daten der Produktionsplanung entwickelten Hilfsmittel beschrieben werden.[65]

Ausgangspunkt der Produktionsplanung ist die Bestimmung des Produktionsprogramms bzw. Primärbedarfs, d. h. der Mengen der Endprodukte, die im Planungszeitraum produziert werden sollen. Als Hilfsmittel für die Planung des Primärbedarfs können die Teilnehmer verschiedene Methoden zur Absatzprognose verwenden. Außerdem stehen Hilfsmittel zur Planung des Produktionsprogramms mit Deckungsbeiträgen zur Verfügung.

---

[64] *Glaser, H./Geiger, W./Rohde, V.*: Produktionsplanung, 1991, S. 1.
[65] Zu einer ausführlicheren Beschreibung vgl. *Zäpfel, G.*: Produktionswirtschaft, 1982, S. 154; *Schneeweiß, C.*: Einführung, 1989, S. 174 ff.; *Bloech, J. et al.*: Einführung, 1992, S. 270-273.

Nachdem das Produktionsprogramm festgelegt ist, wird im Rahmen der Materialdisposition der Sekundärbedarf unter Berücksichtigung vorhandener Lagerbestände aus dem Primärbedarf abgeleitet. Als Sekundärbedarf bezeichnet man dabei die für die Produktion des Primärbedarfs benötigten Rohmaterialien, Halbfabrikate, Baugruppen etc.[66] Liegt der Sekundärbedarf vor, erfolgt die Bestimmung von Losgrößen (für Eigenteile) und Bestellmengen (für Fremdteile).

Weitere Schritte der Produktionsplanung sind die Grob- und Feinterminierung.[67] Da der Schwerpunkt des zu erstellenden Planspiels auf der KLR und nicht auf der Produktionswirtschaft liegt, sollen diese Schritte, ebenso wie die Tätigkeiten, die im Rahmen der Produktionssteuerung ausgeführt werden, nicht weiter betrachtet werden.

Wie bereits in Abschnitt 6.2.1 erörtert, bilden Stücklisten und Arbeitspläne die wesentlichen Rahmendaten für die Planung des Produktionsprogramms. Weitere typische Informationen, die für die Produktionsplanung benötigt werden, sind z. B. Anlagenübersichten, Angaben über Bedarfe, Lagerbestände sowie laufende Bestellungen. Diese Daten können prinzipiell mit dem in Abschnitt 6.4.1 beschriebenen Browser angezeigt werden. Allerdings kann die Darstellung der Informationen z. T. noch weiter verbessert werden. Daher wurde für die **Bedarfsplanung** ein spezieller Browser entwickelt, in dem eine Reihe von Informationen aus verschiedenen Relationen übersichtlich zusammengefaßt ist. Ein zweiter spezieller Browser wurde für die **Darstellung verschiedener Stücklisten** erstellt, die nicht mit dem allgemeinen Browser angezeigt werden können. Zunächst soll der Browser für die Bedarfsplanung beschrieben werden, bevor auf den Browser für die Stücklisten eingegangen wird.

Um die wesentlichen Daten für die **Bedarfsplanung** übersichtlich darzustellen, empfiehlt sich eine tabellarische Übersicht, die folgendermaßen aufgebaut ist:[68]

Periode		1	2	3	4	5
Bruttobedarf			10		40	10
Zugänge (geplant)		50				
Verfügbar	4	54	44	44	4	44
Geplante Lose/Bestellungen					50	

Abb. 6-17: Rechenblatt für die Materialbedarfsplanung

Bei Verkaufsteilen setzt sich der Bruttobedarf aus bereits vorliegenden Aufträgen oder Prognosen zusammen, während er ansonsten entweder über eine Stücklistenauflösung oder eine Verbrauchsprognose abgeleitet werden kann. Bereits ausgelöste Fertigungs- oder Bestellaufträge führen zu geplanten Zugängen, die unter Berücksichtigung eventueller Zeitverzögerungen in der zweiten Zeile des Schemas erfaßt werden. Der verfügbare

---
[66] Vgl. *Zäpfel, G.*: Produktionswirtschaft, 1982, S. 41.
[67] Vgl. *Bloech, J. et al.*: Einführung, 1992, S. 273.
[68] Vgl. hierzu insbesondere *Vollmann, T.E./Berry, W.L./Whybark, D.C.*: Manufacturing Planning, 1988, S. 37-39.

Bestand wird in der ersten betrachteten Periode als Summe des aktuellen Lagerbestandes (im Beispiel beträgt er 4) und der geplanten Zugänge abzüglich des Bedarfs berechnet. Für die weiteren Perioden wird er jeweils als Summe des verfügbaren Bestandes der Vorperiode und der erwarteten Zugänge abzüglich der Bedarfe berechnet. Wenn der verfügbare Bestand einen Mindestbestand unterschreitet, wird ein Auftrag bzw. eine Bestellung ausgelöst. Um die Rechnung nachvollziehen zu können, ist außerdem die Angabe der Lieferzeit notwendig, die im Beispiel eine Periode beträgt.

Zur Unterstützung der Bedarfsplanung wurde der in Abschnitt 6.4.1 erwähnte Browser dahingehend erweitert, daß beim Blättern durch die Relation Teile im Fensterbereich 1 automatisch ein Rechenblatt in der oben beschriebenen Art aufgebaut und im Fensterbereich 3 angezeigt wird. Dabei wird allerdings der Bruttobedarf von Verkaufsteilen in einen prognostizierten und einen bereits durch Kundenaufträge festgelegten Bedarf aufgespalten, da diese Informationen im Planspiel eine relativ hohe Bedeutung haben. Abb. 6-18 zeigt beispielhaft eine Bildschirmmaske dieses Browsers.

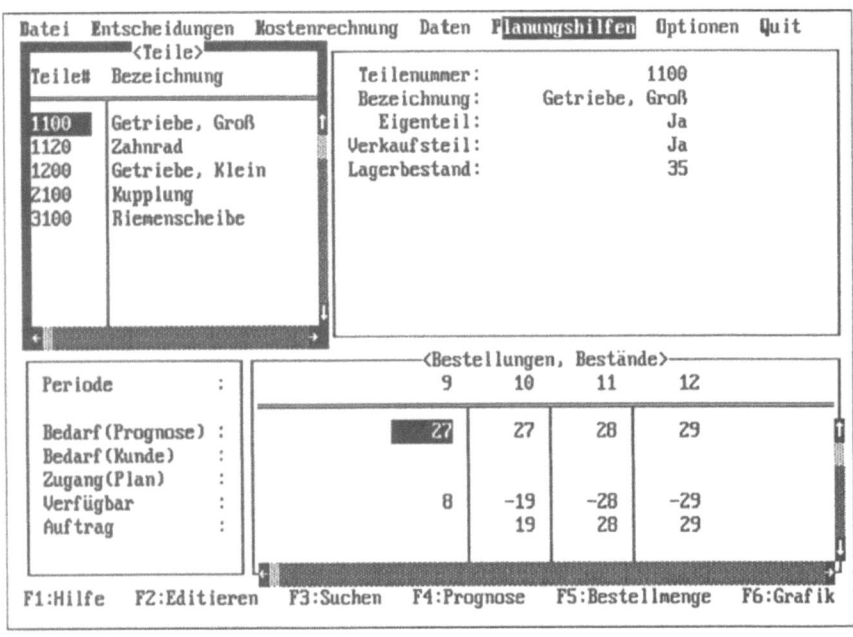

Abb. 6-18: Bildschirmmaske des Browsers zur Bedarfsplanung

Wie aus der Fußzeile der Bildschirmmaske ersichtlich ist, können einige der im folgenden beschriebenen Entscheidungshilfen direkt mit Funktionstasten aufgerufen werden. Beispielsweise kann eine aktualisierte Bedarfsprognose durchgeführt werden, was u. U. eine neue Bestellmengenplanung nach sich zieht. Außerdem können die Bedarfsverläufe grafisch dargestellt werden.

Bei der **Darstellung von Stücklisten** ergeben sich Besonderheiten, weil die Relation Teile mit sich selbst verknüpft werden muß. Daher wurden für die Betrachtung von Stücklisten spezielle Ausprägungen des n:m-Browsers entwickelt, so daß die Stücklisten in den drei in der Literatur am häufigsten genannten Formen dargestellt werden können. Dabei handelt es sich um Baukastenstücklisten, Strukturstücklisten, Mengenübersichtsstücklisten.[69]

Bei einer Baukastenstückliste werden nur die direkt in das übergeordnete Teil eingehenden Teile aufgeführt, sie läßt sich mit dem in Abschnitt 6.4.1 beschriebenen Browser darstellen. Die Strukturstückliste zeigt alle untergeordneten Teile entsprechend den Fertigungsstufen an. Die verschiedenen Fertigungsstufen werden optisch hervorgehoben, z. B. durch Einrücken untergeordneter Positionen. Die Mengenübersichtsstückliste weist alle untergeordneten Teile aus und gibt die gesamten Mengen an, die für das Enderzeugnis benötigt werden.

Die beiden letztgenannten Stücklistenformen sind für bestimmte Zwecke übersichtlicher. Insbesondere für die Kostenträgerstückrechnung ist die Mengenübersichtsstückliste gut geeignet. Problematisch an diesen beiden Stücklistenformen ist jedoch, daß man die Relation Teil dafür mehrfach miteinander verknüpfen muß, ohne daß man zuvor weiß, über wieviele Ebenen dies geschehen muß. Aus diesem Grund lassen sich diese beiden Stücklistenformen auch nicht mit einer einzelnen SQL-Abfrage ausgeben.[70] Das Problem kann allerdings gelöst werden, wenn man die Speicherung redundanter Daten in Kauf nimmt. Da die für die Planspielsoftware verwendete Programmiersprache die rekursive Programmierung unterstützt, wurde ein spezieller Stücklisten-Browser entwickelt, der in der Lage ist, sowohl Struktur- als auch Mengenübersichtsstücklisten zu erstellen und anzuzeigen.

Das Gegenstück zur Stückliste ist der Teileverwendungsnachweis. Er gibt an, in welche übergeordneten Teile das betrachtete Teil eingeht. Auch hier lassen sich Baukasten-, Struktur- und Mengenübersichts-Teileverwendungsnachweise unterscheiden, die ebenfalls mit Hilfe der Browse-Routine erzeugt werden können. Die folgende Abbildung zeigt beispielhaft die Darstellung der drei Stücklistenformen am Beispiel eines Getriebeherstellers.

---

[69] Zu den verschiedenen Stücklistenformen vgl. z.B. *Zäpfel, G.*: Produktionswirtschaft, 1982, S. 76-79; *Scheer, A.-W.*: Wirtschaftsinformatik, 1990, S. 87.
[70] Vgl. *Elmasri, R./Navathe, S.*: Fundamentals, 1989, S. 181.

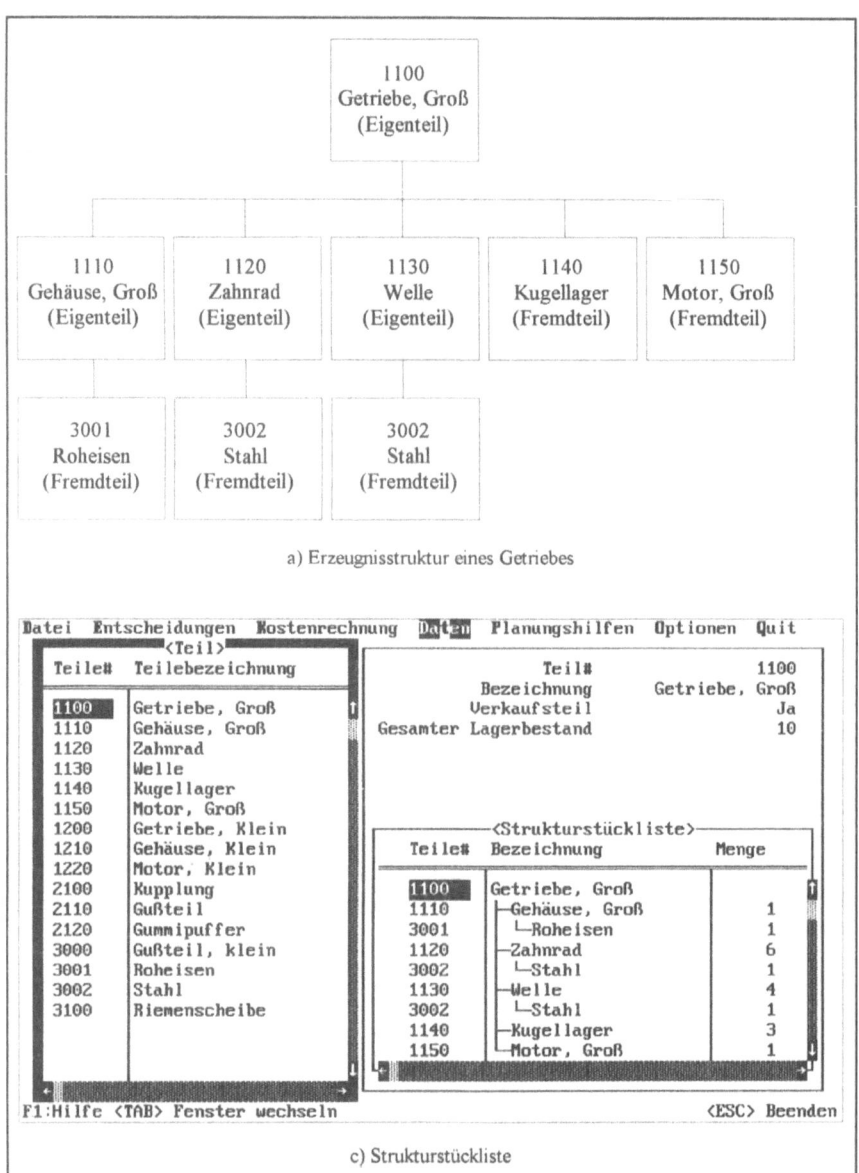

Abb. 6-19 (1): Bildschirmmasken für Baukasten-, Struktur- und Mengenübersichtsstücklisten

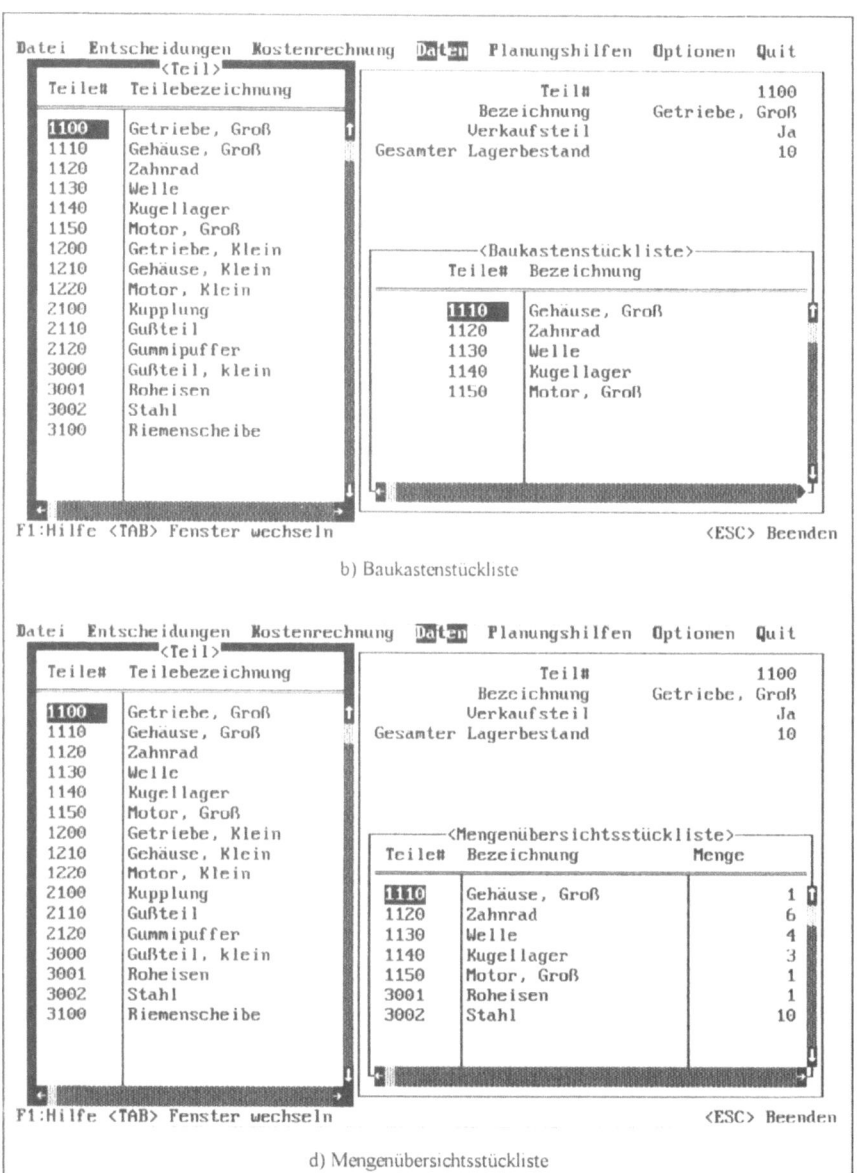

Abb. 6-19 (2): *Bildschirmmasken für Baukasten-, Struktur- und Mengenübersichtsstücklisten*

6.4.2.2 Absatzprognosen

Prognosen sind Aussagen über zukünftige Entwicklungen und Wirkungen. Die Prognose zukünftiger Absatzmengen ist eine Grundvoraussetzung der Produktionsplanung.[71]

Absatzprognosen lassen sich nach verschiedenen Kriterien systematisieren.[72] Bei **Entwicklungsprognosen** werden Abhängigkeiten zwischen den zu prognostizierenden Größen (z. B. Absatzmenge) und von der Unternehmung nicht kontrollierbaren Größen (z. B. Zeit) ermittelt. Bei **Wirkungsprognosen** werden die Abhängigkeiten dagegen auf kontrollierbare Größen (z. B. Einsatz des absatzpolitischen Instrumentariums) zurückgeführt. Nach dem Prognosezeitraum lassen sich **kurz- und langfristige Prognosen** unterscheiden, wobei der kurzfristige Zeitraum i. d. R. als ein Jahr oder weniger definiert wird. Schließlich können noch nach der Vorhersageart **qualitative und quantitative Prognosen** einander gegenübergestellt werden. Bei qualitativen Prognosen stehen subjektive Einschätzungen im Vordergrund, die meist von Experten getroffen werden. Quantitative Prognosen arbeiten auf der Basis mathematischer Verfahren. Mit quantitativen Prognoseverfahren versucht man aus Vergangenheitsdaten Kenntnisse über zukünftige Tatbestände abzuleiten.

Für die im Planspiel vorzunehmenden Absatzprognosen sind von den hier aufgezählten Verfahren am besten kurzfristige, quantitative Entwicklungsprognosen geeignet. Die weiteren Ausführungen konzentrieren sich daher auf diese. Allerdings können vom Planspielprogramm erzeugte Prognosen zu jeder Zeit von den Teilnehmern modifiziert werden, wenn sie z. B. ihr Wissen über in den Prognosemodellen nicht berücksichtigte Ereignisse einbringen wollen.

Für die Auswahl der zu implementierenden Prognoseverfahren sind zunächst gewisse Auswahlkriterien festzulegen.

Als wichtigstes Kriterium wird die Genauigkeit des Prognoseverfahrens genannt, weitere Kriterien sind die Menge der benötigten Daten, die Komplexität des Verfahrens, die Kosten für die Durchführung von Prognoseläufen sowie der Zeitbedarf bis zum Vorliegen der Prognosen.[73] Die letzten beiden Kriterien sind dabei für die Anwendung im Planspiel weniger relevant.

Neben diesen inhaltlichen Kriterien muß einerseits eine auf dem Computer implementierte Version des Verfahrens vorliegen, andererseits sollte die Durchführung einer Prognose ohne weitere Eingriffe (Festlegen von Startwerten etc.) möglich sein.[74] Gerade der letzte Punkt ist für das vorliegende Planspiel besonders wichtig, weil die Teilnehmer nicht noch zusätzlich mit Details über die Prognoseverfahren konfrontiert werden sollen. Daher wurden hauptsächlich Verfahren implementiert, die mathematisch relativ einfach sind, praktische Bedeutung haben und ohne größere Schwierigkeiten genutzt werden können. Dies ist besonders bei den Verfahren der Fall, die auf dem Prinzip der Exponen-

---

[71] Vgl. *Schneeweiß, C.*: Einführung, 1989, S. 135.
[72] Vgl. zu den hier verwendeten Systematisierungskriterien *Meffert, H.*: Marketing, 1986, S. 218-220.
[73] Vgl. *Hüttner, M.*: Prognoseverfahren, 1986, S. 279 f.
[74] Vgl. *Hüttner, M.*: Prognoseverfahren, 1986, S. 286.

tiellen Glättung basieren. Außerdem führen diese Verfahren auch dann zu zufriedenstellenden Ergebnissen, wenn nur wenige Daten vorliegen.[75]

Für alle implementierten Verfahren gilt, daß lediglich die Datenreihe und die Anzahl der zu prognostizierenden Perioden anzugeben sind, um eine Prognose durchzuführen. Zusätzlich können Parameter einzelner Verfahren von den Teilnehmern geändert werden, es wurden aber jeweils sinnvolle Parameter vorab eingestellt.

Aus Abb. 6-20 gehen typische Bedarfsverläufe hervor, die jedoch auch kombiniert auftreten können. Zusätzlich müssen zufällige Abweichungen berücksichtigt werden.

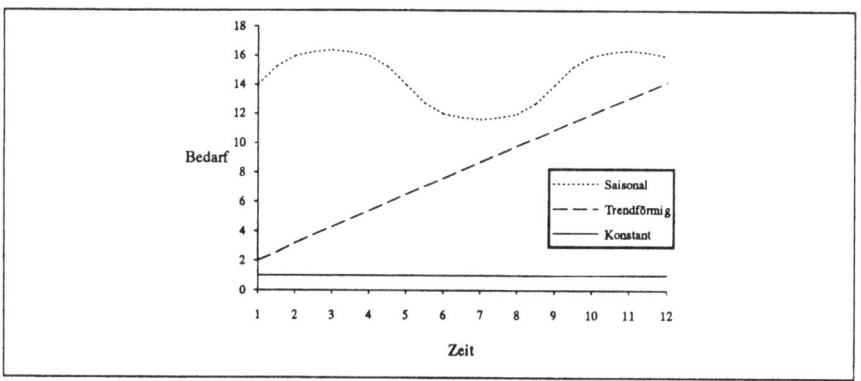

Abb. 6-20: Grundtypen von Bedarfsverläufen

Da nähere Angaben über die ausgewählten Prognoseverfahren in zahlreichen Lehrbüchern zur Materialwirtschaft, zur Produktionswirtschaft, zum Marketing sowie in speziellen Büchern über Prognosen enthalten sind,[76] soll hier auf eine ausführliche Darstellung verzichtet werden. Die implementierten Verfahren sind in der folgenden Übersicht aufgeführt, wobei die jeweilige Gleichung zur Ermittlung der Prognosewerte mit aufgenommen wurde. Die Verfahren 1 und 2 sind dabei vorwiegend für konstante Zeitreihen geeignet, die Verfahren 3 und 5 lassen sich bei Zeitreihen mit Trend einsetzen. Das Verfahren 4 ist das komplexeste der vorgestellten Verfahren und berücksichtigt sowohl die Trend- als auch die Saisonkomponente. In empirischen Untersuchungen schneidet es bezüglich der Genauigkeit sehr gut ab.[77]

Abschließend sei angemerkt, daß die implementierten Prognoseverfahren zwar primär für die Absatzplanung gedacht, aber auch für die Bedarfsprognose von Fremdteilen geeignet sind. Diese Thematik wird in Abschnitt 6.4.2.4 angesprochen.

---

[75] Vgl. *Franken, R.*: Materialwirtschaft, 1984, S. 127.
[76] Vgl. statt vieler *Franken, R.*: Materialwirtschaft, 1984, S. 108-128; *Vollmann, T.E./Berry, W.L./Whybark, D.C.*: Manufacturing Planning, 1988, S. 673-707; *Hüttner, M.*: Prognoseverfahren, 1986.
[77] Vgl. zusammenfassend *Vollmann, T.E./Berry, W.L./Whybark, D.C.*: Manufacturing Planning, 1988, S. 693 f.

Quantitative Prognosemethoden
(Zeitreihenprojektionen)

1. **Gleitende Durchschnitte**

$$\hat{y}_{t+1} = \frac{y_t + y_{t-1} + y_{t-2} + \cdots + y_{t-k}}{k} \; ; \qquad k \leq t$$

dabei bedeuten:

- t   Zeitindex
- $\hat{y}_t$ Prognosewert zum Zeitpunkt t
- y_t Beobachteter Wert zum Zeitpunkt t
- k   Anzahl der zur Durchschnittsbildung verwendeten Perioden

2. **Exponentielles Glätten**

$$\hat{y}_{t+1} = (1-\alpha)\hat{y}_{t-1} + \alpha y_t \; ; \qquad 0 \leq \alpha \leq 1$$

dabei bedeuten:

- α Glättungsparameter

3. **Exponentielles Glätten mit Trendausgleich**

$$\hat{y}_{t+l} = \hat{a}_t + l\hat{b}_t$$

mit

$$\hat{a}_t = \alpha y_t + (1-\alpha)(\hat{a}_{t-1} + \hat{b}_{t-1}) \; ; \qquad 0 \leq \alpha \leq 1$$
$$\hat{b}_t = \beta(\hat{a}_t - \hat{a}_{t-1}) + (1-\beta)\hat{b}_{t-1} \; ; \qquad 0 \leq \beta \leq 1$$

dabei bedeuten:

- $\hat{a}_t$ Basiswert zum Zeitpunkt t
- $\hat{b}_t$ Trendwert zum Zeitpunkt t
- α, β Glättungsparameter
- l   Länge der Prognose in Perioden

4. **Exponentielles Glätten nach Winters**

$$\hat{y}_{t+l} = (\hat{a}_t + l\hat{b}_t)\hat{s}_{t-c-l}$$

mit

$$\hat{a}_t = \alpha\frac{y_t}{\hat{s}_{t-c}} + (1-\alpha)(\hat{a}_{t-1} + \hat{b}_{t-1}) \; ; \qquad 0 \leq \alpha \leq 1$$
$$\hat{b}_t = \beta(\hat{a}_t - \hat{a}_{t-1}) + (1-\beta)\hat{b}_{t-1} \; ; \qquad 0 \leq \beta \leq 1$$
$$\hat{s}_t = \gamma\frac{y_t}{\hat{a}_t} + (1-\gamma)\hat{s}_{t-c} \; ; \qquad 0 \leq \gamma \leq 1$$

dabei bedeuten:

- $\hat{s}_t$ Saisonale Komponente zum Zeitpunkt t
- c   Länge des Saisonzyklus
- α, β, γ Glättungsparameter

5. **Lineare Trendberechnung mittels kleinstquadrate Schätzung**

$$\hat{y}_t = a + bt$$

dabei bedeuten:

- a   Achsenabschnitt
- b   Steigung

Abb. 6-21: Implementierte Prognoseverfahren

Mit Hilfe der implementierten Prognoseverfahren wird es den Teilnehmern ermöglicht, zukünftige Entwicklungen abzuschätzen. Wie die Ausführungen in Abschnitt 6.1.2 gezeigt haben, bieten sich insbesondere zur Darstellung zeitlicher Entwicklungsverläufe Grafiken an. Daher soll neben der tabellarischen auch eine grafische Darstellung der Bedarfsverläufe zur Verfügung gestellt werden. Durch Drücken einer Funktionstaste kann zwischen diesen beiden Ansichten beliebig gewechselt werden.

Um einen Eindruck zu vermitteln, wie die Nutzung der Prognosemethoden und die grafische Darstellung von vergangenen und prognostizierten Bedarfsverläufen im Planspiel erfolgt, zeigt die folgende Abbildung ein Beispiel. Es sind die Daten der Abb. 6-18 zugrunde gelegt. Die Prognose wurde mit der exponentiellen Glättung mit Trendausgleich erstellt.

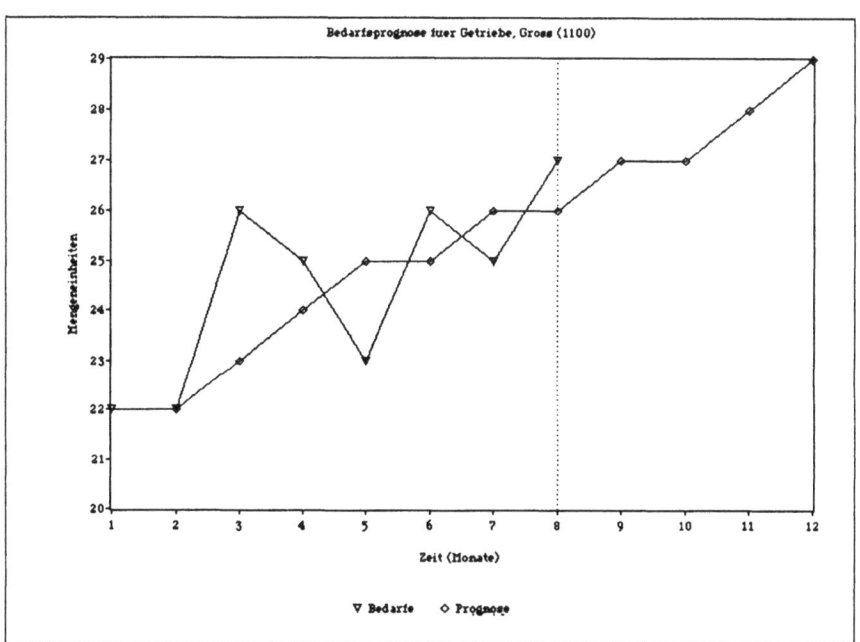

Abb. 6-22: *Bildschirmmaske zur grafischen Darstellung von Bedarfsverläufen im Unternehmensplanspiel*

6.4.2.3 Planung des Produktionsprogramms mit Hilfe von Deckungsbeiträgen

Die Planung des Produktionsprogramms stellt eine klassische Anwendungsmöglichkeit der Deckungsbeitragsrechnung im Produktionsbereich dar.[78] Die in diesem Abschnitt beschriebenen Entscheidungshilfen sollten nicht schon zu Beginn eines Planspiels zur Verfügung stehen, weil die mit ihnen zu behandelnden Planungsprobleme prinzipiell auch von den Teilnehmern zu lösen sind. Sie sind insbesondere zur Überprüfung eigener Lösungsansätze geeignet. Außerdem ist ihr Einsatz sinnvoll, wenn der Schwerpunkt des jeweiligen Planspiels außerhalb des Produktionsbereiches liegt, so daß die Teilnehmer von Routineentscheidungen entlastet werden.

Im folgenden wird erläutert, wie die Planspielsoftware in Abhängigkeit von der Zahl der vorliegenden Engpässe einen Vektor für das optimale Produktionsprogramm berechnen kann.[79] Bei diesen Rechnungen wird eine Identität von Produktions- und Absatzmengen unterstellt. Daher stehen den Teilnehmern die errechneten Produktionsmengen für weitere Änderungen zur Verfügung, so daß z. B. die Produktion auf Lager möglich ist.

Zunächst wird vom Programm geprüft, ob auf einer der Anlagen ein Engpaß vorliegt, wenn die von den Teilnehmern abgeschätzten Absatzhöchstmengen gefertigt werden sollen. Wenn **kein Engpaß** besteht, werden die Elemente des Vektors mit den Absatzhöchstmengen in den Vektor der geplanten Produktionsmengen übertragen.

Wird genau **ein Engpaß** ermittelt, so berechnet das Programm die spezifischen Deckungsbeiträge aller Verkaufsteile und ordnet sie in absteigender Reihenfolge an. Die einzelnen Produkte werden nun schrittweise ins Produktionsprogramm aufgenommen, bis die Kapazitätsgrenze erreicht wird. Da der gesamte Rechenvorgang vom Computer durchgeführt wird, ist er für die Teilnehmer nicht transparent. Deshalb wurde das Programm um eine Grafikroutine erweitert, mit der die geschilderte Vorgehensweise in komprimierter Form dargestellt wird.

Ein Beispiel dieser Darstellung zeigt Abb. 6-23.[80] Der entscheidende Vorteil dieser Grafik gegenüber ähnlichen Darstellungen in Lehrbüchern liegt darin, daß sie aus den individuellen Planspieldaten erzeugt wird. Dies bedeutet, daß sich Entscheidungen der Teilnehmer (z. B. der Kauf von Anlagen oder eine Veränderung der geplanten Absatzmengen) in der Grafik bemerkbar machen.[81]

In dieser Grafik werden die spezifischen Deckungsbeiträge auf der Y-Achse und die Kapazitätseinheiten der betrachteten Anlage auf der X-Achse abgetragen. Die Produkte werden in der Reihenfolge absteigender spezifischer Deckungsbeiträge als Balken dargestellt, wobei die Breite der Balken die benötigte Kapazität angibt. Auf dem Balken wird die Teilenummer vermerkt, darunter steht die Menge, die produziert werden kann. Eine gestrichelte Linie verdeutlicht die maximal verfügbare Kapazität.

---

[78] Vgl. hierzu auch die Ausführungen in Abschnitt 3.3.1.
[79] An der Erstellung der in diesem Abschnitt beschriebenen Programme hat Herr cand. rer. pol. An-Quoc Vuong mitgearbeitet, wofür ich ihm herzlich danke.
[80] Die Bildschirmgestaltung erfolgte in Anlehnung an *Hummel, S./Männel, W.*: Kostenrechnung 2, 1983, S. 93.
[81] Näheres hierzu bietet das Anwendungsbeispiel in Abschnitt 7.1.

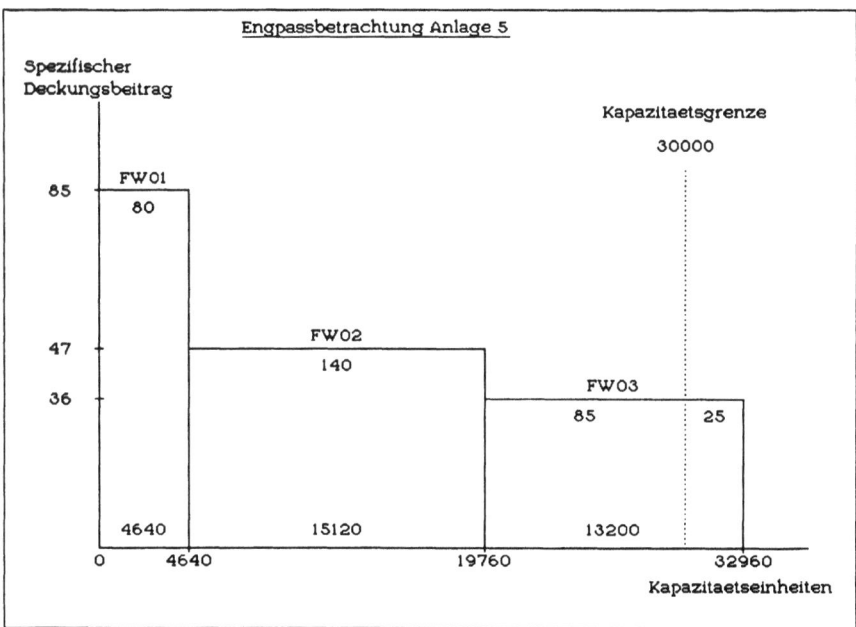

Abb. 6-23: Bildschirmmaske zur Darstellung einer engpaßbezogenen Deckungsbeitragsrechnung

Schließlich verbleibt noch der Fall mehrerer Kapazitätsengpässe. Dieses Problem läßt sich mit Hilfe der linearen Programmierung lösen. Die Implementierung der Simplexmethode speziell für das Planspiel erschien zu aufwendig. Um dennoch auch Problemstellungen dieser Art bearbeiten zu können, wurde eine Schnittstelle zum Datentransfer zwischen der Planspielsoftware und einem Programmpaket zur Lösung von LP-Problemen geschaffen. Das Vorgehen aus der Sicht der Planspielteilnehmer ist in Abb. 6-24 skizziert und wird nachfolgend erläutert.[82]

---

[82] Auch hierzu ist ein Anwendungsbeispiel in Abschnitt 7.1 enthalten.

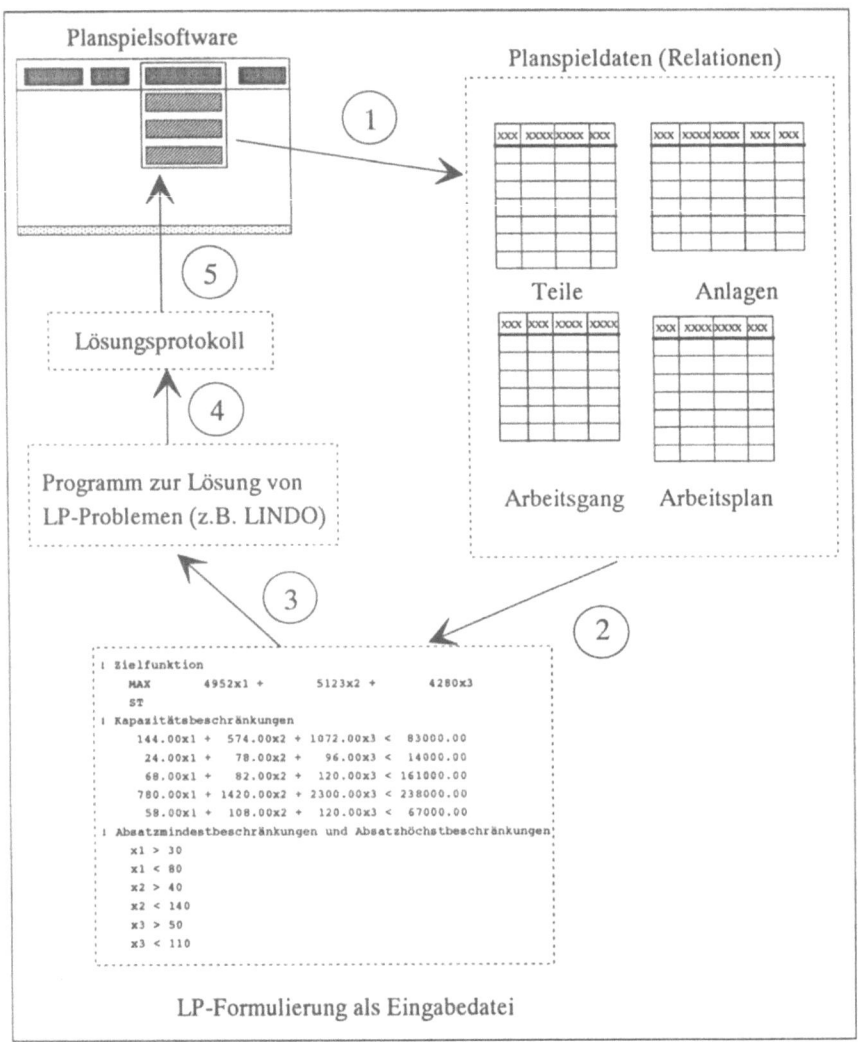

Abb. 6-24: *Vorgehensweise zur Lösung von LP-Problemen*

Die einzelnen Schritte, die durchlaufen werden, sind in der Abbildung durch numerierte Pfeile gekennzeichnet.

1. Aus dem individuell für das verwendete Planspiel konfigurierten Menü muß die Option "Planung des Produktionsprogramms" gewählt werden.
2. Falls mehrere Engpässe vorliegen, wird aus den Planspieldaten eine Eingabedatei für ein Programm zur Lösung von LP-Problemen erzeugt. Dabei werden die Relationen

Teile, Anlagen, Arbeitsgänge und Arbeitspläne sowie die von den Teilnehmern geplanten Absatzhöchst- und Mindestmengen verwendet.
3. Ein Programm zur Lösung von LP-Problemen wird aufgerufen, welches die Daten der Eingabedatei einliest. Der Aufruf des Programmes erfolgt automatisch durch das Planspielprogramm.
4. Das LP-Problem wird gelöst und ein Lösungsprotokoll als Textdatei auf die Festplatte geschrieben. Dieser Vorgang ist weitgehend dadurch automatisiert, daß die Eingabedatei neben der Problemformulierung auch Steuerbefehle enthält, die den Ablauf der Optimierung ohne den Eingriff der Teilnehmer ermöglichen.
5. Das Planspielprogramm greift auf das Lösungsprotokoll zu, extrahiert die Lösungswerte des LP-Problems und überträgt sie in den Vektor der geplanten Produktionsmengen.

Bei der von der Planspielsoftware erzeugten LP-Formulierung handelt es sich um den sogenannten Standardansatz zur Produktionsprogrammplanung.[83] Bei dieser Modellformulierung wird von einer Reihe von Prämissen ausgegangen, die in der Praxis selten erfüllt sind. Selbst bei einer Ausgangslage für ein Planspiel mittlerer Komplexität sind manche Prämissen nicht mehr gerechtfertigt.[84] So wird z. B. die Identität von Produktions- und Absatzmengen unterstellt. Außerdem handelt es sich um ein Modell, in dem nur eine einzige Periode betrachtet wird.

Daher soll den Teilnehmern die Möglichkeit eingeräumt werden, auf Wunsch Änderungen an der LP-Formulierung vorzunehmen. Aus diesem Grund wurde davon abgesehen, die Eingabedaten in das gängige Datenformat zur Speicherung von LP-Problemformulierungen (MPSX von IBM) zu transformieren. Dieses Format kann zwar von nahezu allen LP-Paketen eingelesen werden, ist aber nach EDV-technischen Gesichtspunkten gestaltet und für die Anwender unübersichtlich. Stattdessen wird ein speziell auf das verwendete Software-Paket LINDO zugeschnittenes Format verwendet.[85] Der Vorteil dieses Formats ist, daß sich eine solche Eingabedatei kaum von der üblichen Darstellung einer LP-Formulierung in Lehrbüchern unterscheidet.

Die vorgeschlagene Konzeption erlaubt es den Teilnehmern, ohne spezifische Kenntnisse des Dateiformats mit Hilfe des in der Planspielsoftware integrierten Editors in der Eingabedatei Änderungen vorzunehmen. Prinzipiell können auch LPs für beliebige andere Problemstellungen aufgestellt und gerechnet werden.

---

[83] Vgl. dazu *Schneeweiß, C.*: Einführung, 1989, S. 124 ff.; *Zäpfel, G.*: Produktionswirtschaft, 1982, S. 92 ff.; *Bloech, J. et al.*: Einführung, 1992, S. 129 ff.
[84] Vgl. zu einer ausführlichen Diskussion der Prämissen *Zäpfel, G.*: Produktionswirtschaft, 1982, S. 93-95.
[85] LINDO ist ein Softwarepaket, mit dem lineare, ganzzahlige und quadratische Programme gerechnet werden können. Vgl. *Schrage, L.*: User's Manual, 1989.

6.4.2.4 Materialdisposition

Bei der Materialdisposition lassen sich zwei grundsätzliche Vorgehensweisen zur Bestimmung des Sekundärbedarfs unterscheiden. Bei der **programmgebundenen Materialdisposition** werden die Sekundärbedarfe aus den Stücklisten des zuvor ermittelten Nettobedarfs berechnet. Bei der **verbrauchsgebundenen Materialdisposition** werden die Sekundärbedarfe mit Hilfe statistischer Methoden aus den Verbrauchszahlen vergangener Perioden abgeleitet.[86]

Im Rahmen der **programmgebundenen** Materialdisposition wird eine Stücklistenauflösung durchgeführt. Dazu wird mit Hilfe der Matrizeninversion eine Bruttogesamtbedarfsmatrix berechnet, die mit dem Vektor des Primärbedarfs bzw. bei Berücksichtigung von Lagerbeständen dem Vektor des Nettobedarfs multipliziert werden muß, um den Gesamtbedarf zu erhalten.[87] Die Bruttogesamtbedarfsmatrix wird einmal bei Beginn des Planspiels und bei eventuellen Änderungen der Stücklistenstrukturen berechnet und für die weitere Verwendung gespeichert. Somit können die Teilnehmer den Gesamtbedarf für den von ihnen geplanten Primärbedarf bestimmen. Falls jedoch ein zeitlicher Vorlauf des Sekundärbedarfs zu berücksichtigen ist, müßte eine Stücklistenauflösung nach dem Fertigungsstufenverfahren oder dem Dispositionsstufenverfahren erfolgen.[88]

Für die **verbrauchsgebundene** Materialdisposition stehen grundsätzlich die Prognosemethoden zur Verfügung, die bereits in Abschnitt 6.4.2.2 angesprochen wurden.

Nachdem die programm- oder verbrauchsgebunden ermittelten Nettobedarfe vorliegen, sind in einem nächsten Schritt Produktionsaufträge für die selbst zu fertigenden und Bestellungen für die fremdbezogenen Teile auszulösen. Dabei können u. U. Nettobedarfe gleicher Teile, die zu verschiedenen Terminen benötigt werden, zusammengefaßt werden.[89]

Bei der Ermittlung kostenoptimaler Bestellmengen ließe sich die in vielen Lehrbüchern beschriebene sogenannte Andler-Formel einsetzen.[90] Ein wesentlicher Kritikpunkt an diesem Modell ist, daß ein im Zeitablauf konstanter Bedarf vorausgesetzt wird. Aus diesem Grund wurden einige Verfahren implementiert, die für im Zeitablauf schwankende Bedarfsmengen geeignet sind. Dabei wurden vier heuristische Verfahren sowie ein exaktes Verfahren ausgewählt.

Heuristische Verfahren zeichnen sich dadurch aus, daß sie zwar keine optimale Lösung garantieren können, aber i. d. R. mit wenig Rechenaufwand eine verhältnismäßig gute Lösung erreichen. Die Heuristiken zur Bestellmengenoptimierung arbeiten grundsätzlich nach folgendem Prinzip: Der Bedarf von aufeinanderfolgenden Perioden wird solange zu einer Bestellung zusammengefaßt, bis ein bestimmtes Abbruchkriterium erreicht wird.

---

[86] Vgl. *Bloech, J. et al.*: Einführung, 1992, S. 172 und 167.
[87] Vgl. zur Herleitung z.B. *Bloech, J. et al.*: Einführung, 1992, S. 174. Dort werden auch weitere Verfahren zur Ermittlung des Bruttogesamtbedarfs erläutert.
[88] Vgl. *Franken, R.*: Materialwirtschaft, 1984, S. 132-135.
[89] Vgl. *Zäpfel, G.*: Produktionswirtschaft, 1982, S. 184.
[90] Vgl. z.B. *Bloech, J. et al.*: Einführung, 1992, S. 183-192.

6.4 Hilfsmittel zur Entscheidungsunterstützung

Eine Übersicht über die implementierten Heuristiken sowie die jeweiligen Abbruchregeln liefert Abb. 6-25.

Von den vier genannten Heuristiken sind die ersten beiden relativ weit in der Praxis verbreitet. Die beiden letzten Heuristiken werden zwar eher selten in der Praxis eingesetzt, jedoch erzielen sie bei Simulationsstudien zur Lösungsgüte von Heuristiken bessere Ergebnisse als die beiden erstgenannten.[91] Die exakte Lösung für die vorliegende Problemstellung kann mit Hilfe des auf der Grundlage der dynamischen Programmierung arbeitenden Algorithmus von Wagner und Whitin ermittelt werden, der ebenfalls implementiert wurde.[92]

Die hier vorgestellten Verfahren gehen von einem deterministischen Bedarfsverlauf und einem festen Planungszeitraum aus. Sowohl in der Praxis als auch in Planspielsituationen ist aber der zukünftige Bedarf nicht genau im voraus zu bestimmen. Dieser Unsicherheit wird insbesondere im Bereich der Bedarfsplanung durch eine rollende Planung begegegnet. Dies bedeutet, daß in jeder Periode für einen festen Zeitraum geplant wird (z. B. 12 Perioden), aber nur die Planungen der jeweils ersten Periode umgesetzt werden.[93] Empirische Untersuchungen haben gezeigt, daß unter realistischen Planungsbedingungen, also unsicheren Bedarfswerten und einer rollenden Planung, die Heuristiken zur Bestellmengenoptimierung bessere Ergebnisse liefern können als der Algorithmus von Wagner und Whitin.[94]

---

[91] Vgl. zu einem Überblick über Heuristiken zur Bestellmengenoptimierung bei schwankendendem Bedarf z. B. *Wemmerlöv, U.*: Comparison, 1982; *Vollmann, T.E./Berry, W.L./Whybark, D.C.*: Manufacturing Planning, 1988, S. 495-502; *Bogaschewsky, R.*: Materialdisposition, 1988, S. 50-59.
[92] Vgl. zu diesem Algorithmus *Ohse, D.*: Lagerhaltungsmodelle, 1969; *Bogaschewsky, R.*: Materialdisposition, 1988, S. 31-50.
[93] Vgl. *Zäpfel, G.*: Produktionswirtschaft, 1982, S. 293 f.
[94] Vgl. z. B. *Blackburn, J.D./Millen, R.A.*: Lot-Sizing Performance, 1980.

Heuristiken zur Bestimmung optimaler Bestellmengen bei zeitabhängigem Bedarf

1. Least-Unit-Cost Heuristik

Fasse die Bedarfsmengen aufeinanderfolgender Perioden solange zusammen, wie die Stückkosten kleiner als in der Folgeperiode bleiben.

$$\frac{k_B + k_L \sum_{t=k+1}^{t^*+1}(t-k)B_t}{\sum_{t=k}^{t^*+1}B_t} > \frac{k_B + k_L \sum_{t=k+1}^{t^*}(t-k)B_t}{\sum_{t=k}^{t^*}B_t}$$

2. Part-Period Heuristik

Fasse die Bedarfsmengen aufeinanderfolgender Perioden solange zusammen, wie die part-periods kleiner als die Bestellkosten (ausgedrückt in part-periods) bleiben.

$$\frac{k_B}{k_L} < \sum_{t=k+1}^{t^*}(t-k)B_t$$

3. Heuristik von Silver und Meal

Fasse die Bedarfsmengen aufeinanderfolgender Perioden solange zusammen, wie die Kosten pro Periode kleiner als in der Folgeperiode bleiben.

$$\frac{k_B}{k_L} < t^{*2}B_{t^*+1} - \sum_{t=k+1}^{t^*}(t-k)B_t$$

4. Heuristik von Groff

Fasse die Bedarfsmengen aufeinanderfolgender Perioden solange zusammen, wie die Grenzlagerkosten betragsmässig kleiner als die Grenzbestellkosten bleiben.

$$\frac{2k_B}{k_L} \leq t^*(t^*+1)B_{t^*+1}$$

Dabei bedeuten:

- t Zeitindex; t=1,2,...,T
- t^* Bedarf der letzten Periode, der in die Bestellung zur Periode k aufgenommen wird
- k Bestellperiode
- k_B Kosten pro Bestellung
- k_L Kosten für die Lagerung einer Einheit in einer Peiriode
- B_t Bedarf zum Zeitpunkt t

Abb. 6-25: Implementierte Heuristiken zur Bestellmengenermittlung

6.4.3 Aufstellen und Auswerten von Bezugsobjekthierarchien

6.4.3.1 Vorüberlegungen

Bezugsobjekthierarchien stellen auf bestimmte Art strukturierte Sichtweisen auf die Gesamtheit der in einer Unternehmung als wesentlich erachteten Bezugsobjekte dar. Eine grundlegende Aufgabe eines Planspiels muß es sein, den Spielern zu verdeutlichen, daß verschiedene Bezugsobjekthierarchien für verschiedene Fragestellungen zu bilden sind. Außerdem ist es wichtig, anhand praktischer Beispiele die Überlegungen zur Bildung einer Bezugsobjekthierarchie nicht nur nachzuvollziehen, sondern auch selbst durchführen zu können. Neben der Bildung von Hierarchien sind natürlich auch die mit ihnen durchzuführenden Analysen von Interesse.

Bezugsobjekthierarchien lassen sich prinzipiell frei durch die Teilnehmer definieren. Allerdings können nur solche Bezugsobjekte gewählt werden, die im Datenbestand des Planspiels als solche ausgewiesen sind. Beim Aufbau der Bezugsobjekthierarchie sind sowohl natürliche als auch künstliche hierarchische Beziehungen möglich.[95] Programmtechnisch kann dies durch den im Spielerprogramm enthaltenen Bezugsobjekthierarchien-Editor auf komfortable Weise durchgeführt werden.

Wenn nun eine benutzerdefinierte Bezugsobjekthierarchie gebildet werden soll, muß sichergestellt werden, daß keine Integritätsbedingungen verletzt werden. Z. B. kann ein einzelnes Produkt in einer Hierarchie keine Produktgruppe als Nachfolger haben. Um nur sinnvolle Eingaben zuzulassen, wird bei jeder Eingabe geprüft, ob eine durch die natürlichen hierarchischen Beziehungen begründete Restriktion verletzt wird. Wie sich dieses Problem lösen läßt, wurde bereits in Abschnitt 6.2.4 erörtert.

Die folgenden beiden Abschnitte beschäftigen sich mit der Frage, wie die Analyse der Bezugsobjekthierarchien in einem Dialog zwischen Anwender und Computer durchgeführt werden kann. Bezüglich der zeitlichen Dimension ist dabei vor Beginn der Analyse die Auswahl einer Periode bzw. eines längeren Zeitraums notwendig.

6.4.3.2 Tabellarische Analyse

Eine relativ einfache Möglichkeit, eine sukzessive Top-down-Analyse der Bezugsobjekthierarchien auf dem Computer zu realisieren, besteht darin, den Anwender ein Objekt auswählen zu lassen (z. B. anhand einer einzugebenden Bezugsobjektnummer) und die Daten des Objektes am Bildschirm anzuzeigen. Dies entspricht der in Abschnitt 4.4.2 angesprochenen Darstellung in Staffelform des Teilmoduls zur Betriebsergebnisrechnung von SAP RK.

Nachteilig an dieser Darstellungsform ist die Begrenzung auf ein einziges, sichtbares Bezugsobjekt. Die andere Darstellungsform des SAP-Systems, die Hitliste, zeigt zwar die Daten der jeweils nachfolgenden Bezugsobjekte an, verzichtet dabei aber auf die Darstellung der Daten des aktuellen Bezugsobjektes. Daraus folgt, daß im Laufe der Analyse zwischen diesen beiden Darstellungsformen hin- und hergeschaltet werden muß. Das

---

[95] Vgl. hierzu die Ausführungen in Abschnitt 3.2.2.

führt dazu, daß sich der Anwender die jeweils nicht sichtbaren Daten merken und u. U. schriftliche Notizen anfertigen muß. Auch bei routinierten Anwendern ist eine Beeinträchtigung der Analyse durch die hohe Belastung des Kurzzeitgedächtnisses zu erwarten.[96]

Aus diesen Gründen wurde für das vorliegende Planspiel eine Konzeption zur schrittweisen Top-down-Analyse von Bezugsobjekthierarchien entwickelt, die die oben erwähnten Kritikpunkte berücksichtigt.

Ausgangspunkt der Überlegungen ist, daß die Baumstruktur der Bezugsobjekthierarchien stärker betont werden muß. Ein typischer Vorteil der baumartigen Repräsentation von Informationen liegt darin, daß bestimmte Analysewege angedeutet werden, ohne daß die anderen Analysewege vernachlässigt werden.[97] Liegen z. B. auf einer Ebene einer Bezugsobjekthierarchie fünf Knoten nebeneinander, so würde ein negativer Deckungsbeitrag eines Objektes deutlich auf die Notwendigkeit einer tiefergehenden Analyse aufmerksam machen. Ein Knoten mit einem verhältnismäßig niedrigen Deckungsbeitrag würde jedoch nicht als möglicher Ausgangspunkt weiterer Analysen ausscheiden.

Beim Navigieren in Baumstrukturen kann außerdem eine bessere Orientierung erreicht werden, wenn die sich um einen Knoten herum befindlichen Informationen ebenfalls angezeigt werden. Dies bestätigen auch Untersuchungen aus dem Bereich der Software-Ergonomie.[98]

Unter Berücksichtigung der bisherigen Überlegungen bietet sich für die Analyse von Bezugsobjekthierarchien eine Darstellung an, wie sie in Abb. 6-26 gezeigt wird.

Als Navigationshilfe für die Auswertung der Bezugsgrößenhierarchien in der EK&DBR wurde daher eine Erweiterung des in Abschnitt 6.4.1 beschriebenen Browsers vorgenommen, die die beiden im SAP-System verwendeten Darstellungsformen kombiniert und darüber hinaus die benachbarten Knoten des jeweiligen Elementes anzeigt.

---

[96] In psychologischen Experimenten konnte gezeigt werden, daß der Mensch nicht in der Lage ist, mehr als ca. sieben Informationseinheiten (chunks) gleichzeitig im Kurzzeitgedächtnis zu halten. Vgl. *Miller, G.A.*: Magical Number, 1956.
[97] Vgl. *Gemünden, H.G.*: Impact, 1986, S. 14.
[98] Bei hierarchisch abzuarbeitenden Menüs konnte z.B. experimentell gezeigt werden, daß es vorteilhaft ist, wenn der vom Nutzer eingeschlagene Navigationspfad sichtbar bleibt. Vgl. *Paap, K.R./Roske-Hofstrand, R.J.*: Design, 1988, S. 227.

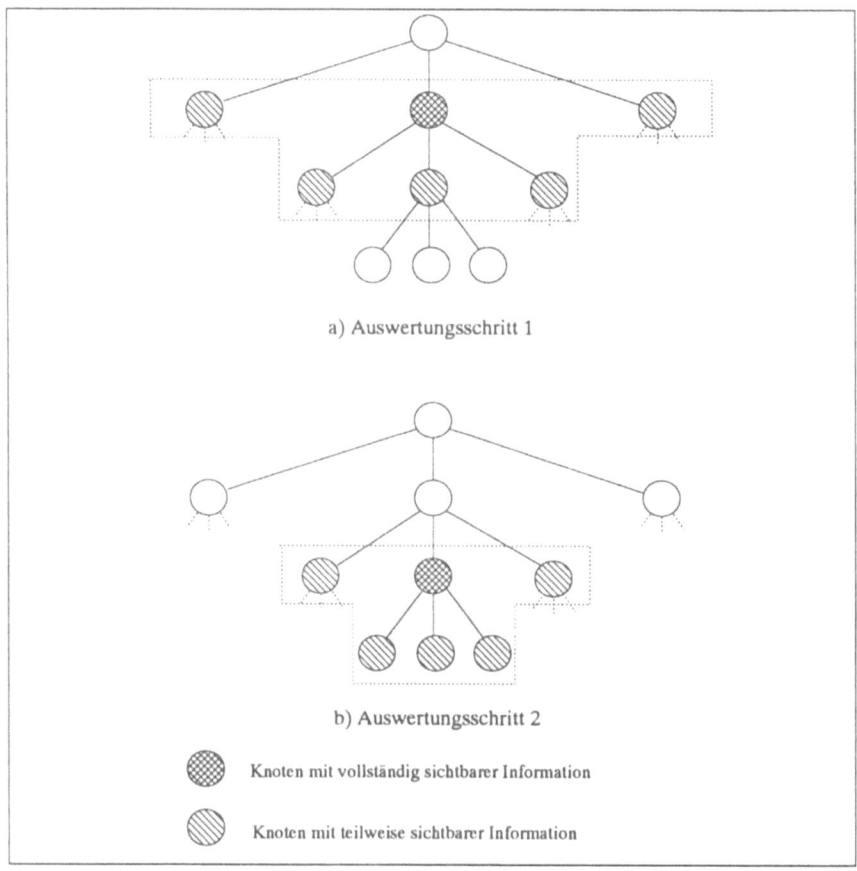

Abb. 6-26: Konzeption der sukzessiven Top-down-Analyse von Bezugsobjekthierarchien

Ein beispielhafter Analyseweg ist in Abb. 6-27 dargestellt und soll im folgenden erläutert werden.

Im Fenster 1 werden die Elemente gleicher Ebene eines Teilbaumes dargestellt. Jedes Element entspricht dabei einem Satz. Mit dem Cursor können einzelne Sätze angewählt werden. Im Fenster 2 werden alle relevanten Felder zum ausgewählten Satz angezeigt. Dies entspricht einer Detailsicht auf ein Element der Bezugsobjekthierarchie. Im dritten Fenster werden alle Elemente der nachfolgenden Ebene angezeigt, die dem aktuellen Element untergeordnet sind. Dabei wird die Anzeige in den Fenstern 2 und 3 bei jeder Bewegung des Cursors in Fenster 1 sofort aktualisiert. Betätigt man die Taste "-" wechselt man eine Ebene tiefer, d. h. der aktuelle Inhalt von Fenster 3 erscheint in Fenster 1; in Fenster 3 sind nun die Nachfolger der nächsten Ebene enthalten. Mit "+" kann man wieder eine Ebene nach oben wechseln.

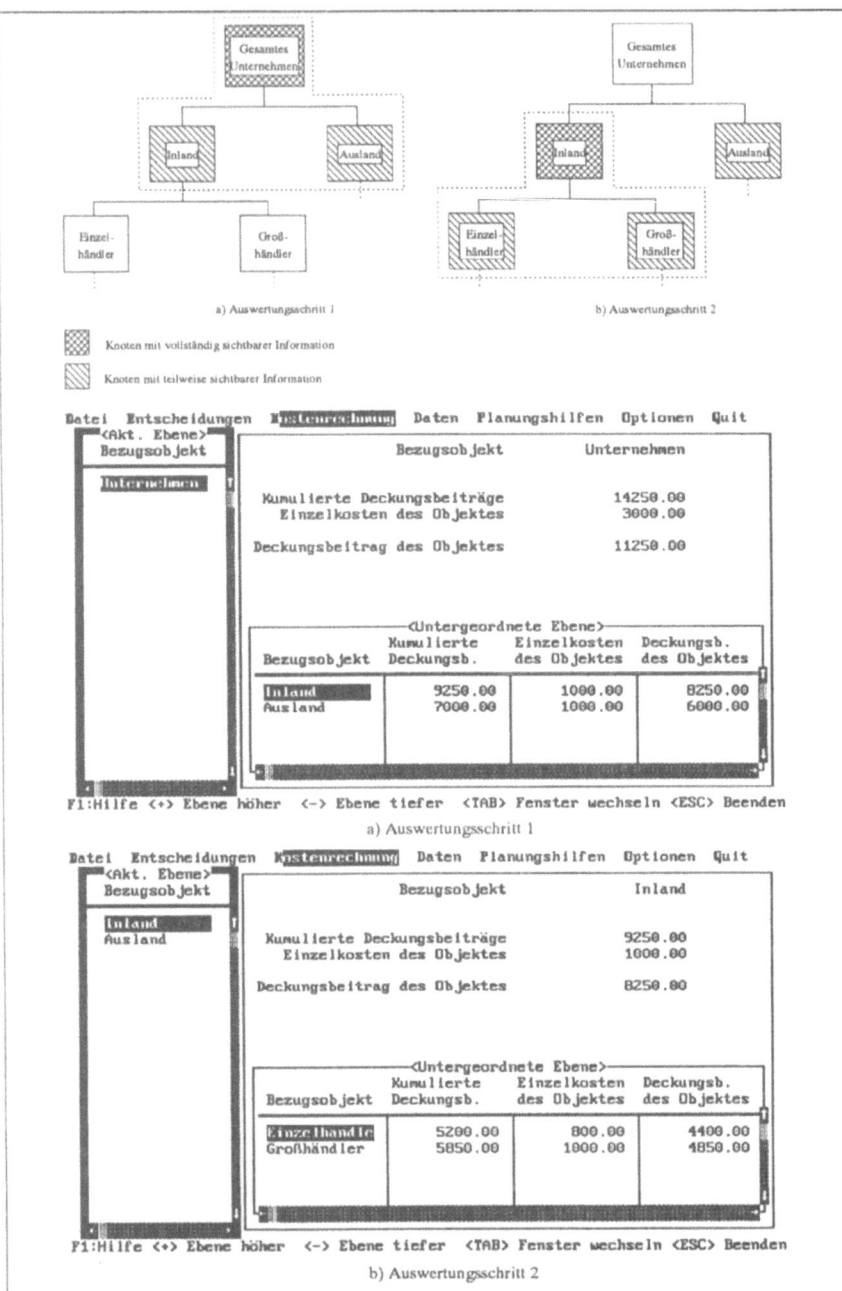

Abb. 6-27: Beispiel für die tabellarische Top-down-Analyse von Bezugsobjekthierarchien

6.4.3.3 Grafische Analyse

Die im vorherigen Abschnitt beschriebene tabellarische Analyse bietet gegenüber Bildschirmmasken, auf denen nur einzelne Bezugsobjekte angezeigt werden, eine Reihe von Vorteilen. Sie stellt die abzubildende Struktur - die Bezugsobjekthierarchie - jedoch immer noch in einer abstrakten Form dar. Außerdem erlaubt die tabellarische Analyse lediglich die Darstellung einer begrenzten Menge möglicher Analysepfade.

Die Visualisierung von hierarchischen Beziehungen erleichtert die Aufnahme von Informationen wesentlich.[99] Daher sollen Möglichkeiten diskutiert werden, die Baumstruktur einer Bezugsobjekthierarchie grafisch am Bildschirm zu repräsentieren. Jedes Bezugsobjekt der Hierarchie müßte dann als Knoten auf dem Bildschirm dargestellt und mit den zu diesem Bezugsobjekt gehörigen Wertgrößen angezeigt werden. Allerdings ist die Zahl der Knoten, die in einem realitätsnahen Fall existieren, nicht mehr sinnvoll auf einer Bildschirmseite darzustellen.[100] Außerdem müßte bezweifelt werden, daß die Fülle der dargebotenen Informationen vom Entscheidungsträger verarbeitet werden kann.

Um dennoch sowohl ein einfaches Navigieren in hierarchischen Strukturen zu ermöglichen als auch wesentliche Informationen hervorzuheben, wurden folgende Überlegungen getroffen:

Da zu jedem Knoten mehrere Zeilen mit Daten angezeigt werden müssen und nicht alle Knoten gleichzeitig gezeigt werden können, wird der Bildschirm in zwei Fensterbereiche aufgeteilt. In der rechten oberen Ecke wird die gesamte Baumstruktur in verkleinerter Form gezeigt. Innerhalb dieser Gesamtsicht können die Anwender mit Hilfe der Cursor-Tasten navigieren. Der Knoten, auf dem man sich gerade befindet, wird schraffiert dargestellt.[101] Durch Drücken der Return-Taste werden das aktuelle Bezugsobjekt sowie dessen Nachfolger im Detail auf der verbleibenden Bildschirmfläche angezeigt. Allerdings werden maximal drei Ebenen und maximal sechs Bezugsobjekte nebeneinander dargestellt, weil die Informationen ansonsten nicht mehr lesbar sind. Die im großen Ausschnitt des Bildschirms sichtbaren Bezugsobjekte sind in der Gesamtübersicht dunkel markiert.

Diese Darstellungsweise verbindet die Vorteile einer groben Übersicht und der Anzeige einer begrenzten Anzahl von Detailinformationen. Die folgende Abbildung zeigt den Bildschirmaufbau bei zwei aufeinanderfolgenden Analyseschritten.

---

[99] Viele Entwurfs- und Beschreibungssprachen aus dem Bereich des Software-Engineering stützen sich auf diese Erkenntnis und verwenden Grafiken mit hierarchischen Beziehungen. Vgl. *Balzert, H.*: Entwicklung, 1982.
[100] Schon bei vier Ebenen einer Hierarchie bzw. mehr als fünf nebeneinanderliegenden Bezugsobjekten sind die Grenzen der üblichen PC-Monitore (14" oder 15" Bildschirmdiagonale) erreicht.
[101] Diese Ausführungen gelten für eine Darstellung auf Monochrom-Bildschirmen. Verwendet man einen Farbmonitor, werden die Knotenelemente farblich hervorgehoben.

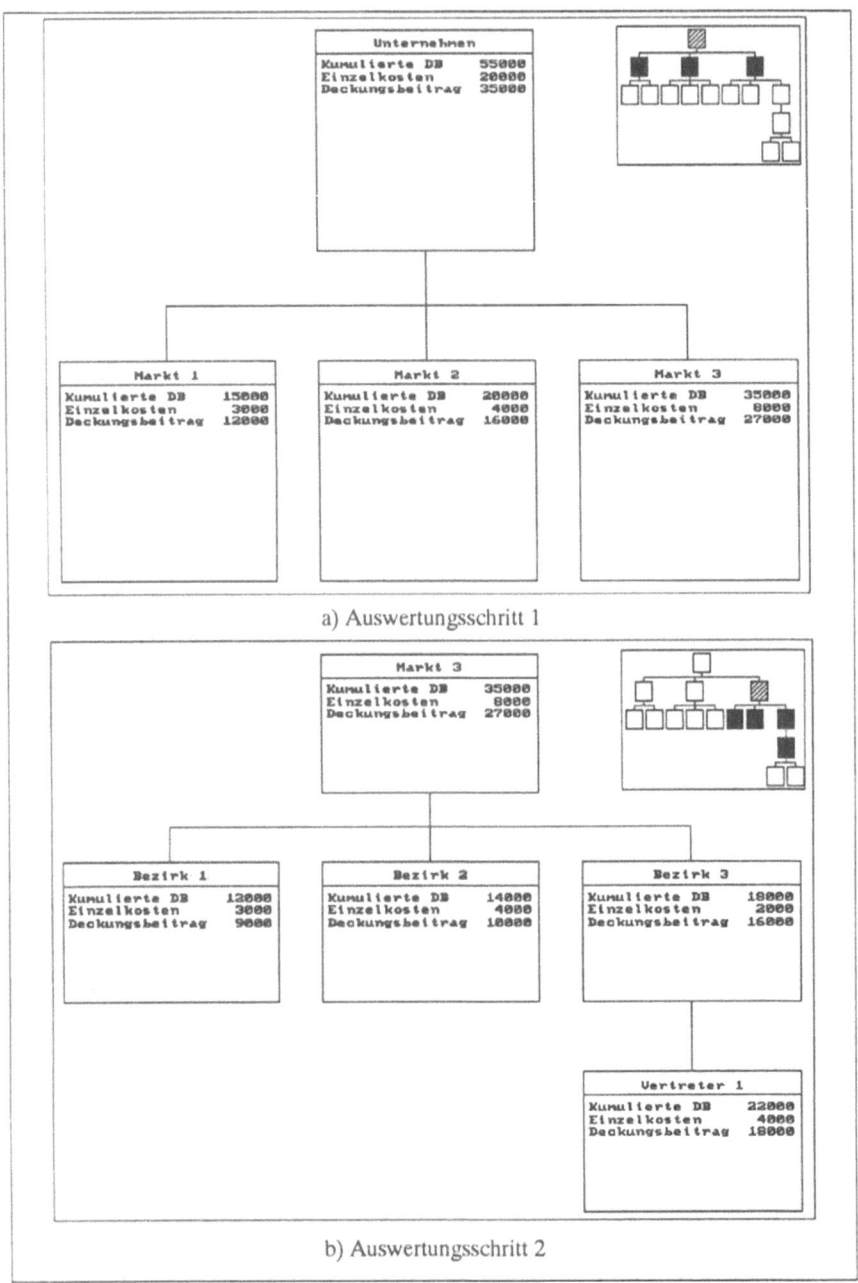

Abb. 6-28: Beispiel für die grafische Top-down-Analyse von Bezugsobjekthierarchien

Bei der Implementierung der in diesem Abschnitt beschriebenen Programmteile ergaben sich prinzipiell ähnliche Probleme wie bei der Stücklistenauflösung. Auch für die Auswertung von Bezugsobjekthierarchien muß derselbe Entity-Typ über eine im voraus unbekannte Anzahl von Stufen mit sich selbst verknüpft werden. Daher wurden auch für diese Problemstellung rekursive Programmroutinen entwickelt, mit deren Hilfe die Auswertung sowie die grafische Darstellung von Baumstrukturen ermöglicht wird.

In Abschnitt 4.3.2 wurden Ansätze angesprochen, Bezugsobjekthierarchien mit Hilfe von Expertensystemen zu analysieren. Für die Zwecke des Planspiels ist es allerdings vorteilhafter, solche Analysen von den Teilnehmern durchführen zu lassen. Aber auch für den praktischen Einsatz würde die hier vorgestellte Konzeption eine gute Ergänzung zu einer wissensbasierten Analyse darstellen, weil mit ihrer Hilfe die Analysewege nachvollzogen werden können. Außerdem ließen sich die durch negative Deckungsbeiträge aufgefallenen Bezugsobjekte im Detail betrachten, wobei auch die unmittelbar benachbarten Bezugsobjekte ins Blickfeld rücken.

6.4.4 Aufstellen von Deckungsvorgaben

6.4.4.1 Vorüberlegungen

Mit der Aufstellung und Auswertung von Deckungsvorgaben liegt ein Themenbereich vor, der nicht nur theoretisch, sondern auch praktisch behandelt werden sollte. Ein Unternehmensplanspiel bietet gute Voraussetzungen, das Arbeiten mit Deckungsvorgaben kennenzulernen.

Zur Einführung in diesen Themenkreis lassen sich prinzipiell zwei Möglichkeiten unterscheiden. Einerseits können die Deckungsvorgaben vom Spielleiter aufgestellt werden. Dazu ist es erforderlich, daß der Spielleiter die Deckungsvorgaben so bestimmt, daß sie grundsätzlich erreicht werden können, weil ansonsten die Gefahr besteht, daß die Spieler unmotiviert werden. Sie dürfen aber auch nicht zu einfach zu erreichen sein, da sonst nicht genügend Anreize geboten werden, die eigenen Entscheidungen zu überdenken. Andererseits können die Spieler auch selbst mit dem Aufstellen von Deckungsvorgaben betraut werden. Diese beiden Möglichkeiten lassen sich auch kombiniert einsetzen, indem z. B. Deckungsvorgaben für die ersten Runden vorhanden sind, ab einer bestimmten Runde aber für einen längeren Planungszeitraum neu festgelegt werden müssen.

Unabhängig davon, ob einer Deckungsvorgabe Zahlungen, Aufwendungen oder Kosten zugrunde liegen, ist jeweils eine Gegenüberstellung der budgetierten und der tatsächlich realisierten Größen erforderlich. Solch eine Gegenüberstellung kann sowohl für Deckungsbudgets als auch für Deckungssätze mit Hilfe der in den Abschnitten 6.4.3.2 und 6.4.3.3 entwickelten Hilfsmittel durchgeführt werden.

Bei der Analyse von Deckungsbudgets liegt eine nach zeitlichen Kriterien gebildete Hierarchie vor. Besonders für die Beobachtung der zeitlichen Entwicklung der kumulierten Deckungsbeiträge bietet sich daher eine grafische Analyse an.[102] Mit einem Vorschlag

---

[102] Vgl. auch die grafischen Darstellungen bei *Riebel, P.*: Deckungsbudgets, 1981, S. 653 [487] sowie *Hummel, S./Männel, W.*: Kostenrechnung 2, 1983, S. 107.

zur Konzeption einer solchen grafisch unterstützten Auswertung beschäftigt sich der folgende Abschnitt.

6.4.4.2 Grafische Analyse

Die grundsätzliche Konzeption für die grafische Gegenüberstellung von Deckungsbudgets und kumulierten Deckungsbeiträgen ist der grafischen Analyse von Bezugsobjekthierarchien, wie sie in Abschnitt 6.4.3.3 beschrieben wurde, sehr ähnlich. Auch hier sollen die hierarchischen Beziehungen zwischen den einzelnen Bezugsobjekten visualisiert werden. Der Unterschied besteht jedoch darin, daß zu den einzelnen Elementen der Hierarchie XY-Diagramme dargestellt werden, aus denen sich zeitliche Entwicklungen ablesen lassen. Aus Gründen der Übersichtlichkeit werden nur zwei Ebenen dargestellt. In der ersten Ebene ist ein einzelnes Diagramm zu sehen (z. B. das gesamte Jahr), in der zweiten Ebene sind die Nachfolger diese Objektes (hier z. B. einzelne Quartale) nebeneinander dargestellt.

Bei der Darstellung der in der unteren Ebene liegenden Diagramme muß eine gleichmäßige Skalierung der Y-Achse gewährleistet sein, weil der Vergleich zwischen den verschiedenen Perioden ansonsten erschwert wird. Wegen der begrenzten Bildschirmgröße ist eine Verzerrung der Proportion von Breite und Höhe der Diagramme in der unteren Reihe nicht zu vermeiden.

Die Auswahl der zu betrachtenden Bezugsobjekte erfolgt wie bei der grafischen Analyse der Bezugsobjekthierarchien durch das Navigieren in einer Baumstruktur mit dem Cursor. Im Gegensatz zur Analyse von Bezugsobjekthierarchien, die vorwiegend Top-down analysiert werden, sind bei der Überwachung von Deckungsbudgets auch Bottom-up-Analysen erforderlich. Außerdem ist zu bedenken, daß bei zeitlich gegliederten Hierarchien die Daten erst im Zeitablauf entstehen. Daher wäre es sinnvoll, bei den kumulierten Deckungsbeiträgen zwischen realisierten und geplanten Beträgen zu unterscheiden.

Die nachfolgende Abbildung zeigt die Gestaltung der Bildschirmmaske für die Auswertung von Deckungsbudgets. Es liegt eine Hierarchie zugrunde, bei der das gesamte Jahr in Quartale gegliedert wird, die wiederum in Monate unterteilt sind.

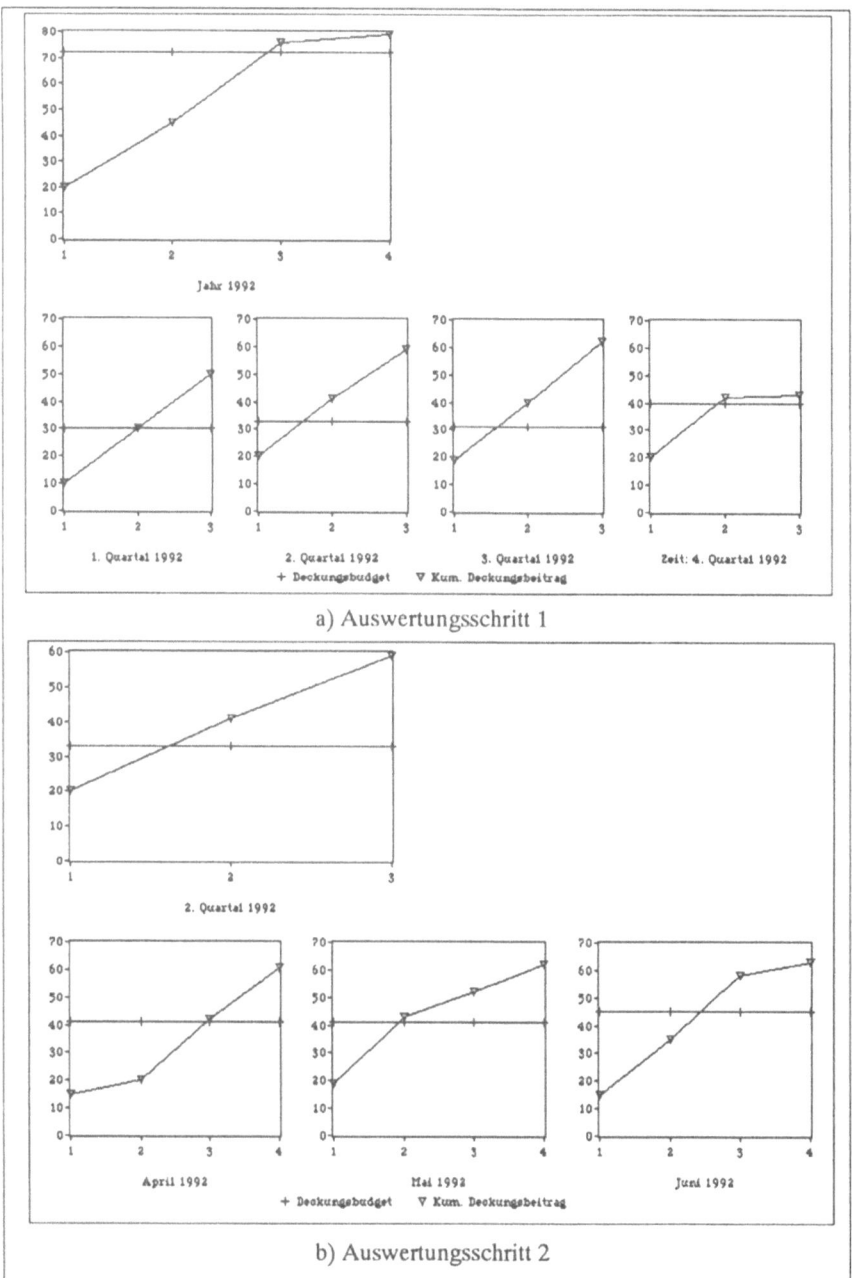

Abb. 6-29: Beispiel für die grafische Auswertung von Deckungsbudgets

7 Einsatzmöglichkeiten der Planspielsoftware

Nachdem im vorangegangenen Kapitel die grundsätzliche Konzeption der Planspielsoftware erläutert wurde, werden in diesem Kapitel deren Einsatzmöglichkeiten betrachtet. Hierzu sollen zwei Beispielanwendungen vorgestellt werden, die nachvollziehbar sind und eine Beurteilung der Leistungsfähigkeit des Konzeptes erlauben.

Abschnitt 7.1 hat die bereits in Abschnitt 5.2.3 diskutierte Kombination von Planspiel und Fallstudie zum Gegenstand. Dabei wird die Einsatzmöglichkeit der Planspielsoftware anhand einer Beispielanwendung zur Planung des Produktionsprogramms demonstriert.

In Abschnitt 7.2 wird schließlich die Modellierung eines umfassenden Planspiels mittlerer Komplexität erörtert.

7.1 Anwendungsbeispiel zur Kombination von Fallstudie und Unternehmensplanspiel

7.1.1 Didaktische Gesichtspunkte

Der vorliegende Abschnitt hat zum Ziel, grundsätzliche Konzeptionskriterien der anschließend beschriebenen Fallstudie transparent zu machen. Wie die Planspielsoftware für den Einsatz im Rahmen dieser Fallstudie konfiguriert werden muß, ist Gegenstand der darauffolgenden Ausführungen.

Die Fallstudie dient zur Vertiefung bereits in anderweitigen Lehrveranstaltungen erworbener Kenntnisse. Sie ließe sich z. B. in einer Übungsveranstaltung einsetzen, die begleitend zu einer Vorlesung abgehalten wird.

Mit der Planung des Produktionsprogramms wurde ein Themenkomplex ausgewählt, der grundsätzlich für jede Industrieunternehmung von großer Bedeutung ist. Es handelt sich um eine Fragestellung, anhand derer die Erfolgssteuerung auf der Grundlage absoluter und spezifischer Deckungsbeiträge besonders deutlich illustriert werden kann.

Aus didaktischer Sicht bietet das gewählte Thema die Möglichkeit, bereits auf einem relativ hohen Anfangsniveau zu beginnen und dann unter Berücksichtigung der jeweiligen Zielgruppe die Komplexität zu erhöhen.

Die Fallbeschreibung ist in zwei Teile gegliedert, die jeweils durch zusätzliche Fragen ergänzt werden. Der erste Teil problematisiert zunächst die Datengewinnung bei der Berechnung von Deckungsbeiträgen. Anschließend wird die Produktionsplanung mit Deckungsbeiträgen bei Vorliegen eines Kapazitätsengpasses behandelt. Im zweiten Teil wird die Fallsituation durch die gleichzeitige Betrachtung mehrerer Engpässe erweitert. Für eine ausführliche Diskussion der Fallsituation wird auf den nächsten Abschnitt verwiesen.

Faßt man die zu erreichenden Lernziele zusammen, so läßt sich ein Schwerpunkt auf dem Niveau 2 (Wissen anwenden) der Abstufung von Posch, Schneider und Mann erkennen.[1] Eine Auswahl wesentlicher Lernziele findet sich in der folgenden Aufzählung.[2] Die Teilnehmer sollen

- erklären können, wie die im Schema einer Zuschlagskalkulation enthaltenen Positionen in der EK&DBR eingeordnet werden,
- in der Lage sein, aus den in der Fallsituation gegebenen Daten Deckungsbeiträge im Sinne der EK&DBR zu berechnen,
- die kostenrechnerischen Konsequenzen verschiedener Auslastungsgrade in der Fertigung beurteilen und geeignete Verfahren zur Produktionsprogrammplanung auswählen können,
- in der Lage sein, aus den in der Fallsituation gegebenen Daten und den von der Planspielsoftware bereitgehaltenen Daten engpaßspezifische Deckungsbeiträge zu berechnen,
- in der Lage sein, aus den in der Fallsituation gegebenen Daten und den von der Planspielsoftware bereitgehaltenen Daten ein LP-Modell zu formulieren,
- Unterschiede und Gemeinsamkeiten der Produktionsprogrammplanung auf der Grundlage von Stückgewinnen, absoluten Deckungsbeiträgen, spezifischen Deckungsbeiträgen und der Linearen Programmierung erläutern können.

Zur Erreichung einzelner dieser Lernziele lassen sich prinzipiell auch herkömmliche Rechenaufgaben oder auf Papier vorliegende Fallstudien einsetzen. Durch die Kombination von Fallstudie und computergestütztem Planspiel können jedoch für die Behandlung des vorliegenden Themas wesentliche Vorteile gewonnen werden:

- Es handelt sich um eine vorwiegend nach quantifizierbaren Kriterien zu beurteilende Problemstellung. Daher können Rückmeldungen in Form einer vom Computer berechneten Lösung zur Verfügung gestellt werden, mit der die Teilnehmer ihre eigenen Lösungsansätze vergleichen können. Dies darf jedoch nicht die einzige Form der Rückmeldung bleiben, vielmehr sind die eventuell auftretenden Unterschiede zwischen den Lösungen der Teilnehmer und der vom Computer erzeugten Lösung mit den Teilnehmern zu diskutieren.
- Für die Lösung des zweiten Teils der Fallsituation ist ein LP-Problem zu formulieren. Bei den hier verfolgten Lernzielen stehen das Formulieren eines LP-Problems und die Interpretation der Lösung im Vordergrund. Die eigentliche Berechnung des LP-Problems kann dagegen vom Computer übernommen werden.
- Nicht alle der für die Lösung erforderlichen Daten sind in der Fallsituation gegeben, weitere Daten müssen mit Hilfe des Rechners beschafft werden. Dabei liegen diese Daten in einer Form vor, die sehr stark an die in der Praxis verwendeten Dokumente angelehnt ist (Arbeitspläne und Anlagenübersichten).

---

[1] Vgl. hierzu Abschnitt 5.2.1.
[2] Es werden nur auf konkrete Fachinhalte bezogene Lernziele genannt. Hinzu kommen noch fachübergreifende Lernziele, wie z. B. die typischerweise beim Fallstudieneinsatz beabsichtigte Förderung der Fähigkeit zum Trennen von für die Aufgabenstellung wesentlichen und unwesentlichen Informationen.

- Die beiden Teile der Fallsituation bauen nicht nur inhaltlich aufeinander auf, sie betreffen auch zwei aufeinanderfolgende Perioden. Der Zeitaspekt wird außerdem durch eine Zusatzaufgabe hervorgehoben, die eine Verknüpfung der Daten der Ausgangslage sowie der zwei Folgeperioden erfordert.

Zur Lösung der in der Fallstudie gestellten Aufgabe sind Entscheidungsmodelle heranzuziehen, die nur dann zu sinnvollen Ergebnissen führen, wenn bestimmte Prämissen erfüllt sind. Daher kam es bei der Konzeption der Fallstudie insbesondere darauf an, eine Fallsituation zu erstellen, in der diese Prämissen weitestgehend erfüllt sind, ohne daß die Fallstudie unplausibel wirkt.

Als Beispielunternehmen wurde ein Hersteller von elektrischen Heizgeräten ausgewählt. Dabei handelt es sich um ein Produkt, das den Teilnehmern mit hoher Wahrscheinlichkeit bekannt ist und welches eine relativ einfache Produkt- und Fertigungsstruktur aufweist.

7.1.2 Diskussion der Fallsituation

In diesem Abschnitt wird die zugrunde gelegte Fallsituation diskutiert. Neben Anmerkungen zur konkreten Ausgestaltung der Fallstudie soll vor allem auf Lösungsvorschläge und mögliche Diskussionspunkte eingegangen werden.

Für die Bearbeitung des **ersten Teils** der Fallstudie (vgl. Abb. 7-1 und 7-2 auf den folgenden Seiten) wird vorausgesetzt, daß die Grundzüge der EK&DBR in den entsprechenden Lehrveranstaltungen zeitlich nach der Vollkostenrechnung behandelt wurden. Dies ist zwar nicht die einzig mögliche Anordnung des Stoffes, aber die bei weitem überwiegende.[3]

Unter diesen Bedingungen muß besondere Sorgfalt darauf verwendet werden, daß alter und neuer Lernstoff sinnvoll miteinander verknüpft werden. Besonderheiten der EK&DBR sollten möglichst unter Bezugnahme auf das bisher Gelernte verdeutlicht werden. So ist z. B. gesondert auf Gründe für die Behandlung der üblicherweise als Einzelkosten angesehenen Fertigungslöhne in der EK&DBR einzugehen, die dort keinen Einzelkostencharakter haben.

In der vorliegenden Fallsituation erfolgt die Verknüpfung mit dem bisherigen Lernstoff dadurch, daß die für die Berechnung der Stückdeckungsbeiträge notwendigen Daten in der für die Vollkostenrechnung üblichen Form einer Zuschlagskalkulation dargeboten werden. Von den Teilnehmern wird damit gefordert, daß sie in der Lage sind, die in einer ihnen bekannten Weise angeordneten Daten in eine für die EK&DBR geeignete Form zu überführen.

---

[3] Ein Anhaltspunkt dafür ist auch die Einordnung der EK&DBR in die Gliederung der Lehrbücher zur KLR. Vgl. z. B. *Schweitzer, M./Küpper, H.-U.*: Systeme, 1991; *Hummel, S./Männel, W.*: Kostenrechnung 2, 1983; *Coenenberg, A.G.*: Kostenrechnung, 1992; *Weber, J.*: Einführung, 1990.

Klima GmbH

- Fallsituation -

1) Die Klima GmbH stellt elektrische Heizgeräte her. Mit diesen Geräten kann auch in Räumlichkeiten, die nicht mit einer Heizung ausgestattet sind (z. B. in Badezimmern), für eine angenehme Zimmertemperatur gesorgt werden. Das Produktprogramm umfaßt vier verschiedene Geräte. Die Modelle Thermo 50 und Thermo 150 sind Wandgeräte mit unterschiedlicher Heizkraft. Beide Geräte verfügen über ein Stahlgehäuse und sind ungefähr 50 cm hoch und ebenso breit. Bei den anderen beiden Modellen, Thermo 400 und Thermo 600, handelt es sich um Standgeräte. Thermo 400 verfügt über einen Thermostat und mißt 50 x 70 cm. Das Luxus-Modell, Thermo 600, ist ein besonders geräuscharmes Gerät und bietet zusätzlich ein Schnellheizgebläse. Die Maße dieses Modells betragen 50 x 80 cm. Einen optischen Eindruck zweier Geräte vermittelt die folgende Abbildung.

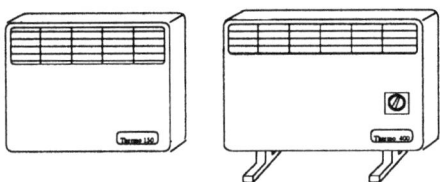

Abb. 1: Thermo 150 und Thermo 400

2) Die Herstellung der Heizgeräte erfolgt in drei verschiedenen Abteilungen, die von allen Produkten durchlaufen werden. Dabei handelt es sich um die Abteilungen Gehäusebau, Elektroabteilung und Endmontage. Zum Abschluß werden die Geräte in der Endkontrolle getestet und auf äußerliche Mängel hin untersucht. Die jeweiligen Bearbeitungszeiten in den einzelnen Abteilungen können den Arbeitsplänen unter dem Menüpunkt Daten entnommen werden.

3) Das Unternehmen arbeitet mit einer einfachen Form der Zuschlagskalkulation. Eine Übersicht über die Kalkulationsdaten des vergangenen Monats (Monat 1) gibt die folgende Tabelle:

	Thermo 50	Thermo 150	Thermo 400	Thermo 600
Geplante Produktions- und Absatzmenge	360	220	120	60
Materialeinzelkosten	44,00	51,00	68,00	90,00
+ Materialgemeinkosten (10 %)	4,40	5,10	6,80	9,00
+ Lohneinzelkosten	22,00	23,00	23,50	24,00
+ Fertigungsgemeinkosten (70 %)	15,40	16,10	16,45	16,80
= Herstellkosten	85,80	95,20	114,75	139,80
+ Verwaltungsgemeinkosten (20 %)	17,16	19,04	22,95	27,96
+ Vertriebsgemeinkosten (10 %)	8,58	9,52	11,48	13,98
= Selbstkosten	111,54	123,76	149,18	181,74
Verkaufspreis	130,00	140,00	175,00	205,00
Stückgewinn	18,46	16,24	25,82	23,26

Tab. 1: Zuschlagskalkulation der Klima GmbH für Monat 1

Abb. 7-1: Fallsituation Klima GmbH, Teil I (Seite 1)

Die Gemeinkosten werden dabei auf der Grundlage der folgenden Schlüssel verteilt:
- Materialgemeinkosten auf Grundlage der gesamten Materialeinzelkosten
- Fertigungsgemeinkosten auf Grundlage der gesamten Lohneinzelkosten
- Verwaltungskosten auf Grundlage der gesamten Herstellkosten
- Vertriebsgemeinkosten ebenfalls auf Grundlage der gesamten Herstellkosten, da Produktion und Absatz identisch sind

Sonstige Anmerkungen:
Alle Geräte werden in Kartons ausgeliefert. Die Kartons für die Wandgeräte kosten 3,00 DM, die für die Standgeräte 5,00 DM. Diese Kosten werden in der Klima GmbH bei den Vertriebsgemeinkosten erfaßt.
Kosten für Energie werden bei den Fertigungsgemeinkosten erfaßt. Eine hinreichend genaue Schätzung ergibt, daß jeweils 3,50, 3,70, 4,80 und 5,00 DM einzelnen Stücken der vier Produkte zugerechnet werden können.

4) Die Geräte werden direkt an den Fachhandel sowie an Kaufhäuser geliefert, wobei der Absatz der Geräte Thermo 50 und Thermo 400 aufgrund ihres hohen Stückgewinns besonders forciert wird. Eine Lagerhaltung der Enderzeugnisse findet nicht statt. Die verschiedenen Geräte sind zwar vergleichsweise teuer, weisen jedoch aus der Sicht der Abnehmer eine hohe Qualität auf. Da in den neuen Bundesländern ein großer Bedarf an Heizgeräten besteht, sind die Absatzzahlen in letzter Zeit stark gestiegen. Es mußten bereits Neueinstellungen vorgenommen werden. Eine weitere Kapazitätserhöhung wäre jedoch mit einem Wechsel der Räumlichkeiten und einigen weiteren Investitionen verbunden, die aus finanziellen Gründen zur Zeit nicht möglich sind. Im aktuellen Monat konnten noch alle nachgefragten Geräte gefertigt werden. Für den nächsten Monat (Monat 2) liegen bereits mehrere Kundenanfragen vor, die beantwortet werden müssen. Der Vertrieb hat die entsprechenden Zahlen zusammengestellt:

Gerät	Mögliche Absatzmenge
Thermo 50	360
Thermo 150	225
Thermo 400	125
Thermo 600	70

Tab. 2: Mögliche Absatzmengen für Monat 2

Aufgabenstellung:
Beraten Sie die Klima GmbH bei der Gestaltung des optimalen Produktionsprogramms für Monat 2! Gehen Sie dabei von der Zielsetzung der Gewinnmaximierung aus!

Abb. 7-2: Fallsituation Klima GmbH, Teil I (Seite 2)

Zusätzliche Hinweise in der Fallsituation deuten an, daß die in der EK&DBR den einzelnen Leistungseinheiten zurechenbaren Kosten keineswegs eine Teilmenge der Einzelkosten in der Zuschlagskalkulation sein müssen, sondern daß in der EK&DBR auch Teile der in der Zuschlagskalkulation als Gemeinkosten ausgewiesenen Kosten als Einzelkosten der Leistungseinheiten erscheinen können.[4] Dies kann entweder durch eine differenziertere Erfassung oder durch die sachgerechte Aufteilung unechter Gemeinkosten bedingt sein.

Der Fallstudientext gibt bewußt keine Hinweise darauf, ob die nachgefragten Absatzmengen mit der zur Verfügung stehenden Kapazität überhaupt gefertigt werden können. Das in der Fallstudie vorliegende Problem eines Kapazitätsengpasses in der Abteilung Gehäusebau muß somit erst einmal erkannt werden, bevor weitere Schritte unternommen werden können. Eine Übersicht darüber, in welchem Umfang die einzelnen Produkte die einzelnen Abteilungen zeitlich beanspruchen, kann den auf dem Rechner gespeicherten Arbeitsplänen entnommen werden. Ebenso ist die maximal zur Verfügung stehende Kapazität aus einer Anlagenübersicht erkennbar.

Die Berechnung der Deckungsbeiträge und die Identifikation des Kapazitätsengpasses sind Probleme, die im Rahmen der Datenbeschaffung gelöst werden müssen. Sie wurden der Fallsituation vorangestellt, um die Herkunft der zur Produktionsprogrammplanung benötigten Daten zu verdeutlichen. Liegen diese Daten vor, ist eine geeignete Vorgehensweise zur Produktionsprogrammplanung zu wählen.[5]

Da in der Fallsituation ein Engpaß in der Fertigung identifiziert werden kann, ist die Vorteilhaftigkeit der einzelnen Produkte auf der Grundlage ihrer spezifischen, auf diesen Engpaß bezogenen Deckungsbeiträge zu beurteilen. Anschließend sind die Produkte in der absteigenden Reihenfolge der spezifischen Deckungsbeiträge ins Programm aufzunehmen.

Die Lösung für die Berechnung der absoluten und spezifischen Deckungsbeiträge sowie der Bestimmung des optimalen Produktionsprogramms ergibt sich dann aus Abb. 7-3.

Die kumulierten Stückdeckungsbeiträge betragen bei der optimalen Lösung 65797,50 DM. Legt man die Stückgewinne bzw. die absoluten Deckungsbeiträge als Kriterium für die Aufnahme ins Produktionsprogramm zugrunde, ergeben sich kumulierte Stückdeckungsbeiträge von 65649,90 DM bzw. 65604,- DM. Bei einer Gegenüberstellung der kumulierten Stückdeckungsbeiträge, die bei unterschiedlichen Kriterien für die Aufnahme ins Produktionsprogramm erreicht werden, ist nicht so sehr die eigentliche Differenz entscheidend, sondern die langfristige Wirkung auf die Zusammensetzung des Produktionsprogramms. Unter den bisher betrachteten Voraussetzungen ist absehbar, daß eine weitere Förderung der Erzeugnisse Thermo 400 und 600 langfristig zu einer Fehlsteuerung der eingesetzten Ressourcen führt.

---

[4] Vgl. auch *Riebel, P.*: Gefahren, 1974, S. 522 [379].
[5] Vgl. hierzu auch *Riebel, P.*: Entscheidungen, 1967, S. 12-19 [291-301] sowie den Überblick in Abschnitt 3.3.1.

Erzeugnisse		T050	T150	T400	T600
Erlöse pro Stück	[DM]	130,00	140,00	175,00	205,00
Material	[DM]	44,00	51,00	68,00	90,00
Energie	[DM]	3,50	3,70	4,80	5,00
Produktionsbedingte Stückeinzelkosten					
Verpackung	[DM]	3,00	3,00	5,00	5,00
Absatzbedingte Stückeinzelkosten					
Deckungsbeitrag pro Stück	[DM]	79,50	82,30	97,20	105,00
(Rang)		(4)	(3)	(2)	(1)
Engpaßbeanspruchung in der Abteilung Gehäusebau (Kapazität: 885 h)	[h]	1,00	1,10	1,40	1,65
Engpaßbezogener Deckungsbeitrag	[DM/h]	79,50	74,82	69,43	63,64
(Rang)		(1)	(2)	(3)	(4)
Maximale Absatzmenge	[Stück]	360	225	125	70
Verdrängte Einheiten (aufgerundet)	[Stück]	-	-	-	8
Produktionsmenge	[Stück]	360	225	125	62

Abb. 7-3: Rechenweg für die Lösung des ersten Teils der Fallsituation

Aus didaktischen Gründen erscheint es nicht sinnvoll, den Teilnehmern diese Lösung ohne weitere Kommentare zur Verfügung zu stellen. Eine geeignetere Vorgehensweise besteht darin, die **Ansatzpunkte**, die zur Lösung führen, herauszuarbeiten. Ergänzend hierzu können sich die Teilnehmer die zur Lösung notwendigen Rechenschritte sowie eine grafische Darstellung der Ergebnisse von der Planspielsoftware anzeigen lassen.[6]

Ausgehend von den Überlegungen zur Produktionsprogrammplanung mit engpaßbezogenen Deckungsbeiträgen erfolgt im **zweiten Teil** der Fallstudie der Übergang zur Planung des optimalen Produktionsprogramms bei Vorliegen mehrerer Engpässe (vgl. Abb. 7-4). Zur Lösung dieses Problems kann die Lineare Programmierung herangezogen werden, wobei allerdings nur die Problemformulierung und die Interpretation der Lösung von den Teilnehmern gefordert wird. Die notwendigen Rechenschritte werden von der Planspielsoftware übernommen.

---

[6] Weitere Details hierzu folgen in Abschnitt 7.1.3.

Klima GmbH

- Erweiterte Fallsituation -

5) Nachdem schon im letzten Monat die Nachfrage nicht befriedigt werden konnte, liegt auch für diesen Monat wieder eine Reihe von Kundenanfragen vor.

Gerät	Mögliche Absatzmenge
Thermo 50	380
Thermo 150	245
Thermo 400	145
Thermo 600	80

Tab. 3: Mögliche Absatzmengen für Monat 3

6) Insbesondere bei dem Produkt mit dem höchsten Stückgewinn (Thermo 400) machen sich die in den letzten Monaten verstärkten Absatzbemühungen der Vertriebsabteilung bemerkbar.

Aufgabenstellung:

Wählen Sie ein geeignetes Verfahren zur Planung des Produktionsprogramms für Monat 3 aus und formulieren Sie das Problem mathematisch!

Abb. 7-4: Fallsituation Klima GmbH, Teil II

Abbildung 7-5 auf der folgenden Seite zeigt die Eingabedatei mit der von der Planspielsoftware erzeugten LP-Formulierung und dem von LINDO erzeugten Lösungsbericht.[7] Die in der Eingabedatei enthaltene LP-Formulierung ist ausführlich kommentiert. Die verschiedenen Nebenbedingungen sind gruppiert, und bei den Kapazitätsbeschränkungen wird die jeweils dazugehörige Anlage bzw. Abteilung angegeben.

Aus dem Lösungsprotokoll ist ersichtlich, daß neben der Produktionsmenge von Thermo 600 auch diejenige von Thermo 400 zugunsten der Produktion von Thermo 50 und Thermo 150 eingeschränkt wird. Das Lösungsprotokoll kann auf Wunsch in der vorliegenden Form am Rechner eingesehen werden, es werden aber auch alle relevanten Daten (Zielfunktionswert, Lösungswerte, noch zur Verfügung stehende Einheiten nicht ausgelasteter Restriktionen und Schattenpreise) extrahiert und tabellarisch mit deutschsprachiger Erläuterung auf dem Bildschirm dargestellt.

Der modellhafte Charakter der hier beschriebenen Fallsituation ermöglicht es, im Rahmen der Produktionsprogrammplanung auftretende Probleme zu verdeutlichen. Jedoch liegen der Fallsituation - wie jeder modellhaften Darstellung - vereinfachende Annahmen zugrunde. Es wurde bereits eingangs erwähnt, daß versucht wurde, eine möglichst plausible Fallsituation zu konzipieren. Dennoch bieten die in der Fallsituation enthaltenen

---

[7] Vgl. auch Abschnitt 6.5.2.3, wo der Weg von der Generierung der Problemformulierung bis zum Erhalt der Lösung ausführlich beschrieben ist.

```
Von der Planspielsoftware erzeugte Problemformulierung (Eingabedatei)

! Formulierung eines Linearen Programms zur Planung des optimalen
! Produktions- und Absatzprogramms (eine Periode)
! Erzeugt am 20.10.92 um 23:01:45.
! Dateiname : THERMO.DAT
!
! Variablen der Zielfunktion:
! x1 : T050
! x2 : T150
! x3 : T400
! x4 : T600
!
! LINDO aufrufen und diese Datei mit dem Befehl TAKE laden
!
! Zielfunktion
!
MAX    79.50x1 +   82.30x2 +   97.20x3 +  105.00x4
ST
!
! Kapazitätsbeschränkungen
!
  1.00x1 +  1.10x2 +  1.40x3 +  1.65x4 <  885.00   ! Gehaeusebau
  0.55x1 +  0.55x2 +  0.65x3 +  0.65x4 <  450.00   ! Elektroabteilun
  0.50x1 +  0.55x2 +  0.65x3 +  0.65x4 <  450.00   ! Endmontage
  0.20x1 +  0.25x2 +  0.25x3 +  0.25x4 <  180.00   ! Endkontrolle
!
! Absatzmindestbeschränkungen und Absatzhöchstbeschränkungen
!
x1 < 380
x2 < 245
x3 < 145
x4 <  80
END
DIVERT thermo.OUT
LOOK ALL
GO
PAUSE Bitte RETURN druecken um LINDO zu verlassen !
QUIT
```

```
Von dem LP-Programpaket LINDO erzeugte Lösung (Ausgabedatei)

MAX     79.5 X1 + 82.3 X2 + 97.2 X3 + 105 X4
SUBJECT TO
     2)   X1 + 1.1 X2 + 1.4 X3 + 1.65 X4 <=   885
     3)   0.55 X1 + 0.55 X2 + 0.65 X3 + 0.65 X4 <=   450
     4)   0.5 X1 + 0.55 X2 + 0.65 X3 + 0.65 X4 <=   450
     5)   0.2 X1 + 0.2 X2 + 0.25 X3 + 0.25 X4 <=   180
     6)   X1 <=    380
     7)   X2 <=    245
     8)   X3 <=    145
     9)   X4 <=     80
END

LP OPTIMUM FOUND AT STEP       5

        OBJECTIVE FUNCTION VALUE

     1)      66469.5600

  VARIABLE          VALUE            REDUCED COST
        X1        380.000000             .000000
        X2        245.000000             .000000
        X3        136.846100             .000000
        X4         26.615410             .000000

       ROW    SLACK OR SURPLUS       DUAL PRICES
        2)           .000000         31.199990
        3)           .000000         82.338480
        4)         19.000000             .000000
        5)         14.134610             .000000
        6)           .000000          3.013844
        7)           .000000          2.693848
        8)          8.153874             .000000
        9)         53.384590             .000000

NO. ITERATIONS=       5
```

Abb. 7-5: Ein- und Ausgabedatei zur Planung des Produktionsprogramms (erweiterte Fallsituation)

Vereinfachungen u. U. Anlaß zur Kritik. Werden solche Kritikpunkte von den Teilnehmern geäußert, so sollte dies nicht negativ aufgefaßt werden, sondern als Anknüpfungspunkt für Diskussionen über die Anwendbarkeit der hier behandelten Entscheidungsmodelle gesehen werden. An dieser Stelle wird deutlich, daß zur Durchführung von Planspielen auch ein dazu passendes Unterrichtskonzept gehört.

Um Möglichkeiten für die Unterrichtsgestaltung anzudeuten, sollen einige Punkte genannt werden, die als Grundlage weitergehender Diskussionen dienen können. In der Fallsituation wird angenommen, daß Produktion und Absatz identisch sind und daß zumindest auf der Ebene der Fertigerzeugnisse keine Lagerhaltung stattfindet. Weiterhin wird vorausgesetzt, daß bei der Beschaffung keine zusätzlichen Engpässe auftreten. Auch Probleme bei der Ablaufplanung in der Fertigung werden nicht angesprochen. Bezüglich der vorliegenden Aufträge werden eventuelle Lieferzusagen aufgrund längerfristiger Verträge vernachlässigt. Außerdem kann die Erhaltung guter Beziehungen zu bestimmten Abnehmern u. U. höher eingeschätzt werden als die kurzfristige Erhöhung des gesamten Deckungsbeitrags, so daß eventuell andere Absatzmengen als die von Thermo 600 gekürzt werden müssen. Aus dem letzten Beispiel wird schon deutlich, daß die Zielvorstellung der Gewinn- bzw. Deckungsbeitragsmaximierung nicht die einzige sein muß, die in der Fallsituation verfolgt werden kann. Bei weiteren Zielvorstellungen ist vor allem an die Schaffung langfristiger Erfolgspotentiale zu denken, wobei Konflikte mit kurzfristigen Gewinnzielen auftreten können.

Ferner ist darauf hinzuweisen, daß es sich bei den in den Arbeitsplänen enthaltenen Bearbeitungszeiten nur um durchschnittliche Werte handeln kann, die u. U. zufälligen Schwankungen ausgesetzt sind. Da im Beispiel von standardisierten Erzeugnissen ausgegangen wird, ist dieser Sachverhalt allerdings nicht so bedeutend wie im Falle kundenindividueller Erzeugnisse, für die die Bearbeitungszeiten ex ante abgeschätzt werden müssen.

Einige der genannten Annahmen können durch eine Erweiterung der zur Optimierung verwendeten Modellformulierungen berücksichtigt werden. Zusätzliche Engpässe in der Beschaffung lassen sich ohne weiteres in der Formulierung des LP-Problems berücksichtigen. Auch Mindestabsatzmengen aufgrund langfristiger Lieferverträge oder aufgrund der besonderen Stellung bestimmter Kunden können durch die Formulierung von Mindestbeschränkungen integriert werden.

Ohne hier auf weitere Ansatzpunkte für Diskussionen einzugehen, sei festgehalten, daß nur durch einen sorgfältig konzipierten Unterricht das volle Potential der hier vorgeschlagenen Fallsituation ausgeschöpft werden kann. Erst durch den begleitenden Unterricht wird es möglich, über die isolierte Behandlung der Verfahren hinauszugehen und der Verknüpfung mit dem in anderen Gebieten erworbenen Wissen mehr Aufmerksamkeit zu schenken.

Die bisher vorliegenden Teile der Fallsituation lassen sich durch eine Vielzahl zusätzlicher Aufgabenstellungen ergänzen. Für die hier angestrebte Vermittlung von Prinzipien der EK&DBR bietet sich besonders der Aufbau einer mehrperiodischen Deckungsbeitragsrechnung auf der Grundlage der bisher verwendeten Daten an. Abb. 7-6 zeigt eine mögliche Ergänzungsaufgabe.

Klima GmbH

- Zusätzliche Aufgabenstellung -

Mit den Daten der Monate 1, 2 und 3 liegen Ihnen nun die Daten dreier aufeinanderfolgender Monate vor, die zusammen ein Quartal bilden. Gehen Sie vereinfachend davon aus, daß die in Tabelle 1 ausgewiesenen Stückgemeinkosten in allen drei Perioden konstant geblieben sind. Gehen Sie weiterhin davon aus, daß in den Materialgemeinkosten 2000,- DM, in den Fertigungsgemeinkosten 6000,- DM, in den Verwaltungskosten 4000,- DM und in den Vertriebsgemeinkosten 2000,- DM an Abschreibungen enthalten sind. Von den verbleibenden Gemeinkosten sind 1500,- DM der Materialgemeinkosten, 2000,- DM der Verwaltungsgemeinkosten und 3000,- DM der Vertriebsgemeinkosten eindeutig einem Monat zuzurechnen. Außer den in der Fertigung beschäftigten Arbeitern sind alle Mitarbeiter Gehaltsempfänger. Stellen Sie eine Deckungsbeitragsrechnung auf, die die Deckungsbeiträge der drei Monate sowie den Quartalsdeckungsbeitrag ausweist!

Abb. 7-6: Fallsituation Klima GmbH, Ergänzungsaufgabe

Diese Aufgabenstellung zielt auf die in der EK&DBR vorgenommene Differenzierung der Kosten nach deren Abbaubarkeit ab. Zur ihrer Lösung müssen Überlegungen getroffen werden, wie sich die Bestandteile der in der Fallsituation gegebenen Kosten und Leistungen nach dem Identitätsprinzip auf Perioden zurechnen lassen. Aus didaktischer Sicht ist es günstig, die Problematik der Verrechnung von Gemeinkosten auf einzelne Perioden unmittelbar nach der Behandlung der Verrechnung von Gemeinkosten auf Leistungseinheiten anzusprechen, weil dann besonders deutlich gezeigt werden kann, daß die Anwendung des Identitätprinzips auf Zeiteinheiten lediglich eine Verallgemeinerung des zuvor behandelten Lehrstoffs darstellt.

Bei der Zuordnung der Leistungen auf die Perioden entstehen bei der vorliegenden Aufgabenstellung keine Probleme. Alle Leistungen können einzelnen Monaten zugerechnet werden. Die bereits zur Ermittlung der Stückdeckungsbeiträge herangezogenen Kostenbestandteile sind Leistungskosten und ebenfalls einzelnen Monaten zurechenbar. Dies gilt auch zumindest für einen Teil der in der Fertigung anfallenden Lohnkosten. Sie sind zwar Gemeinkosten der Erzeugnisse, jedoch zu großen Teilen Einzelkosten eines Monats.[8] Die Kosten für Gehälter können nicht aus der Aufgabenstellung berechnet werden, sie sind in denjenigen Gemeinkosten enthalten, die verbleiben, wenn man die aus der Zuschlagskalkulation ermittelten gesamten Gemeinkosten um die in der Zusatzaufgabe gegebenen

---

[8] Nach § 622 BGB beträgt die Kündigungsfrist bei Arbeitern zwei Wochen bis zum Monatsende. Wird der Arbeiter nach seinem fünfunddreißigsten Lebensjahr weitere fünf Jahre im Unternehmen beschäftigt, erhöht sich die Kündigungsfrist auf einen Monat zum Monatsende. Bei Beschäftigungsdauern von mehr als 10 Jahren nach der Vollendung des fünfunddreißigsten Lebensjahres erhöhen sich die Kündigungsfristen weiter, so daß die Lohnkosten dann nicht mehr zu den Monatseinzelkosten gezählt werden können.

Monatseinzelkosten und Quartalsgemeinkosten verringert.[9] Im weiteren wird zwar unterstellt, daß alle Lohnkosten Monatseinzelkosten und alle Gehaltskosten Quartalseinzelkosten sind, es sind aber auch andere Annahmen möglich, die allerdings eine genauere Kenntnis der Personalstruktur der betrachteten Unternehmung voraussetzen würden.

Bei der Ermittlung der Monats- und Quartalsdeckungsbeiträge wird, wie in der EK&DBR üblich, retrograd vorgegangen. Als erstes wird der Deckungsbeitrag der Erzeugnisse für jeden Monat bestimmt. Dies geschieht in der folgenden Abb. 7-7 mit Hilfe der kumulierten Erlöse und Kosten. Alternativ könnte man auch gleich die bereits berechneten Deckungsbeiträge pro Stück kumulieren (vgl. Abb. 7-3), um zum Deckungsbeitrag der Erzeugnisse zu gelangen. Als nächstes sind die Bereitschaftskosten zu berücksichtigen, die einem Monat eindeutig zurechenbar sind. Summiert man die in einem Monat erzielten Deckungsbeiträge der vier Erzeugnisse und zieht davon die dem Monat zurechenbaren Bereitschaftskosten ab, gelangt man zum Deckungsbeitrag des Monats. Summiert man die Deckungsbeiträge der drei Monate und subtrahiert die dem gesamten Quartal zurechenbaren Bereitschaftskosten, so erhält man den Quartalsdeckungsbeitrag. Würde man eine solche Rechnung mit zusätzlichen Daten für weitere neun Monate durchführen, so würde man zu einem Jahresdeckungsbeitrag gelangen. Die für einzelne Abrechnungsperioden (Monate, Quartale, Jahr) ausgewiesenen Deckungsbeiträge geben jeweils Auskunft über die erfolgsmäßigen Auswirkungen der während der betreffenden Periode entfalteten Aktivitäten.[10]

Aus der Tabelle wird deutlich, daß mit allen Erzeugnissen positive Deckungsbeiträge erzielt werden. In jedem Monat sowie im gesamten Quartal wird ein positiver Deckungsbeitrag erreicht. In der letzten Zeile sind die Kosten ausgewiesen, die dem Quartal nicht eindeutig zugerechnet werden können. Der Ausweis dient lediglich als Anhaltspunkt, um die Größenordnung der nicht in der Rechnung berücksichtigten Kosten abschätzen zu können. Der betreffende Betrag enthält sowohl Kosten, die sich zumindest dem gesamten Jahr zurechnen lassen, als auch solche, die Jahresgemeinkosten darstellen.

---

[9] Auch bei Angestellten verlängert sich die Kündigungsfrist in Abhängigkeit von der Dauer der Beschäftigung und dem Lebensalter, so daß auch Gehälter u.U. zu Quartalsgemeinkosten werden können.
[10] Vgl. *Hummel, S./Männel, W.*: Kostenrechnung 2, 1983, S. 81.

Monate	1						2						3					
Erzeugnisse	T050	T150	T400	T600	T050		T050	T150	T400	T600	T050		T050	T150	T400	T600		
Absatzmengen	360	220	120	60	360		360	225	125	62	380		380	245	136	26		
Erlöse pro Leistungseinheit	130,00	140,00	175,00	205,00	130,00		130,00	140,00	175,00	205,00	130,00		130,00	140,00	175,00	205,00		
Gesamte Erlöse pro Erzeugnis	46800,00	30800,00	21000,00	12300,00	46800,00		46800,00	31500,00	21875,00	12710,00	49400,00		49400,00	34300,00	23800,00	5330,00		
Material	15840,00	11220,00	8160,00	5400,00	15840,00		15840,00	11475,00	8500,00	5580,00	16720,00		16720,00	12495,00	9248,00	2340,00		
Energie	1260,00	814,00	576,00	300,00	1260,00		1260,00	832,50	600,00	310,00	1330,00		1330,00	906,50	652,80	130,00		
produktionsbedingte Einzelkosten																		
Verpackung	1080,00	660,00	600,00	300,00	1080,00		1080,00	675,00	625,00	310,00	1140,00		1140,00	735,00	680,00	130,00		
absatzbedingte Einzelkosten																		
DB I (Deckungsbeitrag der Erzeugnisse)	28620,00	18106,00	11664,00	6300,00	28620,00		28620,00	18517,50	12150,00	6510,00	30210,00		30210,00	20163,50	13219,20	2730,00		
Material					1500,00								1500,00					
Fertigung					17240,00								17240,00					
Verwaltung					2000,00								2000,00					
Vertrieb					3000,00								3000,00					
Monatseinzelkosten					23740,00						23740,00					23740,00		
DB II (Deckungsbeitrag der Monate)					40950,00						42057,50					42582,70		
Material																1686,00		
Fertigung																5730,00		
Verwaltung																26394,00		
Vertrieb																7197,00		
Quartalseinzelkosten																41007,00		
DB III (Deckungsbeitrag des Quartals)																84583,20		
Quartalsgemeinkosten bei gleichmäßiger Verteilung auf ein Quartal																48000,00		

Abb. 7-7: Lösungsvorschlag zur Ergänzungsaufgabe

7.1.3 Umsetzung der Fallsituation mit Hilfe der Planspielsoftware

In diesem Abschnitt soll gezeigt werden, wie die Planspielsoftware zur Darstellung der behandelten Fallsituation genutzt werden kann. Zu diesem Zweck wird skizziert, welche Relationen genutzt, mit welchen Daten die Relationen gefüllt sowie welche Menüoptionen bereitgestellt werden und wie die Eingabe der Entscheidungen vollzogen wird. Der Ablauf bei der Bearbeitung der Fallsituation wird anhand einiger Bildschirmmasken illustriert.

ANL_NR	ANL_BEZ	ANL_KAPAZ	KO_ST_NR
0001	Gehaeusebau	885,00	0001
0002	Elektroabteilun	450,00	0002
0003	Endmontage	450,00	0003
0004	Endkontrolle	180,00	0004

Relation ANLAGE

A_GANG_NR	A_GANG_BEZ	ANLAGEN_NR
GBAU	Gehäusebauen	0001
ELEK	Elektroabteilun	0002
EMON	Endmontage	0003
EKON	Endkontrolle	0004

Relation ARBEITSGANG

PERIODE	TEILE_NR	BEDARF
1	T050	360
1	T150	225
1	T400	125
1	T600	70
2	T050	380
2	T150	245
2	T400	145
2	T600	80

Relation BEDARF

TEILE_NR	POS_NR	A_GANG_NR	ZEIT_ST
T050	1	GBAU	1,00
T050	2	ELEK	0,55
T050	3	EMON	0,50
T050	4	EKON	0,20
T150	1	GBAU	1,10
T150	2	ELEK	0,55
T150	3	EMON	0,55
T150	4	EKON	0,20
T400	1	GBAU	1,40
T400	2	ELEK	0,65
T400	3	EMON	0,65
T400	4	EKON	0,25
T600	1	GBAU	1,65
T600	2	ELEK	0,65
T600	3	EMON	0,65
T600	4	EKON	0,25

Relation ARBEITSPLAN

TEILE_NR	TEILE_BEZ	ET	VT	EINZELKOST	VERK_PREIS	MASSEINHEI	LAGERB_GES
T050	Thermo 50	T	T	50,50	130,00	ST	0
T150	Thermo 150	T	T	57,70	140,00	ST	0
T400	Thermo 400	T	T	77,80	175,00	ST	0
T600	Thermo 600 De Luxe	T	T	100,00	205,00	ST	0

Relation TEIL

Abb. 7-8: Relationen mit den Daten der Fallsituation

In der folgenden Abbildung 7-9 werden insgesamt acht Bildschirmmasken gezeigt, die die Behandlung der Fallsituation am Rechner illustrieren. In Abb. 7-9 a) ist zu sehen, wie die Arbeitspläne der einzelnen Teile mit dem in Abschnitt 6.5.1 beschriebenen Browser am Bildschirm dargestellt werden. Dabei sind die Relationen Teil und Arbeitsplan miteinander über das Attribut Teile_Nr verknüpft. Abb. 7-9 b) zeigt die Darstellung einer Übersicht der vorhandenen Anlagen und ihrer verfügbaren Kapazität. Abb. 7-9 c) zeigt die für diese Fallsituation konfigurierte Eingabemaske. Da lediglich die Mengen der vier verschiedenen Erzeugnisse einzugeben sind, wird nur eine einzige Eingabemaske benutzt, prinzipiell können allerdings beliebig viele Eingabemasken definiert werden.

Es wurde bereits erwähnt, daß die Planspielsoftware über eine Lösungshilfe verfügt, anhand derer die Schritte zur Berechnung der optimalen Lösungen nachvollzogen werden können. Ab wann die Lösungshilfe den Teilnehmern zugänglich ist, kann vom Spielleiter gesteuert werden. In Abb. 7-9 d) wird der erste Schritt der computergestützten Lösungshilfe angezeigt. Es handelt sich dabei um eine Anzeige der aufgrund der Planabsatzmenge benötigten sowie der verfügbaren Kapazitäten. Da in der ersten Abteilung mehr Kapazität benötigt wird als vorhanden ist, wird die entsprechende Anlage optisch gekennzeichnet. Der zweite Schritt der Lösungshilfe ist in Abb. 7-9 e) zu sehen. Dort können die optimalen Produktionsmengen abgelesen werden. Die geplante Absatzmenge von Thermo 600 mußte gekürzt werden, daher wird dieses Erzeugnis gekennzeichnet. Abb. 7-9 f) zeigt den dritten Schritt der Lösungshilfe, nämlich eine grafische Darstellung der engpaßbezogenen Deckungsbeitragsanalyse.[11]

Der erste Lösungsschritt, der für den zweiten Teil der Fallsituation erforderlich ist, führt zu einer Darstellung, wie sie bereits aus Abb. 7-9 d) bekannt ist. Es werden jeweils nur andere Werte angezeigt. Abb. 7-9 g) zeigt, wie sich die Teilnehmer die von der Planspielsoftware generierte LP-Formulierung mit Hilfe des integrierten Editors ansehen können. Mit Hilfe des Editors können auch Änderungen in der Formulierung vorgenommen werden, so daß man sich z. B. das optimale Produktionsprogramm berechnen lassen kann, das bei Zugrundelegung der Stückgewinne ermittelt worden wäre. In Abb. 7-9 h) ist schließlich eine Übersicht der optimalen Produktionsmengen enthalten. Das ausführliche Lösungsprotokoll kann ebenfalls mit Hilfe des Editors eingesehen werden.

Die Menüauswahl, die Entscheidungsmasken sowie die Betrachtungsmöglichkeiten mit Hilfe des Browsers sind für die vorliegende Fallsituation individuell konfiguriert. Dazu müssen in verschiedenen Datenbanken folgende Angaben gemacht werden, die von der Planspielsoftware interpretiert werden:

- Die Bezeichnungen der Menüoptionen sowie die mit ihnen verbundenen Aktionen,
- die Entscheidungsvariablen und Angaben über die Bildschirmgestaltung der Eingabemasken,
- die mit dem Browser zu betrachtenden Relationen, die jeweils anzuzeigenden Attribute sowie Angaben über die Positionierung der Fensterbereiche.

---

[11] Vgl. zur Form der Darstellung die Ausführungen in Abschnitt 6.5.2.3.

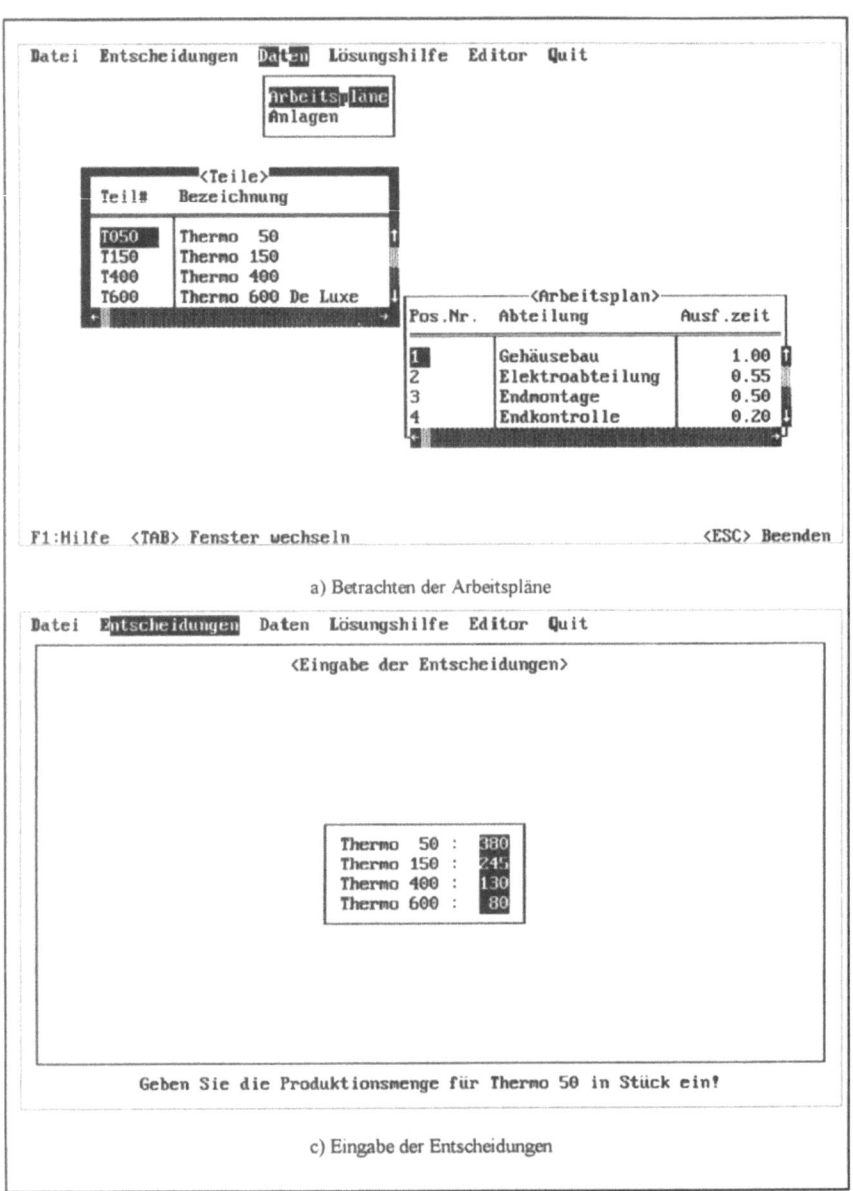

Abb. 7-9 (1): Bildschirmmasken zur Fallsituation

7.1 Anwendungsbeispiel zur Kombination von Fallstudie und Unternehmensplanspiel

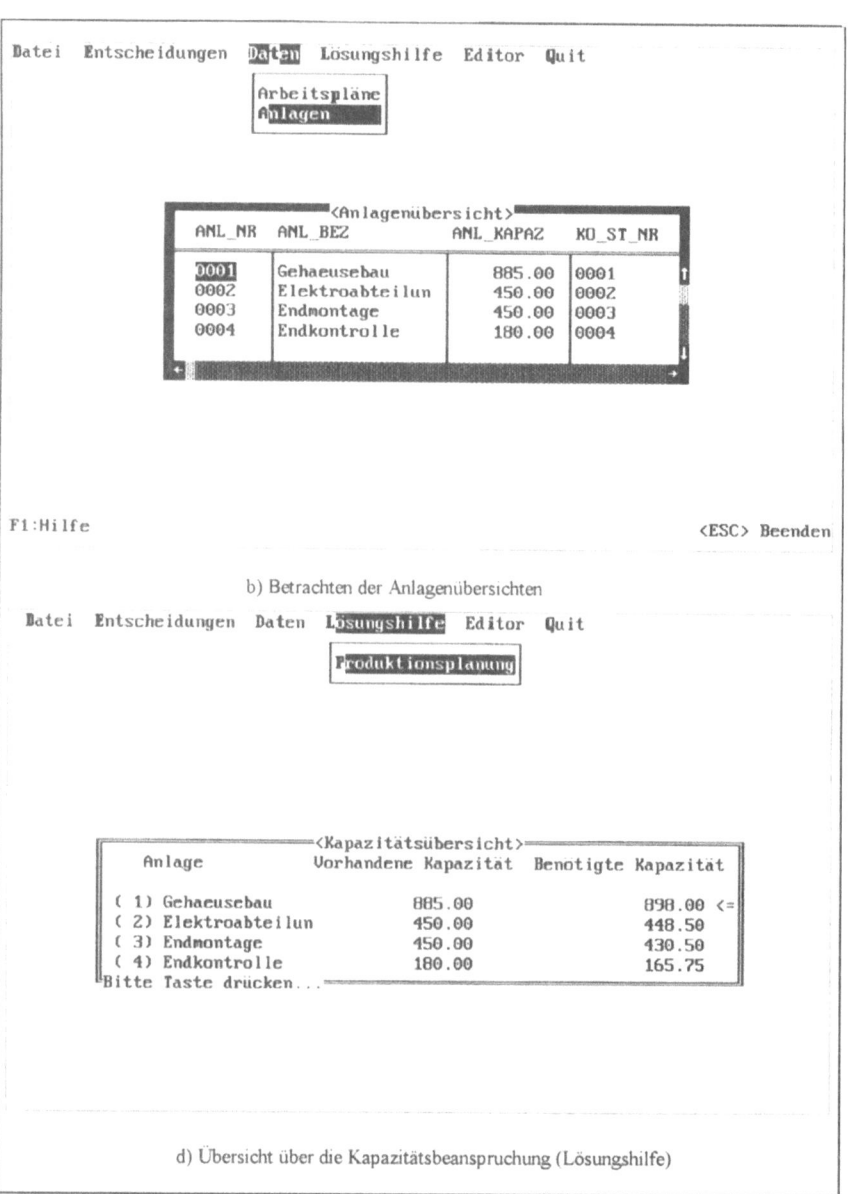

Abb. 7-9 (2): Bildschirmmasken zur Fallsituation

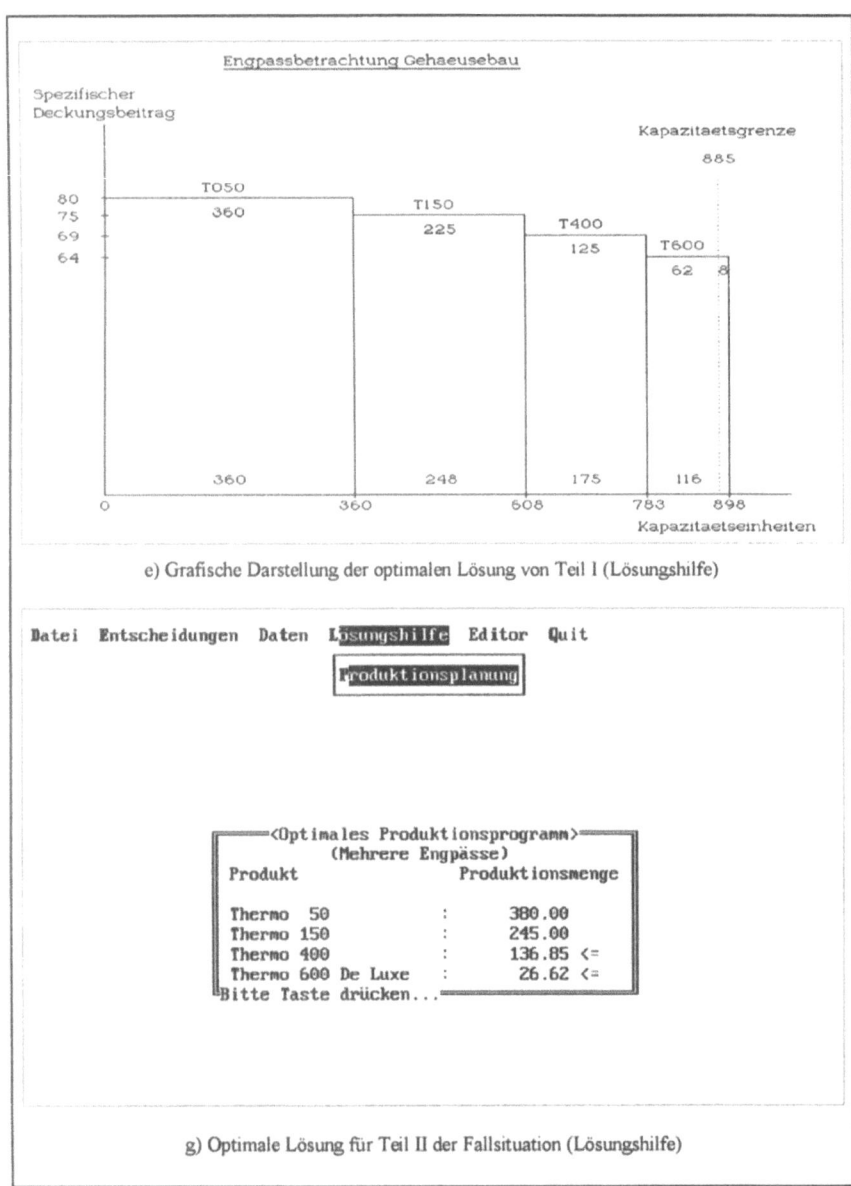

Abb. 7-9 (3): Bildschirmmasken zur Fallsituation

7.1 Anwendungsbeispiel zur Kombination von Fallstudie und Unternehmensplanspiel

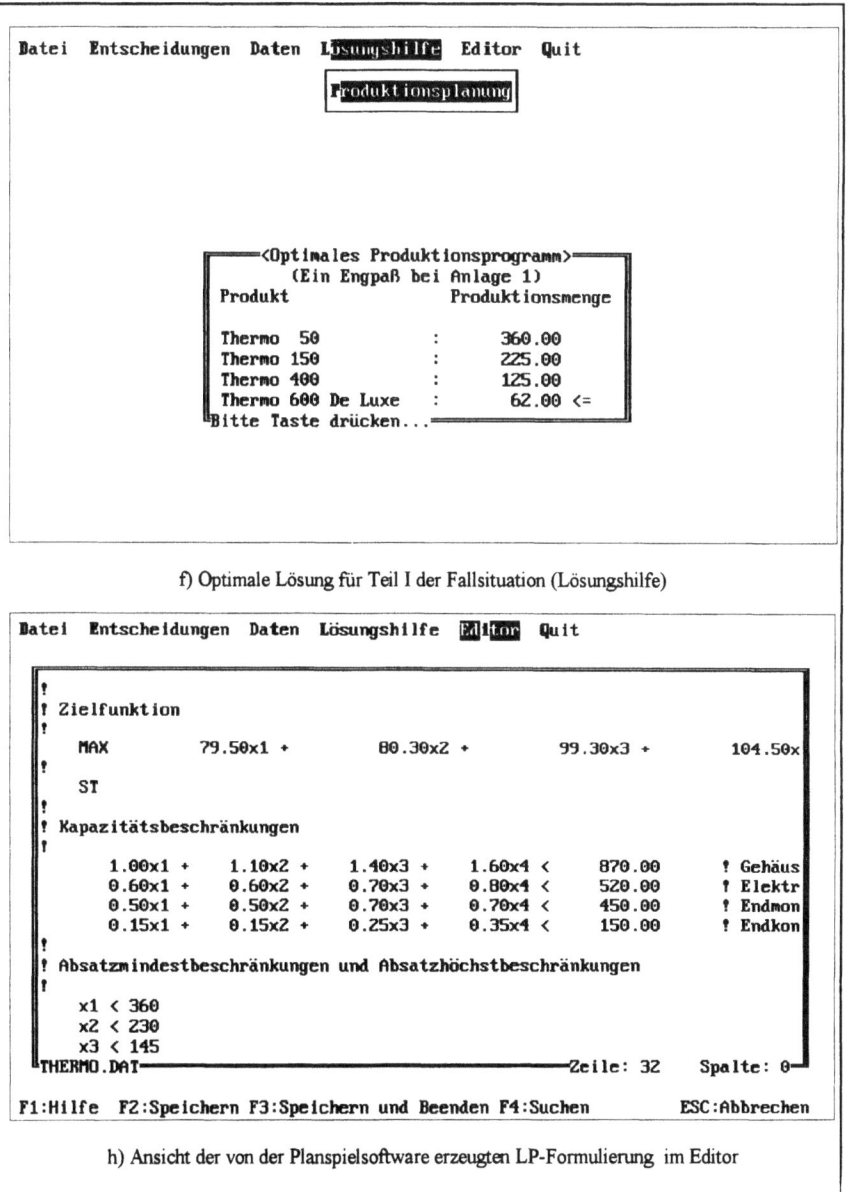

Abb. 7-9 (4): *Bildschirmmasken zur Fallsituation*

7.2 Konzeption eines Unternehmensplanspiels für eine Unternehmung aus dem Bereich des Anlagenbaus

7.2.1 Didaktische Gesichtspunkte

7.2.1.1 Überlegungen zur Modellierung

Die grundsätzliche Zielsetzung des im folgenden zu entwickelnden Unternehmensplanspiels besteht darin, den Teilnehmern eine Möglichkeit zu geben, die EK&DBR in komplexen Entscheidungssituationen anzuwenden. Dabei wurde aus folgenden Gründen die Konstruktion eines Realmodells für sinnvoller als die eines Idealmodells angesehen:

1) Die der EK&DBR zugrundeliegende Denkweise ist sehr abstrakt. Daher erscheint ihre Anwendung für die Lernenden einfacher, wenn zumindest die Behandlung der Entscheidungssituationen auf einer konkreteren Ebene erfolgt.
2) Da mit Hilfe der EK&DBR auf Besonderheiten einzelner Branchen eingegangen werden kann, sollte dies anhand empirisch fundierter Situationen gezeigt werden, weil nur dann eine logisch schlüssige Begründung für bestimmte Wahlakte des Modellkonstrukteurs, z. B. die Relationen einzelner Kostenarten oder die Berücksichtigung von Spezialproblemen, geleistet werden kann.
3) Ein empirisch gestütztes Unternehmensplanspiel bietet für Studenten der Betriebswirtschaftslehre sehr gute Voraussetzungen dafür, daß die simulierte Situation für die Spieler eine **inhaltliche Bedeutung** hat. Damit ist gemeint, daß die Auseinandersetzung mit den gelehrten Inhalten aus der Sicht der Teilnehmer als sinnstiftend angesehen wird.[12]
4) Durch ein Realmodell wird die Gefahr verringert, daß die aus dem Unternehmensplanspiel gewonnenen Erkenntnisse über die Haupt- und Nebenwirkungen im simulierten System als repräsentativ für andere Unternehmen angesehen werden.

Bei der Verwendung eines Realmodelles ergibt sich bezüglich der darzustellenden Entscheidungssituationen ein wesentlicher Unterschied zu einem Idealmodell, wie es z. B. den zuvor geschilderten Fallstudien zugrunde lag. Beim Idealmodell wird, ausgehend von ausgewählten Entscheidungssituationen, ein Modell konstruiert, mit dessen Hilfe diese Situationen plastisch gemacht werden sollen. Beim Realmodell dagegen richten sich die Entscheidungssituationen weitgehend nach dem zugrunde gelegten Unternehmen. Untypische Entscheidungssituationen, die vielleicht interessant sein mögen, lassen sich nicht mehr plausibel darstellen. Darin muß jedoch aus didaktischer Sicht nicht unbedingt ein Nachteil gesehen werden, denn diejenigen Entscheidungssituationen, die behandelt werden, haben keinen konstruierten Charakter und können von den Teilnehmern viel eher als realistisch interpretiert werden. Es darf daher vermutet werden, daß der Transfer auf ähnliche Entscheidungssituationen in anderen Modellunternehmen, aber auch in der praktischen Tätigkeit erleichtert wird.

---

[12] Vgl. zur Diskussion der inhaltlichen Relevanz von Planspielsituationen *Achtenhagen, F.*: Überlegungen, 1990, S. 118 ff.

Die grundsätzlichen Überlegungen zur Planspielmodellierung gehen aus dem folgenden, bereits in Abschnitt 5.1 diskutierten Schema hervor. Die ausgewählten Ausprägungen der Merkmale sind durch eine doppelte Umrandung gekennzeichnet.

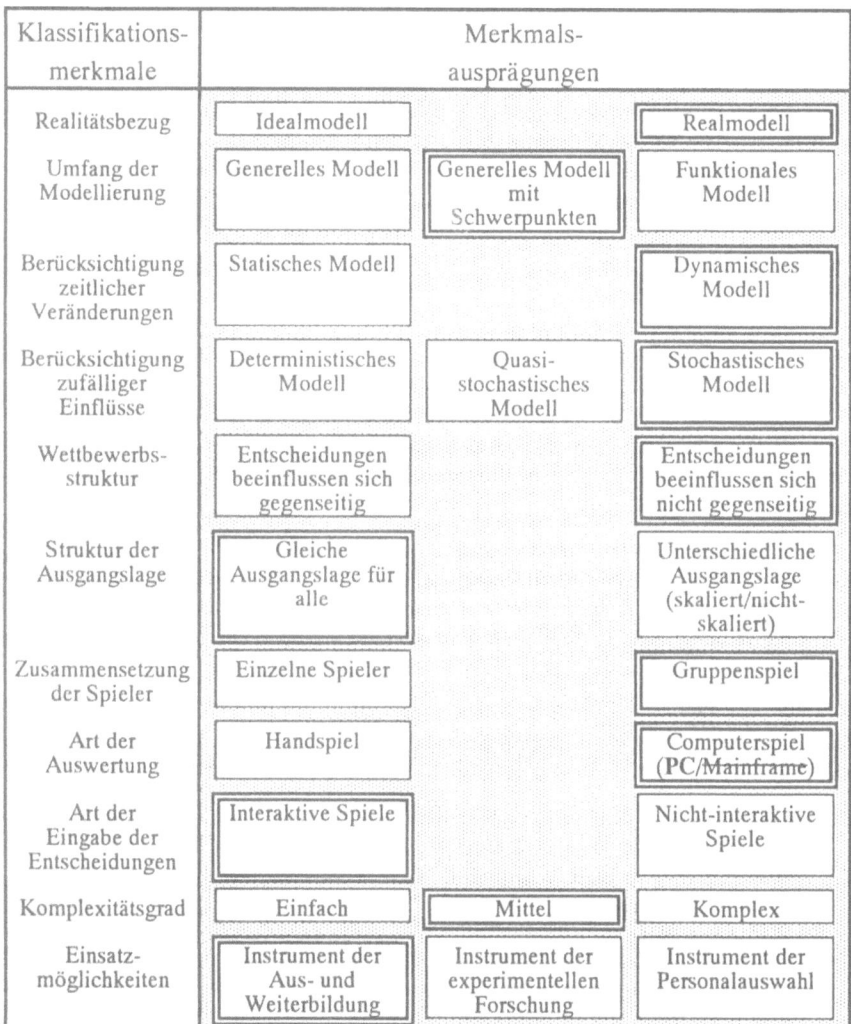

Abb. 7-10: *Einordnung des vorliegenden Planspiels anhand verschiedener Merkmale*

Das hier zu erörternde Planspiel richtet sich an Studenten der Betriebswirtschaftslehre, die in der Mitte des Hauptstudiums stehen. Für die Teilnahme am Planspiel sind Vorkenntnisse erforderlich. Es wird davon ausgegangen, daß der grundsätzliche Aufbau der

EK&DBR und ihre terminologischen Eigenheiten Gegenstand einer vorhergehenden Lehrveranstaltung waren. Der Komplexitätsgrad des Planspiels bedingt es außerdem, daß zuvor eine sorgfältige Einführung in den Gegenstandsbereich des Planspiels gegeben wird. Das bedeutet, daß sowohl das zugrundeliegende Beispielunternehmen als auch Besonderheiten des Planspielmodells vorgestellt werden müssen.

Die Beschreibung eines Unternehmensplanspiels kann aus unterschiedlichen Perspektiven erfolgen. Üblicherweise richten sich Planspielbeschreibungen an bestimmte Zielgruppen, nämlich an die Teilnehmer oder an diejenigen Personen, die das betreffende Planspiel durchführen möchten. Für die vorliegende Arbeit soll jedoch ein anderer Weg gewählt werden. Das Planspiel wird vorwiegend aus der Sicht des Konstrukteurs beschrieben. Dabei sollen einerseits die Schritte der Modellierung beschrieben werden. Andererseits soll gezeigt werden, wie sich das Ergebnis der Modellierung mit Hilfe der in Kapitel 6 vorgestellten Planspielsoftware in ein computergestütztes Unternehmensplanspiel umsetzen läßt.

7.2.1.2 Formulierung von Lernzielen

Die eingangs erwähnte Zielsetzung des Planspiels, Möglichkeiten zur Anwendung der EK&DBR in komplexen Entscheidungssituationen zu geben, kann in vielerlei Hinsicht interpretiert werden. Daher ist eine differenzierende Betrachtung dieses Lernziels unumgänglich.

Flexible Planspiele bieten innerhalb der modellierten Grenzen[13] die Möglichkeit, im Zuge der Durchführung bestimmte Lernziele besonders zu betonen oder sogar zusätzliche zu definieren.[14] Zum Zeitpunkt der Konstruktion kann daher keine erschöpfende Aufzählung aller möglichen Lernziele erfolgen. Wer ein Planspiel durchführen möchte, muß sich deshalb intensiv mit der Lernzielproblematik auseinandersetzen.[15]

Es sollen nun zunächst diejenigen Lernziele (Leitideen) in knapper Form vorgestellt werden, die als zentral für das zu konstruierende Planspiel anzusehen sind. Die Teilnehmer sollen in der Lage sein,

1) die Daten aus der Grundrechnung für die Vorbereitung der im Planspiel zu treffenden Entscheidungen sinnvoll zu kombinieren,
2) Auswirkungen ihrer Entscheidungen auf Kosten und Leistungen abzuschätzen.

Diese Lernziele können weiter präzisiert werden, wobei der Planspielleiter - je nach Teilnehmerkreis - unterschiedliche Schwerpunkte hervorheben kann. Um zu verdeutlichen, wie solche Lernziele für das vorliegende Planspiel aussehen können, werden im folgenden einige Beispiele genannt. Dabei wird nach der in Abschnitt 5.2.1 angesprochenen Abstufung hinsichtlich der Komplexität eines Lernziels von Posch, Schneider und Mann vorgegangen. Im Rahmen einer Planspielveranstaltung stehen grundsätzlich Lernziele

---

[13] Z. B. wird es schwerfallen, in einem Planspiel mit monatlichen Entscheidungen verstärkt Fragen der strategischen Unternehmensplanung zu behandeln.
[14] Vgl. hierzu insbesondere Kapitel 6 in *Thorelli, H.B./Graves, R.L.*: Simulation, 1964, S. 270 ff.
[15] Die offensichtlich häufig unterschätzten Anforderungen an die Planspielleitung werden ausführlich diskutiert bei *Achtenhagen, F.*: Einsatz, 1992, S. 8 ff.

7.2 Konzeption eines Unternehmensplanspiels

höherer Niveaus im Vordergund. Diese Lernziele sorgen dafür, daß Begriffe und Fakten in übergeordnete Zusammenhänge eingeordnet werden können.[16] Die Erreichung dieser Lernziele setzt allerdings häufig die Erreichung von Lernzielen niedrigerer Niveaus voraus.

Auf dem Niveau 1 geht es darum, daß die Lernenden in der Lage sind, **Wissen zu reproduzieren**. Dieser Bereich ist für die EK&DBR insbesondere wegen der abweichenden Terminologie von Bedeutung. Für die Erreichung der oben genannten Lernziele ist z. B. die Kenntnis von Begriffen und Prinzipien der EK&DBR unerläßlich. Hierbei ist etwa an die Relativierung der Einzelkosten, das Identitätsprinzip und den entscheidungsorientierten Kostenbegriff zu denken. Im Hinblick auf das Planspiel sind z. B. folgende Lernziele des Niveaus 1 von Bedeutung: "Aufbau und Inhalt der Grundrechnung erläutern können" oder "Gliederungskriterien für die Bildung von Kostenkategorien und in Frage kommende Bezugsobjekte nennen können".

Das Niveau 2 (**Anwendung von Wissen**) betrifft im Rahmen der KLR insbesondere den Einsatz des methodischen Instrumentariums. In der EK&DBR ist die Anwendung von Wissen beispielsweise beim Aufbau der Grundrechnung sowie bei der Gestaltung von Auswertungsrechnungen notwendig. Für das vorliegende Planspiel sind z. B. "Kostenbeträge verschiedenen Kostenkategorien zuordnen können" oder "Deckungsbeiträge für die Stufen einer gegebenen Bezugsobjekthierarchie berechnen können" wichtige Lernziele auf Niveau 2.

Auf dem Niveau 3 (**selbständige Entwicklung von Problemlösestrategien**) werden weniger die "genaue" Lösung einer Aufgabe als die gleichzeitige Beachtung verschiedener Einflußgrößen, das Festlegen von Schwerpunkten und die eigenständige Auswahl und Anwendung von Methoden zur Lösung anstehender Probleme erwartet. Beispiele für Lernziele dieses Niveaus sind "stufenweise Deckungsbeitragsrechnungen aufstellen und interpretieren können" oder "für gegebene Problemstellungen geeignete (ein- und mehrdimensionale) Bezugsobjekthierarchien definieren können".

Noch weitergehende Präzisierungen führen schließlich zu schriftlich formulierten Aufgaben, anhand derer sich die Erreichung der Lernziele überprüfen läßt.

Es bleibt nun noch die Frage zu klären, ob die präzisierten Lernziele den Teilnehmern vor Beginn der Planspielveranstaltung bekanntzugeben sind. Es wird davon ausgegangen, daß die mit einer Lehrveranstaltung verfolgten Zielsetzungen zumindest in irgendeiner Form offengelegt werden sollten, um eine Orientierung der Lernenden zu erleichtern. Da die präzisierten Lernziele allerdings bereits den Charakter von Prüfungsaufgaben haben oder diesem jedenfalls sehr nahe kommen, bleibt fraglich, ob diese Lernziele eine Orientierung überhaupt ermöglichen können. Aus diesem Grund wird vorgeschlagen, den Teilnehmern lediglich eine Auswahl allgemein gehaltener Lernziele bekanntzugeben.

Die hier diskutierten Lernziele beschränken sich auf den fachinhaltlichen Bereich. Dies bedeutet nicht, daß der Stellenwert von Lernzielen wie z. B. Kooperations- und Teamfähigkeit übersehen

---

[16] Vgl. *Achtenhagen, F.*: Didaktik, 1984, S. 114.

wird, jedoch sind sie aufgrund der speziellen Ausrichtung des vorliegenden Planspiels weniger bedeutend. Mit der vorliegenden Planspielsoftware lassen sich aber auch Planspielmodelle konstruieren und umsetzen, bei denen die Kooperations- und Teamfähigkeiten stärker hervorgehoben werden. Ein solcher Fall läge z. B. vor, wenn die Mitglieder einzelner Spielergruppen in einem nach Profit-Centern organisierten Unternehmensmodell in der Rolle der Leiter Deckungsbudgets aushandeln würden.

7.2.1.3 Erfolgsindikatoren für die Evaluation der Teilnehmer

Mit den im vorigen Abschnitt formulierten Lernzielen wird vor allem angestrebt, den Teilnehmern übergeordnete Zusammenhänge zu vermitteln. Kennzeichnend für die Planspielmethode ist, daß durch die modellhafte Abbildung eines Unternehmens ein relativ komplexes System geschaffen wird, in dem eine Vielzahl miteinander verknüpfter Variablen existiert. Der Umgang mit einem solchen System erfordert u. a. das Formulieren von Zielen, das Erkennen von Problemen, das Setzen von Schwerpunkten sowie die Berücksichtigung von Wechselwirkungen.[17]

In Abschnitt 5.2.2 wurde bereits darauf hingewiesen, daß Größen wie Gewinne, Rentabilitäten oder Eigenkapitalzuwächse kaum als Maßstab für die Beurteilung des Lernerfolges der Teilnehmer geeignet sind. Stattdessen wurde ein Vorschlag von Teach aufgegriffen, die Leistungen der Spieler anhand ihrer Vorgehensweise bei der Planung ihrer Entscheidungen zu beurteilen.[18]

Im vorliegenden Planspiel sollen die Teilnehmer daher aufgefordert werden, ihre Entscheidungen zu treffen und zusätzlich einige ausgewählte Zielvariablen zu prognostizieren. Die Güte der Entscheidungen kann dann anhand der Abweichung zwischen den prognostizierten und den tatsächlichen Werten der Zielvariablen beurteilt werden. Als Zielvariablen kommen z. B. die Deckungsbeiträge ausgewählter Bezugsobjekte in Betracht.

Bei dieser Form der Erfolgsbeurteilung ist außerdem zu erwarten, daß der Lernprozeß stärker angeregt wird, denn die Teilnehmer werden gezwungen, die Auswirkungen ihrer Entscheidungen genauer zu untersuchen.

Insgesamt wird diese Form der Erfolgsbeurteilung dem in der EK&DBR geforderten **"Denken in Alternativen und Änderungen"**[19] wesentlich besser gerecht als herkömmliche Formen der Leistungsmessung.

7.2.2 Überblick über das Beispielunternehmen

Als Grundlage des Planspiels dient eine Unternehmung aus der ehemaligen DDR. Daten dieses Unternehmens wurden erhoben und für die Zwecke eines Unternehmensplanspiels modifiziert. Bei der Erhebung kamen neben dem Studium vorhandener Dokumente

---

[17] Vgl. hierzu *Ulrich, H.*: Management, 1984, S. 49-63; *Dubs, R.*: Denken, 1989 sowie zur Förderung dieser Verhaltensweisen in Unternehmensplanspielen *Schellhaas, K.-U.*: Denken, 1991.
[18] Vgl. *Teach, R.D.*: Profits, 1990, S. 20.
[19] Vgl. z. B. *Riebel, P.*: Führungsrechnung, 1992, S. 296.

(Produktbeschreibungen, interne Unterlagen etc.) vor allem Interviews mit Verantwortlichen aus verschiedenen Bereichen des Unternehmens zum Einsatz.[20]

Das Beispielunternehmen wurde in Anlehnung an die Maschinen- und Anlagenbau Grimma GmbH (MAG) aus Grimma in Sachsen modelliert. Die MAG ist ein Unternehmen der Investitionsgüterindustrie und fertigt u. a. Chemieanlagen, Erdölverarbeitungsanlagen Behälter, Tankcontainer, Abwasserreinigungscontainer und Wärmetauscher. Im Jahre 1991 wurden ca. 870 Mitarbeiter beschäftigt, der Umsatz betrug 85 Millionen DM.[21]

Als Basis für das Unternehmensplanspiel wurde aus dem breiten Produktionsprogramm die Produktgruppe Wärmetauscher ausgewählt. Für diese Produktgruppe ist eine eigene Abteilung zuständig. Diese Abteilung wird für die Zwecke des Unternehmensplanspiels als eigenständiges Unternehmen behandelt.

Die organisatorische Gliederung des Modellunternehmens geht aus Abb. 7-11 hervor:

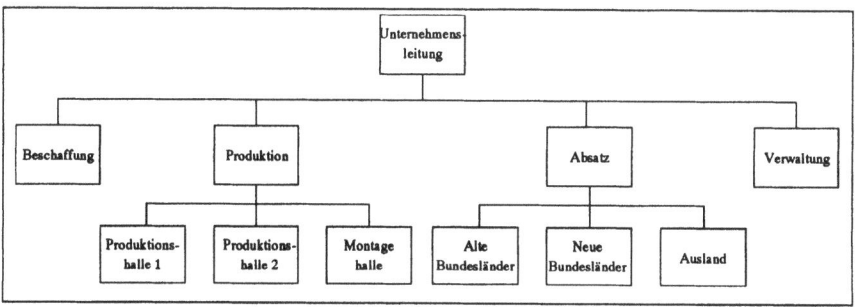

Abb. 7-11: Organisatorischer Aufbau des Beispielunternehmens

In den folgenden drei Abschnitten wird ausführlich auf die Gestaltung des Planspiels eingegangen. Abschnitt 7.2.3 behandelt die Modellierung der einzelnen Funktionsbereiche des Unternehmens. In Abschnitt 7.2.4 wird die Simulation der Beziehungen des Planspielunternehmens und deren kostenrechnerische Abbildung in der EK&DBR diskutiert. Schließlich wird in Abschnitt 7.2.5 dargestellt, welche Entscheidungen im Rahmen des Planspiels getroffen werden sollen. Obwohl diese drei Bereiche nacheinander abgehandelt werden, soll dadurch keine Reihenfolge bei der Modellierung impliziert werden. Vielmehr war es z. T. erforderlich, Einzelheiten der Modellierung unter gleichzeitiger Berücksichtigung dieser drei Bereiche festzulegen.

---

[20] Die grundlegenden Vorarbeiten und Erhebungen für das Planspielmodell wurden von Frau cand. rer. pol. K. Dücker im Rahmen ihrer Diplomarbeit geleistet. Vgl. *Dücker, K.*: Modellierung, 1992.
[21] Zu einem kurzen Unternehmensportrait vgl. *o.V.*: Strategies, 1992.

7.2.3 Modellierung der Funktionsbereiche im Beispielunternehmen

7.2.3.1 Produktionsbereich

Dieser Abschnitt behandelt die Modellierung des Produktionsbereichs. Dazu werden zunächst die Funktionsweise und die Einsatzmöglichkeiten des zugrundeliegenden Produkts beschrieben. Anschließend wird auf die Produktstruktur eingegangen. Schließlich wird erläutert, welche Arbeitsgänge notwendig sind, um einen Wärmetauscher zu produzieren.

1) Produktbeschreibung

Bei Wärmetauschern handelt es sich um Apparaturen, die der Erwärmung flüssiger Medien dienen. Sie werden vorwiegend als Bestandteile umfangreicher Heizungs- und Produktionsanlagen eingesetzt. Die beiden gängigen Typen von Wärmetauschern sind Plattenwärmetauscher und Rohrbündelwärmeübertrager, wobei die MAG nur letztere produziert.

Ein Rohrbündelwärmeübertrager besteht aus einem äußeren Mantel, der innenliegende Rohre umkleidet. Durch die innenliegenden Rohre fließt die zu erwärmende Flüssigkeit, während das Wärmemedium (z. B. Dampf) durch den Mantelraum strömt. Da die Wärmeübertragung lediglich durch die Wandung der innenliegenden Rohre vorgenommen wird, kommen Wärmemedium und die zu erwärmende Flüssigkeit nicht in Kontakt, was insbesondere für chemische Produktionsprozesse von Bedeutung ist.

Die folgende Abbildung zeigt einen Wärmetauscher. Die Schraffur soll dabei die innenliegenden Rohre kennzeichnen.

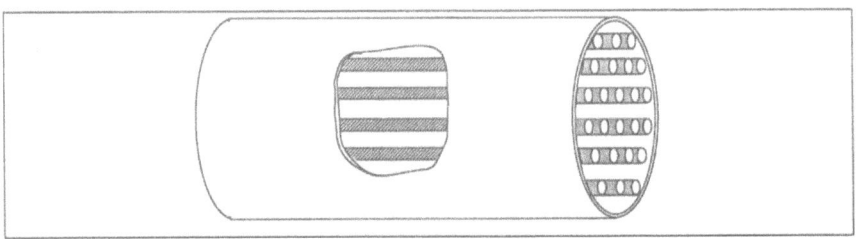

Abb. 7-12: Aufsicht auf einen Wärmetauscher (vereinfacht)

Das Produktionsprogramm der MAG umfaßt Wärmetauscher in vielfältigen Kombinationen der Längen und Durchmesser. Für das Unternehmensplanspiel wurden drei der gängigsten Modelle ausgewählt. Es handelt sich dabei um die Modelle mit den Durchmessern von 300, 600 und 800 mm, die jeweils eine Länge von 1500, 2000 und 3000 mm aufweisen. Diese Modelle werden im folgenden als WT 300, WT 600 und WT 800 bezeichnet.

2) Produktstruktur

Einzelne Bestandteile eines Wärmetauschers wurden bereits genannt. Zur Dokumentation der Produktstrukturen bedient man sich bei der hier vorliegenden mechanischen Fertigung einer Stückliste. Für die Zwecke des Planspiels wurden die Stücklistenbeziehungen vereinfacht. Abb. 7-13 zeigt die Erzeugnisbäume der drei Produkte.

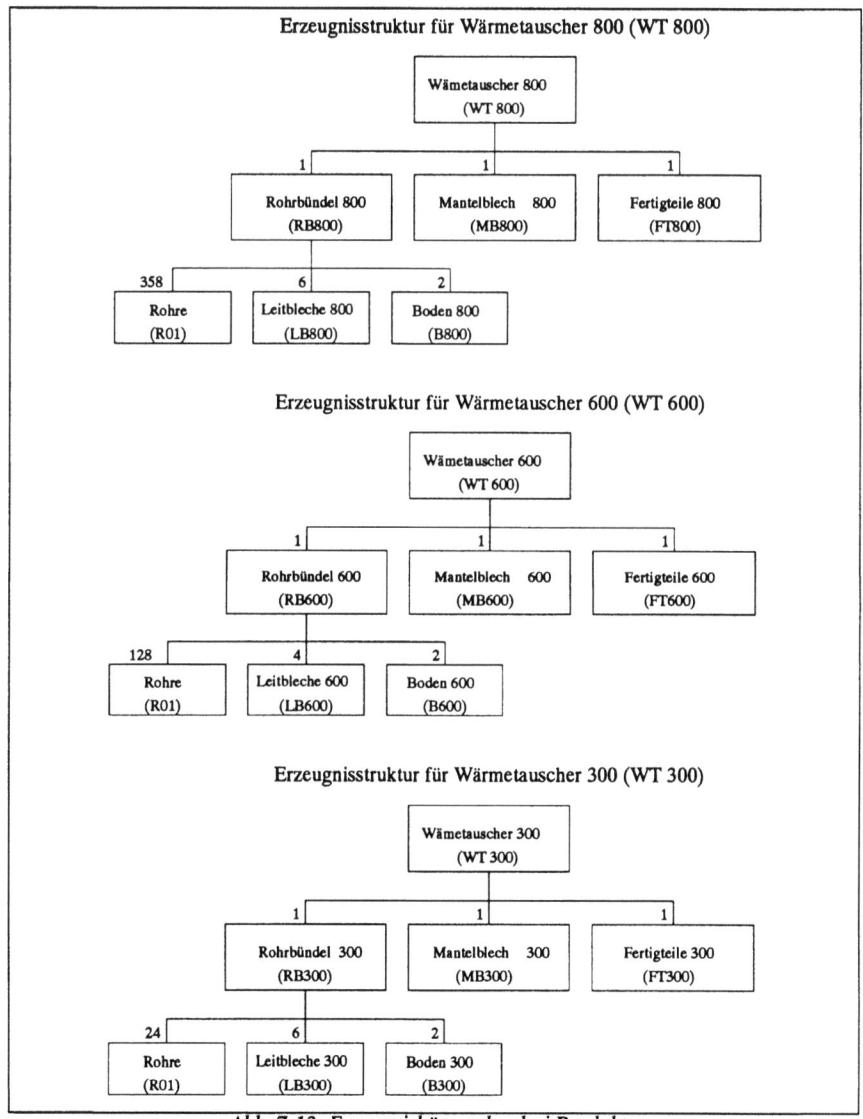

Abb. 7-13: Erzeugnisbäume der drei Produkte

3) Produktionsablauf

Die Produktion eines Wärmetauschers wird durch einen Kundenauftrag ausgelöst. Typisch für die hier betrachtete mechanische Fertigung ist ein mehrstufiger Produktionsprozeß.[22] Aus diesem Grund ist die Reduktion des Produktionsprozesses auf eine einstufige Fertigung eine zu starke Vereinfachung. Da sich Probleme der mehrstufigen Fertigung auch in der KLR niederschlagen und außerdem eine stärkere Berücksichtigung zeitlicher Interdependenzen im Produktionsbereich erfordern, wurde eine zweistufige Fertigung zugrunde gelegt.

Die Produktion der Wärmetauscher erfolgt in drei räumlich voneinander getrennten Fertigungsstätten. In der Produktionshalle 1 werden ausschließlich Arbeitsgänge für WT 300 durchgeführt, in Produktionshalle 2 werden nur Arbeitsgänge für WT 600 und WT 800 ausgeführt. In der Montagehalle finden zunächst Walz- und Schweißarbeiten statt, anschließend erfolgt die Endmontage der Wärmetauscher.

Abb. 7-14 bietet eine Übersicht über den dem Planspiel zugrundegelegten Ablauf der Produktion von Wärmetauschern.

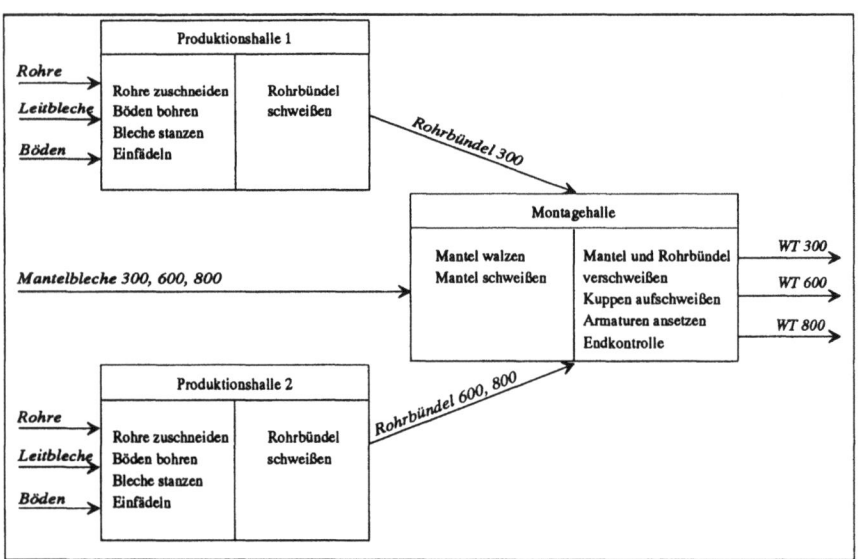

Abb. 7-14: Übersicht über den Ablauf der Produktion von Wärmetauschern

In den jeweiligen Produktions- und Montagehallen sind die Anlagen, mit denen gleiche oder ähnliche Arbeitsgänge durchgeführt werden, räumlich zusammengefaßt. Die vorlie-

---

[22] Vgl. *Zäpfel, G.*: Produktionswirtschaft, 1982, S. 130.

gende Organisationsform des Fertigungsablaufs ist daher als Gruppenfertigung einzustufen.[23]

Neben den genannten Standardprodukten können auf Kundenwunsch auch Wärmetauscher anderer Größen gefertigt werden. Bei einer Gliederung nach der Art und Häufigkeit der Leistungswiederholung läßt sich das vorliegende Unternehmen daher der Einzel- und Kleinserienfertigung zuordnen.[24] Als Konsequenz für das Planspiel ergibt sich die Möglichkeit, nach einer gewissen Anzahl von Spielrunden Zusatzaufträge einzuführen, die von den Spielern angenommen oder abgelehnt werden können. Dabei sind sowohl Zusatzaufträge mit vorgegebenen Preisen als auch Zusatzaufträge, für die ein Preis von den Spielern festgelegt werden muß, möglich.

7.2.3.2 Beschaffungsbereich

Der Beschaffungsbereich soll im Rahmen dieses Planspiels relativ grob modelliert werden. Aus den Ausführungen über die Produktstruktur im vorherigen Abschnitt läßt sich entnehmen, daß die folgenden Teile für die Fertigung von Wärmetauschern benötigt werden:

- Rohre,
- Leitbleche,
- Böden,
- Mantelbleche,
- Fertigteile (hierunter fallen verschiedene kleinere Teile, die im Rahmen der Endmontage angebracht und nicht näher spezifiziert werden sollen).

Bei den ersten vier der genannten Teile handelt es sich um stark korrosionsgefährdete Gegenstände. Außerdem können für sie relativ kurze Lieferzeiten angenommen werden. Daher wird davon ausgegangen, daß diese Teile ohne Zeitverzögerung, d. h. in der Periode, in der auch die Produktion stattfindet, bezogen werden können. Als Lieferanten fungieren zuverlässige Unternehmen aus der näheren Umgebung.

Weiterhin müssen einige Hilfsstoffe (z. B. Schweißdraht, Klebstoffe) sowie Verpackungsmaterialien beschafft werden. Auch für die Beschaffung der Hilfsstoffe wird keine Zeitverzögerung angenommen.

7.2.3.3 Absatzbereich

Das modellierte Unternehmen produziert Investitionsgüter, bei deren Vermarktung nicht Individuen, sondern Organisationen als Nachfrager auftreten.Bei der Vermarktung industrieller Anlagen lassen sich verschiedene Geschäftstypen unterscheiden. Das Planspielunternehmen vermarktet vorwiegend in Kleinserienfertigung erstellte Leistungen, die

---

[23] Vgl. zu den Organisationstypen der Fertigung *Bloech, J./Lücke, W.*: Produktionswirtschaft, 1982, S. 11-14; *Glaser, H./Geiger, W./Rohde, V.*: Produktionsplanung, 1991, S. 386 u. 399.
[24] Vgl. zu dieser Gliederungsmöglichkeit *Bloech, J./Lücke, W.*: Produktionswirtschaft, 1982, S. 11-14; *Glaser, H./Geiger, W./Rohde, V.*: Produktionsplanung, 1991, S. 385 u. 398.

vom Nachfrager isoliert eingesetzt werden können. In der Typologie von Backhaus läßt sich das Planspielunternehmen daher dem **Produktgeschäft** zuordnen.[25]

Wärmetauscher werden einerseits an Betreiber von Anlagen verkauft, wo sie entweder isoliert oder in Kombination mit anderen Einzelaggregaten zum Einsatz kommen. Sie dienen dann als Betriebsmittel (z. B. in der chemischen Industrie) und können dem Anlagevermögen des Käufers zugeordnet werden. Sie werden andererseits an andere Firmen des Anlagenbaus verkauft, die komplexe Anlagen auf dem Markt anbieten, in denen Wärmetauscher als Komponenten verwendet werden.[26] Bei diesen Kunden sind die Wärmetauscher dem Umlaufvermögen zuzuordnen.

In zahlreichen Unternehmensplanspielen werden zwar unterschiedliche Produkte und Verkaufsgebiete, aber homogene Kundengruppen modelliert. Für das vorliegende Planspielunternehmen werden auch unterschiedliche Kundengruppen modelliert, um die Auswahlmöglichkeiten bei der Bildung von Bezugsobjekthierarchien zu erweitern.

Insgesamt können für das Planspielunternehmen folgende Kriterien für die Bildung von Absatzsegmenten herangezogen werden:

Es werden insgesamt drei verschiedene **Produkte** hergestellt und angeboten. Eine Differenzierung in unterschiedliche Produktgruppen entfällt allerdings, da sich die angebotenen Produkte bezüglich ihrer Funktion nur unwesentlich unterscheiden und zu einer einzigen Produktgruppe zusammengefaßt werden können.

Die Abnehmer des Unternehmens lassen sich grob in zwei **Kundengruppen** einteilen. Dabei handelt es sich, wie oben bereits angedeutet, um die Abnehmer von Einzelaggregaten und die Abnehmer von Komponenten.

Bezüglich der **Absatzgebiete** wird eine Einteilung in Neue Bundesländer, Alte Bundesländer und Ausland vorgenommen, die auch in der organisatorischen Gliederung zum Ausdruck kommt.

Die eigentliche Absatztätigkeit erfolgt durch Handelsvertreter sowie die eigenen Mitarbeiter des Vertriebs. Bei den Handelsvertretern handelt es sich um rechtlich selbständige Personen, die u. U. ein Fixum erhalten und am Umsatz der von ihnen abgesetzten Erzeugnisse durch eine Provision beteiligt werden.[27]

7.2.3.4 Sonstige Funktionsbereiche

Die Personalkosten haben in Industrieunternehmungen i. d. R. einen relativ hohen Anteil. Daher wird eine Betrachtung der **Personalwirtschaft** im Planspielunternehmen unumgänglich. Es erfolgt jedoch eine Konzentration auf die Mitarbeiter im Produktions- und Absatzbereich.

---

[25] Vgl. zu diesen Typen *Backhaus, K.*: Investitionsgütermarketing, 1990, S. 205 f. Siehe dazu auch *Engelhardt, W.H./Günter, B.*: Investitionsgüter-Marketing, 1981, S. 149 ff.
[26] Die MAG ist selbst Anbieter komplexer Anlagen und verwendet Wärmetauscher auch als Komponenten eigener Systeme. Für die Zwecke des Planspiels soll jedoch lediglich das Produktgeschäft betrachtet werden.
[27] Vgl. zu den Eigenschaften von Handelsvertretern *Meffert, H.*: Marketing, 1986, S. 430 f.

Im Produktionsbereich ist darauf zu achten, daß ein bestimmtes Verhältnis zwischen den zu bedienenden Maschinen und dem vorhandenen Personal eingehalten wird. Somit wird die Produktionsmenge u. U. durch den Personalbestand limitiert. Im Absatzbereich wirkt sich die Personalstärke auf das akquisitorische Potential der Planspielunternehmung aus.

Bei der Planung des Personalbedarfes und der Personalkosten muß bedacht werden, daß Anpassungsmöglichkeiten an eine veränderte Beschäftigungslage nur bedingt und mit zeitlichen Verzögerungen möglich sind. Auch im Fertigungsbereich ist durch die gesetzlichen Regelungen zum Schutze der Arbeitnehmer nur eine langsamere Anpassung möglich, als dies durch die allgemein übliche Behandlung der Lohnkosten als Einzelkosten impliziert wird. In der EK&DBR kommt der Bereitschaftskosten-Charakter der Fertigungslöhne klar zum Vorschein.

Auf die Modellierung einer für eine Unternehmung der vorliegenden Art sehr wichtige **Forschungs- und Entwicklungsabteilung** (F&E) wurde bewußt verzichtet. Da im Planspiel in monatlichen Abständen entschieden wird und die Aktivitäten im Bereich F&E i. d. R. erst mit einer wesentlich größeren Zeitverzögerung wirksam werden, würde eine globale Entscheidungsvariable "Ausgaben für F&E" den Spielverlauf realistischerweise nur wenig beeinflussen.

7.2.4 Simulation der Beziehungen im Beispielunternehmen

7.2.4.1 Beziehungen innerhalb der Unternehmung

Bei der Simulation der Produktion kann im wesentlichen auf die allgemeinen Ausführungen in Abschnitt 6.3.1 zurückgegriffen werden. Da ein zweistufiger Produktionsprozeß zugrunde gelegt wird, folgt eine Produktionsdauer von zwei Spielperioden.

Im Bereich der Lagerhaltung sind vor allem die fremdbezogenen Teile zu berücksichtigen. Da aber annahmegemäß zuverlässige Lieferanten zur Verfügung stehen (vgl. Abschnitt 7.2.3.2) ist ein Lageraufbau i. d. R. zu vermeiden. Theoretisch ist es aber auch möglich, daß die Teilnehmer Entscheidungen treffen, die zur Lagerhaltung von Fertigerzeugnissen führen, obwohl dies für das betrachtete Unternehmen untypisch wäre.

7.2.4.2 Beziehungen zu Umsystemen der Unternehmung

Die Investitionsgüterindustrie weist im Vergleich zur Konsumgüterindustrie eine Reihe von absatzwirtschaftlichen Besonderheiten auf. Diese Besonderheiten sollen im folgenden kurz skizziert werden, soweit sie bei der Simulation der Nachfrage berücksichtigt werden müssen.

Bezüglich der **Preispolitik** reagiert der Investitionsgütermarkt i. d. R. stärker auf Preisänderungen als der Konsumgütermarkt, weil das Beschaffungsverhalten in Organisationen stärker durch rationale Auswahlkriterien geprägt ist. Der Investitionsgütermarkt zeichnet sich stärker durch direkte, personale Interaktionen aus, so daß oft enge Beziehungen zwischen einzelnen Kunden und Lieferanten entstehen.[28] Ausschreibungen und direkte Preisverhandlungen sind zwar typisch für den Investitionsgütermarkt, treten aber eher bei Produkten mit höherem Individualisierungsgrad auf.[29] Für das modellierte Unternehmen können solche Angebotsformen vernachlässigt werden.

Im Konsumgüterbereich ist die **Werbung** das wichtigste Instrument der Kommunikationspolitik.[30] Dagegen spielt die Werbung im Investitionsgüterbereich insgesamt eine geringere Rolle.[31] Ein Grund für die geringe Bedeutung der Werbung im Investitionsgüterbereich liegt darin, daß sowohl in der Wissenschaft als auch in der Praxis nur verhältnismäßig wenig über die Werbewirksamkeit bekannt ist, so daß die Vorteilhaftigkeit von Werbemaßnahmen nur schwer abgeschätzt werden kann. Neben den bereits in Abschnitt 6.4.2 diskutierten allgemeinen Problemen der Werbewirksamkeitsforschung kommt hinzu, daß sich der weitaus größere Teil der Arbeiten in diesem Bereich auf den Konsumgüterbereich bezieht, deren Ergebnisse sich nur in Ausnahmefällen übertragen lassen.[32] Durch die bisherigen Untersuchungen wird die Hypothese stark gestützt, daß im Investitionsgütermarketing ein hoher Interaktionseffekt zwischen dem Einsatz von Werbung und dem persönlichen Verkaufsgespräch besteht.[33] Das typische Kommunikationsinstrument für den Anlagenbau sind Fachmessen und Anzeigen in Fachzeitschriften.

Die vorangegangenen Ausführungen bilden Anhaltspunkte für die Gestaltung der Nachfragereaktionsfunktionen sowie für die Gewichtung der darin enthaltenen Faktoren. Bei der Bestimmung der Nachfragereaktionsfunktionen wird von den einzelnen Marktsegmenten ausgegangen. Für jede Kombination von Erzeugnis, Absatzgebiet und Kundengruppe wird eine Nachfragereaktionsfunktion definiert, die den Preis und die Werbemaßnahmen berücksichtigt. Die für das Planspielmodell zugrunde gelegte Funktion soll ist zunächst allgemein und dann anhand eines numerischen Beispiels auf der Abb. 7-15 dargestellt.

Da die Planspielunternehmung erst nach Vorliegen von Kundenaufträgen fertigt, werden die Nachfragemengen bereits am Anfang einer Spielperiode bekanntgegeben. Dies bedeutet, daß bezüglich der tatsächlichen Nachfragemenge keine Unsicherheit besteht. Für die Beschaffung von Material und für die Planung längerfristiger Maßnahmen kann jedoch auf die Abschätzung zukünftiger Absatzmengen nicht verzichtet werden.

---

[28] Vgl. *Meffert, H.*: Marketing, 1986, S. 43.
[29] Vgl. *Backhaus, K.*: Investitionsgütermarketing, 1990, S. 268.
[30] Vgl. *Meffert, H.*: Marketing, 1986, S. 443.
[31] Vgl. z. B. *Lilien et al.*: Advertising Effects, 1976, S. 16.
[32] Vgl. *Lilien et al.*: Advertising Effects, 1976, S. 17.
[33] Vgl. *Lilien et al.*: Advertising Effects, 1976, S. 21.

Die preisabhängige Nachfrage (n_p) wird wie folgt berechnet:

$n_p = n_p^{max} a_1^{a_2 \cdot p'}$

Darin bedeuten:
n_p^{max} Maximale preisabhängige Nachfrage
a_1, a_2 Parameter
p' exponentiell geglätteter Preis (in 1000 DM)

Für $n_p^{max} = 40$, $a_1 = 0{,}96$ und $a_2 = 1{,}5$ ergibt sich die nebenstehende Grafik.

Die von den Werbeausgaben abhängige Nachfrage (n_w) wird wie folgt berechnet:

$n_w = n_w^{max} b_1^{b_2 \cdot w'}$

Darin bedeuten:
n_w^{max} Maximale werbeabhängige Nachfrage
b_1, b_2 Parameter
w' exponentiell geglättete Werbeausgaben (in 1000 DM)

Für $n_w^{max} = 40$, $b_1 = 0{,}045$ und $b_2 = 0{,}7$ ergibt sich die nebenstehende Grafik.

Um die gemeinsame Wirkung von Preis und Werbeausgaben auf die Nachfrage zu berechnen, wird folgende Funktion verwendet:

$n = g_1 n_p + g_2 n_w$

Darin sind g_1 und g_2 Gewichte. Für $g_1 = 0{,}15$ und $g_2 = 0{,}85$ ergibt sich die nebenstehende Grafik.

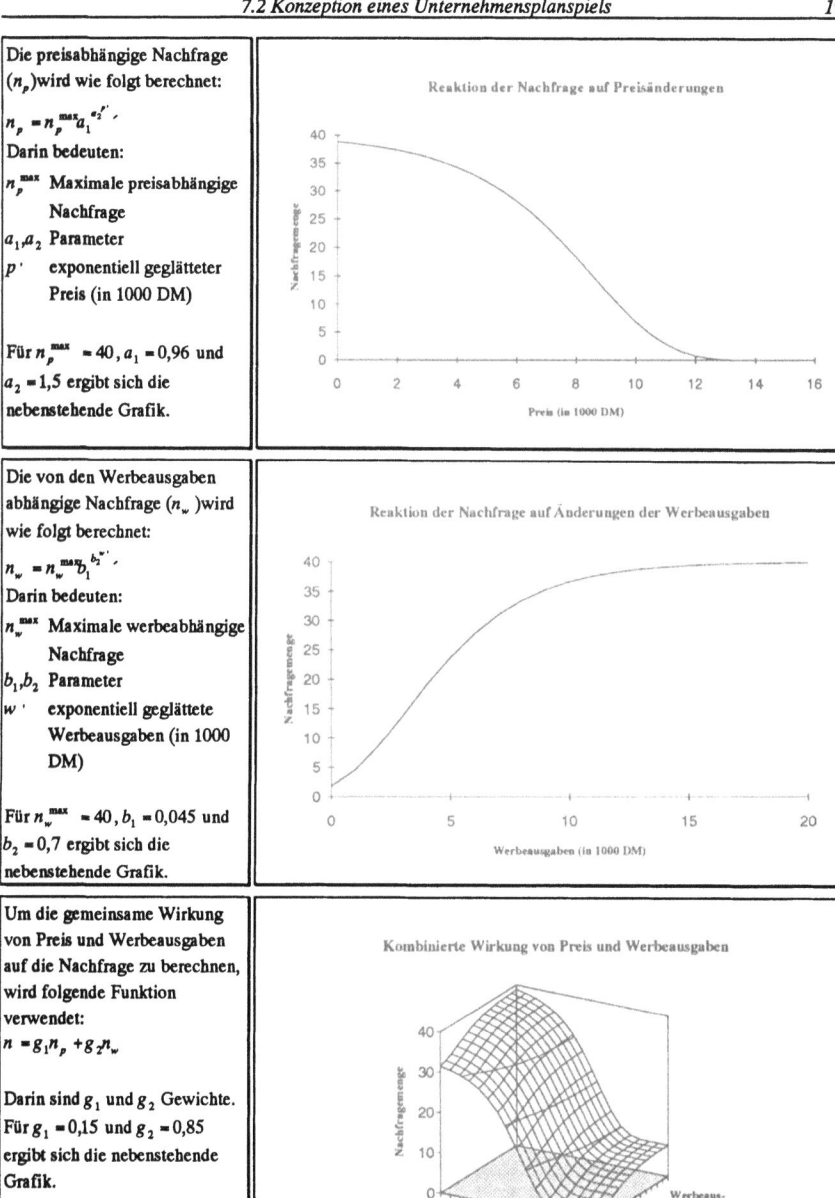

Abb. 7-15: Simulation der Nachfrage im Unternehmensplanspiel

7.2.4.3 Abbildung der Beziehungen in der Einzelkosten- und Deckungsbeitragsrechnung

In diesem Abschnitt ist zu klären, welche Kosten aufgrund der Aktivitäten des Unternehmens entstehen, wobei die didaktischen Gesichtspunkte im Vordergund stehen. Bei der Auswahl der zu simulierenden Kostenbeträge sind insbesondere drei Kriterien heranzuziehen. Zunächst einmal muß es mit den simulierten Kostenbeträgen möglich sein, die grundsätzlichen Überlegungen der EK&DBR zu verdeutlichen. Würde man z. B. nur Kosten simulieren, die fix sind oder von der Produktionsmenge abhängen, wäre kein Unterschied zu den auf der Grundlage der Trennung von beschäftigungsvariablen und -fixen Kosten arbeitenden Systemen der KLR gegeben. Ferner müssen die zu simulierenden Kosten weitestgehend durch die Entscheidungen der Spieler beeinflußt werden können, weil nur dann der eigentliche Effekt eines Unternehmensplanspiels zum Tragen kommt. Schließlich muß auch darauf geachtet werden, daß die Kostenstruktur des Modellunternehmens plausibel ist und daß Kosten, die einen hohen prozentualen Anteil an den Gesamtkosten haben, nicht vernachlässigt werden.

Im folgenden soll ein Überblick über die Kostenarten gegeben werden, die im Planspielunternehmen simuliert werden. Dabei wird nach einer Einteilung in Material-, Energie-, Personal-, Anlagen-, Dienstleistungs-, Werbe-, Kapital- und Versicherungskosten sowie Kosten für Steuern, Gebühren und Beiträge vorgegangen, die sich im Gegensatz zu den in der Praxis gebräuchlichen Kostenartengliederungen weitgehend an einer Einteilung nach den eingesetzten Produktionsfaktoren ausrichtet.[34] Zu den Kostenarten, die im vorliegenden Unternehmen den höchsten Anteil an den Gesamtkosten haben, zählen die Materialkosten und die Personalkosten.

Die **Materialkosten** setzen sich im Planspiel aus den Kosten für Fertigmaterial und Fertigteile,[35] Hilfsstoffe und Verpackungen zusammen. Alle diese Kosten fallen annahmegemäß unter die Leistungskosten und sind mit Ausnahme der absatzbedingten Verpackungskosten produktionsbedingt.

Energiekosten fallen im Planspielunternehmen sowohl als Leistungskosten als auch als Bereitschaftskosten an. Der Energiebezug wird in der Praxis durch Bezugsverträge geregelt. Vereinfachend wird angenommen, daß dem Planspielunternehmen Kosten für eine jährliche Grundgebühr sowie verbrauchsmengenabhängige Kosten entstehen.[36] Ein großer Teil der in der Fertigung verbrauchten Energie ist zwar leistungsabhängig, jedoch nicht den einzelnen Leistungseinheiten zurechenbar. Die Kosten für die außerhalb des Fertigungsbereiches verbrauchte Energie (z. B. für Beleuchtung, Sicherstellung einer angenehmen Raumtemperatur) können als Bereitschaftskosten angesehen werden und lassen sich einzelnen Kostenstellen zurechnen.

Bei den **Personalkosten** sind die Löhne (inkl. eventueller Überstundenlöhne) und Gehälter sowie die Personalnebenkosten zu berücksichtigen. Um keine weiteren Annahmen über die Altersstruktur und Dauer der Zugehörigkeit zum Unternehmen der Beschäftigten

---

[34] Vgl. zu dieser Einteilung sowie zur Kritik am weit verbreiteten Gemeinschaftskontenrahmen der Industrie von 1950 *Hummel, S./Männel, W.*: Kostenrechnung 1, 1986, S. 133 ff. Der Begriff der Dienstleistungen wird in dieser Einteilung enger als üblich abgegrenzt und schließt Versicherungen sowie Lizenzen aus.
[35] Vgl. hierzu die Erzeugnisbäume in Abb. 7-13 sowie die Ausführungen zum Beschaffungsbereich in Abschnitt 7.2.3.2.
[36] Vgl. zu tiefergehenden Ausführungen über die Behandlung von Energiekosten in der EK&DBR *Buch, J.*: Stromkostenrechnung, 1985.

machen zu müssen, werden die Löhne als Monatseinzelkosten und die Gehälter als Quartalseinzelkosten angesehen.

Die **Anlagenkosten** setzen sich in der traditionellen KLR zum größten Teil aus Abschreibungen auf Grundstücke, Gebäude und Maschinen zusammen. Nach den Grundsätzen der EK&DBR ist eine Verrechnung von Abschreibungen als Kosten nur im Ausnahmefall zulässig, sie stellen i. d. R. Einzelkosten eines längeren Zeitraums dar und werden daher nicht auf Monate, Quartale oder Jahre verrechnet. Sie werden hier als Jahresgemeinkosten betrachtet. Gelegentlich werden die für Anlagen anfallenden Versicherungskosten auch zu den Anlagenkosten gezählt, hier werden sie bei den Versicherungskosten behandelt.

Unter die **Dienstleistungskosten** sind im Planspielunternehmen die Provisionen der Reisenden, die Eingangsfrachten sowie eventuelle Kosten für Fremdfertigung zu subsumieren. Die Provisionen für Reisende sind absatzabhängige Leistungskosten, während die Eingangsfrachten beschaffungsabhängige Leistungskosten sind. Die Kosten für die Fremdfertigung sind u. U. Gegenstand besonderer vertraglicher Vereinbarungen. Im einfachsten Fall sind sie proportional zur Produktionsmenge der Güter, die fremd bearbeitet werden.

Die **Werbekosten** fallen im Planspielunternehmen für die Anzeigenwerbung in Fachzeitschriften und für die Beteiligung an Fachmessen an. Dabei werden jeweils alle drei angebotenen Erzeugnisse gemeinsam beworben, so daß die Werbekosten bezüglich der Erzeugnisse Gemeinkosten darstellen.

Die **Kapitalkosten** enthalten die Zinsen, die für verschiedene von der Planspielunternehmung aufgenommene Kredite gezahlt werden müssen. Dabei handelt es sich um Kredite mit unterschiedlichen Laufzeiten.

Die **Versicherungskosten** umfassen z. B. Kosten für Feuer-, Unfall-, Haftpflicht-, Einbruch- und Diebstahl-, Betriebsunterbrechungs- sowie Warenkreditversicherungen. Auf alle mit diesen Versicherungen zusammenhängende Einzelheiten einzugehen, würde für das Planspiel zu weit führen. Daher werden die Versicherungskosten in aggregierter Form als Jahreseinzelkosten betrachtet, obwohl in der Praxis auch vertragliche Regelungen mit kürzeren Kündigungsfristen bestehen.

Steuern und **Gebühren** werden hier nur der Vollständigkeit halber aufgeführt, da sie an den Gesamtkosten nur einen Anteil von weniger als 1 % haben. Zu den berücksichtigten Steuern zählen die Vermögen-, Gewerbekapital- und Grundsteuer. Gebühren fallen z. B. für Abwasser und Müllabfuhr an. Die hier genannten Steuern und Gebühren haben den Charakter von Jahreseinzelkosten.

Um einen Eindruck zu vermitteln, welche Kosten in welcher Höhe im Planspielunternehmen anfallen, werden auf den folgenden Seiten zwei tabellarische Grundrechnungen gezeigt. Abb. 7-16 zeigt eine tabellarische Grundrechnung für einen Monat. Die Grundrechnung ist nach Erzeugnissen und organisatorischen Einheiten differenziert. Da in der Kostenstelle "Fertigungshalle 1" des Planspielunternehmens nur das Erzeugnis WT 300 gefertigt wird, hätte man diese Kostenstelle auch bei den Einzelkosten für dieses Produkt ausweisen können. In Abb. 7-17 ist eine nach den gleichen Kriterien gegliederte Grundrechnung zu sehen, die sich allerdings zeitlich auf ein Quartal bezieht. Grundsätzlich sind alternative Gliederungen der Grundrechnung möglich, z. B. könnte zunächst nach Absatzgebieten und dann nach Erzeugnissen differenziert werden.

					Erzeugnisse				
							Summe		
				WT300	WT600	WT800	Erzeugnisse	Halle 1	Halle 2
Monats- einzel- kosten	Leistungs- kosten	beschaffungs- bedingt	Eingangsfrachten Summe						
		produktions- bedingt	Fertigmaterial	27252,08	92089,44	109571,04	228912,56		
			Fertigteile	1900,00	1620,00	960,00	4480,00		
			Hilfsstoffe					800,00	1600,00
			Summe	29152,08	93709,44	110531,04	233392,56	800,00	1600,00
		absatz- bedingt	Verpackung	1610,00	720,00	825,00	3155,00		
			Provision	15640,00	11840,00	21450,00	48930,00		
			Summe	17250,00	12560,00	22275,00	52085,00		
			Summe	46402,08	106269,44	132806,04	285477,56	800,00	1600,00
	Bereitschafts- kosten	Monat	Löhne					19900,00	19900,00
			Gehälter						
			soz. Abg.					15920,00	15920,00
			Energie					380,00	420,00
			Büromaterial						
			Werbung						
			Summe					36200,00	36240,00
			Summe					36200,00	36240,00
			Summe	46402,08	106269,44	132806,04	285477,56	37000,00	37840,00
Monats- gemein- kosten	Bereitschafts- kosten	Quartal	Gehälter						
			soz. Abg.						
			Finanzierung						
			Summe						
		Jahr	Versich./Gebühren						
			Steuern						
			Summe						
		> Jahr	Maschinen					28000,00	45000,00
			Summe					28000,00	45000,00
			Summe					28000,00	45000,00
			Summe					28000,00	45000,00
			Summe	46402,08	106269,44	132806,04	285477,56	65000,00	82840,00

Abb. 7-16: Tabellarische Grundrechnung für einen Monat (Gliederung nach Erzeugnissen und Kostenstellen)

7.2 Konzeption eines Unternehmensplanspiels

				Kostenstellen					Summe	
	Summe				Summe			Untern.	Unter-	
Montageh.	Produktion	ABL	NBL	Ausland	Abs. allg.	Absatz	Beschaffung	Verwaltung	leitung	nehmen
						11500				11500
						11500				11500
										228912,56
										4480,00
3600,00	6000,00									6000,00
3600,00	6000,00									239392,56
										3155,00
										48930,00
										52085,00
3600,00	6000,00					11500,00				302977,56
19900,00	59700,00									59700,00
		19900,00	19900,00	19900,00		59700,00	19900,00	19900,00	19900,00	119400,00
15920,00	47760,00	15920,00	15920,00	15920,00		47760,00	15920,00	15920,00	15920,00	143280,00
1200,00	2000,00								450,00	2450,00
									3000,00	3000,00
					3000,00	3000,00				3000,00
37020,00	109460,00	35820,00	35820,00	35820,00	3000,00	110460,00	19900,00	35820,00	39270,00	314910,00
37020,00	109460,00	35820,00	35820,00	35820,00	3000,00	110460,00	19900,00	35820,00	39270,00	314910,00
40620,00	115460,00	35820,00	35820,00	35820,00	3000,00	110460,00	31400,00	35820,00	39270,00	617887,56
		12000,00	12000,00	12000,00		36000,00	12000,00	12000,00	12000,00	72000,00
		9600,00	9600,00	9600,00		28800,00	9600,00	9600,00	9600,00	57600,00
									13500,00	13500,00
		21600,00	21600,00	21600,00		64800,00	21600,00	21600,00	35100,00	143100,00
									18000,00	18000,00
									6886,50	6886,50
									24886,50	24886,50
63000,00	136000,00									136000,00
63000,00	136000,00									136000,00
63000,00	136000,00	21600,00	21600,00	21600,00		64800,00	21600,00	21600,00	59986,50	303986,50
63000,00	136000,00	21600,00	21600,00	21600,00		64800,00	21600,00	21600,00	59986,50	303986,50
103620,00	251460,00	57420,00	57420,00	57420,00	3000,00	175260,00	53000,00	57420,00	99256,50	921874,06

				Erzeugnisse					
							Summe		
				WT300	WT600	WT800	Erzeugnisse	Halle 1	Halle 2
Quartals- einzel- kosten	Leistungs- kosten	beschaffungs- bedingt	Eingangsfrachten						
			Summe						
		produktions- bedingt	Fertigmaterial	85342,04	201232,48	292189,44	578763,96		
			Fertigteile	5950,00	3540,00	2560,00	12050,00		
			Hilfsstoffe					2560,00	4480,00
			Summe	91292,04	204772,48	294749,44	590813,96	2560,00	4480,00
		absatz- bedingt	Verpackung	4830,00	2295,00	1155,00	8280,00		
			Provision	46920,00	37740,00	30030,00	114690,00		
			Summe	51750,00	40035,00	31185,00	122970,00		
			Summe	143042,04	244807,48	325934,44	713783,96	2560,00	4480,00
	Bereitschafts- kosten	Monat	Löhne					59700,00	59700,00
			Gehälter						
			soz. Abg.					47760,00	47760,00
			Energie					1178,00	1344,00
			Büromaterial						
			Werbung						
			Summe					108638,00	108804,00
		Quartal	Gehälter						
			soz. Abg.						
			Finanzierung						
			Summe						
			Summe					108638,00	108804,00
			Summe	143042,04	244807,48	325934,44	713783,96	111198,00	113284,00
Quartals- gemein- kosten	Bereitschafts- kosten	Jahr	Versich./Gebühren						
			Steuern						
			Summe						
		> Jahr	Maschinen					84000,00	135000,00
			Summe					84000,00	135000,00
			Summe					84000,00	135000,00
			Summe					84000,00	135000,00
			Summe	143042,04	244807,48	325934,44	713783,96	195198,00	248284,00

Abb. 7-17: Tabellarische Grundrechnung für ein Quartal (Gliederung nach Erzeugnissen und Kostenstellen)

7.2 Konzeption eines Unternehmensplanspiels

	Summe	Kostenstellen					Summe			Untern.	Summe Unter-
Montageb.	Produktion	ABL	NBL	Ausland	Abs. allg.	Absatz	Beschaffung	Verwaltung	leitung	nehmen
						36800				36800
						36800				36800
										578763,96
										12050,00
11160,00	18200,00									18200,00
11160,00	18200,00									609013,96
										8280,00
										114690,00
										122970,00
11160,00	18200,00					36800,00				768783,96
59700,00	179100,00									179100,00
		59700,00	59700,00	59700,00		179100,00	59700,00	59700,00	59700,00	358200,00
47760,00	143280,00	47760,00	47760,00	47760,00		143280,00	47760,00	47760,00	47760,00	429840,00
3780,00	6302,00								1395,00	7697,00
									7500,00	7500,00
					10500,00	10500,00				10500,00
111240,00	328682,00	107460,00	107460,00	107460,00	10500,00	332880,00	59700,00	107460,00	116355,00	945077,00
		36000,00	36000,00	36000,00		108000,00	36000,00	36000,00	36000,00	216000,00
		86400,00	86400,00	86400,00		259200,00	86400,00	86400,00	86400,00	518400,00
									42187,50	42187,50
		122400,00	122400,00	122400,00		367200,00	122400,00	122400,00	164587,50	776587,50
111240,00	328682,00	229860,00	229860,00	229860,00	10500,00	700080,00	182100,00	229860,00	280942,50	1721664,50
122400,00	346882,00	229860,00	229860,00	229860,00	10500,00	700080,00	218900,00	229860,00	280942,50	2490448,46
									54000,00	54000,00
									20659,50	20659,50
									223978,50	223978,50
189000,00	1224000,00									1224000,00
189000,00	408000,00									408000,00
189000,00	408000,00								223978,50	631978,50
189000,00	408000,00								223978,50	631978,50
311400,00	754882,00	229860,00	229860,00	229860,00	10500,00	700080,00	218900,00	229860,00	504921,00	3122426,96

7.2.5 Darstellung der Entscheidungsbereiche

7.2.5.1 Regelmäßig zu treffende Entscheidungen

In diesem Abschnitt werden die Entscheidungen vorgestellt, die in jeder Planspielperiode zu treffen sind. Bei der Auswahl der Entscheidungen stehen vor allem zwei Kriterien im Vordergrund. Erstens sollte es sich um Entscheidungen handeln, die für das modellierte Unternehmen typisch sind. Zweitens soll es durch die Entscheidungen möglich sein, eine weitgehende Beeinflussung der gesamten Kosten zu erreichen, wobei jedoch sehr unterschiedliche Dispositionszeitpunkte zu bedenken sind.

Für jedes Erzeugnis sind die **Produktionsmengen** festzulegen.

Außerdem sind die Preise für jedes Erzeugnis zu bestimmen. Möglichkeiten zur **Preisgestaltung** ergeben sich durch besondere Konditionen, die für bestimmte Absatzgebiete oder Kundengruppen gewährt werden können. Dies bedeutet, daß für jede Kombination von Erzeugnis, Absatzgebiet und Kundengruppe bestimmte Rabattsätze festgelegt werden können, die bei der Berechnung der Nachfrage in Form korrigierter Preise berücksichtigt werden.

Im Bereich der Beschaffung sind Entscheidungen über den **Bezug von Fremdteilen** zu treffen. Hierbei kann unter verschiedenen Lieferanten ausgewählt werden, die jeweils zu unterschiedlichen Lieferkonditionen und Preisen anbieten. Für einige der Fremdteile können Transportkosten eingespart werden, wenn verschiedene Teile beim gleichen Lieferanten zu beziehen sind.

Im Produktions- und Vertriebsbereich kann über die **Personalbeschaffung und -freisetzung** entschieden werden. Als Option wird empfohlen, daß die Entscheidungen über Personalfreisetzungen dem Spielleiter gegenüber begründet und von diesem genehmigt werden müssen.

Für jede Kostenstelle kann die **Kapazität** durch Anordnung von Überstunden oder Kurzarbeit innerhalb gewisser Grenzen variiert werden. Die Anordnung von Überstunden geschieht allerdings automatisch in Abhängigkeit von der geplanten Produktionsmenge, da es unrealistisch wäre, Entscheidungen dieser Art für einen ganzen Monat im voraus zu treffen.

Falls die Maßnahmen zur kurzfristigen Kapazitätsanpassung als nicht mehr ausreichend angesehen werden, besteht außerdem die Möglichkeit, die Kapazität durch **Investitionen** zu erweitern oder durch **Desinvestitionen** zu verringern.

Im Bereich der **Werbung** sind verschiedene Entscheidungen möglich. Es kann über die Teilnahme an Fachmessen und über die Schaltung von Anzeigen in Fachzeitschriften entschieden werden.

Bezüglich der **Kreditaufnahme** besteht die Möglichkeit, zwischen drei verschiedenen Angeboten zu wählen, die sich durch die Laufzeit und Zinsbelastung unterscheiden.

Das Planspiel weist insgesamt mehr als 40 verschiedene Entscheidungen auf. Hinzu kommen die zu prognostizierenden Zielvariablen, die für die Evaluation der Teilnehmer genutzt werden. Es muß aber berücksichtigt werden, daß nicht alle Entscheidungen zwingend in jeder Periode neu bearbeitet werden müssen. Z. B. können die Entscheidungen im Bereich der Werbung aus der Vorperiode übernommen werden.

7.2.5.2 Möglichkeiten für fallweise zu treffende Entscheidungen

Erfahrungsgemäß neigen die Teilnehmer an Unternehmensplanspielen dazu, nach Ablauf einiger Spielrunden zu glauben, daß sie das Spielmodell "im Griff" haben und verwenden weniger Zeit auf die Vorbereitung ihrer Entscheidungen. Dies kann einmal darauf zurückzuführen sein, daß die an die Spieler gestellten Anforderungen tatsächlich im Zeitablauf abgenommen haben. Andererseits kann es auch sein, daß dies den Teilnehmern nur so vorkommt.

Es liegt in der Verantwortung der Planspielleitung, in diesem Fall entsprechend gegenzusteuern. Wenn z. B. bestimmte Probleme (drohende Illiquidität, mangelnde Kapazitätsabstimmung etc.) von den Teilnehmern nicht erkannt werden, dann bietet sich die Gelegenheit, die jeweilige Problematik begleitend zu thematisieren.

Um zu vermeiden, daß das Interesse der Teilnehmer im Laufe der Zeit abnimmt, empfiehlt es sich, nach der Anfangsphase zusätzliche Entscheidungen einzuführen. Hierbei kann wiederum zwischen Entscheidungen differenziert werden, die dann für alle folgenden Perioden zur Verfügung stehen und zwischen solchen, die lediglich temporär zur Verfügung stehen.

Beispiele für Entscheidungen, die sich für das vorliegende Planspiel besonders eignen würden, sind z. B.:

- Durchführen einer tabellarischen Grundrechnung
- Annahme von Zusatzaufträgen
- Entscheidung zwischen Eigenfertigung oder Fremdbezug
- Vorbereitung von Investitionsentscheidungen
- Kalkulation von Aufträgen für öffentliche Auftraggeber
- Festlegung von Deckungsvorgaben

Die Durchführung einer tabellarischen Grundrechnung kann z. B. dergestalt integriert werden, daß die Teilnehmer ein leeres Formblatt mit einer Grundrechnungstabelle (vgl. z. B. Abb. 7-17) erhalten und die notwendigen Eintragungen vornehmen.

Diese Entscheidungssituationen weisen zwar gewisse Ähnlichkeiten zu der Kombination von Planspiel und Fallstudie auf, die bereits in Abschnitt 7.1 diskutiert wurde, es besteht aber ein grundsätzlicher Unterschied. Dieser Unterschied betrifft das Abschätzen zukünftiger Entwicklungen durch die Teilnehmer, z. B. wenn es um zukünftige Absatzmengen oder Zahlungsreihen für Investitionsentscheidungen geht. Bei einer Fallstudie müssen die für die Prognose benötigten Daten und Hinweise vorliegen. Im Gegensatz dazu knüpft im Planspiel die jeweilige Aufgabenstellung an der bis zu einer bestimmten Periode erreichten Datenkonstellation an. Die für die Prognose benötigten Vergangenheitsdaten sind aus den bisherigen Entscheidungen der Teilnehmer hervorgegangen. Sie können daher die Aussagefähigkeit dieser Daten ganz anders beurteilen, als wenn lediglich mit einer gegebenen Zeitreihe gearbeitet wird. Weiterhin können sie die für die folgenden Perioden geplanten Entscheidungen (z. B. die Ausweitung des Werbebudgets) in ihre Überlegungen miteinbeziehen. Da mit Hilfe der "eigenen" Daten der Teilnehmer die Zukunft des "eigenen" Unternehmens gestaltet werden soll, ergibt sich ein realistischeres Planungsproblem. Dadurch kann eine stärkere Motivation zur Bearbeitung solcher Problemstellungen erwartet werden.

8 Zusammenfassung und Ausblick

Nach einigen einführenden Bemerkungen wurden in den ersten Kapiteln dieser Arbeit die Grundlagen der KLR und der EK&DBR dargestellt. Danach schloß sich eine Diskussion der für die Implementierung der EK&DBR wesentlichen EDV-technischen Aspekte an. Im fünften Kapitel wurden verschieden Fragen bezüglich des Einsatzes von Unternehmensplanspielen behandelt.

Gegenstand des sechsten Kapitels war die Konzeption einer allgemeinen Planspielsoftware, mit deren Hilfe sich ein breiter Kreis von Unternehmen abbilden läßt. Im siebten Kapitel wurde gezeigt, wie die Planspielsoftware für die Lehre genutzt werden kann.

Mit der Planspielsoftware liegt ein pädagogisch und betriebswirtschaftlich fundiertes Instrument für vielfältige Ausbildungszwecke vor. Die Anwendung der EK&DBR kann in einem dynamischen, von Unsicherheit gekennzeichneten Umfeld trainiert werden. Ferner lassen sich die Schnittstellen der KLR zu anderen Funktionsbereichen der Unternehmung verdeutlichen.

Ob sich die mit dem Planspiel angestrebten Lernerfolge tatsächlich erreichen lassen, kann hier nicht abschließend beurteilt werden. Um diese Frage einer Klärung zuzuführen bedarf es umfangreicher Testeinsätze. Dabei darf nicht vergessen werden, daß der Einsatz des Planspiels allein nicht die gewünschten Ergebnisse garantiert. Es stellt aber ein leistungsfähiges Instrument in der Hand eines erfahrenen Planspielleiters dar.

Die Planspielsoftware zeichnet sich durch die Bereitstellung umfangreicher rechnergestützter Entscheidungshilfen aus, die für die Vorbereitung der Entscheidungen genutzt werden können. Für die Analyse von Bezugsobjekthierarchien wurden Hilfsmittel entwickelt, die durchaus auch für praktische Anwendungen geeignet sind. So ließe sich z. B. die grafische Analyse der Bezugsobjekthierarchien auf der Grundlage voraggregierter Daten durchführen, die von einem Großrechnersystem auf einen PC geladen werden.

In dem vorliegenden Projekt wurde eine sehr sehr aufwendige Lösungskonzeption gewählt, die jedoch auf lange Sicht erhebliche Vorteile verspricht. Damit stellt sich unmittelbar die Frage, inwiefern die Planspielsoftware als Grundlage weiterer Arbeiten dienen kann.

Eine in der Arbeit eher beiläufig behandelte Frage ist die, wie der Konstrukteur eines Planspiels dabei unterstützt werden kann, die Daten eines Beispielunternehmens in die Planspielsoftware zu überführen. Zu diesem Zweck könnte eine Benutzerschnittstelle geschaffen werden, mit der sich die Unternehmensmodelle interaktiv generieren lassen.

In der Arbeit standen Probleme der KLR im Vordergrund. Die vorgeschlagene Konzeption ist jedoch auch zur Darstellung anderer Schwerpunkte geeignet. Hierbei ist daran zu denken, die einzelnen Funktionsbereiche detaillierter zu modellieren, um z. B. spezielle Planspiele für den Produktions- oder Logistikbereich zu schaffen.

Ebenfalls wäre zu überlegen, ob nicht auch Handelsunternehmen mit der Planspielsoftware abgebildet werden können. Zu diesem Zweck wäre eine differenziertere Modellierung des Vertriebsbereichs notwendig.

Ferner läßt sich die Planspielsoftware dahingehend erweitern, daß auch Datenstrukturen, Auswertungsroutinen und Hilfsmittel für Planspiele konzipiert werden, die sich auf über einen Monat hinausgehende Spielperioden beziehen. Besonders reizvoll wäre es, die Planspielsoftware so auszulegen, daß im Spielverlauf zwischen verschiedenen zeitlichen Ebenen gewechselt werden kann. Beispielsweise könnte dann zunächst mit monatlichen Entscheidungen begonnen werden, um dann ab einer bestimmten Spielperiode auf quartalsweise Entscheidungen umzusteigen.

Neben den bisher diskutierten Einsatzmöglichkeiten des Unternehmensplanspiels zu Ausbildungszwecken bieten sich auch Einsätze im Rahmen experimenteller Untersuchungen an. Aufgrund der hohen Flexibilität der Planspielsoftware lassen sich Modelle erzeugen, die individuell mit den zugrunde gelegten Versuchsanordnungen abgestimmt werden können.

Da die Datenstruktur der Planspielsoftware unabhängig von der EK&DBR ist, können zusätzlich auch andere Systeme der KLR implementiert werden. Ein Planspielmodell mit einer großen Auswahl möglicher Systeme der KLR könnte als Grundlage für empirische Studien zum Vergleich verschiedener Systeme dienen. Z. B. ließe sich eine in der Literatur kaum behandelte Frage aufgreifen, nämlich die nach der Abhängigkeit zwischen zeitlichen Bedarf für Entscheidungen und dem verwendeten System der KLR.

Für Experimente dieser Art wäre eine Protokollfunktion hilfreich, mit der genau rekonstruiert werden kann, welche Hilfsmittel die Teilnehmer in welchem Umfang genutzt haben und in welcher Reihenfolge sie dabei vorgegangen sind.

Ein weiterer Anwendungsbereich wäre das Studium von Einführungs- und Akzeptanzproblemen, die sich mit der EK&DBR ergeben.

Es gibt noch eine Vielzahl weiterer Möglichkeiten, für die die Planspielsoftware eingesetzt werden könnte, die jedoch hier nicht alle aufgezählt werden können. Es bleibt zu hoffen, daß mit der hier vorgeschlagenen Konzeption dazu beigetragen werden kann, auch komplexe betriebswirtschaftliche Zusammenhänge interessant und anschaulich im Studium zu vermitteln.

Literaturverzeichnis

Achtenhagen, F. (1984): Didaktik des Wirtschaftslehreunterrichts, Opladen 1984

Achtenhagen, F. (1990): Einige Überlegungen zur Bedeutung der Problemlöseforschung für die Didaktik des Wirtschaftslehreunterrichts, in: Feger, H. (Hrsg.): Wissenschaft und Verantwortung, Göttingen, Toronto, Zürich 1990, S. 109-129

Achtenhagen, F. (1992): Zum Einsatz von Planspielen im Betriebswirtschaftslehreunterricht, in: Zeitschrift für Planung (1992), S. 3-19

Achtenhagen, F./Preiß, P. (1991): Planspieleinsatz in der betriebswirtschaftlichen Erstausbildung, in: Biethahn, J./Hummeltenberg, W./Schmidt, B. (Hrsg.): Simulation als betriebliche Entscheidungshilfe. Band 2, Berlin u. a. 1991, S. 23-34

Ackoff, R.L. (1978): The Art of Problem Solving, New York, Chichester, Brisbane 1978

Ackoff, R.L./Emshoff, J.R. (1975): Advertising Research at Anheuser-Busch, Inc. (1963-68), in: Sloan Management Review (1975) Winter, S. 1-15

Adam, D. (1970): Entscheidungsorientierte Kostenbewertung, Wiesbaden 1970

Agthe, K. (1959): Stufenweise Fixkostendeckung im System des Direct Costing, in: ZfbF 29(1959), S. 404-418

Altenburger, O.A. (1976): Der entscheidungsorientierte Kostenbegriff, in: KRP (1976)4, S. 149-156

Back-Hock, A. (1989): Lebenszyklusorientiertes Produktcontrolling. Ansätze zur computergestützten Realisierung mit einer Rechnungswesen-Daten- und -Methodenbank, Berlin u.a. 1988

Backhaus, K. (1990): Investitionsgütermarketing, 2. Aufl., München 1990

Balzert, H. (1982): Die Entwicklung von Software-Systemen. Prinzipien, Methoden, Sprachen, Werkzeuge, Mannheim, Wien, Zürich 1982

Barton, R.F. (1980): Creating and Controlling Simulated Industries for Versimilitude, in: S&G 11(1980)4, S. 441-450

Becker, H.P. (1985): Einsatz der Kostenrechnung in mittelgroßen Industrieunternehmen, in: ZfbF 37(1985), S. 601-617

Bellman, R./Clark, C.E./Malcolm, D.G./Craft, C.J./Ricciardi, F.M. (1957): On the Construction of a Multi-Stage, Multi-Person Business Game, in: Operations Research 5(1957), S. 469-503

Benbasat, I./Dexter, A.S./Todd, P.(1986): The Influence of Color and Graphical Information Presentation in a Managerial Decision Simulation, in: Human-Computer Interaction 2(1986), S. 65-92

Berthel, J. (1975): Betriebliche Informationssysteme, Stuttgart 1975

Biggs, W.D. (1987): Functional Business Games, in: S&G 18(1987)2, S. 242-267

Biggs, W.D. (1990): Introduction to Computerized Business Management Simulations, in: Gentry, J.W. (Hrsg.): Guide to Business Gaming and Experiential Learning, East Brunswick, London 1990, S. 23-35

Birnberg, J.G./Sadhu, K.K. (1986): The Contribution of Psychological and Cognitive Research to Managerial Accounting, in: Bromwich, M./Hopwood, A.G. (Hrsg.): Research and Current Issues in Management Accounting, London 1986, S. 116-142

Blackburn, J.D./Millen, R.A. (1980): Heuristic Lot-Sizing Performance In A Rolling-Schedule Environment, in: DS 11(1980), S. 691-701

Bleicher, K. (1970): Die Entwicklung eines systemorientierten Organisations- und Führungsmodells der Unternehmung, in: Zeitschrift für Organisation (1970)1, S. 3-8

Bleicher, K. (1974): *Entscheidungsprozesse* an Unternehmungsspielen. Band 1. Die Darstellung von Unternehmenspolitik und -planung an Idealmodellen, 3. Aufl., Baden-Baden, Bad Homburg v.d.H. 1974

Bleicher, K. (1990): *Grenzen* des Rechnungswesens für die Lenkung der Unternehmensentwicklung, in: Adam, D./Backhaus, K./Meffert, H./Wagner, H. (Hrsg.): Integration und Flexibilität. Eine Herausforderung für die Allgemeine Betriebswirtschaftslehre, Wiesbaden 1990, S. 33-47

Bloech, J./Bogaschewsky, R./Götze, U./Roland, F. (1992): *Einführung* in die Produktion, Heidelberg 1992

Bloech, J./Lücke, W. (1982): *Produktionswirtschaft*, Stuttgart New York 1982

Bloech, J./Rüscher, H. (1990): Modellbeschreibung und Entscheidungsunterlagen zur Unternehmenssimulation *PUMA*, Göttingen 1990

Bloech, J./Rüscher, H. (1991): Modellbeschreibung zur Unternehmenssimulation *PENTA*, Göttingen 1991

Bloom, B.S. u.a. (1972): *Taxonomie* von Lernzielen im kognitiven Bereich, Weinheim, Basel 1972

Bogaschewsky, R. (1988): Dynamische *Materialdisposition* im Beschaffungsbereich, Frankfurt a.M. 1988

Bohr, K. (1979): *Produktionsfaktorsysteme*, in: Kern, W. (Hrsg.): Handwörterbuch der Produktionswirtschaft, Stuttgart 1979, Sp. 1481-1493

Boocock, S.S. (1970): Using *Simulation Games* in College Courses, in: S&G 1(1970), S. 67-79

Börner, D. (1981): *Kostenverteilung*, Prinzipien und Technik, in: Kosiol, E./Chmielewicz, K./Schweitzer, M. (Hrsg.): Handwörterbuch des Rechnungswesens, 2. Aufl., Stuttgart 1981, Sp. 1105-1114

Brink, H.-J. (1978): Die Kosten- und Leistungsrechnung im *System* der Unternehmungsrechnung, in: BFuP 30(1978)6, S. 565-576

De Brock, E.O./Remmen, F./Wortmann, J.C. (1990): A *Conceptual Model* for Product-Types and Bills-of-Material: Application of a Set-Theoretic Approach, in: Companys, R./Falster, P./Burbridge, J.L. (Hrsg.): Databases for Production Management, Amsterdam 1990, S. 3-29

Brombacher, R. (1988): *Entscheidungsunterstützungssysteme* für das Marketing-Management. Gestaltungs- und Implementierungsansatz für die Konsumgüterindustrie, Berlin u.a. 1988

Buch, J. (1985): Stromkostenrechnung - Die Berücksichtigung der Entgeltfunktion von Strombezugsverträgen im entscheidungsorientierten Rechnungswesen, in: ZfB 55(1985)1, S. 5-20

Chen, P.P.-S. (1976): The *Entity-Relationship Model* - Toward a Unified View of Data, in: ACM Transactions on Database Systems 1(1976)1, S. 9-36

Chmielewicz, K. (Hrsg.): *Entwicklungslinien* der Kosten- und Erlösrechnung, Stuttgart 1983

Clark, J.M. (1923): *Studies* in the Economics of Overhead Costs, Chicago 1923

Clemons, Eric K. (1985): *Data Models* and the ANSI/SPARC Architecture, in: Yao, S.B. (Hrsg.): Principles of Database Design. Volume I: Logical Organizations, Englewood Cliffs, N.J. 1985, S. 66-114

Codd, E. F. (1970): A *Relational Model* of Data for Large Shared Data Banks, in: Communications of the ACM 13(1970), S. 377-387

Coenenberg, A.G. (1976): *Ziele*, Systeme und Hauptproblembereiche kosten- und leistungsorientierter Planungs- und Kontrollrechnungen, in: Coenenberg, A.G. (Hrsg.): Unternehmensrechnung, München 1976, S. 1-7

Coenenberg, A.G. (1990): *Jahresabschluß* und Jahresabschlußanalyse, 11. Aufl., Landsberg 1990

Coenenberg, A.G. (1992): *Kostenrechnung* und Kostenanalyse, Landsberg 1992

Cohen, K. J.; Rhenman, E. (1974): Die *Rolle* von Unternehmungsspielen in Ausbildung und Forschung, in: Eisenführ, F./Ordelheide, D./Puck, G. (Hrsg.): Unternehmungsspiele in Ausbildung und Forschung, Wiesbaden 1974, S. 13-56 (zuerst veröffentlicht in englischer Sprache als The Role of Management Games in Education and Research, in: Management Science 7(1961)2, S. 131 - 166)

Cooper, R./Kaplan, R.S. (1988): Measure *Costs* Right: Make the Right Decisions, in: HBR 66(1988) September-October, S. 96-103

Curran, K./Hornaday, R.W. (1989): A Hybrid *Method* Of Executing A Management Simulation, in: S&G 20(1989)4, S. 459-470

Curth, M. (1989): Planspieltechnik und Computer Based Training zur Schulung von Einkäufern im Handel, Bergisch Gladbach, Köln 1989

Date, C.J. (1990): An *Introduction* To Database Systems Vol. I, 5. Aufl., Reading, Mass. u. a. 1990

Davis, J.S. (1990): Experimental *Investigation* of the Utility of Data Structure and E-R Diagrams in Database Query, in: International Journal of Man-Machine Studies (1990)32, S. 449-459

Dellmann, K. (1979): Zum *Stand* der betriebswirtschaftlichen Theorie der Kostenrechnung, in: ZfB 49(1979), S. 319-332

Dellmann, K. (1980): Betriebswirtschaftliche *Produktions- und Kostentheorie*, Wiesbaden 1980

Dittrich, K.R./Hüber, R./Lockemann, P.C. (1979): Methodenbanksysteme: Ein Werkzeug zum Maßschneidern von Anwendersoftware, in: Informatik-Spektrum 2(1979)2, S. 194-203

Dubs, R. (1989): Vernetztes *Denken* im Wirtschaftsunterricht, in: Zeitschrift für Berufs- und Wirtschaftspädagogik 85(1989), S. 50-61

Dubs, R. (1990): Rechnungswesen am Wirtschaftsgymnasium, in: Bleicher, K./Schmitz-Dräger, R. (Hrsg.): Unternehmerisches Handeln - Wege, Konzepte und Instrumente, Bern 1990, S. 163-177

Dücker, K. (1992): Modellierung eines Besipielunternehmens für ein Unternehmensplanspiel zur Vermittlung der Einzelkosten- und Deckungsbeitragsrechnung, unveröffentlichte Diplomarbeit am Institut für Wirtschaftsinformatik, Göttingen 1992

Eberle, P. (1989): Kosten- und Leistungsrechnung: Relevance Lost?, in: DBW 49(1989)1, S. 97-113

Ein-Dor, P./Segev, E. (1986): Attitudes, Association and Success of MIS: Some Empirical Results from Research in the Context of a Business Game, in: The Computer Journal 29(1986)3, S. 212-22

Eisenführ, F./Ordelheide, D./Puck, G. (1974): Vorwort, in: Eisenführ, F./Ordelheide, D./Puck, G. (Hrsg.): Unternehmungsspiele in Ausbildung und Forschung, Wiesbaden 1974, S. 1-10

Eisenführ, F./Puck, G. (1974): Das System *XPER.D* - ein neuer Ansatz für Unternehmungsspiele, in: ZfbF 26(1974), S. 591-612

Elmasri, R./Navathe, S.B. (1989): Fundamentals of Database Systems, Redwood City, CA u.a. 1989

Engel, W. (1989): Unechte Gemeinkosten und unechter Gemeinverbrauch, Frankfurt a.M. 1989

Engelhardt, W.H./Günter, B. (1981): Investitionsgüter-Marketing, Stuttgart u.a. 1981

Everest, G.C./Weber, R. (1977): A *Relational Approach* to Accounting Models, in: The Accounting Review 52(1977), S. 340-359

Faria, A.J. (1980): Marketing Games. An Evaluation, in: Horn, R.E./Cleaves, A. (Hrsg.): The Guide to Simulations/Games for Education and Training, Newbury Park, CA 1980, S. 177-186

Faßhauer, R./Wurzbacher, W. (1973): Das Modell *ORBYD*. Ein neues Konzept für die betriebliche Ausbildung, in: IBM Nachrichten 23(1973)217, S. 756-759

Faßheber, P. (1990): *Planspiele*, in: Sarges, W. (Hrsg.): Management-Diagnostik, Göttingen, Toronto, Zürich 1990, S. 490-497

Fertuck, L. (1977): *GAME*: A Language For Writing Business Games, in: Winter Simulation Conference Proceedings 1977, S. 432-438

Fertuck, L. (1979): A Modular *Business Game Design*, in: Journal of Experiential Learning and Simulation 1(1979), S. 305-312

Fiedler, R./Mertens, P./Wenzlaw, G./Ziegler, G. (1989): Zur *Unterstützung* des Controlling durch wissensbasierte Analyse des Betriebsergebnisses, in: DBW 49(1989), S. 353-365

Fischer, R./Rogalski, M. (1991): Datenbankgestütztes *Kosten- und Erlöscontrolling*. Konzept und Realisierung einer entscheidungsorientierten Erfolgsrechnung, Wiesbaden 1991

Forrester, J.W. (1959): *Advertising*: A Problem in Industrial Dynamics, in: HBR 37(1959)2, S. 100-110

Franken, R. (1984): *Materialwirtschaft*. Planung und Steuerung des betrieblichen Materialflusses, Stuttgart u.a. 1984

Freidank, C. (1979): Zum *Einsatz* der Grenzplankosten- und Deckungsbeitragsrechnung zur Lösung von Entscheidungsaufgaben, in: KRP (1979)6, S. 249-255

Frey, K. (1989): *Effekte* der Computerbenutzung im Bildungswesen. Ein Resumee des heutigen empirischen Wissensstandes, in: ZfPäd 35(1989), S. 637-656

Fritzsche, D.J. (1987): The *Impact* of Microcomputers on Business Educational Simulations, in: S&G 18(1987)2, S. 176-191

Fröhling, O. (1992): *Thesen* zur Prozeßkostenrechnung, in: ZfB 62(1992)7, S. 723-741

Gemünden, H.G.(1986): The *Impact* of Information Presentation on the Efficiency of Managerial Decisions, Manuskripte aus dem Institut für Betriebswirtschaftslehre der Universität Kiel, Nr. 186, Kiel 1986

Getsch, U. (1990): *Möglichkeiten* einer Förderung von Betriebswirtschaftlichem Zusammenhangwissen - Eine empirische Analyse mit Hilfe eines Unternehmensplanspiels bei angehenden Industriekaufleuten, Göttingen 1990 (= Berichte aus dem Seminar für Wirtschaftspädagogik der Universität Göttingen Bd. 13)

Giard, V. (1988): *Gestion* de la Production, 2. Aufl., Paris 1988

Glaser, H./Geiger, W./Rohde, V. (1991): PPS. *Produktionsplanung* und -steuerung. Grundlagen - Konzepte - Anwendungen, Wiesbaden 1991

Goetz, B.E. (1947): Tomorrow's *Cost System*, in: Advanced Management 12(1947)4, S. 172-178

Goetz, B.E. (1949): Management *Planning* and Control, New York u.a. 1949

Gold, S.C./Pray, T.F. (1984): Modeling Market- And Firm-Level *Demand Functions* In Computerized Business Simulations, in: Simulation & Games 15(1984)3, S. 346-363

Govindarajan, V./Anthony, R.N. (1983): How *Firms* Use Cost Data in Price Decisions, in: Management Accounting (1983) July, S. 30-36

Gray, J./Willingham, J./Johnston, K. (1963): A *Business Game* for the Introductory Course in Accounting, in: The Accounting Review 38(1963), S. 336-346

Greenlaw, P.S./Herron, L.W./Rawdon, R.H. (1962): *Business Simulation* In Industrial And University Education, Englewood Cliffs, N.J. 1962

Greenlaw, P.S./Wyman, F.P. (1973): The *Teaching Effectiveness* of Games in Collegiate Business Courses, in: S&G 4(1973)3, S. 259-294

Gutenberg, E. (1983): Grundlagen der Betriebswirtschaftslehre. Erster Band: Die *Produktion*, 24. Aufl., Berlin, Heidelberg, New York 1983

Hahn, D. (1985): Grundlegung, in: Hahn, D. (Hrsg.): Planungs- und Kontrollrechnung - PuK, 3. Aufl., Wiesbaden 1985, S. 3-135

Hamel, W. (1991): Zielsysteme, in: Frese, E. (Hrsg.): Handwörterbuch der Organisation, 3. Aufl., 1991, Sp. 2634-2652

Hand, H.H./Sims, H.P. (1975): Statistical *Evaluation* of Complex Gaming Performance, in: Management Science 21(1975)6, S. 708-717

Harris, J.N. (1936): What Did We Earn Last *Month?*, in: N.A.C.A. Bulletin January 15, 1936, S. 501-527

Hasemann, W.D./Whinston, A.B. (1976): Design of a Multidimensional Accounting System, in: The Accounting Review 51(1976), S. 65-79

Haun, P. (1987): Entscheidungsorientiertes *Rechnungswesen* mit Daten- und Methodenbanken, Berlin, Heidelberg, New York 1987

Heinen, E. (1962): Die *Zielfunktion* der Unternehmung, in: Koch, H. (Hrsg.): Zur Theorie der Unternehmung. Festschrift zum 65. Geburtstag von Erich Gutenberg, Wiesbaden 1962, S. 9-71

Heinen, E. (1983): Betriebswirtschaftliche *Kostenlehre.* Kostentheorie und Kostenentscheidungen, 6. Aufl., Wiesbaden 1983

Heinen, E./Dietel, E. (1991): Kostenrechnung, in: Heinen, E. (Hrsg.): Industriebetriebslehre, 9. Aufl., Wiesbaden 1991, S. 1157-1313

Henshaw, R.C., Jr./Jackson, J.R. (1978): The *Executive Game*, 3. Aufl., Homewood, Ill. 1978

Henzel, F. (1931): Erfassung und Verrechnung der Gemeinkosten in der Unternehmung, Berlin, Wien 1931

Hichert, R./Moritz, M (1992): Betriebswirtschaftliche *Konzeption* und softwaretechnische Realisierung eines Management-Informationssystems, in: Hichert, R./Moritz, M (Hrsg.): Management-Informationssysteme. Praktische Anwendungen, Berlin u.a. 1992, S. 235-272

Holzer, H.P./Lück, W. (1987): Verhaltenswissenschaft und Rechnungswesen. Entwicklungstendenzen des Behavioral Accounting in den USA, in: DBW 38(1978)4, S. 509-523

Hömberg, R. (1989): Die *Fallstudie* aus der Betriebswirtschaftslehre: Einzelkosten- und Deckungsbeitragsrechnung (I) u. (II), in: WISU (1989)10, S. 571 u. H. 11, S. 632-635

Horngren, C.T./Foster, G. (1991): Cost Accounting. A Managerial Emphasis, 7. Aufl., Englewood Cliffs, N.J. 1991

Horváth, P./Mayer, R. (1989): Prozeßkostenrechnung. Der neue Weg zu mehr Kostentransparenz und wirkungsvolleren Unternehmensstrategien, in: Controlling 1(1989)4, S. 214-219

Horváth, P./Petsch, M./Weihe, M. (1986): Standard-Anwendungssoftware für das Rechnungswesen, 2. Aufl., München 1986

Huch, B. (1986): Einführung in die Kostenrechnung, 8. Aufl., Heidelberg 1986

Hull, R./King, R. (1987): Semantic Database *Modeling:* Survey, Applications, and Research Issues, in: ACM Computing Surveys 19(1987)3, S. 201-260

Hummel, S. (1970): Wirklichkeitsnahe *Kostenerfassung.* Neue Erkenntnisse für eine eindeutige Kostenermittlung, Berlin, 1970

Hummel, S. (1983): Entscheidungsorientierter *Kostenbegriff,* Identitätsprinzip und Kostenzurechnung, in: ZfB 53(1983)12, S. 1204-1209

Hummel, S./Männel, W. (1983): Kostenrechnung 2. Moderne Verfahren und Systeme, 3. Aufl., Wiesbaden 1983

Hummel, S./Männel, W. (1986): Kostenrechnung 1. Grundlagen, Aufbau und Anwendung, 4. Aufl., Wiesbaden 1986

Hüttner, M. (1986): Prognoseverfahren und ihre Anwendung, Berlin, New York 1986

Kahle, E./Achtenhagen, F. (1979): Evaluation des Einsatzes von Unternehmensplanspielen - eine Fallstudie am Beispiel der Betriebswirtschaftslehre, in: ZfbF 31(1979), S. 620-634

Karczewski, S. (1991): Die Entwicklung einer modularen Gesamtarchitektur für die Softwarekomponenten von Planspielen, Wiesbaden 1991

Keen, P.W.G./Scott Morton, M.S. (1978): Decision Support Systems. An Organizational Perspective, Reading, Mass. 1978

Keys, B. (1987): Total Enterprise Business Games, in: S&G 18(1987)2, S. 225-241

Keys, B./Burns, M.O./Case, T./Wells, R.A. (1988): Decision Support Package in a Business Game, in: S&G 19(1988)4, S. 440-452

Keys, B./Wolfe, J. (1990): The Role of Management Games and Simulations in Education and Research, in: Journal of Management 16(1990)2, S. 307-336

Keys, J.B. (1980): Total Enterprise Business Games. An Evaluation, in: Horn, R.E./Cleaves, A. (Hrsg.): The Guide to Simulations/Games for Education and Training, Newbury Park, CA 1980, S. 277-285

Kibbee, J. M./Craft, C. J./Nanus, B. (1961): Management Games. A New Technique for Executive Development, New York 1961

Kilger, W. (1983): Diskussionsbeiträge, in: Chmielewicz, K. (Hrsg.): Entwicklungslinien der Kosten- und Erlösrechnung, Stuttgart 1983

Kilger, W. (1983): Grenzplankostenrechnung, in: Chmielewicz, K. (Hrsg.): Entwicklungslinien der Kosten- und Erlösrechnung, Stuttgart 1983, S. 57-81

Kilger, W. (1987): Einführung in die Kostenrechnung, 3. Aufl., Wiesbaden 1987

Kilger, W. (1988): Flexible Plankostenrechnung und Deckungsbeitragsrechnung, 9. Aufl., Wiesbaden 1988

Kind, H. (1985): Das interne Rechnungswesen -Ein Führungsinstrument? Ergebnisse einer empirischen Untersuchung, in: KRP (1985)5, S. 181-186

Klauer, K.J. (1974): Methodik der Lehrzieldefinition und Lehrstoffanalyse, Düsseldorf 1974

Kleine, M. (1981): Fallstudien im betriebswirtschaftlichen Hochschulunterricht. Didaktischmethodische Probleme einer aktiven Lehrmethode, Bern, Stuttgart 1981

Kleiner, F. (1991): Kostenrechnung bei flexibler Automatisierung, München 1991

Kloock, J. (1978): Aufgaben und Systeme der Unternehmensrechnung, in: BFuP 30 (1978)6, S. 493-510

Kloock, J. (1981): Erfolgsrechnungen auf der Basis produktionsanalytischer Kostenrechnungen, in: Operations Research Proceedings 1980, Berlin, Heidelberg 1981, S. 502-520

Kloock, J./Sieben, G./Schildbach, T. (1991): Kosten- und Leistungsrechnung, 6. Aufl., Düsseldorf 1991

Knop, W./Küting, K. (1990): § 255, Anschaffungs und Herstellungskosten (Kommentar), in: Küting, K./Weber, C.P. (Hrsg.): Handbuch der Rechnungslegung, 3. Aufl., Stuttgart 1990, S. 911-1041

Koch, H. (1958): Zur Diskussion über den Kostenbegriff, in: ZfhF 10(1958), S. 355-373

Koch, J. (1986): Ansätze zur Abbildung der zeitlichen Dimension von Entscheidungen in der Kostenrechnung, in: KRP (1986)2, S. 51-58

Koeder, K.W. (1983): Berufsbegleitendes Studium, Grafenau 1983

Köhler, R. (1991): Absatzsegmentrechnung, in: Köhler, R.: Beiträge zum Marketing-Management: Planung, Organisation, Controlling, 2. Aufl., Stuttgart 1991, S. 328-336

Köhler, R. (1991): Marketing-Accounting, in: Köhler, R.: Beiträge zum Marketing-Management: Planung, Organisation, Controlling, 2. Aufl., Stuttgart 1991, S. 241-259

Kolb, S. (1992): EskiMo - eine expertensystemkontrollierte Methodenbank, Heidelberg 1992 (= Handeln und Entscheiden in komplexen ökonomischen Situationen Bd. 2)

Koller, H. (1969): Simulation und Planspieltechnik, Wiesbaden 1969

Kosiol, E. (1958): Kritische *Analyse* der Wesensmerkmale des Kostenbegriffes, in: Kosiol, Erich/Schlieper, Friedrich (Hrsg.): Betriebsökonomisierung durch Kostenanalyse, Absatzrationalisierung und Nachwuchserziehung, Köln, Opladen 1958, S. 7-37

Kosiol, E. (1961): Modellanalyse als Grundlage unternehmerischer Entscheidungen, in: ZfhF 13(1961)7, S. 318-334

Kosiol, E. (1972): Kostenrechnung und Kalkulation, 2. Aufl., Berlin New York 1972

Kotler, P. (1989): Marketing-Management, 4. Aufl., Stuttgart 1989

Kraus, H. (1976): Unternehmungsspiele, in: Grochla, E./Wittmann, W. (Hrsg.): Handwörterbuch der Betriebswirtschaft, Bd. 3, 4. Aufl., Stuttgart 1976, Sp. 4103-4112

Krömmelbein, G. (1975): Gemeinkosten und Gemeinerlös als Begriffe im entscheidungsorientierten Rechnungswesen, in: Der Betrieb (1975)11, S. 460-462

Küpper, H.-U.(1992): Theoretische *Grundlagen* der Kostenrechnung, in: Männel, W. (Hrsg.): Handbuch Kostenrechnung, Wiesbaden 1992, S. 38-53

Kurbel, K./Rautenstrauch, C.(1991): Graphisches *Navigieren* durch eine PPS-Datenbasis mit Browsern, in: ZwF 86(1991)12, S. 615-620

De Landsheere, V. (1988): Taxonomies of Educational Objectives, in: Keeves, J.P. (Hrsg.): Educational Research, Methodology, and Measurement. An International Haandbook, Oxford, New York u.a. 1988, S. 345-358

Larréché, J.-C. (1987): On *Simulations* in Business Education and Research, in: Journal of Business Research 15(1987), S. 559-571

Laßmann, G. (1968): Die *Kosten- und Erlösrechnung* als Instrument der Planung und Kontrolle in Industriebetrieben, Düsseldorf 1968

Laßmann, G. (1973): Gestaltungsformen der Kosten- und Erlösrechnung im Hinblick auf Planungs- und Kontrollaufgaben, in: Die Wirtschaftsprüfung 26(1973)1/2, S. 4-17

Laßmann, G. (1983): Diskussionsbeiträge, in: Chmielewicz, K. (Hrsg.): Entwicklungslinien der Kosten- und Erlösrechnung, Stuttgart 1983

Laßmann, G./Wartmann, R./Gilles, R. (1991): UPLAN. Ein interaktives Unternehmensplanspiel. Handbuch, Stand Sommersemester 1991, Bochum 1991

Law, A.M./Kelton, W.D. (1982): Simulation *Modeling* and Analysis, New York u.a. 1982

Layer, M. (1967): Möglichkeiten und Grenzen der Anwendbarkeit der Deckungsbeitragsrechnung im Rechnungswesen der Unternehmung, Berlin 1967

Layer, M. (1984): Der *Entwicklungsstand* der Leistungs- und Kostenrechnung, in: DBW 44(1984), S. 109-130

Leftwich, H.D. (1974): The Use of Dynamic, Interacting *Business Simulations* for Accounting Instruction, in: Edwards, J.D. (Hrsg.): Accounting Education: Problems and Prospects, Sarasota, Fl. 1974, S. 370-375

Lilien, G.L./Kotler, P. (1983): Marketing Decision Making. A Model-Building Approach, New York u.a. 1983

Lilien, G.L./Silk, A.J./Choffray, J.-M./Rao, M. (1976): Industrial *Advertising Effects* and Budgeting Practices, in: Journal of Marketing 40(1976)1, S. 16-24

Lockemann, P. C./Radermacher, K. (1990): Konzepte, Methoden und Modelle zur Datenmodellierung, in: HMD (1990)152, S. 3-16

Loveluck, C. (1975): The *Construction,* Operation, and Evaluation of Management Games, in: Taylor, B./Lippitt, G.L. (Hrsg.): Management Development and Training Handbook, London u.a. 1975, S. 217-239

Lücke, W. (1965): Finanzplanung und Finanzkontrolle in der Industrie, Wiesbaden 1965

Lusti, M. (1987): Methoden wissensbasierter Systeme bei der Entwicklung von Lernprogrammen - Ein Beispiel aus dem betrieblichen Rechnungswesen, in: Angewandte Informatik (1987)1, S. 12-19

Mandl, H./Hron, A. (1989): Psychologische Aspekte des Lernens mit dem Computer, in: ZfPäd 35(1989), S. 657-678

Männel, W. (1983): Die Einzelkosten- und Deckungsbeitragsrechnung - ein Konzept zur Abbildung der Realität durch das Rechnungswesen, in: ZfB 53(1983)12, S. 1187-1196

Männel, W. (1983): Zur Gestaltung der Erlösrechnung, in: Chmielewicz, K. (Hrsg.): Entwicklungslinien der Kosten- und Erlösrechnung, Stuttgart 1983, S. 119-151

Männel, W. (1992): Anpassung der Kostenrechnung an moderne Unternehmensstrukturen, in: Männel, W. (Hrsg.): Handbuch Kostenrechnung, Wiesbaden 1992, S. 105-137

Männel, W. (1992): Gesamtzusammenhang der Teilgebiete der Kosten-, Leistungs-, Erlös- und Ergebnisrechnung, in: Männel, W. (Hrsg.): Handbuch Kostenrechnung, Wiesbaden 1992, S. 67-75

Männel, W./Warnick, B. (1990): Entscheidungsorientiertes Rechnungswesen, in: Mayer, E./Weber, J. (Hrsg.): Handbuch Controlling, Stuttgart 1990, S. 397-418

Marple, R.P. (1965): The Relative Contribution Approach to Management Reporting, in: Marple, R.P. (Hrsg.): National Asscociation of Accountants on Direct Costing. Selected Papers, New York 1965, S. 412-425 (zuerst veröffentlicht in NAA Bulletin 1963)

Mayer, R. (1986): Datenbankorientierte Einzelkostenplanung in der flexiblen Montage, Betriebswirtschaftliches Institut der Universität Stuttgart, Controlling-Forschungsbericht 86/3, Stuttgart 1986

McCarthy, W.E. (1978): A Relational Model for Events-Based Accounting Systems (Doctoral Dissertation University of Massachusetts) 1978

Meffert, H. (1986): Marketing, 7. Aufl., Wiesbaden 1986

Mellerowicz, K. (1977): Neuzeitliche Kalkulationsverfahren, 6. Aufl., Freiburg im Breisgau 1977

Menrad, S. (1965): Der Kostenbegriff. Eine Untersuchung über den Gegenstand der Kostenrechnung, Berlin 1965

Menrad, S. (1978): Rechnungswesen, Göttingen 1978

Mertens, P. (1975): Lehrtechniken in der Betriebswirtschaftslehre, in: Grochla, E./Wittmann, W. (Hrsg.): Handwörterbuch der Betriebswirtschaft, Bd. 2, Stuttgart 1975, Sp. 2473-2483

Mertens, P. (1991): Integrierte Informationsverarbeitung 1. Administrations- und Dispositionssysteme in der Industrie, 8. Aufl., Wiesbaden 1991

Mertens, P./Back-Hock, A./Fiedler, R. (1990): Verbindungen der Kosten- und Leistungsrechnung zur computergestützten Informations- und Wissensverarbeitung, in: BFuP 42(1990), S. 268-282

Mertens, P./Griese, J. (1991): Integrierte Informationsverarbeitung 2. Planungs- und Kontrollsysteme in der Industrie, 6. Aufl., Wiesbaden 1991

Mertens, P./Hansen, K./Rackelmann, G. (1977): Selektionsentscheidungen im Rechnungswesen - Überlegungen zu computergestützten Kosteninformationssystemen, in: DBW 37(1977)1, S. 77-88

Miller, G.A. (1956): The Magical Number Seven, Plus or Minus Two: Some Limits on Our Capacity for Processing Information, Psychological Review 63(1956)2, S. 81-97

Misra, S.K./Jalics, P.J. (1988): Third-Generation versus Fourth-Generation Software Development, in: IEEE Software 15(1988)4, S. 8-14

Moker, A. (1978): Rechnerunterstützte Entwicklung von Simulationsmodellen für Unternehmensplanspiele, Mainz 1978

Mrosek, D. (1983): Zurechnungsprobleme in einer entscheidungsorientierten Kostenrechnung, München 1983

Naylor, T.H./Balintfy, J.L./Burdick, D.S./Chu, K. (1966): Computer *Simulation Techniques,* New York, London, Sidney 1966

Neuhauser, J.J. (1976): Business Games Have Failed, in: Academy of Management Review 1(1976) October, S. 124-129

Noltemeier, H. (1976): Graphentheorie mit Algorithmen und Anwendungen, Berlin, New York 1976

O.V. (1992): New *Strategies* for Mechanical and Plant Engineering. MAG Grimma GmbH, in: Technology News International (1992) Juni/Juli, S. 42-43

Ohse, Dietrich (1969): Lagerhaltungsmodelle für deterministisch schwankenden Absatz, in: Ablauf- und Planungsforschung 10(1969), S. 309-322

ORACLE (Hrsg.)(1990): SQL Language Reference *Manual* Version 6.0, o.O. 1990

Ortner, E. (1981): Was ist eine *Grundrechnung* und was sind Sonderrechnungen?, in: ZfbF 33(1981)2, S. 140-143

Ortner, E. (1985): Semantische *Modellierung* - Datenbankentwurf auf der Ebene der Benutzer, in: Informatik-Spektrum (1985)8, S. 20-28

Paap, K.R./Roske-Hofstrand, R.J. (1988): Design of Menus, in: Helander, M. (Hrsg.): Handbook of Human-Computer Interaction, Amsterdam u.a. 1988, S. 205-235

Parrello, B./Overbeck, R./Lusk, E.(1985): The *Design* of Entity-Relationship Models for General Ledger Systems, in: Data & Knowledge Engineering 1(1985), S. 155-180

Partridge, S.E./Sculli, D./Wong, S.H. (1984): Designing *Management Games* for Production Management Training, in: S&G 15(1984)3, S. 328-345

Petzing, F. (1992): Untersuchung des Wissenserwerbs bei einem Unternehmensplanspiel mit Verfahren des Operations Research, Diss. Göttingen 1992

Picot, A. (1979): Rationalisierung im Verwaltungsbereich als betriebswirtschaftliches Problem, in: ZfB 49(1979)12, S. 1145-1165

Piroth, E. (1984): Die *Potentialkosten* im System der Plankostenrechnung, Köln u.a. 1984

Plaut, H.-G. (1953): Die *Grenzplankostenrechnung,* in: ZfB 23(1953), S.347-363 u. S.402-413

Plaut, H.-G. (1991): Behandlung von Fixkosten in der Grenzplankostenrechnung, in: KRP (1991)1, S. 38-39

Plaut, H.-G./Bonin, A./Vikas, K. (1988): Grenzplankostenrechnung und Einzelkostenrechnung, in: KRP (1988)1, S. 9-15

Plinke, W. (1991): Industrielle *Kostenrechnung.* Eine Einführung, 2. Aufl., Berlin u.a. 1991

Posch, P./Schneider, W./Mann, W.E. (1977): Unterrichtsplanung, Wien 1977

Preiß, P. (1992): Systemdokumentation des Planspiels Jeansfabrik Version 2.2, Göttingen 1992

Puck, G. (1972): Ein *Unternehmungsspiel* zur Beurteilung verschiedener Systeme des internen Rechnungswesens - Vollkostenrechnung, Grenzplankostenrechnung und Betriebsmodelle - als Grundlage der kurzfristigen Programm- und Faktoreinsatzplanung. Eine Projektstudie, unveröffentlichtes Manuskript, Bochum 1972

Puhl, W. (1983): Entwurf und Realisierung eines computergestützten Kosten- und Erlösinformationssystems auf der Basis einer Datenbank und einer Methodensammlung, Diss. Nürnberg 1983

Reblin, E. (1986): Alternative *Formen* der Informationsverarbeitung im Finanz- und Rechnungswesen, in: HMD (1986)132, S. 3-16

Riebel, P. (1956): Die *Gestaltung* der Kostenrechnung für Zwecke der Betriebskontrolle und Betriebsdisposition, in: ZfB 26(1956), S. 278-289 [11-22]

Riebel, P. (1959): Das *Rechnen* mit Einzelkosten und Deckungsbeiträgen, in: ZfhF NF 11(1959), S. 213-238 [35-59]

Riebel, P. (1961): Die *Anwendung* des Rechnens mit relativen Einzelkosten und Deckungsbeiträgen bei Investitionsentscheidungen, Abschnitt V von: Das Rechnen mit relativen Einzelkosten und Deckungsbeiträgen als Grundlage unternehmerischer Entscheidungen im Fertigungsbereich, in: NBW 14(1961), S. 145-154 [60-66]

Riebel, P. (1964): Der *Aufbau* der Grundrechnung im System des Rechnens mit Einzelkosten und Deckungsbeiträgen, in: Aufwand und Ertrag 10(1964), S. 84-87 [149-157]

Riebel, P. (1964): Die *Deckungsbeitragsrechnung* als Instrument der Absatzanalyse, in: Hessenmüller, B./Schnaufer, E. (Hrsg.): Absatzwirtschaft, Baden-Baden 1964 [176-203]

Riebel, P. (1964): Die *Preiskalkulation* auf Grundlage von Selbstkosten oder von relativen Einzelkosten und Deckungsbeiträgen, in: ZfbF 16(1964), S. 549-612 [204-268]

Riebel, P. (1964): *Durchführung* und Auswertung der Grundrechnung im System des Rechnens mit relativen Einzelkosten und Deckungsbeiträgen, in: Aufwand und Ertrag 10(1964), S. 117-120 u. S. 142-146 [S. 158-175]

Riebel, P. (1967): Kurzfristige unternehmerische *Entscheidungen* im Erzeugungsbereich auf Grundlage des Rechnens mit relativen Einzelkosten und Deckungsbeiträgen, in: NBW 20(1967)8, S. 1-23 [S. 269-307]

Riebel, P. (1969): Die *Fragwürdigkeit* des Verursachungsprinzips im Rechnungswesen, in: Layer, M./Strebel, H. (Hrsg.): Rechnungswesen und Betriebswirtschaftspolitik, Festschrift für Gerhard Krüger zu seinem 65. Geburtstag, Berlin 1969, S. 49-64 [67-79]

Riebel, P. (1970): Die *Bereitschaftskosten* in der entscheidungsorientierten Unternehmerrechnung, in: ZfbF 22(1970), S. 372-386 [81-97]

Riebel, P. (1974): Systemimmanente und anwendungsbedingte *Gefahren* von Differenzkosten- und Deckungsbeitragsrechnungen, in: BfuP 26(1974)11, S. 493-529 [356-385]

Riebel, P. (1978): Diskussionsbeitrag zum BFuP *Meinungsspiegel* zum Thema "Unternehmensrechnung als Instrument der Unternehmensführung", in: BFuP 30(1978)6, S. 577-589

Riebel, P. (1978): *Überlegungen* zur Formulierung eines entscheidungsorientierten Kostenbegriffs, in: Müller-Merbach, H. (Hrsg.): Quantitative Ansätze in der Betriebswirtschaftslehre, München 1978, S. 127-146 [409-429]

Riebel, P. (1979): *Gestaltungsprobleme* einer zweckneutralen Grundrechnung, in: ZfbF 31(1979)12, S. 863-893 [445-474]

Riebel, P. (1980): *Probleme* einer Festlegung von Deckungsvorgaben aus produktions- und absatzwirtschaftlicher Sicht, in: ZfbF 32(1980), S. 1130-1145 [498-513]

Riebel, P. (1981): *Deckungsbudgets* als Führungsinstrument, in: Der Betrieb 34(1981)13, S. 649-658 [475-497]

Riebel, P. (1983): *3 F-Betrieb*, erw. 2.0, als Manuskript vervielfältigte Fallstudie, Frankfurt a.M. 1983

Riebel, P. (1983): *Diskussionsbeiträge*, in: Chmielewicz, K. (Hrsg.): Entwicklungslinien der Kosten- und Erlösrechnung, Stuttgart 1983

Riebel, P. (1983): *Thesen* zur Einzelkosten- und Deckungsbeitragsrechnung, in: Chmielewicz, K. (Hrsg.): Entwicklungslinien der Kosten- und Erlösrechnung, Stuttgart 1983, S. 21-47

Riebel, P. (1988): *Sequentielle Entscheidungen* in Planungs- und Kontrollrechnungen, in: Lücke, W. (Hrsg.): Betriebswirtschaftliche Steuerungs- und Kontrollprobleme, Wiesbaden 1988, S. 257-283 [651-677]

Riebel, P. (1990): Einzelkosten- und *Deckungsbeitragsrechnung*, 6. Aufl., Wiesbaden 1990

Riebel, P. (1992): Einzelerlös-, Einzelkosten- und Deckungsbeitragsrechnung als Kern einer ganzheitlichen *Führungsrechnung*, in: Männel, W. (Hrsg.): Handbuch Kostenrechnung, Wiesbaden 1992, S. 247-299

Riebel, P. (im Druck): *Grundrechnung*, in: Kern, W. u.a. (Hrsg.): Handwörterbuch der Betriebswirtschaftslehre, Bd. 1, 5. Aufl., Stuttgart (im Druck)

Riebel, P./Sinzig, W. (1981): Zur *Realisierung* der Einzelkosten- und Deckungsbeitragsrechnung mit einer relationalen Datenbank, in: ZfB 33(1981), S. 457-489

Riebel, P./Sinzig, W./Heesch, M. (1992): *Fortschritte* bei der Realisierung der Einzelkostenrechnung mit dem SAP-System, in: Controlling 2(1992), S. 100-105

SAP (Hrsg.) (1992): *Systembeschreibung*, Release 5.0, o.O. 1992

Scheer, A.-W. (1990): *Wirtschaftsinformatik* - Informationssysteme im Industriebetrieb, 3. Aufl., Berlin, Heidelberg, New York 1990

Schellhaas, K.-U. (1991): In Systemen Denken lernen. Unternehmensplanspiele für die kaufmännische Berufsausbildung, in: Lernfeld Betrieb (1991)4, S. 42-43

Schellhaas, K.-U. (1992): Computergestützte *Lernmedien* für eine moderne Ausbildung in der Kosten- und Leistungsrechnung, in: Achtenhagen, F./John, E.G. (Hrsg.): Komplexe Lehr-Lern-Arrangements - Innovationen in der kaufmännischen Aus- und Weiterbildung, Wiesbaden 1992, S. 269-279

Schellhaas, K.-U./Beinhauer, M. (1992): *Entscheidungsrelevanz* in der Prozeßkostenrechnung, in: KRP (1992)6, S. 301-309

Scherrer, G. (1991): *Kostenrechnung*, 2. Aufl., Stuttgart, New York 1991

Schiemenz, B. (1990): *Simulation* rechnergestützter Entscheidungsprozesse auf oligopolistischen Märkten mit EUSTOPIC, in: OR-Spektrum 12(1990), S. 43-49

Schlageter, G.; Stucky, W. (1983): *Datenbanksysteme*: Konzepte und Modelle, 2. Aufl., Stuttgart 1983

Schmalenbach, E. (1948): Pretiale *Wirtschaftslenkung*. Band 2. Pretiale Lenkung des Betriebes, Bremen 1948

Schmalenbach, E. (1963): *Kostenrechnung* und Preispolitik, 8. erweiterte und verbesserte Aufl., Köln, Opladen 1963

Schmidt, J.W. (1987): *Datenbankmodelle*, in: Lockemann, P.C./Schmidt, J.W. (Hrsg.): Datenbankhandbuch, Berlin u.a. 1987, S. 1-83

Schnapp, M. (1991): Whither *xBase*?, in: Byte 16(1991)12, S. 131-138

Schneeweiß, C. (1989): *Einführung* in die Produktionswirtschaft, 3. Aufl., Berlin u.a. 1989

Scholl, M.H./Schek, H.-J.(1990): *Evolution* von Datenmodellen. Relational ... geschachtelt (NF^2) relational ... objektorientiert?, in: HMD (1990)152, S. 103-115

Schrage, L. (1989): *User's Manual* for Linear, Integer, and Quadratic Programming with LINDO, 4. Aufl., San Francisco, CA, 1989

Schubert, W./Hohenbild, R. (1975): *Kostenverursachung*, Prinzipien und Probleme, in: Grochla, E./Wittmann, W. (Hrsg.): Handwörterbuch der Betriebswirtschaft, Bd. 2, 4. Aufl., Stuttgart 1975, Sp. 2360-2368

Schunck, A. (1992): Das Planspiel *Jeans-Fabrik* aus der Sicht von Schülern, in: Achtenhagen, F./John, E.G. (Hrsg.): Komplexe Lehr-Lern-Arrangements - Innovationen in der kaufmännischen Aus- und Weiterbildung, Wiesbaden 1992, S. 106-124

Schweitzer, M. (1973): *Einführung* in die Industriebetriebslehre, Berlin, New York 1973

Schweitzer, M./Küpper, H.-U. (1991): *Systeme* der Kostenrechnung, 5. Aufl., Landsberg 1991

Seitz, E./Schäfer, D. (1988): "Rechenschieber" für das Marketing-Controlling, in: Absatzwirtschaft (1988)3, S. 88-90

Shneiderman, B. (1992): Designing the *User Interface*. Strategies for Effective Human-Computer Interaction, 2. Aufl., 1992

Shneiderman, B./Kearsley, G. (1989): *Hypertext* Hands-On! An Introduction to a New Way of Organizing and Accessing Information, Reading, Mass. u. a. 1989

Sinz, E.J. (1990): Das *Entity-Relationship-Modell* (ERM) und seine Erweiterungen, in: HMD (1990), S. 17-29

Sinzig, W. (1981): Zum *Verhältnis* von Grund- und Sonderrechnung, in: ZfbF 33(1981)2, S. 144-145

Sinzig, W. (1990): Datenbankorientiertes *Rechnungswesen*, 3. Aufl., Berlin, Heidelberg, New York 1990

Smith, J.M./Smith, D.C.P. (1977): *Database Abstractions*: Aggregation and Generalization, in: ACM Transactions on Database Systems 3(1977)3, S. 105-133

Sorter, G.H. (1969): An *"Events"* Approach to Basic Accounting Theory, in: The Accounting Review 44(1969), S. 12-19

Stahlknecht, P. (1989): Einführung in die Wirtschaftsinformatik, 4. Aufl., Berlin, Heidelberg, New York 1989

Steffenhagen, H.(1988): Marketing. Eine Einführung, Stuttgart u.a. 1988

Stiefel, R.Th. (1970): Die Beziehung zwischen Lehrziel und Unterrichtsmethoden bei der Schulung von Führungskräften, in: Betriebswirtschaftliche Umschau 40(1970)5/6, S. 198-201

Stucky, W./Krieger, R. (1990): *Datenbanksysteme*, in: Kurbel, K./Strunz, H. (Hrsg.): Handbuch Wirtschaftsinformatik, Stuttgart 1990, S. 837-856

Szyperski, N./Winand, U. (1981): *Planung* und Rechnungswesen, in: Kosiol, E./Chmielewicz, K./Schweitzer, M. (Hrsg.): Handwörterbuch des Rechnungswesens, 2. Aufl., Stuttgart 1981, Sp. 1348-1368

Teach, Richard D. (1990): *Profits*: The False Prophet in Business Games, in: S&G 21(1990)1, S. 12-26

Thiel, C. (1989): *Abstraktion*, in: Seiffert, H./Radnitzky, G.: Handlexikon zur Wissenschaftstheorie, München 1989, S. 5-7

Thorelli, H.B./Graves, R.L. (1964): International Operations *Simulation*, New York 1964

Ulrich, H. (1970): Die *Unternehmung* als produktives soziales System, 2. Aufl., Bern 1970

Ulrich, H. (1984): *Management*, Bern 1984

Vance, S.C./Gray, C.F. (1967): Use of a *Performance Evaluation Model* for Research in Business Gaming, in: Academy of Management Journal 10(1967)1, S. 27-37

Vatter, W.J. (1945): *Limitations* of Overhead Allocations, in: The Accounting Review 20(1945), S. 163-176

Vester, F. (1983): Unsere *Welt* - ein vernetztes System, München 1983

Vetter, M. (1990): Konzeptionelle *Datenmodellierung*, in: Kurbel, K./Strunz, H. (Hrsg.): Handbuch Wirtschaftsinformatik, Stuttgart 1990, S. 383-401

Vikas, K. (1991): Neue *Konzepte* für das Kostenmanagement: controllingorientierte Modelle für Industrie- und Dienstleistungsunternehmen, Wiesbaden 1991

Vollmann, T.E./Berry, W.L./Whybark, D.C. (1988): *Manufacturing Planning* and Control Systems, 2. Aufl., Homewood, Ill. 1988

Warnick, B. (1990): Das *Leistungsspektrum* von Standardsoftware zur Kosten-, Erlös- und Ergebnisrechnung, in: Männel, W. (Hrsg.): Kostenrechnungs-Standardsoftware für mittelständische Unternehmen, Wiesbaden 1990, S. 27-49

Warnick, B. (1991): Dezentrale *Datenverarbeitung* für Kostenrechnung und Controlling, Wiesbaden 1991

Weber, H. K. (1988): Betriebswirtschaftliches *Rechnungswesen*, Band *1*: Bilanz und Erfolgsrechnung, 3. Aufl., München 1988

Weber, J. (1983): *Kosten-Grundrechnung* im entscheidungsorientierten Rechnungswesen - Konzept und Entwicklungsmöglichkeiten *(II)*, in: WISU (1983)11, S. 550-554

Weber, J. (1987): *Logistikkostenrechnung*, Berlin, Heidelberg, New York u.a. 1987

Weber, J. (1988): *Abbaufähigkeit* von Bereitschaftskosten, in: WiSt (1988)10, S. 535-538

Weber, J. (1990): *Einführung* in das Rechnungswesen II. Kostenrechnung, Stuttgart 1990

Weber, K. (1968): *Besonderheiten* der amerikanischen Kostenrechnung, in: ZfB 38(1968), S. 837-858

Wedekind, H. (1980): *Strukturveränderung* im Rechnungswesen unter dem Einfluß der Datenbanktechnologie, in: ZfB 50(1980), S. 662-677

Wedekind, H./Ortner, E. (1977): Der *Aufbau* einer Datenbank für die Kostenrechnung, in: DBW 37(1977)4, S. 533-542

Weidenmann, B./Krapp, A. (1989): *Lernen* mit dem Computer, Lernen für den Computer, in: ZfPäd 35(1989), S. 621-636.

Weigand, C. (1989): Entscheidungsorientierte *Vertriebskostenrechnung*, Wiesbaden 1989

Wemmerlöv, U. (1982): A *Comparison* Of Discrete, Single Stage Lot-Sizing Heuristics With Special Emphasis On Rules Based On The Marginal Cost Principle, in: Engineering Costs and Production Economics 7(1982), S. 45-53

Werner, L. (1992): *Entscheidungsunterstützungssysteme*. Ein problem- und benutzerorientiertes Management-Instrument, Heidelberg 1992 (= Handeln und Entscheiden in komplexen ökonomischen Situationen Bd. 5)

Wesche, M. (1990): Entscheidungsorientierte *Kosten- und Leistungsrechnung* in Handelsbetrieben, Diss. Göttingen 1990

Wied-Nebbeling, S. (1985): Das *Preisverhalten* in der Industrie, Tübingen 1985

Witt, F.J. (1991): *Deckungsbeitragsmanagement*, München 1991

Witte, T. (1990): Object Oriented *Simulation* and Relational Databases: Jobshop Simulations driven by Manufacturing Data, in: Schmidt, B. (Hrsg.): Proceedings of the 1990 European Simulation Multiconference, Nürnberg 1990, S. 70-74

Wittmann, W. (1959): *Unternehmung* und unvollkommene Information. Unternehmerische Voraussicht - Ungewißheit und Planung, Köln, Opladen 1959

Wöhe, G. (1990): Einführung in die Allgemeine *Betriebswirtschaftslehre*, 17. Aufl., München 1990

Wolfe, J. (1985): The *Teaching Effectiveness* Of Games In Collegiate Business Courses. A 1973-1983 Update, in: S&G 16(1985)3, S. 251-288

Wolfe, J./Teach, R. (1987): Three Down-Loaded Mainframe *Business Games*: A Review, in: Academy of Management Review 12(1987), S. 181-192

Zäpfel, G. (1982): *Produktionswirtschaft*. Operatives Produktions-Management, Berlin, New York 1982

Zäpfel, G. (1991): *Stücklisten*, Verwendungsnachweise, Arbeitspläne und Produktionsfunktionen, in: WiSt (1991)7, S. 340-346

Anhang 1: Übersicht über die Datenstruktur der Planspielsoftware im Entity-Relationship-Diagramm

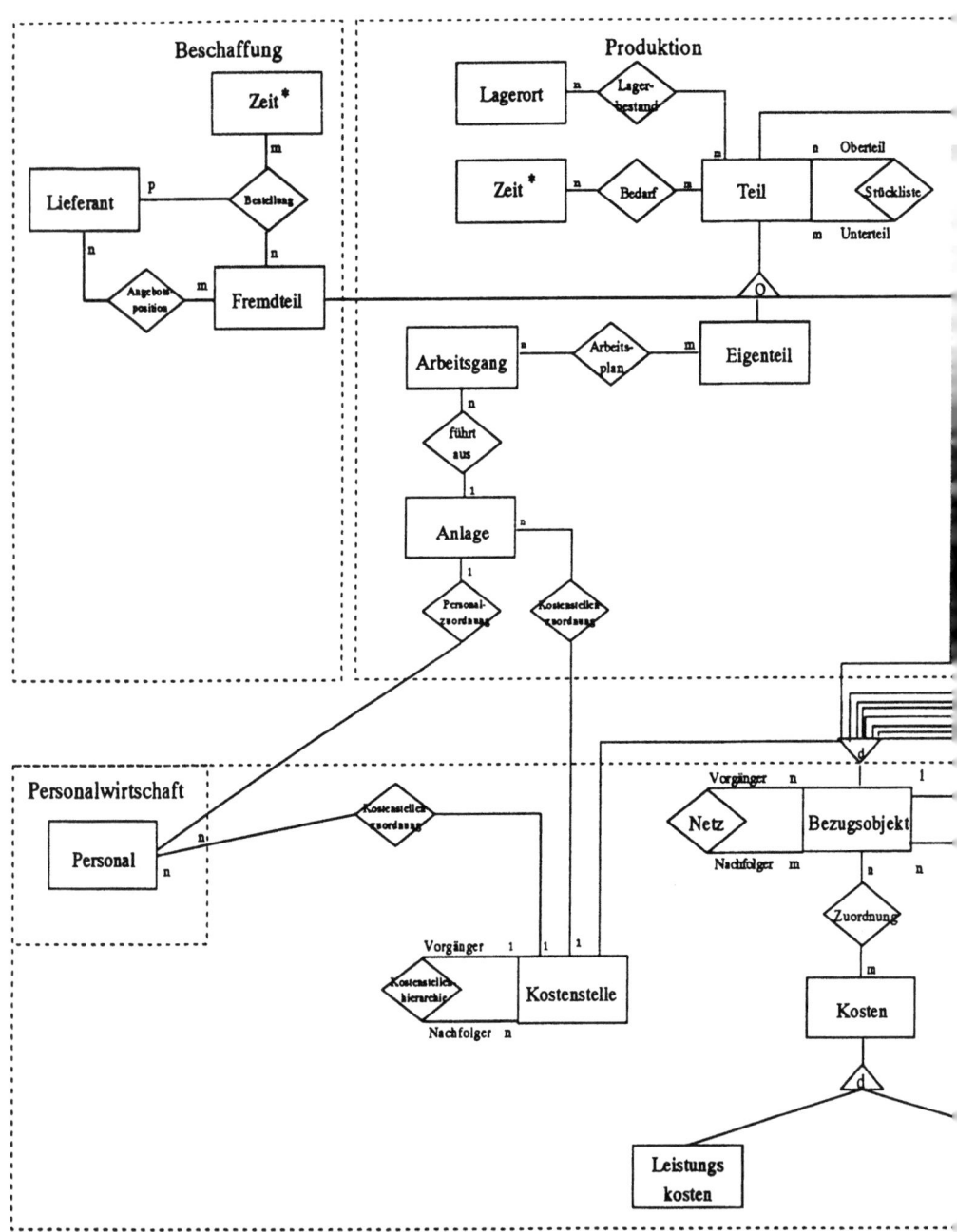

* Aus Gründen der Übersichtlichkeit erscheint der Entity-Typ Zeit mehrmals.

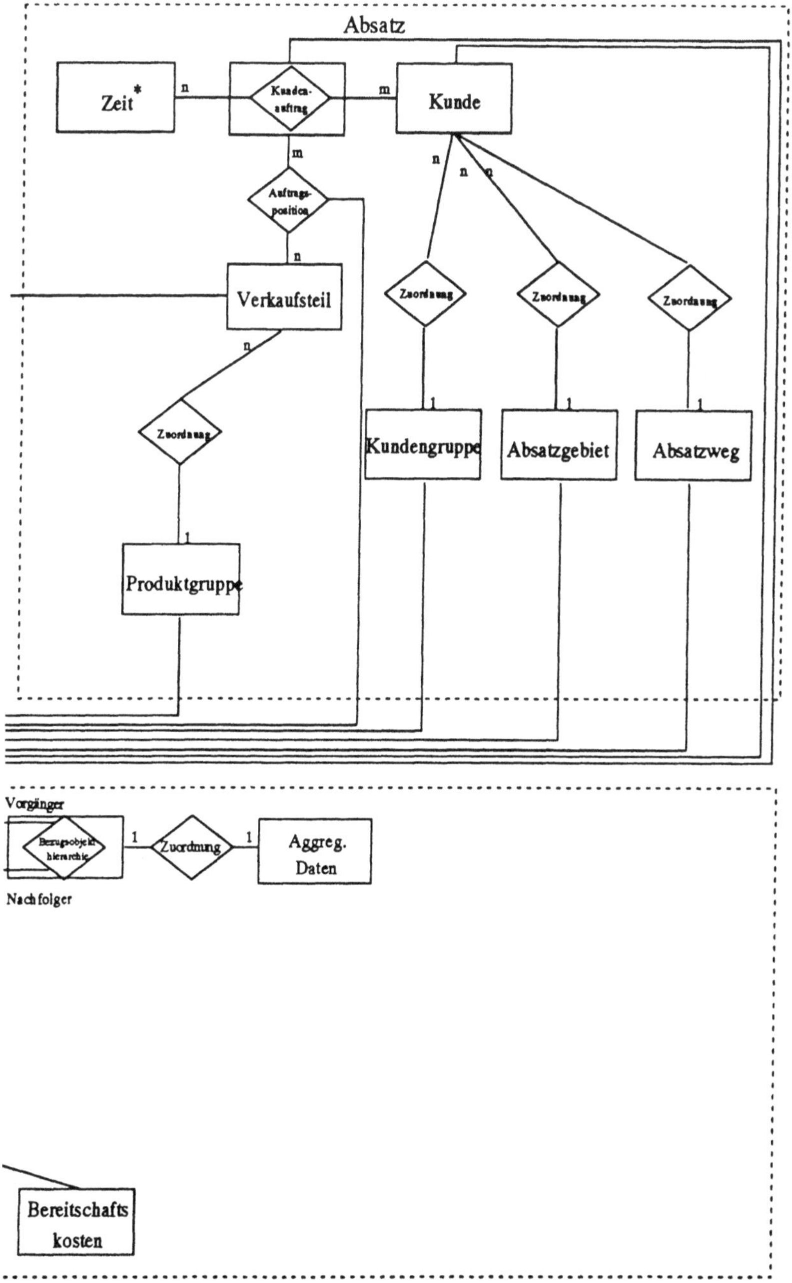

Anhang 1: Übersicht über die Datenstruktur der Planspielsoftware

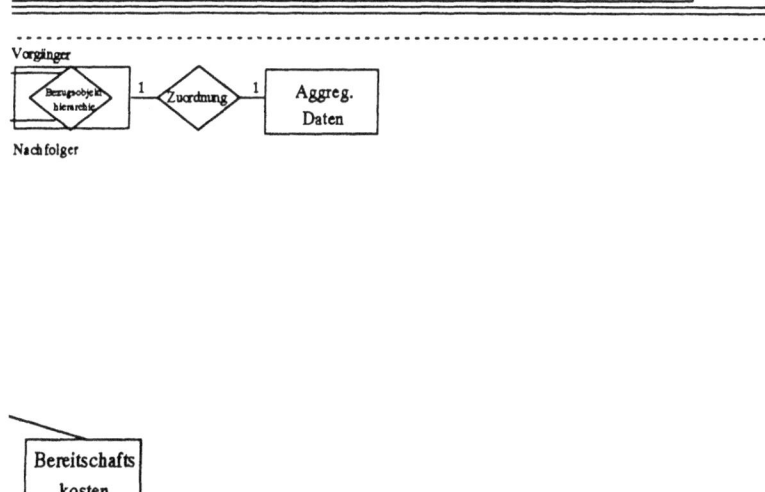

Anhang 2: Übersicht über die Relationen der Planspielsoftware

Relationen im Produktionsbereich

Teil
  Teilenummer
  Teilebezeichnung
  Eigenteil?
  Verkaufsteil?
  Einzelkosten
  Maßeinheit
  Dispositionsart
  Verkaufspreis
  Lagerbestand, gesamt
  Bestellmengenverfahren
  Kosten pro Bestellung
  Lagerkostensatz
  Prognoseverfahren
  Prognoseparameter

Stückliste
  Teilenummer (Vorgänger)
  Teilenummer (Nachfolger)
  Menge
  Vorlaufzeit

Anlage
  Anlagennummer
  Anlagenbezeichnung
  Anlagenkapazität
  Kostenstellennummer

Arbeitsplan
  Teilenummer
  Positionsnummer
  Arbeitsgangnummer
  Ausführungszeit
  Rüstzeit

Arbeitsgang
  Arbeitsgangnummer
  Arbeitsgangbezeichnung
  Anlagennummer

Lagerbestand
  Teilenummer
  Lagerortnummer
  Datum
  Lagermenge

Relationen im Beschaffungsbereich

Lieferant
  Lieferantennummer
  Lieferantengruppe
  Lieferantenname
  Lieferanten-Postleitzahl
  Lieferanten-Ort

Lieferangebot
  Lieferantennummer
  Teilenummer
  Einkaufspreis
  Lieferzeit

Bedarf
  Datum
  Teilenummer
  Bedarfsmenge

Bestellung
  Datum
  Teilenummer
  Lieferantennummer
  Bestellmenge

Relationen im Absatzbereich

Kunde
  Kundennummer
  Kundengruppennummer
  Kundenname
  Kunden-Postleitzahl
  Kunden-Ort
  Kundenrabatt
  Absatzwegenummer

Kundengruppe
  Kundengruppennummer
  Kundengruppenbezeichnung
  Kundengruppenrabatt

Absatzgebiet
  Absatzgebietenummer
  Absatzgebietebezeichnung
  Absatzgebietsrabatt

Absatzweg
  Absatzwegenummer
  Absatzwegebezeichnung
  Absatzwegerabatt

Auftrag
  Auftragsnummer
  Datum
  Kundennummer
  Umsatz des Auftrags

Auftragsposition
  Auftragsnummer
  Auftragspositionsnummer
  Teilenummer
  Auftragsmenge
  Liefertermin
  Umsatz der Auftragsposition

Relationen in sonstigen Bereichen

Personal
  Personalnummer
  Personalname
  Qualifikationsstufe
  Anlagennummer
  Kostenstellennummer

Konto
  Kontonummer
  Kontobezeichnung
  Habensumme
  Sollsumme

Kontostruktur
  Kontonummer (Vorgänger)
  Kontonummer (Nachfolger)

Relationen für die EK&DBR

Kostenart
  Kostenartennummer
  Kostenartenbezeichnung

Kostenstelle
  Kostenstellennummer
  Kostenstellenbezeichnung
  Maximale Anpassung

Kostenstellenhierarchie
  Kostenstellennummer (Vorgänger)
  Kostenstellennummer (Nachfolger)

Leistungskosten
  Laufende Nummer
  Kostenartennummer
  Betrag
  Bezugsobjekt(e)
  Einflußgröße

Bereitschaftskosten
  Laufende Nummer
  Kostenartennummer
  Betrag
  Bezugsobjekt(e)
  Anfang der Bindungsdauer
  Ende der Bindungsdauer

Erlöse
  Laufende Nummer
  Betrag
  Bezugsobjekt(e)

Netz
  Bezugsobjektnummer(Vorgänger)
  Bezugsobjektnummer(Nachfolger)

Bezugsobjekthierarchie
  Bezugsobjektnummer(Vorgänger)
  Bezugsobjektnummer(Nachfolger)

Aggregierte Daten für eine Bezugsobjekthierarchie
  Bezugsobjektnummer
  ...

MIX
Papier aus verantwortungsvollen Quellen
Paper from responsible sources
FSC® C105338

If you have any concerns about our products,
you can contact us on
ProductSafety@springernature.com

In case Publisher is established outside the EU,
the EU authorized representative is:
**Springer Nature Customer Service Center GmbH
Europaplatz 3, 69115 Heidelberg, Germany**

Printed by Libri Plureos GmbH
in Hamburg, Germany